VIE

DE

SAINT MARTIN

PROPRIÉTÉ DES ÉDITEURS

Ed. GARNIER del'   E. LE SUEUR pinx'   L. CHAPON

LA MESSE DE SAINT MARTIN
Tableau d'Eustache Lesueur, au musée du Louvre.

VIE
DE
SAINT MARTIN

ÉVÊQUE DE TOURS, APÔTRE DES GAULES

PAR

A. LECOY DE LA MARCHE

TOURS

ALFRED MAME ET FILS, ÉDITEURS

M DCCC XCV

PRÉFACE

Ce livre n'est pas la reproduction intégrale de l'étude historique et archéologique que j'ai consacrée, il y a quelques années, à la grande figure de saint Martin, et dont deux éditions ont paru successivement. J'ai pensé qu'il était bon de détacher de cette étude la partie biographique et narrative, afin de mettre sous les yeux de la jeunesse chrétienne un modèle de sainteté assurément inimitable, mais dont cependant il n'est pas impossible de se rapprocher par la pratique des vertus journalières. L'exercice de la charité sous toutes ses formes, les sacrifices héroïques, l'amour de la pauvreté, l'austérité de la vie, le zèle apostolique, la prédication et la défense énergique de la vérité, tout cela est bon à recommander aux générations qui s'élèvent, et tout cela est contenu dans la vie de saint Martin.

En même temps il est opportun de montrer à cette réserve de l'avenir par un exemple concluant, quelque imparfaite que soit la manière dont il est présenté, que l'histoire sociale, la vraie histoire, est renfermée dans la vie des saints, et spécialement des saints populaires qui ont façonné l'âme et l'esprit de certaines nations tout entières. Elle y est, du moins, en germe; il suffit de voir l'hagiographie par les grands côtés, au lieu de la réduire aux proportions de la légende ou d'une sèche biographie, pour en faire sortir le tableau vivant de l'humanité à ses différents âges. C'est ce que j'ai entrepris pour l'époque, si obscure encore, de la conversion des campagnes gauloises, opérée en grande partie par l'illustre évêque de Tours.

Ce n'est pas que j'aie négligé complètement le secours de la légende; le lecteur s'en apercevra, et à son avantage, je l'espère. Mais il reconnaîtra aussi que je n'ai fait appel à cet élément suspect que lorsqu'il s'est trouvé d'accord avec les grandes lignes de l'histoire authentique, et pour la confirmer plutôt que pour la remplacer. Un critique plus haut placé que sincère m'a reproché d'avoir établi sur des fondements légendaires le récit des missions de saint Martin. Si la lecture attentive des chapitres consacrés à son apostolat ne devait suffire à démontrer le contraire, l'appréciation récente des savants religieux qui continuent avec tant de patience et de sagacité l'œuvre des Pères Bollandistes me vengerait de cette injuste accusation : leur éloge trop indulgent porte précisément sur ce fait, que je me suis gardé de prendre pour base les traditions locales et de lâcher la proie pour l'ombre.

L'histoire, d'ailleurs, est presque toujours supérieure à la légende; on l'a déjà dit, et avec raison. Le vrai Charlemagne, le vrai Godefroid de Bouillon, le vrai Napoléon sont des types infiniment plus élevés et plus intéressants que leurs sosies poétiques ou fabuleux. Mon vœu le plus cher sera rempli si ce livre peut arriver à convaincre le public que l'Apôtre des Gaules fut beaucoup plus admirable dans sa vie réelle que dans les amplifications de l'enthousiasme populaire, et que Dieu l'a créé cent fois plus grand que l'imagination humaine ne s'est plu à le représenter.

Ce qui reste de l'ancienne basilique de Saint-Martin de Tours.

LIVRE I

LA MISSION DE SAINT MARTIN

CHAPITRE I

ÉTAT DE LA SOCIÉTÉ GALLO-ROMAINE — IMPUISSANCE ET NULLITÉ
DE L'INFLUENCE CELTIQUE

'HISTOIRE de saint Martin est avant tout l'histoire de la substitution du christianisme à l'idolâtrie dans la contrée qui est devenue la France, et spécialement dans les campagnes gauloises. C'est à cette transformation, d'une immense portée sociale, que tendent principalement les efforts dépensés dans le cours d'une longue carrière par ce grand ouvrier de Dieu. Il serait donc difficile de se rendre compte de l'importance de son œuvre, si l'on ne jetait préalable

ment un coup d'œil sur l'état religieux et moral de la Gaule au moment de son apparition. On a vu surgir, à notre époque, des théories singulières, d'après lesquelles le christianisme n'aurait été nullement nécessaire pour arrêter l'humanité sur la pente de la décadence. Il s'est élevé je ne sais quelle école paradoxale et sceptique, plus osée que toutes les précédentes, affirmant que la théodicée et la morale chrétiennes n'ont rien introduit de nouveau dans le monde, qu'il valait autant croire à Jupiter qu'à Jésus-Christ, et que la philosophie païenne eût suffi à contenir les débordements du vice, à faire pratiquer la vertu, à sauver la civilisation menacée. Tous les cultes se valent : telle est la formule spécieuse du rationalisme nouveau, formule d'autant plus perfide qu'elle ne va pas jusqu'à l'athéisme déclaré. C'est donc la base fondamentale de la religion révélée, c'est son utilité, c'est sa nécessité à laquelle on s'attaque aujourd'hui. Il ne s'agit plus de tel ou tel dogme, de telle ou telle institution catholique. Les masques tombent : on demande compte, non plus au catholicisme, mais bien au christianisme, de son existence; on lui conteste sa raison d'être. Et pourquoi, au fond, ce méchant procès, pourquoi ces sympathies mal dissimulées envers les idées païennes, sinon, hélas! pour la raison qui faisait chérir aux païens d'autrefois des superstitions dont ils reconnaissent eux-mêmes l'absurdité, parce que leur culte, suivant un mot profond d'Ozanam, laissait la paix aux vices[1] ? Toute la définition du paganisme antique et du néo-paganisme moderne est là : l'un et l'autre sont chers à leurs adeptes parce qu'ils sont la licence; le christianisme leur est odieux parce qu'il est le frein. Ils ne se rendent peut-être pas bien compte de ce phénomène psychologique, qui se passe dans la région la plus inaccessible des cœurs; mais il est d'autant plus réel qu'il n'est pas tangible. Et voilà pourquoi aussi l'Évangile, après avoir rencontré des obstacles si formidables, exerça une si profonde et si salutaire influence sur la société. « On ne civilise vraiment les âmes, a dit le même auteur, qu'en s'assurant des consciences : c'est

---

[1] *Civilisation au* v^e *siècle,* I, 141.

là, c'est dans ce fond de la nature humaine qu'il faut vaincre le premier de tous les désordres, celui des passions[1]. » Le paganisme, sous une forme quelconque, était-il réellement compatible avec le relèvement de l'humanité, avec le progrès social? Où en était-il, et où menait-il le monde? Que lui doivent, en bien ou en mal, les nations modernes, et particulièrement la nôtre? L'examen de cette question sera, il me semble, la meilleure manière de prouver le bienfait de la religion chrétienne. Après avoir fait ressortir la grandeur de ce bienfait, je montrerai comment il n'était pas encore étendu à toutes les populations de la Gaule, et comment il devenait d'une urgence extrême qu'il le fût à l'époque de saint Martin : de là le caractère éminemment opportun et providentiel de sa mission.

Prenons d'abord l'idolâtrie celtique ou le druidisme. L'ordre des temps lui donne la première place, et c'est aussi à cet adversaire, ou du moins à ses restes, que le célèbre apôtre aura à livrer ses plus rudes combats chez les paysans de la Gaule. Le celticisme semble, d'ailleurs, devenu une des manies de notre siècle. Non seulement une sorte d'amour-propre national, fort mal placé en tout cas, mais encore l'esprit de parti s'en sont emparés comme d'une arme. On a été jusqu'à voir dans la Révolution une revanche des descendants des Celtes contre les fils des Francs, dans le tiers état la véritable nation gauloise, et dans la noblesse les anciens envahisseurs du sol : comme si quatorze cents ans de fusion et de croisements n'avaient pas effacé toute espèce de trace d'une division semblable; comme si, dès l'époque carolingienne, la distinction des races n'avait pas disparu, et dans le langage, et dans les mœurs, et dans la législation! De nos jours surtout, la cause celtique a été bruyamment plaidée dans un volumineux ouvrage qui, dès le principe, a obtenu un succès étonnant. Si l'on en croyait son auteur, l'organisation de notre société, nos mœurs, nos idées religieuses, notre génie national, tout nous viendrait des Celtes. Si nous avons quelque chose de bon dans notre civilisation, c'est que

[1] Ozanam, *Études germaniques*, I, 348.

nous sommes leurs fils. Ils avaient bien quelques usages barbares; mais « leur âme était grande; les femmes, chez eux, étaient belles et sages; les hommes généreux et envahissants, sensibles, etc. ». Comptons-nous quelques héros dans notre histoire? Ceux-là sont des Gaulois pur sang. Sainte Geneviève est une druidesse détournée de sa vocation. Jeanne d'Arc est l'héritière de Velléda. Saint Martin lui-même, l'adversaire acharné des superstitions druidiques, est « aidé par l'esprit de l'ancienne Gaule [1] ». Ce singulier évangile a fait de nombreux disciples. Tous ne sont pas allés aussi loin que le maître; quelques-uns ont pris une allure plus scientifique : nous avons eu successivement une civilisation celtique, une philosophie celtique, une théogonie celtique. Et pourtant qu'y a-t-il au fond de toute cette doctrine? Depuis longtemps l'Académie française l'a jugée. Dès 1856, M. Villemain, parlant au nom de cette docte compagnie, s'exprimait ainsi dans le rapport même qui expliquait le prix décerné à M. Henri Martin : « Ici tout manque au paradoxe, le témoignage des faits, la logique des conséquences. Le druidisme n'a pas servi de modèle à la constitution de notre Église; il ne portait pas dans son sein l'idée de la France; il ne s'est pas retrouvé jusque dans l'héroïsme du moyen âge [2]. » Et tout récemment, dans une séance orageuse de l'Académie des sciences morales et politiques, nous avons entendu proclamer une sentence non moins sévère contre les théories relatives au droit social des anciens Gaulois. D'après le procès-verbal, M. Giraud « regarde comme chimérique la plus grande partie de ce qui a été écrit depuis bien des années sur les institutions celtiques. Il faut avoir, selon lui, méconnu toutes les règles de la critique historique pour se flatter d'avoir retrouvé la filiation du droit et des coutumes de la Gaule. Ceux qui, comme Laferrière et d'autres esprits d'ailleurs éminents, ont cru pouvoir reconstituer cette société antéhistorique, ont été dupes de leur imagination. Sur quatre lignes de César, ils ont bâti tout un système, et César lui-

---

[1] Henri Martin, *Hist. de France* et *Hist. populaire*, passim. Cf. H. de l'Épinois, *Critiques et réfutations*, pp. 18, 39, 41, etc. = [2] Rapport sur les concours de 1856 (séance du 26 août 1856).

même ne pouvait rien savoir de ce dont il parlait ». En vain le zélé patron des Celtes, comme l'Académie appelle M. Henri Martin, a-t-il répondu en invoquant les monuments celtiques, les romans de la Table Ronde, et par cette phrase contenant la formule déjà très adoucie de sa doctrine : « Nous sommes des Gaulois romanisés, mais très peu ou point germanisés. » Plusieurs de ses collègues lui ont répliqué par des arguments triomphants : le druidisme, avec ses pratiques monstrueuses, avait été prohibé par la loi romaine; la domination de Rome l'avait détrôné; le christianisme, venu ensuite, en a balayé les dernières traces, et la société celtique n'a pu exercer aucune influence sur la formation de la société française. Il n'est pas jusqu'aux fameux dolmens, auxquels l'apôtre du celticisme se rattachait comme à une planche de salut, dont la base n'ait été ébranlée. On a été, dans la même séance, jusqu'à les déclarer apocryphes; et effectivement la science contemporaine croit y avoir reconnu les vestiges d'une race antérieure aux Gaulois, race primitive, autochtone, sur laquelle nous ne savons absolument rien [1]. Le célèbre écrivain n'a-t-il pas avoué, d'ailleurs, dans son *Histoire* même, que « nous ne connaissons la loi druidique que par les témoignages incomplets et superficiels de quelques auteurs grecs ou latins, et qu'on ne peut faire remonter avec certitude jusqu'aux druides primitifs les fastes obscurs des traditions irlandaises [2] »? Il n'est donc même pas besoin de recourir aux savantes dissertations de Guérard, de Pardessus, de Klimrath sur l'entière absorption des coutumes galliques par la civilisation romaine. *Habemus confitentem reum.*

Avons-nous, d'ailleurs, beaucoup perdu à cette disparition de l'élément celtique dans l'ordre politique et social? Le peu que nous en connaissons nous permet d'en juger. Une confédération de tribus dirigées chacune par un chef distinct, avec une assemblée pour discuter les intérêts communs en temps de guerre, ce n'est point l'idéal d'une nation forte. La puissance absolue du père sur les enfants, la polygamie permise

---

[1] V. les procès-verbaux de l'Académie des sciences morales et politiques, dans le *Journal officiel*, nos des 26 mars, 10 avril et 8 mai 1879. = [2] *Hist. de France*, I, 46.

aux grands personnages, ce n'est point l'idéal de la famille. Et quant à la communauté de biens entre les époux, qu'on a voulu rattacher aux usages des Celtes, sur la foi d'un mot échappé à César, on sait aujourd'hui qu'elle provient en droite ligne du droit coutumier ou de la législation germanique, c'est-à-dire du tiers des acquêts accordé par elle à l'épouse[1]. Donc, l'influence des lois celtiques sur les nôtres non seulement a été nulle ou à peu près, comme l'a dit M. Giraud, mais eût été funeste. La langue même des Gaulois ne paraît point à regretter; et si la grande majorité des Français tient d'eux le sang, c'est-à-dire le physique, le tempérament, les aptitudes, les traits principaux du caractère, depuis la bravoure guerrière jusqu'à cette légèreté qui frappait déjà les Romains, il y a dans ce legs de la nature un mélange de bien et de mal auquel on ne saurait non plus rapporter la grandeur de notre nation.

Venons maintenant à la religion : c'est le point essentiel de notre enquête. Sans doute le druidisme, malgré ses rites abominables, avait un côté moins sensuel que le paganisme des Grecs et des Romains. La religion celtique ne s'était pas formée, comme celle des peuples de l'Orient ou du Midi, sous l'influence d'un climat voluptueux et brûlant, mais au milieu des forêts profondes et de la brume de nos vallées. Au lieu d'avoir pour base le culte de la force ou de la beauté humaines, elle reposa sur le culte des forces ou des beautés de la nature. Les Celtes, venus des régions orientales à une époque très reculée, comme tous les rameaux de la race japhétique, en avaient apporté les débris de la révélation primitive : la croyance à un Dieu tout-puissant, unique, et à l'immortalité de l'âme. Mais, comme tous les peuples abandonnés à eux-mêmes et séparés du tronc commun, comme les barbares du Nord et les sauvages de l'Amérique, ils avaient très vite perdu ces notions fondamentales, ou du moins, grâce à l'éloignement du flambeau divin, qui ne brillait plus que sur un petit coin de la terre, elles s'étaient obscurcies et mêlées de bonne heure à une foule de supers-

[1] V. le cours de droit féodal professé à l'École des chartes par M. A. Tardif.

titions. Il nous est impossible de connaître bien exactement la religion des Celtes, par la même raison qui nous empêche de connaître l'organisation de leur société ou leur législation, à savoir, la pénurie des témoignages. Ils n'ont rien écrit par eux-mêmes, soit que l'écriture ait été proscrite par leurs prêtres, soit qu'elle ait été répandue très tardivement dans leur pays; et le petit nombre des écrivains grecs ou latins qui nous ont parlé d'eux ne pouvait savoir que d'une manière vague et superficielle tout ce qui concernait un culte aussi mystérieux. Cependant les renseignements que ces derniers nous fournissent, joints aux traditions conservées dans les siècles suivants et aux inductions que l'on peut tirer de l'histoire des missions chrétiennes en Gaule, jettent plus de lumière sur l'état de la religion que sur celui des institutions civiles. Ainsi ils suffisent pour nous montrer que les deux grands dogmes primitifs dont je viens de parler s'étaient corrompus d'une façon notable chez les populations celtiques.

Leur immortalité de l'âme, d'abord, ressemblait bien plus à la théorie de Pythagore qu'à notre croyance chrétienne. « Les Gaulois, dit Pomponius Mela, remettaient le règlement de leurs affaires à l'autre monde, et passaient des marchés payables aux enfers[1]. » — « Leurs druides, ajoute César, cherchent à leur persuader que les âmes ne périssent pas, *mais qu'elles passent d'un être à l'autre,* et cette idée leur ôte la crainte de la mort[2]. » — « Selon vous, dit de son côté Lucain dans une invocation aux druides, les ombres ne descendent pas dans l'empire silencieux de l'Érèbe ni dans les pâles royaumes de Pluton. La mort *n'est qu'un passage entre deux existences*[3]. » Sans doute, cette croyance vaut mieux que la désolante doctrine des matérialistes romains, que Salluste exprime ainsi dans son discours sur Catilina : « La mort est la fin de tous les maux. Après elle, il n'y a plus ni joies ni douleurs[4]. » Cependant c'est la métempsycose pure; c'est l'idée de la transmigration des âmes, si répandue dans l'antiquité depuis les confins de l'Orient sep-

---

[1] Pomp. Mela, liv. III. = [2] *Bell. Gall.*, VI, 14. = [3] *Pharsale*, liv. I, vers 459. = [4] *Catil.*, 61.

tentrional jusqu'à ceux de la Grande-Grèce. Nous sommes loin de l'enseignement si pur et si moral prôné par Jean Reynaud et son école. Tout au plus peut-on conclure d'un autre passage de Lucain qu'il y avait entre le système pythagoricien et le système druidique une différence de détail. Le poète latin prête aux druides une formule d'après laquelle l'âme conserverait son individualité dans ses éternelles pérégrinations.

> Regit idem spiritus artus
> Orbe alio[1].

Selon Pythagore, au contraire, elle s'absorberait, après chaque existence, dans l'âme universelle. Mais c'est là une simple nuance. Et, d'ailleurs, ces renseignements sont encore bien vagues. César, le seul des auteurs cités qui ait vu de près les Gaulois, est même moins affirmatif que les autres. Nous l'avons entendu : « Les druides *cherchent à leur persuader* que les âmes ne périssent pas. » Ce n'était donc point, dans tous les cas, une croyance bien générale ni bien enracinée chez le peuple.

Nous trouvons encore une trace de la même doctrine dans le chant du barde Taliésin, qu'on prétend remonter au vi^e siècle. Ce chant est originaire de l'île de Bretagne, et sans doute du pays de Galles. Il n'est pas du tout sûr qu'on puisse tirer de l'état de choses établi dans ce pays vers l'an 500 des inductions certaines sur celui qui régnait en Gaule au i^{er} ou au iie siècle : la parenté des races est un motif insuffisant, et mille circonstances, sans compter la séparation profonde que créait alors la mer, le séjour prolongé sur une terre différente, avaient pu détruire la communauté de mœurs et d'idées existant primitivement entre les Gallois et les Gaulois. Mais plaçons-nous, pour un moment, au point de vue des celtistes les plus fervents ; acceptons leurs autorités. Que nous apprend ce fameux chant, où l'on prétend retrouver « un des monuments les plus authentiques des doctrines druidiques sur les origines et les fins de l'homme » ? Si nous

---

[1] *Phars.*, liv. I, vers 457.

traduisons en style clair le passage embrouillé, et cependant empreint d'une certaine poésie sauvage, où est effleuré ce grave sujet, nous y lisons simplement que l'âme humaine voyage d'existence en existence et se perfectionne plus ou moins en route. Les auteurs de *la Cité gauloise,* qui ont reproduit ce fragment, ne peuvent s'empêcher de reconnaître là « l'expression d'une grossière métempsycose et d'un illuminisme barbare[1] ». Ils comparent ce fragment avec la célèbre vision de saint Paul[2], et cette seule comparaison suffit à faire voir combien les idées de l'Apôtre sont plus saines, plus élevées, plus morales. On pourrait entreprendre beaucoup de rapprochements de ce genre : le résultat serait toujours le même. On découvrirait, par un hasard impossible, tout un livre contemporain exposant en détail la doctrine celtique : il n'en sortirait, je l'affirme à coup sûr, que la démonstration surabondante de l'infinie supériorité des dogmes chrétiens.

Parlons de la croyance en Dieu. Peut-être, à l'origine, la principale divinité gauloise, Hésus, ne partagea-t-elle avec aucune autre son sceptre imaginaire. Peut-être son règne constitua-t-il une courte transition entre le monothéisme et le polythéisme. Mais ce sont encore là des conjectures; et ce qu'il y a de sûr, d'incontesté, c'est que la pluralité des dieux, avec toutes ses conséquences déplorables, était admise au moment de la conquête romaine, et sans doute depuis longtemps déjà. Un autel gallo-romain, découvert en 1711 sous le chœur de Notre-Dame de Paris, et dédié à Hésus par les nautoniers de Lutèce, nous atteste que cette divinité était encore adorée sous le règne de Tibère. On l'appelait, au temps de César et de Lucain, « le seigneur des chênes, » et on lui rendait, au fond des forêts, un culte sanglant. Elle avait dû représenter primitivement le dieu suprême, le Jupiter des Grecs et des Romains; mais elle n'était plus dès lors

---

[1] *La Cité gauloise,* par Bulliot et Roidot, Autun, 1879, in-8°, p. 239 et suiv. J'emprunte à cette remarquable étude, qui nous donne à peu près les dernières conclusions de l'érudition contemporaine sur la matière, quelques détails relatifs à la religion des Gaulois. Le lecteur curieux y trouvera des indications beaucoup plus abondantes. = [2] *Ep. I ad Cor.*

que le premier sujet d'une troupe nombreuse, et encore était-elle déchue de sa grandeur au point d'avoir laissé moins de traces que toutes les autres. La supériorité lui était disputée, dans certaines contrées de la Gaule, par Bélen ou Belenus, le dieu du feu, ou l'Apollon celtique. Celui-là paraît une importation de l'antique idolâtrie orientale. Son nom rappelle à la fois la racine sanscrite *G'val* (brûler, éclairer) et le fameux Bel ou Baal des Syriens. Il avait engendré un féminin, *Belisama,* qui s'est perpétué dans plusieurs vocables géographiques de notre pays : Bellème, Blisme, etc. Belisama, devenue peu à peu l'analogue de Minerve, était donc honorée dans ces localités. Un autre dérivé, *Belena* ou *Belna,* aurait, d'après quelques auteurs, donné son nom à la ville de Beaune, où l'on a retrouvé des vestiges du culte de Belenus. Ce dieu avait un temple à Bayeux, et ce temple était encore desservi au iv° siècle par les rejetons d'une ancienne famille des druides, dont un membre, la célèbre Hébidie, se fit alors chrétienne et entretint avec saint Jérôme une correspondance intéressante. Mais le sanctuaire principal de Bélen était sur la montagne qui portait son nom, près de Riom en Auvergne. Saint Martin passa en ce lieu; Grégoire de Tours nous en parle, et son savant commentateur, M. Longnon, le place au village actuel de Saint-Bonnet (Puy-de-Dôme)[1]. Cette divinité gauloise est celle qui laissa le souvenir le plus persistant; car, au xiii° siècle, Albert le Grand mentionne encore, parmi les objets servant aux magiciens de son temps, des images de Bélen, avec celles d'Hermès et de Vénus. Il y avait ensuite Teutatès, correspondant à Mercure. On l'appelait aussi Ogmius, et l'on vénérait surtout en lui le dieu du lucre, de la parole, des voyages, le conducteur des âmes dans l'autre vie. Lucien, dans un de ses dialogues, le représente « avec la massue et la peau de lion d'Hercule, et sous les traits d'un vieillard entraînant de nombreux captifs enchaînés à sa langue par des liens qui figurent, comme l'explique l'interlocuteur gaulois, les séductions de sa parole »; toutefois cet auteur s'est trompé au sujet du nom

---

[1] Grég., *Glor. Confess.*, 5; Longnon, *Géographie de la Gaule au vi° siècle*, p. 491.

d'Hercule[1]. Il y avait Camull, dont la trace s'est conservée dans le latin *Camilliacum* et dans les vocables français issus de ce mot : Chemillé, Chemilly, etc. Il y avait Roth, d'où est venu *Rothomagus*, Rouen, lieu où son temple fut détruit, vers 260, par saint Mellon. Il y avait Bibracte, la déesse d'Autun, et Ardoinna, la Diane du Nord, dont les Ardennes ont perpétué le nom. Il y en avait sans doute d'autres; mais en voilà plus qu'il n'en faut pour prouver que le polythéisme gaulois n'avait rien à envier au polythéisme romain quant au nombre et à la variété[2].

On a dit que ces divinités n'étaient pas représentées par des idoles matérielles. Cela peut être vrai pour les temps très reculés. Tacite dit en parlant des Semnones, peuple suève, « qu'ils auraient cru offenser la majesté des dieux en les enfermant dans un temple et en les figurant sous une forme humaine; ils leur consacraient des bois et donnaient à ces solitudes le nom des esprits invisibles avec lesquels ils ne communiquaient que par l'adoration[3]. » A la rigueur, on peut croire que les Gaulois primitifs en faisaient autant, quoique rien ne le prouve. Mais il est avéré que tous ces dieux celtiques avaient fini par s'incarner dans certains emblèmes, dans certains simulacres d'énorme dimension : César en parle accidentellement, et les Vies des Saints, notamment celle de saint Martin, écrite par son contemporain Sulpice Sévère, nous font voir que les apôtres du christianisme avaient continuellement à renverser des temples ou des idoles dans les campagnes, où les superstitions druidiques s'étaient maintenues plus obstinément que dans les villes. Si Teutatès, si Bélen, si Hésus n'étaient point proposés aux hommages des populations sous la forme de statues comme les divinités romaines, ce n'était pas faute de bonne volonté, puisqu'on remplaçait l'image sculptée par d'autres emblèmes matériels empruntés à la nature ou bien à un art

---

[1] *La Cité gauloise*, p. 235. = [2] Sur tous ces dieux de l'ancienne Gaule, voy. notamment D. Martin, *Religion des Gaulois*, I, 132; le discours du P. Longueval, reproduit en tête du tome premier de l'*Hist. de l'Église en France*, par Mgr Jager; *la Cité gauloise*, par 230 et suiv.; Döllinger, *Paganisme et Judaïsme*, III, 157 et suiv.; d'Arbois de Jubainville, *Revue archéol.*, an. 1873, p. 197; Am. Thierry, *S. Jérôme*, p. 411. = [3] *De Mor. German.*, 9.

grossier : c'était simplement parce que la sculpture était inconnue chez le peuple à demi barbare que Rome seule devait initier à la civilisation.

Le polythéisme se compliquait, chez les Gaulois, de panthéisme. Il est difficile, en effet, de donner un autre nom au culte des sources, des fontaines, des lacs, des arbres, des forêts, des pierres, c'est-à-dire de la nature inanimée presque tout entière, qu'ils associaient à l'adoration de leurs dieux proprement dits. Leurs prêtres, leurs chefs pouvaient peut-être réserver leurs hommages aux divinités dont je viens de parler, ou même aux idées, aux abstractions qu'elles représentaient; mais la classe populaire, mais l'immense majorité de la nation, pour qui ces divinités étaient autant d'énigmes, entourées à dessein d'un mystère terrible, reportait sa vénération sur les objets matériels au milieu desquels elle vivait, et qui lui semblaient, par leur apparence de vie, ou par l'obscurité de leur origine, ou par leur aspect grandiose, offrir un caractère surnaturel. César définit toute la religion des Gaulois par un mot, celui de superstition[1]. Cette appréciation s'applique fort bien à la religion du peuple, si l'on peut appeler du nom de religion les manifestations d'une crédulité grossière ou d'une frayeur enfantine. Du reste, les cours d'eau, les fleuves, les lacs paraissent, ainsi que la mer, avoir vivement frappé l'imagination de toutes les races primitives et obtenu leurs hommages. Sans parler du culte antique de Neptune, ni des tritons, ni des naïades, les païens de la Grèce et de l'Italie honoraient particulièrement les lacs et les fontaines, et les regardaient comme des lieux saints : on en a la preuve dans Strabon, dans Sénèque, dans Pline, dans Ovide. Ceux de la Gaule avaient conservé plus fidèlement encore ce culte superstitieux. Chaque année, par exemple, les habitants du Gévaudan s'assemblaient autour du lac du mont Helanus (probablement le lac de Saint-Andéol, dans les montagnes d'Aubrac), faisaient des libations en son honneur, jetaient dans ses eaux divers objets, des vêtements, des gâteaux, des fromages, comme s'ils eussent

---

[1] *Bell. Gall.*, VI, 16.

voulu lui offrir un véritable sacrifice. Cette coutume s'était perpétuée jusqu'au ɪvᵉ siècle, s'il faut s'en rapporter à Grégoire de Tours, qui ajoute ces curieux détails : « Ils venaient avec des chariots, apportant à boire et à manger, abattaient des animaux, et, pendant trois jours, se livraient à la bonne chère. Le quatrième jour, au moment de partir, ils étaient assaillis par une tempête accompagnée de tonnerre et d'éclairs immenses, et il descendait du ciel une pluie si forte et une grêle si violente, qu'à peine les assistants croyaient-ils pouvoir échapper. Les choses se passaient ainsi tous les ans, et cette superstition tenait enveloppé ce peuple irréfléchi[1]. » Il fallut qu'un évêque vînt de Javouls construire sur la rive du lac une basilique en l'honneur de saint Hilaire, conjurer le charme au moyen des reliques de ce pontife, et remplacer par une dévotion chrétienne une pratique païenne qu'on ne pouvait déraciner autrement. Encore laissa-t-elle des traces bien longtemps après, puisque, vers la fin du siècle dernier, d'après un historien local, les habitants de Marchastel et de plusieurs paroisses voisines allaient encore, le jour de la fête patronale de cette commune, jeter des pièces de monnaie dans le lac de Saint-Andéol, espérant trouver dans ses eaux la guérison de la teigne, des maux d'yeux[2], etc. Bizarre mélange de la religion nouvelle et de la superstition antique! C'est ainsi qu'une foule de traditions absurdes, conservées jusqu'à ce jour chez nos paysans, qui en ignorent complètement le sens et l'origine, remontent aux vieux usages païens. Il faut rapprocher de ces faits les renseignements donnés par Pline et quelques autres anciens sur les richesses que la crédulité gauloise avait entassées au fond du lac de Toulouse. Il faut en rapprocher tant de légendes, plus ou moins altérées, qui se sont perpétuées sur les lacs d'Écosse, d'Irlande, d'Angleterre, d'Allemagne, de Suède, de Béarn, sur les étangs « de mauvaise renommée » du Berry, qui ont fourni plus d'un thème à George Sand, sur le lac du Bouchet (Haute-Loire), au bord duquel une tradition locale veut que Jésus-Christ lui-même soit venu prêcher au milieu d'une

---

[1] Grég., *Glor. Conf.*, 2. = [2] Longnon, *op. cit.*, p. 530.

forêt druidique, sur le lac Léman, dont le culte est attesté par un ancien autel, la pierre de Neyton [1]. Il faut surtout se rappeler les innombrables fontaines, mares ou pièces d'eau qui ont été consacrées à saint Martin et qui ont gardé son nom dans tous les coins de la France : la plupart étaient des lieux sacrés, objets de pratiques païennes quelconques, mais pratiques tellement enracinées dans l'esprit des pauvres paysans que force était, comme pour celles du lac Saint-Andéol, de les détruire par voie de substitution, et non par voie de suppression. Ne pouvant empêcher les populations d'y venir, les prêtres leur disaient : « Venez-y, mais vous y honorerez la mémoire du grand convertisseur de vos contrées. » Et ce qui fut fait pour les lacs ou les fontaines fut fait également pour les pierres et les rochers : de là tant de pierres de saint Martin et de rocs de saint Martin sur tout le sol de l'ancienne Gaule [2].

Le culte de la pierre fut commun, dans l'origine, aux Celtes, aux Germains, aux Romains, aux Grecs, et à tous les rameaux de la grande famille pélasgique. Ils honorèrent des pierres brutes d'abord, des pierres taillées ensuite. Les races policées arrivèrent à vénérer les pierres sculptées, les statues; de là les idoles. Mais les autres s'en tinrent aux deux premières catégories, et de ce nombre furent les habitants primitifs de nos contrées. Comme je le rappelais tout à l'heure, les menhirs, les cromlechs, les peulvans, et tous ces monuments singuliers dressés vers le ciel ou tournant sur eux-mêmes, qu'on a si longtemps rattachés au culte druidique, appartiennent à cette race autochtone antérieure aux Gaulois : tel est, du moins, l'avis des archéologues les plus versés dans la matière [3]. En se mêlant aux Celtes, à une époque

---

[1] V. l'*Étude archéologique sur le lac du Bouchet*, par Aymard, archiviste de la Haute-Loire; Le Puy, 1862, in-8°. — [2] Cette tactique était tout à fait conforme à l'esprit général de l'Église, qui convertissait les fêtes païennes en fêtes chrétiennes et les temples en sanctuaires du vrai Dieu, quand cela se pouvait sans inconvénient. S. Grégoire le Grand recommandait aux missionnaires d'Angleterre d'agir ainsi; il les engageait même à laisser faire aux habitants leurs sacrifices de bœufs traditionnels, mais en les transformant en banquets religieux, de manière que ces réjouissances extérieures les amenassent plus facilement aux joies saintes de l'âme. (*Lib.* XI. *ep.* 76.) — [3] V. notamment Alexandre Bertrand, *Revue archéol.*, an 1863, p. 217 et suiv.: A. de Barthélemy, *ibid.*, an. 1851, p. 341 et suiv.

Dolmen.

sans doute plus ancienne que César, ce peuple inconnu leur communiqua la vénération des pierres, inspirée peut-être aux premiers païens par la chute de quelques aérolithes effrayants et mystérieux; et elle subsista réellement dans nos campagnes jusqu'à leur conversion, puisqu'on fut obligé de christianiser cette dévotion. Les pierres consacrées aux saints (car il y en eut de dédiées non seulement à saint Martin, mais encore à saint Georges, à saint Étienne, à saint Théofrède, patron du Monastier, et à d'autres, quoique en plus petit nombre) sont généralement des pierres brutes, des rocs tenant au sol, offrant des cavités taillées par la main des hommes. Elles ont donc dû servir à des cérémonies quelconques. Si elles n'ont pas toutes été l'objet d'une véritable adoration, elles ont été au moins honorées à titre d'autels. Toujours est-il qu'elles étaient ancrées dans la superstition populaire aussi fortement que dans la terre où nous les retrouvons enfoncées.

La dévotion aux arbres est plus connue. Tout le monde sait que le chêne, que le gui sacré jouaient un rôle important dans le culte druidique. Les arbres étaient aussi réellement adorés que les pierres ou les fontaines, puisque, encore au ve siècle, le deuxième concile d'Arles déclarait coupable de sacrilège tout évêque dans le diocèse duquel les païens allumeraient des feux ou adoreraient les arbres, les fontaines et les pierres [1]. Il y avait aussi, près des temples gaulois, des pins ou des ifs qui étaient l'objet d'une simple vénération : saint Martin en abattit; plus tard saint Éloi recommandait de faire disparaître ceux qui subsistaient de son temps, ainsi que les fontaines sacrées [2]. C'était là une des dévotions les plus chères aux habitants de nos contrées. Aussi, lorsque les premiers monastères entreprirent leurs immenses défrichements et portèrent la hache au fond des impénétrables forêts qui recélaient les débris du druidisme expirant, entendit-on les derniers bardes gémir, et Merlin, leur héritier, maudire avec les « loups romains », ces « moines voraces », destruc-

---

[1] Can. 23. (Labbe, IV, 1013.) = [2] Vie de S. Éloi, II, 15 (*Spicileg.*, V, 215). Cf. Delisle, *Études sur les classes agricoles*, p. 355.

teurs des bois sacrés. Mais les moines faisaient une œuvre deux fois utile : du même coup, ils ouvraient à l'agriculture de vastes espaces, et ils chassaient de ses retranchements suprêmes une superstition qui, au lieu de consoler le peuple, semait chez lui de vaines terreurs. *Arboribus suis horror inest,* disait Lucain [1]. Les arbres, comme toutes les divinités païennes, n'étaient pas aimés de leurs adorateurs : ils étaient redoutés. Les forêts étaient peuplées par l'imagination de nos pères d'êtres nuisibles, de fées, de nains malfaisants, comme elles étaient remplies par les Grecs ou les Romains de satyres et de dryades qu'on fuyait avec un égal empressement. Les hommages qu'on leur rendait n'avaient qu'un but : celui de conjurer leur influence funeste [2]. Il était réservé à la vraie religion de présenter la Divinité comme un être essentiellement bon, et de faire naître dans le cœur de l'homme ce sentiment profond, inconnu à tout le paganisme, l'amour de Dieu.

Le culte entier des Gaulois était fait, du reste, pour entretenir la crainte. Comme prêtres, comme juges, comme médecins, c'est-à-dire magiciens, les druides exerçaient sur les populations l'empire d'une triple frayeur. Et rien n'était plus motivé que ce sentiment, car ils tenaient dans leurs mains la vie de la plupart de leurs adeptes. Les sacrifices humains étaient la base du culte et la cérémonie principale. Écoutons, sur ce point, les témoignages formels des auteurs anciens : la chose en vaut la peine, puisque les celtomanes ont voulu nier cette atroce coutume, ou du moins en atténuer assez considérablement la portée.

« Les Gaulois, dit César, immolent des hommes en guise de victimes ou font vœu d'en immoler. Les druides sont les ministres de ces sacrifices... Ils pensent que les holocaustes les plus agréables aux dieux sont ceux des individus qui ont commis des vols ou d'autres méfaits ; mais, quand ce genre

---

[1] *Phars.,* liv. III. = [2] « Cette religion, qui ne développait les âmes ni du côté de l'intelligence ni du côté des arts, dit M. Bulliot, les comprimait sous l'étreinte de la terreur; elle éteignait la sensibilité en ne découvrant la Divinité que sous des aspects cruels et inexorables. » (*Op. cit.,* p. 249.) On pourrait en dire autant de toutes les religions antiques.

de victimes leur manque, ils sacrifient des innocents. » — « Ils immolent, dit aussi Diodore de Sicile, les prisonniers qu'ils font à la guerre. Lorsqu'il s'agit de décider une affaire importante, ils observent un rite extraordinaire, à peine croyable : ils frappent d'un coup d'épée à la poitrine un homme voué au sacrifice ; quand il est mort et tombé, ils tirent des présages de sa chute, de ses convulsions, du flux de son sang, et comme cette pratique est en vigueur de toute antiquité, elle leur inspire une foi aveugle. » Suivant Strabon, ils ouvraient quelquefois d'un coup de sabre le dos d'une personne vivante, et basaient leurs prédictions sur la manière dont elle se débattait ; ils en perçaient d'autres à coups de flèches ; ils en crucifiaient, ils en brûlaient, mêlés à des animaux, dans des mannequins d'énorme dimension, faits de bois et de foin. Cicéron, Pomponius Mela confirment aussi la réalité de ces rites sanguinaires[1]. Il n'y a pas de négation, pas de faux-fuyant possible devant des textes aussi formels. C'étaient des coupables condamnés à mort ou des prisonniers de guerre que les druides sacrifiaient, allèguent leurs défenseurs. Oui ; mais, à leur défaut, ils prenaient des innocents, déclare César. C'était leur science médicale qui les conduisait à fouiller les entrailles des victimes, ajoute-t-on. Alors leur science médicale n'était que de la magie, puisque cette barbare opération leur servait à présager l'avenir, nous apprend Diodore.

Je veux bien que les Romains aient proscrit les monstrueux sacrifices des druides. « Le gouvernement de Tibère César supprima le druidisme, » dit Pline. « La religion des druides, d'une barbarie révoltante, interdite seulement sous Auguste, fut entièrement détruite par Claude, » dit Suétone[2]. Et les termes dont se sert cet auteur, celui de *religionem*, désignant plus particulièrement le rite, la cérémonie reli-

---

[1] César, *Bell. Gall.*, VI, 16 ; Diodore, 5, 21, 31 ; Strabon, IV, 3 ; Cicéron, *Pro Fonteio ;* Pomp. Mela, III, 2. Cf. *la Cité gauloise,* p. 261 et suiv. = [2] *Tiberii Cæsaris principatus sustulit druidas.* (Pline.) *Druidarum religionem, diræ immanitatis et tantum sub Augusto interdictam, Claudius penitus abolevit.* (Suétone.) V. le *Journal officiel* du 10 avril 1879 (séance de l'Académie des sciences morales et politiques).

gieuse, celui de *diræ immanitatis,* qui semble se rapporter à une cérémonie cruelle, atroce, confirment encore le passage de Strabon que je viens de citer. Il est bien probable, en effet, comme l'a dit M. Fustel de Coulanges dans un mémoire lu à l'Académie des sciences morales et politiques, que les prohibitions de la loi romaine concernaient spécialement les sacrifices humains. Et c'est précisément parce que ces sacrifices constituaient la pratique principale, et comme le fond du culte druidique, que les écrivains romains se crurent autorisés à dire que leurs empereurs avaient détruit ce culte; car le reste de la religion, car le druidisme lui-même survécut, quoique mutilé, à Tibère et à Claude. Pline nous décrit la cueillette du gui sacré comme une chose pratiquée encore de son temps, sous Vespasien, et Tacite signale l'action des druides dans les troubles qui éclatèrent en Gaule sous le même règne[1]. Nous trouvons, d'autre part, des mentions de druidesses dans Vopiscus et Lampridius, qui racontent leurs prédictions sur la mort d'Alexandre Sévère et l'avènement de Dioclétien; et, bien que l'auteur du mémoire académique assure que le christianisme n'a pas eu à combattre le druidisme[2], bien que d'autres aient prétendu, au contraire, qu'il se l'était associé, qu'il s'en était servi (assertion téméraire s'il en fut), il est certain que saint Martin, au IVe siècle, se trouva encore en face de superstitions celtiques fort tenaces, dans les campagnes surtout : cela ressort de plusieurs traits de sa vie que nous aurons à étudier. L'Armorique, où, devant la propagation de l'Évangile, le druidisme avait reculé comme dans ses derniers retranchements, resta même soumise à son empire deux cents ans de plus; et quant aux superstitions d'origine gauloise, on les voit poursuivies, dans l'intérieur de la France même, par saint Éloi, par les conciles des VIIe et VIIIe siècles : il y en a qui subsistent encore à l'heure qu'il est chez nos paysans.

---

[1] Pline, XVI, 95; Tacite, *Hist.,* IV, 54. *Journal officiel,* n° du 8 mai 1879. =
[2] « En résumé, il résulte de l'étude des textes, d'abord que les Romains, en prohibant certaines pratiques superstitieuses et barbares, n'ont proscrit ni les dieux gaulois ni les druides, ensuite que le druidisme et les vieilles croyances n'avaient plus aucune vie dans les derniers siècles de l'empire, et que le christianisme, lorsqu'il vint, n'eut pas même à les combattre. » *Journal officiel, ibid.*

Toujours est-il que la religion des Celtes portait le stigmate de la barbarie et de la cruauté, que les sacrifices humains formaient la base de leur culte, et qu'à l'époque où on ne les accomplissait plus au grand jour, on en faisait au moins le simulacre : Pomponius Mela nous l'affirme. Certains textes nous donnent même à entendre qu'ils continuaient de se pratiquer clandestinement, au milieu des forêts, et Eusèbe, en plein ive siècle, en parle comme d'un fléau toujours existant[1]. Mais qu'ils aient existé antérieurement, c'est déjà trop. Ainsi donc, il ne s'agit pas de se laisser aller à je ne sais quel sentiment de patriotisme mal placé, à je ne sais quelles poétiques rêveries du genre de celles de Jean Reynaud, qui écrit en parlant des druides : « Leurs écoles, ou, si l'on veut, leurs couvents étaient situés loin des villes, dans la majestueuse solitude des bois. C'est là qu'on se représente le plus volontiers ces austères philosophes travaillant avec sollicitude au développement de générations nouvelles, ou demandant, pour leurs méditations, aux vallées d'alentour quelque asile plus silencieux encore. Au lieu de ces scènes affreuses dans lesquelles se sont complu les historiens, on aime à suivre ces maîtres vénérables à travers les magnifiques jardins que donnent à l'homme, à si peu de frais, les vieux chênes, et à se peindre sur les gazons diaprés les flots paisibles de leurs tuniques blanches[2]. » Tout ceci est de la fantasmagorie ; et, pour ma part, je n'aurais guère aimé à suivre les druides au fond des bois, surtout un jour d'holocauste. Il faut voir les faits ; et les faits se résument en deux mots : le polythéisme et la métempsycose comme dogmes ; la superstition, la magie, la terreur comme instruments de domination ; l'immolation d'hommes vivants et innocents comme culte ; voilà toute la religion des Celtes. Et ce ne sont pas quelques verts rameaux de gui, ce ne sont pas les flots ondoyants de quelques tuniques blanches qui suffiront à cacher ces flots de sang humain répandus en l'honneur d'idoles barbares, ni à démontrer l'inutilité du flot de sang divin versé pour nous sur la croix.

[1] *Præpar. evangel.*, 4. — [2] *Encyclopédie nouvelle*, au mot *Druidisme*.

CHAPITRE II

IMPUISSANCE DES ÉLÉMENTS ROMAIN ET GERMANIQUE

XAMINONS à présent si la société gauloise pouvait attendre son salut de l'élément romain, et ce que lui avait apporté la domination des maîtres du monde. L'influence romaine a eu, elle aussi, ses partisans et ses panégyristes. Au siècle dernier, la lutte était déjà engagée entre les germanophiles et les romanophiles, entre l'école de Boulainvilliers, qui exaltait les résultats de la conquête franque, et celle de l'abbé Dubos, qui allait presque jusqu'à nier cette conquête pour transformer Clovis en simple lieutenant impérial. De nos jours, des historiens célèbres ont réveillé le débat. Augustin Thierry, préoccupé avant tout d'une idée politique (il l'avouait lui-même), a uniquement vu dans nos origines nationales la persistance du municipe romain et ses bienfaits. Il a construit sur cette base tout un édifice de belle apparence, mais déjà lézardé sur plusieurs points à l'heure qu'il est[1]. En laissant de côté les exagérations, il faut reconnaître

---

[1] *Récits des temps mérovingiens*, 1, 15-194. Cf. Boulainvilliers, *Hist. de l'ancien gouvernement de la France*, 1727, 3 vol. in-12; Dubos, *Hist. crit. de l'établissement de la monarchie*, 1742, 2 vol. in-4°.

que l'influence de Rome a été prépondérante et que c'est elle qui a laissé sur notre pays l'empreinte la plus profonde. Étonnante destinée que celle de cette ville vraiment éternelle, deux fois appelée à l'honneur d'être la tête de l'univers : *Roma caput mundi!* Après nous avoir apporté la civilisation matérielle et païenne, elle nous a communiqué la civilisation morale de l'Évangile ; elle est demeurée la clef de voûte du nouvel édifice social. Elle règne par l'amour comme elle a régné jadis par la crainte : aujourd'hui comme au temps des barbares, à l'heure du danger, au fort de la tourmente, nous tournons les yeux vers cette capitale des âmes, et, plus heureux que nos ancêtres, qui espèrent vainement en elle, nous y voyons briller le phare, le guide infaillible et sûr, le salut des nations... En quoi consiste donc cet apport considérable de la Rome antique ? Hélas ! en beaucoup de bien d'un côté, mais en beaucoup de mal de l'autre. Avec son admirable science de colonisation, elle a fait des Gaulois des citoyens, en créant des cités là où il n'y avait que des clans. Elle leur a donné le goût des lettres et des arts par ses chefs-d'œuvre classiques, par ses constructions et ses entreprises gigantesques. Elle leur a légué sa langue harmonieuse. Elle leur a fait connaître une législation forte, un droit public dont on a beaucoup abusé, mais après tout un droit auquel l'Église elle-même a emprunté une partie du sien. Enfin l'on pourrait encore ajouter à son actif la part involontaire qu'elle a prise à la transmission de la vraie religion après avoir travaillé à propager la fausse; car, suivant une idée à tout le moins respectable, puisqu'on la trouve exprimée par Origène et par saint Léon le Grand, la concentration de l'univers sous le joug romain avait été ménagée par la Providence pour favoriser la prompte diffusion de l'Évangile en Orient et en Occident[1]. Mais, à côté de cela, quels désordres, quelles turpitudes, quelles violations de la loi divine et humaine n'a-t-elle pas introduits sur ce sol déjà trop souillé ? Tout a été dit sur les excès de la décadence romaine aux IIIe et IVe siècles. Il importe cependant de

---

[1] Orig., *Contra Celsum*, II, 30; S. Léon, serm. 82.

montrer que ces excès, que ces vices de l'ordre social et de l'ordre moral ont sévi sur la Gaule avec une effrayante intensité.

Je n'ai pas besoin d'entrer dans autant de détails sur la religion des Romains que sur celle des Gaulois. Nous la connaissons tous parfaitement, et nous pourrions presque nous plaindre, avec un illustre Père de l'Église, d'avoir été plus soigneusement instruits, dans notre enfance, du nom des maîtresses de Jupiter que du nom de nos apôtres ou de nos martyrs. Je rappellerai seulement que ce pays de Gaule, asservi au vainqueur jusque dans ses idées, jusque dans ses mœurs, jusque dans sa langue, adopta naturellement avec une égale passion le culte et les superstitions que Rome elle-même avait empruntés aux Grecs. La Grèce conquise avait moralement absorbé Rome conquérante, parce qu'elle était plus civilisée qu'elle; ici, au contraire, le conquérant, étant le plus civilisé des deux, devait annihiler la nation vaincue. Mais dans l'un et l'autre cas l'assimilation fut aussi complète, et le vainqueur, au fond, fut le même. Bien plus, ce paganisme étranger, que les Gaulois embrassèrent avec tant d'empressement, ils le conservèrent, comme on l'a remarqué, plus obstinément et plus longtemps que les peuples qui le leur avaient communiqué[1]. Il domina surtout dans les grandes villes, dans les *civitates,* plus entièrement romanisées, et dans les provinces méridionales; et il avait si bien éclipsé presque partout le paganisme celtique, que les légendes, les vies de saints, où se trouvent racontés les succès de nos missionnaires, les représentent toujours luttant contre l'idolâtrie romaine, soit qu'elle fût devenue leur seul adversaire sérieux, soit qu'elle fût considérée comme embrassant et réunissant en elle toutes les autres. Effectivement Rome, dans un but politique, avait libéralement ouvert son Panthéon aux dieux de la Gaule. Elle avait travaillé à absorber dans son large et tolérant polythéisme, comme dit

---

[1] Beugnot, *Hist. de la destruction du paganisme,* I, 290. Les Gaulois avaient abjuré jusqu'à leur nom; du temps de Grégoire de Tours, ils ne s'appelaient plus que *Romani.* Le terme de Gallo-Romain est une dénomination rétrospective et savante.

Henri Martin[1], toute la partie extérieure des croyances gauloises. Seulement elle avait romanisé les divinités comme leurs adorateurs : Teutatès était devenu Mercure, Bélen était devenu Phœbus, Ardoinna était devenue Diane, etc. L'analogie des mythes avait servi sa tactique. Mercure, surtout, avait complètement effacé Teutatès : c'était le dieu le plus honoré en Gaule au IVe siècle. On avait fait de lui, en quelque sorte, l'âme du monde, *motum mentium suscitans*. Grégoire de Tours parle d'un temple somptueux appelé Vasso, et déjà mentionné par Pline, qui était situé en Auvergne et qui fut détruit par un chef barbare du nom de Chrocus. Des substructions considérables et des ex-voto à *Mercurius Dumiates*, déterrés dernièrement au sommet du Puy de Dôme, prouvent que ce temple était consacré à Mercure. *Mons Dumiatis*, d'où est venu Puy de Dôme ou Mont de Dôme, est l'analogue de *Mons Mercurii*, et ce dernier nom était lui-même très fréquent dans les contrées montagneuses de la Gaule. Ce *Mercurius Arvernus* était connu jusque sur les confins de la Germanie, où l'on a trouvé cinq inscriptions en son honneur. Un autre temple de Mercure s'élevait au sommet du Donon, dans les Vosges. Un autre existait près de Brioude, et reçut les adorateurs du dieu jusqu'à la conversion du pays par un miracle posthume de saint Julien. A Thorigny, on a découvert une inscription qui accompagnait une statue élevée, en 238, à Sennius Solemnis, grand prêtre de Mercure, de Mars et de Diane chez les Viducasses (habitants de Vieux, dans le Calvados). Tous ces faits confirment le renseignement déjà donné par César : *Deum maxime Mercurium colunt; ejus sunt plurima simulacra... Post hunc, Apollinem, et Martem, et Jovem, et Minervam*. Seulement, au temps de César, Mercure et Apollon n'étaient probablement que Teutatès et Bélen. La préférence donnée au dieu du trafic et de la parole apparaît encore aux derniers jours du paganisme ; car Sulpice Sévère, en rapportant les apparitions des démons ou des divinités païennes à saint Martin, met au premier rang Mercure[2].

---

[1] *Hist. de France*, 1, 155. — [2] Sulp., *Dial.*, II, 13 ; César, *Bell. Gall.*, VI, 17.

Mais ce qui prouve bien mieux la prédominance acquise par la religion romaine, c'est le culte des dieux qui n'avaient point leur analogue dans la religion celtique. Cybèle, par exemple, ne pouvait avoir hérité d'une ancienne divinité gauloise : cette idole était bien une importation du peuple vainqueur. Or la popularité de Cybèle balançait en Gaule celle de Mercure. Son principal sanctuaire se trouvait près d'Autun, qui était pourtant un centre druidique. Il ne fut abandonné qu'à la suite d'un miracle de l'évêque Simplicius, qui leur démontra matériellement l'impuissance de la « bonne déesse » en immobilisant sa statue et les animaux attelés à son char, au moment où ils la promenaient autour de leurs champs [1]. Et pourquoi donc ce succès tout particulier du culte de Cybèle chez les Gallo-Romains ? Toujours pour la grande raison qui faisait la force du paganisme en général : parce que ce culte avait un côté ultra-sensuel et se liait à l'exercice de la débauche. Beugnot, si indulgent pour l'idolâtrie romaine, avoue que les prêtres de Cybèle étaient des hommes infâmes, joignant la bouffonnerie au vice le plus éhonté, parcourant les campagnes pour y propager les superstitions les plus dégoûtantes, superstitions qui devenaient ensuite le plus puissant obstacle à l'adoption du christianisme [2]. Un poème contemporain, récemment découvert, confirme le caractère abominable de leurs mystères [3]. Prudence a flétri, de son côté, ces rites scandaleux, qu'interdirait aujourd'hui la police la plus tolérante. Saint Augustin, saint Ambroise ont élevé, eux aussi, une voix indignée contre cette espèce de prostitution légale qui déshonorait une terre et une époque déjà chrétiennes en partie [4]. Ajoutons à cela les impuretés du culte de Mithra, ce mythe persan que certains rêveurs païens opposaient directement à Jésus, culte venu à la rescousse du fond de l'Orient et habilement associé à celui de Cybèle, comme pour lui communiquer une nou-

---

Cf. Grég., *Hist.*, I, 30, et *Mir. S. Juliani*, 5, 6; Beugnot, *op. cit.*, I, 376; Quicherat, *Hist. du costume*, p. 36; *Revue archéol.*, an. 1855, p. 30.

[1] Grég., *Glor. Conf.*, 77. = [2] Beugnot, *op. cit.*, I, 370; II, 130. = [3] *Sacratis liceat nullis servare pudorem*. Bibl. de l'École des chartes, an 1867, p. 297 et suiv. Cf. *Revue archéol.*, an. 1868, I, 451; II, 54. = [4] Prud., *Hymn.* 10; Aug., *Civit. Dei*, II, 4; Ambr., *Op.*, IV, 460. Cf. Döllinger, *op. cit.*, II, 169; III, 66.

velle force de résistance au moment de la propagation de l'Évangile ; joignons-y les orgies des Saturnales, dans lesquelles, suivant un autre mot de Beugnot, plus profond qu'il n'en a l'air, s'était renfermé à la fin tout le paganisme [1], et les orgies des fêtes de Bacchus, et les orgies des Lupercales, et certaines obscénités dont on retrouve le vestige jusque dans

Destruction d'un temple des faux dieux. — Tapisserie de Montpezat (commencement du xvie siècle).

nos provinces centrales : et nous comprendrons ce qu'était devenue la religion des Gaulois, si l'on peut appeler du nom de religion un ramas de mythes absurdes et de pratiques licencieuses empruntés à l'Inde, à la Perse, à la Grèce, à Rome, aux Celtes, en un mot, à tout ce qui dans le monde avait oublié Dieu et mis à sa place le démon. Ah! c'était bien l'effort suprême de Satan, c'était bien la grande ligue

[1] *Op. cit.*, I, 383. Cf. Döllinger, III, 142; IV, 60.

de l'idolâtrie cosmopolite organisée contre l'armée des prédicateurs du Christ ! Elle n'avait plus pour base la croyance à Jupiter et à l'Olympe, car on ne croyait plus à rien; mais elle s'appuyait sur quelque chose de plus redoutable et de plus tenace, sur les instincts dépravés du cœur humain. Il n'y avait plus de religion; mais il y avait un naturalisme barbare, sans morale comme sans dogmes, favorisant la débauche luxueuse du riche et l'abrutissement du pauvre, « un chaos indéfinissable de scepticisme et de crédulité, de dégoût de la vie et d'aspiration vers l'inconnu, d'inquiétude et d'attentes universelles. » Cette appréciation émane de M. Henri Martin lui-même, et il y ajoute une remarque d'une vérité saisissante : « Il n'est que trop facile, au siècle où nous vivons, de comprendre cette situation des âmes dans un autre âge [1]. »

Hélas ! oui, malheureusement, nous comprenons. Et non seulement nous comprenons cette décadence irrémédiable de l'idée religieuse, mais nous comprenons aussi l'effroyable décomposition sociale qui l'accompagnait, et la corruption générale des mœurs, et les abus croissants du luxe, et le règne des rhéteurs, et la plèbe dévergondée qui allait jusqu'à renoncer à la belle langue de ses pères, à la langue de Cicéron et de Virgile, pour parler un affreux argot, et cette pseudo-liberté cachant la pire des tyrannies, celle de la foule inconsciente, et cette fiscalité impitoyable, et cette adoration du dieu État, dernière idole érigée par le paganisme romain sur les débris de ses divinités en poudre, quand il décréta le culte du divin empereur, de la divine république, et fit encenser la statue de Rome victorieuse, *Roma æterna, Roma invicta, gloria Romanorum!* On était sous le poids de défaites ignominieuses; les barbares avaient déjà profané le sol de la patrie, pillé, ravagé, ncendié, et, sur les ruines fumantes des cités, on élevait quoi ? des théâtres somptueux. Méditons ceci, et rappelons nos propres souvenirs. La métropole des Gaules, Trèves, venait d'être quatre fois assiégée, quatre fois prise, quatre

---

[1] *Hist. de France,* I, 217.

fois dévastée. L'orage à peine passé, les habitants s'assemblent pour supplier l'empereur de leur accorder un dédommagement, une compensation ; et que lui demandent-ils à ce titre ? Un nouveau cirque et des jeux. Ce n'est plus même le *panem et circenses*. Ce sont les jeux tout seuls ! et quels jeux ! « Mais sur quoi donc, leur crie Salvien dans un beau mouvement d'indignation, sur quoi donc bâtirez-vous cette arène ? Sur quoi célébrerez-vous ces réjouissances ? Est-ce sur les cendres de vos maisons, ou sur les ossements de vos frères [1] ? »

Quel trait de mœurs ! Et ce n'étaient pas seulement les grandes cités qui se jetaient ainsi dans les bras de la volupté : nous retrouvons des théâtres et des amphithéâtres jusque dans les petites villes. Et il ne s'agissait pas seulement d'y voir jouer la comédie ou la pantomime, d'y voir lutter, d'y voir danser. Le spectacle des danses lascives était cher, il est vrai, aux populations romaines : le jour où la famine fit expulser de Rome une partie des citoyens, il s'éleva un cri général demandant grâce pour les trois mille danseuses que nourrissait la ville ; et, tandis qu'on renvoyait les savants, les trois mille danseuses restèrent, enlevant le pain aux bouches utiles [2]. Mais cela ne suffisait pas aux jouisseurs blasés de l'époque. On prétend que nos directeurs de théâtres poussent aujourd'hui très loin le luxe de la mise en scène et de la couleur locale : jamais ils n'arriveront à rivaliser, sous ce rapport, avec leurs prédécesseurs antiques. L'adultère et le meurtre figurent en paroles sur nos scènes modernes : sur les leurs ils figuraient en action. Oui, l'on y égorgeait et l'on y violait réellement ; et quand on ne le faisait pas, le public réclamait. Salvien nous parle de toutes ces horreurs ; il les avait sous les yeux : *quod ipse vidi et sustinui!* Elles ne se passaient point dans toutes les villes de Gaule, ajoute-t-il ; mais elles ne cessaient que dans les villes où commandaient les barbares. Et dans toute la Gaule, dit-il encore, l'attachement à ces pratiques païennes, auxquelles des chrétiens ne craignaient pas de prendre part

---

[1] *De Gubernatione Dei*, liv. VI. = [2] Ammien Marcellin, XIV, 6; Am. Thierry, *S. Gerôme*, p. 8.

(témoin les célèbres objurgations de saint Ambroise), était en rapport avec l'opulence des cités ou la richesse des pays [1]. Comment s'étonner, d'ailleurs, de pareils excès dans une société où, depuis plusieurs siècles, la prostitution était entrée dans le culte et la débauche dans les temples, où la religion était tombée si bas, qu'elle devenait, comme on le lit dans Tacite, une cause de démoralisation pour tous les peuples soumis à l'influence romaine ?

Parlerons-nous du régime politique étendu par les Romains à la Gaule ? On sait que le despotisme était sur le trône, l'avilissement dans le sénat, et que les modifications apportées aux lois par les empereurs chrétiens n'étaient que des palliatifs impuissants. En raison même de leurs fonctions, ces princes ne pouvaient se convertir entièrement à l'idée chrétienne. Le régime administratif de Julien le païen ne diffère pas sensiblement de celui de Constance l'arien ou de Théodose le catholique. Julien mit seulement plus de franchise dans la persécution. Par exemple, au lieu d'accorder, comme Constantin, des privilèges aux littérateurs et aux professeurs, ce lettré, que des écrivains récents voudraient nous faire prendre pour l'homme de la tolérance, cet « ami sincère de la liberté des cultes », comme l'appelle sans malice Beugnot, n'eut rien de plus pressé que d'interdire aux catholiques la faculté d'enseigner. Et quels considérants invoque-t-il dans son décret tyrannique ? La première ligne du texte va nous en dire assez : *Attendu que maintenant, grâce aux dieux, nous jouissons de la liberté* [2]!...

Parlerons-nous davantage de l'organisation de la société et de la famille ? L'esclavage formait le fond de la première, l'absolutisme celui de la seconde. Les campagnes étaient dépeuplées au profit des *civitates;* le paysan était remplacé par l'ouvrier, et l'ouvrier était asservi. Comme le disaient déjà Platon et Cicéron, le travail manuel était le lot des

---

[1] *De Gubernatione Dei*, liv. VI. Cf. Tertullien, *de Spectaculis*, 10; Martial, *Spectac.*, 21; Ozanam, *Civil. au ve siècle*, I, 124. On ne se figure pas combien le théâtre a contribué à précipiter la décadence romaine. Zozime dit que la pantomime seule a plus fait que tout le reste pour la ruine de l'empire. (*Hist.*, I, 6.) =
[2] V. Ozanam, *Civil.*, I, 287; Beugnot, *op. cit.*, I, 192.

êtres dégradés, des plus vils esclaves [1] ; et l'esclavage antique, chacun sait ce qu'il était. L'étranger n'était pas plus protégé que le malheureux. Tout étranger était un barbare, un *hostis*, du moins dans la rigueur de la loi romaine. L'enfant pouvait être vendu ou tué par son père, exposé par sa mère. Et la mère elle-même, quelle situation occupait-elle ? De par le droit, l'épouse pouvait être répudiée à volonté ; de par les mœurs, elle se vouait elle-même au mépris. « La femme n'est qu'un animal sans pudeur ; » voilà encore une définition sortie de la bouche d'un philosophe romain [2].

Donc, en fin de compte, on peut dire que la conquête romaine, que la transformation des Gaulois en Romains fut plus nuisible que salutaire, et qu'elle nous aurait apporté plus de mauvais éléments que de bons, si une autre métamorphose, opérée par une main divine, n'avait amené un triage indispensable ; si une puissance nouvelle n'était venue séparer le bon grain de l'ivraie, en gardant et en purifiant le droit, la littérature, les arts, la langue, et en bannissant, au prix d'efforts séculaires, la superstition, la corruption, le despotisme. La société romaine était barbare à sa manière. Il y a, en effet, deux barbaries, comme il y a deux civilisations. Il y a la barbarie des peuples qui arrivent ; il y a la barbarie des peuples qui s'en vont. Laquelle est la pire ? Je ne sais trop ; mais nos pères les ont certainement connues toutes deux, et quant à nous, prions Dieu de ne jamais connaître la seconde !

Je dois dire un mot d'un troisième élément païen qui, à la vérité, ne s'était pas encore introduit dans la Gaule à l'époque de saint Martin, mais qui déjà attendait à la frontière, tout prêt à se mêler aux races indigènes. Il est d'autant plus nécessaire de ne pas le laisser de côté, qu'il a été, lui aussi, prôné à l'excès. La vieille société était perdue, a-t-on dit ; mais le salut pouvait venir des Germains. Depuis Boulainvilliers, des Allemands de France et des Allemands d'Allemagne ont rompu mainte lance en faveur de cette cause. Ils

---

[1] Platon, *Republ.*, 6, 9 ; Cicéron ; *de Officiis*, 142. = [2] Sénèque, *de Constantia sapientis*, 14. Pour le reste, voy. notamment Döllinger, *op. cit.*, IV, 54, 56, 66, 80, et le cours professé autrefois à l'École des chartes par M. Ad. Tardif.

auraient pu apprendre du grand écrivain catholique que j'ai déjà cité à décrire les mœurs et les qualités de la race franque sans tomber dans l'exagération. Mais, en dignes émules des celtomanes, ils ont voulu voir dans l'influence germanique la source de tout bien, le principe fécondant du monde nouveau. Poutant ce principe était au moins fort mélangé; il s'y joignait encore des germes délétères. En effet, la religion des Germains ne valait guère mieux que celle de Rome. Woden, dont le nom paraît un dérivé du Bouddha indien, Thor, Frigga, différaient si peu de Mercure, de Jupiter, de Vénus, qu'ils furent identifiés par les Romains à ces divinités. Ainsi, à ce point de vue, tout le résultat de la conquête germanique devait se borner à ceci : une troisième famille de dieux allait se mêler aux dieux gaulois et aux dieux venus de la Grèce dans ce large Panthéon ouvert à toutes les inventions de la crédulité humaine ; une troisième couche d'idolâtrie allait se superposer sur notre sol aux deux précédentes, si elle n'avait été devancée par le christianisme. On a même retrouvé chez les anciens Germains et les sacrifices humains, et les dévotions infâmes, et jusqu'à l'anthropophagie [1]. Que les Allemands viennent donc nous dire, après cela, que la religion de leurs ancêtres était pure, et qu'ils auraient fort bien pu se passer de la régénération par l'Évangile ! Il faut l'avouer pourtant, leurs mœurs étaient plus chastes que celles des Romains : nous devons en croire Tacite et Salvien. Quoique la polygamie ait existé parmi leurs chefs, quoique le divorce ait été admis par leurs coutumes, comme l'indiquent les *Formules de Marculfe*, ils professaient plus de respect pour la femme : tout en l'excluant des affaires publiques, ils l'entouraient d'une protection spéciale (*mundium*), exercée soit par le père, soit par le mari, soit par les parents du mari ; ils lui accordaient une existence légale, tandis qu'elle n'était même pas une personne aux yeux du droit romain. L'égalité des époux et la communauté de biens dans le mariage nous sont venues en partie de leur ancienne législation. L'absolutisme du père de famille n'existait pas non plus chez eux : le père

---

[1] Ozanam, *Études germaniques*, I, 90 et suiv.

administrait les biens pour le compte de la famille entière.
La servitude était moins rigoureuse [1]. Voilà, sans doute, de
bons éléments, qui compensent quelque peu le vice de la
barbarie. On peut encore ajouter que notre régime monarchique et représentatif, notre organisation militaire, notre
chevalerie, et les magnifiques épopées où revivent ses
exploits sont de provenance germanique. C'est même la
meilleure réponse à faire à Augustin Thierry, quand il vient
nous affirmer que la France est purement gallo-romaine par
ses origines civiles. Faut-il donc ne compter pour rien, dans
l'essence d'une nation, son gouvernement, ses institutions
politiques ? Guizot est beaucoup plus dans le vrai en revendiquant pour les Francs l'honneur de nous avoir apporté
l'esprit de liberté individuelle, la passion de l'indépendance,
et ce genre de dignité fière que l'homme barbare conservait
dans son camp, que le Romain perdait trop souvent dans sa
cité [2]. Enfin, pour être juste jusqu'au bout, on peut attribuer
à l'invasion germaine un bienfait plus précieux encore : elle
nous a rendus christianisables (on me passera ce mauvais
néologisme), du moins en tant que nation. Sous le régime
romain, il pouvait y avoir des chrétiens ; il ne pouvait y avoir
de société chrétienne, de peuple chrétien. Nous en avons vu
la preuve : ce vieux monde gangrené n'était plus guérissable.
Pareil aux vieillards endurcis, blasés, qui ont perdu jusqu'au
sentiment du bien, il confondait dans un accouplement monstrueux la vérité et le mensonge, la religion et le vice. Cette
terre, longuement et profondément saturée d'immondices,
ne pouvait plus être pénétrée par la rosée divine. Il fallait
à ce cadavre vivant un remède radical : il lui fallait la transfusion du sang. Ce sang qui devait le raviver, c'était celui
d'un peuple jeune, à l'âme neuve, au corps vigoureux. Un
célèbre positiviste, M. Littré, a nié la nécessité de cette
opération ; il a cherché à démontrer que le mélange de la
race germaine n'avait pu influer que défavorablement sur
notre nation [3]. Mais il s'est tenu à tort au point de vue phy-

---

[1] Cours de droit féodal de M. Ad. Tardif. = [2] *Hist. de la civilis.*, I, 228. =
[3] *Études sur les barbares et le moyen âge;* Paris, 1867, in-8º.

siologique : le sang matériel n'est pas tout, et l'exemple des sauvages d'Amérique n'a rien à faire ici. On peut lui répondre, avec un de nos jeunes érudits catholiques, M. Marius Sepet, que les matériaux apportés par les Francs à l'édifice de la société moderne étaient indispensables, parce qu'on ne bâtit pas seulement avec des ruines. On peut lui répondre, avec Montalembert, avec Beugnot lui-même, que le colosse de l'empire devait être frappé au pied, parce qu'il barrait le chemin à la vraie civilisation ; que, sans les barbares, l'entreprise d'isoler le monde chrétien du monde païen aurait échoué [1]. On peut lui répondre, enfin, en montrant de loin Byzance, ce grand enseignement de l'histoire. Byzance, voilà où sont allées les provinces de l'empire romain qui n'ont pas été balayées par les robustes balayeurs du Nord ; voilà où nous serions allés, nous aussi, et très vite, si cet élément de vie et de jeunesse n'avait pas été jeté dans le creuset par le Dieu qui voulait créer la France.

Ainsi donc, la race germanique nous a apporté de réels avantages, je le reconnais sans marchander ; mais, hâtons-nous de le proclamer, ces avantages étaient plutôt des aptitudes qu'un principe de vie. Les Germains ont été un instrument : ils ne pouvaient être le salut. Seuls, ils eussent été aussi impuissants, aussi stériles que les Gallo-Romains seuls. Bien plus, le mélange des deux races n'eût abouti qu'à une barbarie plus compliquée, si l'opérateur divin se fût borné là. Les barbares, comme l'a dit un savant trop peu connu, seraient restés barbares sur la terre romaine, ou n'auraient participé à la civilisation de Rome que pour tomber et mourir bientôt avec elle [2].

---

[1] Sepet, *l'Invasion des barbares* (extrait des *Questions historiques*), p. 40; Beugnot, *op. cit.*, II, 179; Montalembert, *les Moines d'Occident*, I, 36. = [2] Lehuérou, *Institutions mérovingiennes*, p. 245.

CHAPITRE III

ACTION VIVIFIANTE DU CHRISTIANISME — NÉCESSITÉ DE SA COMPLÈTE DIFFUSION

Ù est donc le véritable élément de salut ? Où est donc le levain qui doit faire monter toute cette pâte humaine, toutes ces races pétries et triturées ensemble sous le pilon des révolutions politiques et sociales ? Regardons, le voici. C'est un homme inconnu, à la mise étrange, à l'œil plein d'une flamme mystérieuse, qui débarque, seul et silencieux, sur le rivage de la Provence. Se nomme-t-il Paul ? Se nomme-t-il Denis ? Est-ce un de ces obscurs personnages dont l'histoire n'a jamais répété le nom ? Je n'en sais rien, je ne veux pas m'en enquérir ici.

Il me suffit de savoir que c'est le premier Apôtre de l'Évangile qui ait mis le pied sur le sol de la future France. Cet homme-là, en vérité, porte dans les plis de sa robe de bure vingt siècles de civilisation et de gloire ; il porte Tolbiac et Reims, des milliers de saints et de monastères, et l'affranchissement du peuple, et Charlemagne, et les croisades, et saint Louis, et Jeanne d'Arc, et le siècle de Louis XIV, et la liberté moderne, et nous tous, Français d'aujourd'hui, qui sommes là pour attester que le christianisme et la liberté ne font qu'un. Il va tout droit devant lui ; il entre dans une ville où il ne connaît âme qui vive, et d'où peut-être il sera chassé ignominieusement, s'il n'est pas massacré. Il parle, il gagne à Jésus-Christ un petit nombre d'âmes privilégiées. Il fonde une première chrétienté, une première église : comme elles devaient être belles à contempler, ces prémices obscures de la grande nation catholique! Puis il va dans une autre cité, puis dans une troisième. Ses disciples font de même. De nouveaux apôtres accourent d'Italie ou d'Orient.

Bientôt les villes de la Gaule sont en majorité chrétiennes ; les campagnes le deviennent à la voix de saint Martin, les guerriers barbares à la voix de saint Remi. La France est enfin constituée par la puissance de l'Église, et si parfois ses princes se souviennent de leur antique barbarie, l'Église encore est là pour les dompter. Elle les forcera de respecter les liens du mariage, d'observer la justice, de protéger les petits et les pauvres. Elle affranchira les esclaves. Elle remplacera les cirques par les hôpitaux, les temples de l'impureté par des sanctuaires vénérables, les Saturnales, les Lupercales par des fêtes édifiantes et consolantes à la fois. Elle établira le droit d'asile pour les malheureux et les fugitifs. Elle défendra d'exposer les enfants, et les recueillera pour les tirer du bourbier de l'ignorance. Elle dira à la femme : « Tu es l'égale de l'homme, » et, au lieu de l'animal sans pudeur de Sénèque, nous aurons les Geneviève et les Blanche de Castille. Elle dira au peuple : « Tu existes, » et le peuple, comme la statue de Pygmalion, s'éveillera à la vie.

Voilà, en raccourci, quelques-uns des bienfaits que notre société doit au règne de l'Évangile. Je ne veux pas répéter, après tant d'autres, que l'Église a sauvé l'art d'écrire, l'art de peindre et tous les autres arts, engloutis dans la tourmente des invasions. Si nous pouvions l'oublier, notre langue elle-même, qui porte dans la structure de ses phrases la trace de l'influence des livres saints, notre poésie, qui doit aux hymnes sacrées des premiers siècles et son rythme, et son syllabisme, et la disposition de ses strophes,

Baptême de Clovis (peinture murale de Laugée, dans l'église Sainte-Clotilde, à Paris).

nous le rappelleraient à chaque instant. Les adversaires du catholicisme ont beau faire : ils demeurent malgré eux les fils de l'Église, dans leur vie privée, dans leur vie publique, jusque dans l'exercice de cette liberté qu'ils ont reçue d'elle et qu'ils voudraient retourner comme une arme perfide contre leur propre mère. La marque du Christ, qui ne s'efface plus lorsqu'elle a été si profondément gravée, les poursuit partout. En vain prétendent-ils faire disparaître ce stigmate qui accuse leur ingratitude ; en vain cherchent-ils à rejeter de leurs épaules cette robe de Nessus qui les brûle. Ils font des lois, ils font des révolutions : et au moment où ils se croient enfin débarrassés de ce cauchemar qui les obsède, la marque est là qui reparaît, dans un coin oublié du code, dans les habitudes domestiques, dans un repli caché de l'âme ; la marque est là toujours, et elle ne s'en ira jamais.

Résumons par une formule claire et précise le résultat de l'enquête à laquelle nous nous sommes livré. Nous devons, sans doute, quelque chose aux trois races qui ont concouru à former notre nation. Les Celtes nous ont engendrés : nous tenons d'eux ce qu'on tient de la nature, le sang, le physique, le tempérament. Les Romains nous ont civilisés : nous tenons d'eux ce qui est du ressort de la civilisation, les lettres, les arts, la culture intellectuelle et une partie de notre droit social. Les Francs nous ont conquis et gouvernés : nous tenons d'eux ce qui a rapport au gouvernement de la nation, le régime politique, l'organisation militaire, la loi et la coutume qui ont régné dans notre pays pendant de longs siècles. Mais chacun de ces apports est, en définitive, mêlé de principes morbides d'où résultait l'impuissance la plus absolue, et qui auraient amené, à brève échéance, la chute irrémédiable de l'humanité. Au christianisme seul nous devons les éléments essentiels de l'existence, car c'est lui qui fait les nations viables. Nous lui devons, entre autres bienfaits, la moralité, l'émancipation de la servitude intellectuelle et de la servitude matérielle, la libre possession de nos corps et de nos âmes ; nous lui devons l'idée de l'honneur, l'idée de la charité, l'idée de l'égalité, qui n'auraient même pu germer dans l'esprit des païens. On parle de l'invasion barbare et de ses résultats. Mais je vois, et l'histoire l'a déjà signalée [1], une bien autre invasion, cent fois plus féconde, cent fois plus imposante, conduite par la main de l'Église, couvrir le monde aux origines de notre histoire. C'est la grande invasion des faibles, des pauvres, des déshérités, qui étaient auparavant des zéros, des êtres ne comptant pas, et qui viennent tout d'un coup prendre leur place au soleil. C'est l'irruption de la classe populaire dans une société composée jusque-là de patriciens et d'esclaves. Est-ce qu'il serait seulement question du peuple aujourd'hui, si le Christ et ses disciples n'étaient venus ramasser les ouvriers, les paysans, les femmes, les enfants dans la fange où ils croupissaient pour leur restituer leurs droits naturels? Révolution démocratique et sociale, s'il en fut! L'histoire n'en offre point et n'en offrira jamais de si radicale ; car l'élément générateur de la vraie civilisation ne peut être donné qu'une fois à la terre.

Tel était le grand œuvre auquel saint Martin était appelé à prendre une part importante, je dirai même une part décisive. En effet, le christianisme, quoique implanté de bonne heure en Gaule, n'y était pas universellement répandu au IVe siècle. Après avoir vu combien son établissement était nécessaire à la société gallo-romaine, nous allons reconnaître combien il était encore incomplet. La foi chrétienne régnait dans les cités, dont les apôtres primitifs s'étaient d'abord emparés afin de rayonner de là sur tout le territoire qui en dépendait, suivant la sage tactique dont le gouvernement romain lui avait donné l'exemple ; mais la plus grande partie des campagnes était encore plongée dans l'idolâtrie. L'histoire entière de notre grand saint est là pour l'attester : si l'on admettait ce fait général, elle n'aurait plus aucun sens. On sait, du reste, et c'est une remarque faite depuis longtemps, que les mots mêmes de paganisme et de païen viennent de la religion que professaient les *pagani*, c'est-à-dire les habitants des *pagi*, pays ou territoires situés en dehors des cités. Nous avons encore des preuves plus précises ; par exemple, ce petit problème bucolique, cité par

---

[1] Ozanam, *Civil.*, II, 111.

Beugnot, dont l'auteur appelle Jésus-Christ le Dieu des grandes villes[1]. Nous voyons les laboureurs et les vignerons de la banlieue d'Autun adorer Berecynthia ou Cybèle jusqu'au jour où l'évêque Simplicius leur fait sentir matériellement l'impuissance de leur idole[2]. Vers le même temps, saint Jérôme se plaint avec douleur que la Gaule et la Bretagne soient encore sous le joug du paganisme[3]. Or ces paroles ne peuvent évidemment s'appliquer aux villes, qui avaient un clergé, des églises, des basiliques. Elles sont dictées par la profonde pitié que l'état des âmes des paysans inspirait aux grands cœurs catholiques. Enfin, les traces persistantes des supertitions païennes qu'on retrouve au moyen âge et jusqu'à nos jours, parmi les habitants de nos campagnes, montrent bien que ces débris de la religion antique eurent chez eux leur dernier asile. Cependant, s'il faut reconnaître que la grande majorité de la classe rustique adorait encore les idoles, on ne saurait aller au delà sans témérité. Un passage de saint Justin nous indique, en effet, qu'il y avait aussi quelques chrétiens dans ses rangs, même avant le IV° siècle : il nous représente les fidèles « de la ville et des champs » se réunissant le dimanche pour entendre la lecture des textes sacrés et participer à l'offrande[4]. Ce témoignage, il est vrai, ne s'applique pas à la Gaule en particulier. Quoi qu'il en soit, on peut toujours affirmer, d'une manière générale, que le christianisme dominait chez les citadins et l'idolâtrie chez les paysans. De tout temps, ces derniers ont conservé plus longtemps que les autres les traditions de leurs pères : ils étaient réactionnaires vis-à-vis de la religion nouvelle comme ils le sont actuellement vis-à-vis du néopaganisme. Dans les cités on connaissait les justes milieux ; il y avait, à côté des chrétiens fervents, des philosophes, des rêveurs, des manichéens, des ariens. Dans la classe rustique, au contraire, on ignorait toutes ces subtilités : on adorait

---

[1] *Signum quod perhibent esse crucis Dei*
Magnis qui colitur solus in urbibus.
(*De mortibus boum*, v. 106; Beugnot, *op. cit.*, II, 210.)

[2] Grégoire de Tours, *Glor. Conf.*, 77. = [3] *Hieron. op.*, IV, 298. = [4] S. Just., *Apolog.*, I, 67.

franchement Cybèle ou Belenus ; mais aussi, comme on devait un jour adorer franchement le vrai Dieu !

Il y avait encore une autre cause à cette inégalité de la condition religieuse des villes et des campagnes. Dans le système de gouvernement établi par les Romains, les villes étaient tout : la puissance de leur domination reposait sur l'importance exorbitante accordée à la *civitas*, qui était leur création et qui avait tué les anciens clans gaulois. Le reste du pays était annulé. Il était même peu habité : les « solitudes de l'empire », disait-on en parlant des régions qui séparaient les uns des autres ces grands centres administratifs et stratégiques. Les bourgs étaient clairsemés ; des forêts épaisses couvraient la moitié du sol ; en outre, l'esclavage, l'oppression de la fiscalité impériale, la misère avaient fait fuir ou périr une bonne partie de la population rurale. Notre civilisation s'étend, dans une mesure variable, à tous les coins de la France : c'est une conséquence du développement de la liberté et de l'agriculture. Celle de Rome, au contraire, se concentrait dans les colonies florissantes établies par elle de place en place, et d'où elle tenait sous sa main tout le territoire sans l'occuper matériellement. Les campagnes étaient donc délaissées de toutes les façons. Les lois des empereurs chrétiens n'y exerçaient qu'une action fort peu efficace. Les cérémonies païennes continuaient de s'y accomplir au grand jour, après Constantin comme avant, sans que les magistrats parussent s'en inquiéter [1]. Les missionnaires, les évêques avaient dû faire jusque-là comme l'administration impériale, et se contenter d'un rayonnement assez restreint autour des remparts des cités : l'essentiel pour eux avait été d'abord, comme je le disais tout à l'heure, de s'assurer de ces dernières ; c'était là le cœur de la place et le plus pressé de la besogne. Mais précisément, au IV° siècle, il se préparait un revirement, un déplacement des forces sociales dont la seule annonce donnait, au contraire, l'urgence la plus impérieuse à la conversion des campagnes. Les

---

[1] Voir à ce sujet Lehuérou, *op. cit.*, p. 137, 191; de Pétigny, *Études sur l'époque mérovingienne*, I, 315; Dubos, II, 450; Beugnot, II, 209.

Francs allaient venir ; et les Francs, à l'inverse des Romains, allaient délaisser les cités, pour habiter de préférence les *villas* ou les grands domaines agricoles. Leurs princes eux-mêmes devaient fixer longtemps leur résidence dans les anciennes métairies du fisc, devenues le noyau du domaine royal, et y retenir avec eux une nombreuse population de colons, abandonnant à leurs officiers, à leurs comtes l'administration des villes [1]. Ils devaient donc rendre à l'élément rural son antique prépondérance. Mais là justement était le danger. Si des Germains païens et barbares se trouvaient en contact journalier, dans les plaines ou les vallées de la Gaule, avec des rustres également idolâtres et tout aussi peu civilisés, il ne pouvait rien résulter de bon d'un pareil mélange. De ces deux couches superposées de paganisme et de barbarie devait fatalement sortir un paganisme plus touffu, une barbarie indéracinable ; car, je le répète, les aptitudes ou les qualités latentes de la race germaine, quelque précieuses qu'elles fussent, n'étaient pas de force à combattre efficacement chez elle l'influence d'un culte détestable. Deux corruptions réunies engendrent forcément la peste. Il fallait donc que l'Évangile prît solidement possession de la classe des paysans avant l'arrivée des barbares. Il fallait, pour éviter le naufrage complet de la société, que les Francs trouvassent devant eux, en se répandant dans les champs de la Gaule, des chrétiens fidèles et nombreux, qui se heurtassent à la croix, comme un flot de la marée montante se heurte à la digue infranchissable, et que le Dieu cloué sur cette croix les attirât jusqu'à lui. En se trouvant transportés dans un milieu de croyants, les conquérants devaient se sentir prédisposés au baptême et devenir eux-mêmes la conquête de l'Église.

C'est cette considération, tout à fait digne de l'attention de l'histoire, qui nous donne la clef de la mission de saint Martin. Dieu voulait créer une France, et non pas une seconde Germanie. Il envoya donc un homme doué d'une force surnaturelle, chargé de rendre impossible le triomphe imminent de la barbarie païenne en opposant à son retour

---

[1] V. de Pétigny, III, 45 ; Dubos, I, 105 et II, 548.

offensif une masse résistante, compacte, inébranlable. Il était grand temps, nous l'avons vu. Il était temps, d'une part, de sauver ces malheureux habitants des campagnes qui, après s'être abrutis dans la débauche, après avoir traîné toute leur vie un corps misérable et une âme souillée, ne connaissaient d'autre remède que d'aller se prosterner devant un chêne ou devant une mare, avec l'unique ressource de s'y pendre ou de s'y noyer. Il était temps, d'un autre côté, de préparer la conversion de la jeune race appelée à remplacer dans un avenir très prochain ces maîtres dégénérés du monde, ces Romains de la décadence, dont le nom est resté synonyme d'impuissance et de sénilité ; sans quoi la société antique eût achevé de périr, et la société moderne ne fût jamais née.

Saint Martin occupe donc une place à part, il est hors de pair dans la grande famille des évangélisateurs de notre patrie. On peut distinguer dans cette nombreuse tribu trois lignées ou trois générations différentes, qui ont eu chacune leur tâche, qui ont chacune leur titre de gloire. La première, celle des disciples des apôtres et des envoyés de Rome qui, du 1er au IIIe siècle, ont prêché dans les cités, converti les patriciens, les magistrats, les ouvriers, les esclaves, et fondé, au prix de mille sacrifices, souvent au prix de leur vie, nos églises diocésaines. C'est la phalange serrée des Martial de Limoges, des Denis de Paris, des Paul de Narbonne, des Gatien de Tours, des Saturnin de Toulouse, des Trophime d'Arles, des Austremoine de Clermont, des Clair d'Albi, des Bénigne de Dijon, des Crescent de Vienne, des Irénée de Lyon, et de tant d'autres athlètes oubliés, dont le nom serait inscrit en tête du vrai nobiliaire de notre nation, si nous avions su tenir avec soin ce livre d'or. Leur rôle, à ceux-là, est de jeter les fondements de l'édifice, d'asseoir profondément dans les entrailles de notre sol ces pierres angulaires contre lesquelles les portes de l'enfer doivent se briser éternellement. Ils s'avancent sur une terre inconnue, en pays ennemi. Ils sèment la parole, et d'autres viendront récolter les actes. Ils jettent le grain, et d'autres viendront amasser les fruits dans les greniers du Seigneur, qui seront nos églises. Honneur à ces ouvriers de la première heure, qui ont frayé le chemin de la civilisation chrétienne! Sans eux, la cité allait à la barbarie par la corruption, et la cité, nous venons de le voir, était presque tout le monde romain. Mais elle ne pouvait rester tout le monde : un tel privilège eût été par trop contraire à la morale de l'Évangile. En dehors de ses remparts protecteurs attendait la foule des abandonnés, le long cortège des victimes du fisc et des invasions, toute cette classe agricole, qui n'était rien encore, mais qui allait précisément surgir à la vie, à la prospérité morale et matérielle sous le souffle fécond de l'égalité chrétienne. Cette opération, cet enfantement laborieux, dont je viens de démontrer l'urgence, sera l'œuvre de notre seconde lignée apostolique, et ce sera le grand événement social du ive siècle. Son principal agent sera l'homme dont nous allons étudier l'histoire. Saint Martin donnera à la France, donnera à l'Église ces générations actives, solides, travailleuses, qui, après quinze siècles de labeurs, de décimation, de fléaux de toute espèce, formeront encore la réserve suprême de la grande armée catholique et nationale. Avec un groupe d'évêques, Hilaire de Poitiers, Maximin de Trèves, Simplice d'Autun, etc., avec ses disciples et ses moines, Brice, Maurille, Victorius, Florent, Patrice, et toute la milice religieuse formée à l'école de Marmoutier, il peuplera d'églises, de monastères, de villages les vastes espaces couverts naguère par l'ombre des forêts sauvages et par l'ombre plus épaisse encore des superstitions druidiques. Il établira des paroisses rurales, indice significatif de l'avènement d'une classe nouvelle ; et son apostolat fera descendre la sève du christianisme jusqu'aux plus profondes racines de la nation. Enfin la troisième lignée, c'est celle qui a conquis à la vérité les races barbares de la Gaule ; c'est celle des saint Remi, des saint Avite, des saint Colomban et de leurs courageux émules. On peut dire aussi d'eux qu'ils ont empêché la revanche du paganisme. Ils ont opposé leur corps à l'ennemi, et ils l'ont refoulé. Ils sont venus les derniers ; mais ils ont eu l'honneur d'achever et de consolider l'ouvrage de leurs devanciers. Ils ont couronné l'édifice, planté le drapeau sur le faîte : ils n'ont rien à envier aux autres. — Telle a été la part de labeur assignée à chacune de ces légions d'ouvriers évangéliques. Il n'a pas fallu moins pour fonder la nation très chrétienne. *Tantæ molis erat Gallorum condere gentem !* Et telle a été la mission particulière du grand saint qui a été le centre de toute cette pléiade et son astre le plus brillant ; car c'est lui qui a été surnommé l'Apôtre des Gaules par excellence. L'étude de sa vie est donc faite pour intéresser tous les Français.

Saint-Martin de Cologne (d'après un tableau de Dominique Quaglio).

LIVRE II

LE SOLDAT

CHAPITRE I

NAISSANCE DE MARTIN — SON ORIGINE ET SON LIEU NATAL

aint Martin naquit vers la fin de l'année 316 ou dans la première moitié de l'année 317. La date de cet événement, qui devait avoir tant d'influence sur les destinées de la Gaule, a été très controversé. Quelques historiens ont été jusqu'à la placer vingt ans plus tard, sans raison décisive. Cependant les indications positives de Grégoire de Tours, reposant sur la tradition de son Église, peut-être aussi sur des diptyques que l'on y conservait, et un synchronisme certain fourni par Sulpice Sévère, le biographe

contemporain du saint, s'accordent sur ce point capital : or cet heureux accord est trop rare pour que l'on n'y ait pas égard, et il doit inspirer confiance à la critique. On pourrait peut-être préciser davantage, et circonscrire l'intervalle dans lequel a dû se produire l'événement entre le 8 novembre 316 et le 25 juillet 317 [1]; mais il serait inutile d'en demander plus long aux sources trop avares que nous possédons : le jour et l'heure sont demeurés le secret de Dieu. A cette époque, l'ère des persécutions était close; la paix était rendue à l'Église. Il y avait dix ans que le grand Constantin était arrivé à l'empire; il y avait quatre ans qu'il avait écrasé son compétiteur Maxence en arborant sur ses étendards la croix, qui devait désormais gouverner le monde. Assez de martyrs avaient versé leur sang pour établir le règne du Christ : après ces glorieux vainqueurs il fallait à la société nouvelle des organisateurs puissants. L'heure des grands pontifes avait sonné ; le siècle des Athanase, des Ambroise, des Augustin venait de s'ouvrir. En répartissant ces lumières de l'Église entre les différents peuples, Dieu ne pouvait oublier la Gaule : c'est pourquoi venait au monde, à ce moment même, un enfant ignoré, qu'elle devait bientôt saluer comme un soleil levant [2].

Cet enfant n'était pourtant pas le sien. Il naissait en pays étranger, bien loin derrière la chaîne des Alpes et ses ramifications multiples, sur la terre généreuse qui devait produire un jour les saint Étienne et les sainte Élisabeth, et d'où étaient sortis déjà les empereurs Aurélien, Probus, Claude le Gothique, Constance Chlore. La Pannonie était surnommée, pour ce motif, le berceau des Césars : la Hongrie pourrait s'appeler le berceau des héros chrétiens. Cette contrée appartenait à l'empire romain depuis Tibère. Sa population était assez hétérogène. Elle se composait principalement d'une partie de la grande tribu des Slaves illyriens, établis depuis un âge reculé sur les rives du Danube. Aussi les historiens des pays slaves ont-ils revendiqué avec un légi-

---

[1] V. l'éclaircissement chronologique publié à l'appendice. = [2] *Tunc jam et lumen nostrum exoritur, novisque lampadum radiis Gallia perlustratur.* (Grégoire de Tours, *Hist.*, I, 36.)

time orgueil saint Martin pour un des leurs. La Pannonie et la Dacie, disent-ils, étaient couvertes, avant la conquête romaine, des rameaux de cette race innombrable. Auguste et surtout Trajan y envoyèrent des armées romaines, des colons romains, mais qui ne se fondirent pas avec la population indigène ; car le nom de Trajan, qui ailleurs éveille des idées de clémence, est demeuré jusqu'à nos jours chez les Slaves, particulièrement en Serbie et en Bulgarie, le synonyme de monstre inhumain, et n'évoque que le souvenir d'une lutte nationale. Les Suèves aussi auraient appartenu à cette race, et c'est pourquoi le culte de saint Martin de Tours, apporté chez eux par saint Martin de Braga, son compatriote, y fut adopté avec empressement. Le nom même de Braga (Portugal) serait l'équivalent de *Praha* ou Prague (Bohême). D'autres vocables intimement liés à l'histoire de l'évêque de Tours semblent d'origine slave : la difficulté d'expliquer à l'aide des seules racines celtiques les mots *Ligugé* (*Locoteiacum*), *Andeltham* ou *Andethanna*, disparaît si l'on a recours à la langue des anciens Pannoniens, dans laquelle *Luzice* signifie un pays agréable et fertile, et *Andeltham,* un lieu où l'ange est apparu ; ce qui se rapporterait parfaitement au site du monastère fondé en Poitou par notre grand saint et à l'endroit où un ange est venu le consoler à sa sortie de Trèves. Enfin (dernier argument) Martin, durant sa longue carrière, a montré dans son extérieur comme dans sa conduite le caractère slave. Les auteurs anciens dépeignent les hommes de cette nation comme des gens simples, pacifiques, pieux, habitant des cabanes et cultivant les champs, honorant les dieux sous le ciel et n'ayant pas de sacrifices sanglants : tous ces traits conviennent également à sa figure. Tels sont les motifs invoqués récemment à l'appui de cette thèse par le docteur Riha, de Budvice[1]. Quelques-uns sembleront peut-être un peu singuliers. Expliquer la vocation d'un moine et le genre de vie d'un apôtre par le caractère général de sa nation serait une hardiesse

---

[1] Auteur d'une Vie abrégée de saint Martin, publiée en langue tchèque à Budvice (Bohême), en 1878.

digne de ces profonds Allemands, qui cherchent des raisons matérielles au moindre phénomène moral. Mais, du reste, le savant Bohémien ne va pas tout à fait jusque-là ; et il convient ailleurs que l'on retrouve chez son héros l'influence des trois races slave, romaine et gauloise. Nous verrons plus loin de quelle façon l'on peut dire que saint Martin personnifie en lui les prérogatives de la nation gallo-romaine ou française : nous pourrions donc, au même titre, le réclamer pour nous ; et nous aurions même un argument beaucoup plus fort dans la présence, autour du Danube et au milieu du Norique, d'un assez grand nombre de tribus celtiques, établies là depuis une expédition des Gaulois. Toutefois nous ne nous hasarderons pas aussi loin : nous admettrons plutôt que notre apôtre national était Slave d'origine, par la raison bien simple que la race slave comprenait alors la majorité de la population pannonienne. Il n'est pas besoin de chercher des preuves d'une autre espèce, et nous pouvons faire cette concession sans aucune peine : Martin tient à la France par tant d'autres liens !

Non seulement les peuples différents peuvent se disputer ce grand saint ; mais le lieu même de sa naissance peut soulever et a déjà soulevé plus d'une fois une rivalité analogue. Sulpice Sévère désigne formellement Sabarie, ville de Pannonie[1]. Mais où se trouvait cette Sabarie, dont le nom a depuis longtemps disparu de la carte géographique ? Quelques commentateurs l'avaient d'abord placée à Sarwar, petit bourg de Hongrie, dans le comitat d'Eisenburg, à une trentaine de lieues de Vienne : c'est là qu'on a découvert ou cru découvrir, en 1508, le tombeau d'Ovide[2]. Le géographe allemand Cluvier assurait que les mesures de l'*Itinéraire d'Antonin* concernant Sabarie concordaient exactement avec la situation de ce bourg[3] ; une vague ressemblance de nom contribuait à accréditer son opinion. Le fameux Walckenaer la combattit cependant, après Mannert, et soutint, avec assez de raison, que Sarwar n'existait pas au moyen âge, et que

---

[1] *Martinus Sabaria, Pannoniarum oppido, oriundus fuit.* (Vita S. Martini, 2.) — [2] Bechmann, *Disputatio inauguralis historico-theologica de Martino, ep. Tur.*; Jenæ, 1697, in-4°, p. 56. — [3] *Germania antiqua*, p. 740.

les mesures en question s'appliquaient beaucoup mieux à Stein-am-Anger (en hongrois Szombathely), chef-lieu du même comitat, situé un peu plus à l'ouest. Déjà un siècle plus tôt l'historien français de saint Martin, Gervaise, avait émis sans discuter ce dernier avis, s'appuyant sans doute sur les traditions locales. Depuis, Guizot et divers écrivains l'ont adopté également sans approfondir la question [1]. Tout récemment le docteur Reinkens a suivi leur exemple. En même temps M. André Lakner, de Stein-am-Anger, et M. l'abbé Guers, du diocèse de Cahors, qui s'est fait l'écho du précédent parmi nous, plaidaient avec vivacité, et avec des arguments plus sérieux, la cause de cette ville [2]. Il est certain qu'elle a des titres beaucoup plus dignes de considération que ceux de Sarwar. Elle s'appelait réellement *Sabaria* au IV° siècle. Ancienne colonie romaine, comme le prouvent, d'une part, la concordance des indications de Pline, de Ptolémée, de l'*Itinéraire d'Antonin,* et de l'autre, les monuments anciens qu'on y a découverts à plusieurs reprises, notamment une inscription constatant la présence dans ses murs d'une milice impériale, elle formait vraisemblablement un centre considérable. De plus, elle possède encore un faubourg honoré du nom de saint Martin, une église placée sous son invocation, avec un monastère et un puits antique à l'entrée ; dans le jardin qui entoure cette église, on a retrouvé des restes d'architecture romaine pouvant faire supposer qu'elle a été bâtie sur l'emplacement de la maison paternelle du saint. Elle a, enfin, des traditions respectables, acceptées comme authentiques par bien des gens depuis le XIII° siècle environ. Une série de lettres émanées des papes et des princes, qu'on produit à partir de l'an 1400, lui attribue positivement la gloire d'avoir donné le jour au célèbre confesseur. Tous ces témoignages sont graves, sans doute ; cependant, en y regardant de près, on ne les trouve pas concluants. Ils prouvent seulement l'importportance de la colonie romaine de Sabaria, et la croyance

---

[1] V. la note jointe à l'édition de Grégoire de Tours publiée par MM. Guadet et Taranne, IV, 332. = [2] Reinkens, *Martin von Tours;* Breslau, 1866, in-8°, liv. I, § 3. *Revue des sciences ecclésiastiques*, 1876, p. 113 et 209.

établie au milieu du moyen âge, conservée depuis, au sujet du lieu natal de saint Martin. Ils peuvent suffire pour écarter du débat la bourgade de Sarwar : ils ne sont pas de force à renverser une autre rivale de Stein-am-Anger, qui vient se dresser devant elle avec des armes plus redoutables.

Si, au lieu de revenir en deçà de Sarwar, on avance un peu plus vers l'orient, on rencontre, sur la rive droite du Danube, le comitat de Gyor ou de Raab, et dans ce comitat une montagne renommée dans toute la haute Hongrie, du haut de laquelle l'œil découvre jusqu'à treize provinces du côté du nord et de l'est : c'est le Mont-Sacré de Pannonie. Sur le sommet s'élève un antique monastère dédié à saint Martin, dont il a toujours porté le nom (Martinsberg), fondé en 987 par le duc Geysa, terminé et enrichi par son fils saint Étienne, premier roi des Hongrois. Il est situé à quarante-sept degrés de latitude nord, à trente-sept degrés de longitude est, et à huit cent quatre-vingt-quatorze pieds viennois d'altitude, suivant les calculs de l'Institut de Vienne. Là aussi on retrouve des fondations de murs bâtis par les Romains, qui avaient établi sur cette montagne une vigie ; plus tard cette fortification fut remplacée par deux donjons, destinés à protéger l'église. Du côté du midi s'étend la forêt de Bacon, autre position couverte jadis d'ouvrages considérables : sur ces frontières de l'empire, si souvent menacées par les barbares, les ingénieurs avaient multiplié les défenses. A l'ouest, sur le flanc du Mont-Sacré, s'applique une partie de la ville de Szent-Marton (Saint-Martin), qui se nommait autrefois Olsuk (ou citadelle inférieure) ; le reste se trouve au pied de la montagne. Là, dans une étroite vallée, coule une petite rivière appelée Pannosa, et, à une distance d'un mille environ, se trouve la source qui lui donne naissance : cette source est la *fontaine de Sabarie*. Il y a donc eu là une autre *Sabaria*. En effet, un diplôme de Charlemagne établit nettement l'existence de deux localités de ce nom. Les bénédictins du Mont-Cassin, ce Mont-Sacré de l'Italie, ayant appris de leur illustre fondateur à honorer la mémoire de saint Martin, avaient envoyé dans sa province natale une de leurs colonies, afin d'évangéliser la contrée. En 796, sur la demande d'Alcuin, l'évêque de Salzbourg s'associa ces moines pour une mission en Avarie, et Charlemagne voulut lui assigner des revenus pour lui et ses auxiliaires. Or il leur donna précisément une cité de Sabarie (*Rapam Sabariam*), avec une église et des dîmes, et un autre territoire du même nom situé à quelque distance de là (*Siccam Sabariam*[1]). Voilà

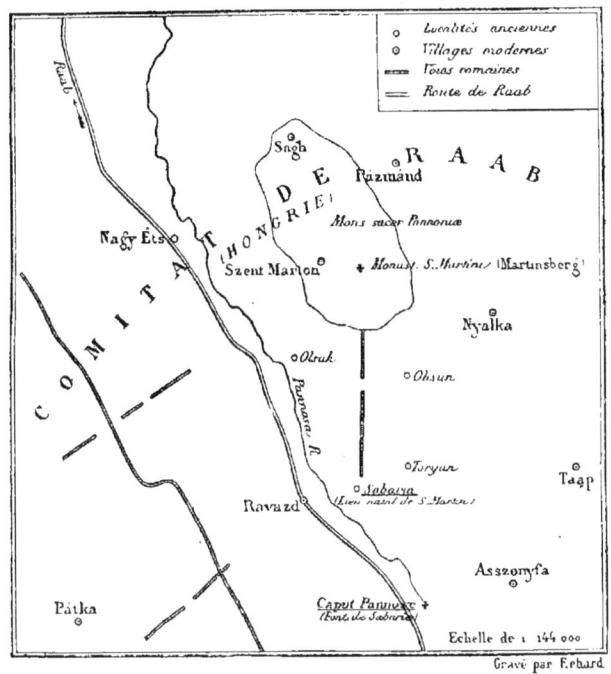

Carte du pays natal de saint Martin.

donc bien deux Sabarie. La première, c'est la cité, c'est la ville épiscopale de Stein-am-Anger ; la seconde, c'est le bourg ou la montagne (*Sicca Sabaria*) dont je viens de parler. Une chronique ancienne mentionnant la source de la Pannosa sous le nom de *fons Sabariæ*, des monnaies romaines portant les lettres SAB, et trouvées en grand nombre sur la rive droite de ce cours d'eau, ne laissent aucun doute à cet égard. Les bénédictins paraissent avoir été dès lors établis

[1] Communication du P. Remigius Szlachovics, archiviste de Martinsberg.

dans ce lieu, comme l'indiquent les félicitations adressées par Alcuin à l'évêque de Salzbourg. Le duc Geysa n'aura fait que leur donner une installation nouvelle.

Maintenant, cette seconde Sabarie est-elle, plutôt que la première, la patrie de saint Martin? Quels sont ses titres? Du côté des antiquités romaines, nous venons de voir qu'elle est tout aussi favorisée que Stein-am-Anger. Du côté des traditions locales et des monuments écrits, elle a, ce semble, un avantage marqué. Toutes les anciennes vies de saint Étienne racontent que ce prince, ayant obtenu la victoire sur une sédition à la suite d'un vœu, acquitta sa promesse en enrichissant le monastère du Mont-Sacré. Lui-même expose les faits dans un diplôme très remarquable, daté de l'an 1001 et conservé en original aux archives de Martinsberg : il déclare que, dès son enfance, il a éprouvé la protection de saint Martin ; que, dans la guerre entre les Allemands et les Hongrois, les habitants d'un de ses comtés (*comitatus Sumigiensis*) ont voulu le chasser du trône de ses pères ; qu'il s'est engagé envers le même saint à faire payer à son monastère, s'il demeurait vainqueur de ses ennemis intérieurs et extérieurs, la dîme des biens et revenus du comté rebelle ; en conséquence, ayant effectivement remporté l'avantage, il règle l'acquittement de cette dîme, et, de plus, il augmente les privilèges de l'abbaye et de l'abbé, à cause *de la sainteté particulière du lieu et de la vénération qu'il mérite*. N'est-ce point déjà une reconnaissance de la tradition qui plaçait le berceau du saint au pied de cette montagne? Et le nom même de Mont-Sacré n'est-il point un vestige de cette antique croyance? Mais voici des documents plus explicites. La légende de saint Étienne, biographie contemporaine de ce prince, ou à peu près, affirme que le couvent de Martinsberg fut établi *à côté du domaine paternel de saint Martin, à l'endroit appelé le Mont-Sacré, où, tandis qu'il était en Pannonie, il avait choisi le lieu de ses prières*. Ces mots sont tirés d'un extrait authentique de la légende, conservée jadis par le chapitre de l'église d'Albe-Royale avec autant de soin qu'un titre de famille. Bien qu'on n'ait pas encore retrouvé le texte primitif de l'auteur, les curieuses précautions prises pour la délivrance de cet extrait, en 1349, sont un sûr garant de sa fidélité : c'est une véritable leçon pour les archivistes modernes [1]. Rien d'étonnant, d'ailleurs, que le père de saint Martin ait possédé un fonds de terre à Sabarie, puisqu'en vertu d'une loi d'Alexandre Sévère, les soldats des régions limitrophes de l'empire ayant des enfants à l'armée (ce qui était le cas, ainsi que nous le verrons) recevaient une part des biens pris sur l'ennemi, à la charge de les défendre. Le savant archiviste de Martinsberg a recherché sur les lieux quel pouvait être l'emplacement de ce fonds, sis autrefois à côté du domaine du monastère, vers Sabarie : il n'a trouvé qu'un seul terrain dans ces conditions, les autres champs voisins ayant été donnés aux moines. Or sur ce terrain, qui borde le val de Coloman, on a précisément découvert de longues traces d'édifices romains ; on en a extrait des monnaies du IIIe et du IVe siècle, des briques, des pierres sculptées, et plus de cent vingt voitures de matériaux pour la construction de la ville de Szent-Marton. Coïncidence singulière ! Terre vraiment vénérable, qui, selon toute probabilité, a été la première foulée par les pieds de notre grand apôtre ! Voici maintenant un acte de fondation du couvent de Gissing par le comte Walfer, vassal du roi de Hongrie, en 1157 : le fondateur le place sous la dépendance de l'église de Martinsberg, à cause de la sainteté de ce temple et de sa dévotion pour le bienheureux confesseur *que la Pannonie se glorifie d'avoir vu naître au même lieu* [2]. Quoi de plus formel ? Voici une autre charte du roi Bela IV, délimitant les domaines de l'abbaye du Mont-Sacré : ils s'étendent, d'un côté, *jusqu'à Sabarie, où l'on dit que saint Martin est né*, et tout près de la *fontaine sacrée* qu'on appelle la tête de la Pannonie, la source du ruisseau de Pannosa [3].

[1] La biographie de saint Étienne composée par Hartwik n'est qu'un développement de cette légende primitive. Cf. Pertz, XI, 233, et *Acta SS. sept*, I, 492 et ss. = [2] *Ob reverentiam et sanctitatem ipsius loci et propter beati Martini patrocinium, cujus nativitate in eodem loco habita Pannonia gloriatur.* Charte originale, aux archives de Martinsberg, *Capsa* XVIII, *lit.* R. = [3] *Deinde protenditur ejus terminus usque Sabariam, ubi dicitur natus S. Martinus, et ibi in valle media est fons sacer qui vocatur caput Pannoniæ,* etc. *Ibid.*, fascic. LXI, n° 18.

Ce ne sont là que des traditions, fera-t-on observer. Soit; mais, en tout cas, ces traditions ne sont-elles pas constatées dans des titres beaucoup plus anciens et plus respectables que celles de la ville de Stein-am-Anger? Et, si celle-ci produit en sa faveur une série de lettres pontificales ou royales, ne peut-on lui opposer toute une liste de bulles de Pascal II, d'Alexandre III, d'Urbain III, d'Innocent III, d'Honorius III, de Grégoire IX, identifiant Martinsberg ou le bourg de Szent-Marton à l'antique Sabarie (*ecclesia Sancti Martini in Sabaria*)? Mais la ville natale du saint était un siège épiscopal, objectent les partisans de Stein-am-Anger : il y avait une église, puisque Martin y fut admis à titre de catéchumène; il y avait un évêque, puisqu'il y trouva plus tard des prélats ariens qui le chassèrent du pays [1]. — Double erreur, reposant sur une fausse interprétation du texte de Sulpice Sévère : c'est à Pavie que le jeune Pannonien fut fait catéchumène, et c'est d'une ville d'Illyrie, non désignée, qu'il fut expulsé par les ariens [2]. Mais, ajoute-t-on, les chartes de Walfer et du roi Bela se contredisent : l'une parle d'une vallée, l'autre parle d'une montagne. — On a vu, par le peu que je viens de dire sur la topographie locale, qu'il y avait à la fois une montagne et une vallée. Enfin (dernière objection) le diplôme de saint Étienne et sa légende pourraient bien n'être pas très authentiques [3]. — Pour écarter cette supposition, j'ai publié ailleurs, dans leur intégrité, les deux documents, le premier d'après l'original, le second d'après l'expédition officielle de 1349 [4]; leur lecture doit lever tous les doutes.

Après cela, il paraîtra, je l'espère, aux esprits non préve-

---

[1] *Revue des sciences ecclésiastiques*, loc. cit. = [2] V. Sulpice Sévère, *Vita S. Mart.*, 6. Cet historien, d'ailleurs, ne donne pas à Sabarie le titre de *civitas*, qui eût désigné une ville épiscopale; il dit simplement de la ville natale de son héros : *Sabaria Pannoniarum oppido*. M. l'abbé Guers, qui produit l'argument singulier auquel je réponds ici, regarde pourtant son opinion comme irréfutable, et il le proclame bien haut. Mieux encore, il déclare qu'il écrit cela par reconnaissance, après avoir été visiter les moines de Martinsberg pour leur porter des reliques de la part du chapitre de Tours. = [3] Le savant Pertz, qui ne connaissait évidemment pas l'original, dit, en mentionnant le diplôme de S. Étienne: *Spurium ni fallor*. (*Monum. Germ.*, XI, 227.) = [4] V. à l'appendice de mon livre intitulé *Saint Martin* (Tours, Mame, 1890), p. 640 et 645.

nus que la cause est entendue : ils penseront avec raison que notre grand saint est très probablement né au bourg de Sabarie qui avoisinait le Mont-Sacré, et qui est actuellement détruit, comme le remarquaient déjà les Bollandistes [1]. C'est l'avis qu'a récemment développé, dans une dissertation publiée à Vienne, M. le chanoine Danko [2]. C'est la conviction réfléchie des religieux de Martinsberg. Ce sera, après les textes produits ici, et jusqu'à preuve du contraire, la version la plus fondée, sinon la vérité absolument certaine, qu'il est impossible d'atteindre en cette matière. Les pèlerins ne devront donc pas se fier aux inscriptions affirmatives posées à Stein-am-Anger, mais plutôt porter un peu plus loin, jusqu'au Mont-Sacré de Pannonie, les pieux hommages que méritent d'aussi précieux souvenirs.

[1] *Acta sanctorum, loc. cit.* = [2] *Die Erzabtei Martinsberg*, etc.; Vienne, 1868, in-8°. Cf. les *Études religieuses* des Pères de la Compagnie de Jésus, 1868, n° 3. Dom Chamard (*Saint Martin et Ligugé*) et M. l'abbé Dupuy (*Hist. de S. Martin*) se sont rangés à la même opinion.

CHAPITRE II

FAMILLE RÉELLE ET FAMILLE LÉGENDAIRE DE SAINT MARTIN — SON ENFANCE

AINTENANT que la question d'origine est éclaircie, venons à la famille de Martin. Ses parents, nous dit le seul témoin autorisé de sa vie, n'étaient pas d'un rang infime selon le monde, et cependant ils étaient païens[1]. Son père fut d'abord soldat, puis tribun militaire. Voilà tout ce que nous savons sur cette famille, jusque-là obscure; car les expressions de Sulpice Sévère, que je reproduis textuellement à dessein, ne justifient ni la haute position ni la noblesse qu'on lui a si souvent prêtées : elles signifient simplement qu'elle appartenait à la classe moyenne, et que le père était arrivé par ses services à un grade relativement élevé. Le tribun, dans l'armée romaine, était primitivement le commandant de la légion : il avait sous ses ordres l'infanterie comme la cavalerie; il rendait la justice aux soldats, et tenait le milieu entre eux et le général, quoiqu'il fût par le fait à une plus grande distance de celui-ci que des simples légionnaires.

---

[1] *Parentibus secundum sæculi dignitatem non infimis, gentilibus tamen. Pater ejus miles primum, post tribunus militum fuit.* (Sulpice Sévère, *Vita S. Mart.*, 2.)

Mais, sous l'empire, cette dignité s'était trouvée rabaissée par l'introduction de nouveaux intermédiaires; et même, à l'époque de la décadence, le nom de tribun ne désignait plus bien souvent qu'un préposé, ou un officier supérieur quelconque[1]. On a conjecturé que le grade du père de saint Martin équivalait à celui de colonel : c'est une assimilation assez juste, quoique les attributions de nos colonels soient différentes et leur place dans la hiérarchie militaire un peu plus élevée. Notre futur apôtre était donc le fils d'un ancien officier, d'un vétéran, et paraissait prédestiné par sa naissance à la carrière des armes. Son nom même semblait le vouer par avance au dieu des combats : il signifiait quelque chose comme un petit Mars (*Martinus*), et convenait parfaitement à une famille de guerriers[2]; mais le Ciel réservait celui qui le portait à des luttes d'une autre espèce et à des palmes plus durables. Ce nom était encore peu répandu, car on le trouve très rarement dans les inscriptions des premiers siècles : il appartenait à ce jeune enfant de le rendre universel et populaire entre tous. Bien que sa structure soit essentiellement latine, bien que le père fût soldat romain, nous avons admis la nationalité slave de cette famille. Effectivement, les mœurs et les usages de Rome avaient pénétré avec ses armées dans toutes les provinces conquises, et les populations indigènes de ces provinces lui fournissaient encore plus de recrues pour sa milice que les Romains proprement dits. Les légions commençaient à être composées en grande majorité de sujets barbares. Les Slaves faisaient des soldats plus solides que les peuples amollis de la Gaule ou de l'Italie, et des troupes recrutées précisément parmi eux étaient chargées, sous Constantin et ses successeurs, de

---

[1] V. les mémoires de Lebeau sur la légion romaine, *Hist. de l'Académie des inscriptions*, XXXVII, 121-139. — [2] Déjà au xiiie siècle, Jacques de Varage interprétait à peu près de même le nom de Martin, en ajoutant, comme par surcroît, deux autres étymologies plus singulières : *Martinus, quasi Martem tenens, id est bellum contra vitia et peccata. Vel Martinus, quasi martyrum unus : fuit enim martyr saltem voluntate et carnis mortificatione. Vel Martinus interpretatur quasi irritans vel provocans, seu dominans : ipse namque per meritum suæ sanctitatis irritavit diabolum ad invidiam, provocavit Dominum ad misericordiam, dominatus est carni suæ per macerationem continuam.* (Légende dorée, S. Martin.)

défendre les frontières septentrionales de l'empire [1]. Sabarie, en particulier, avait le privilège de fournir à l'armée romaine un corps de lanciers (*lancearii Sabarienses*), d'après la notice officielle des dignités impériales, qui nous fournira des renseignements trop négligés jusqu'ici par les historiens de saint Martin. Qu'il s'agisse là de l'une ou de l'autre Sabarie, il ne ressort pas moins de ces curieuses coïncidences que Rome prenait des soldats parmi les indigènes de la Pannonie en général. Notre tribun pouvait donc se trouver dans cette catégorie; et ce qui confirme cette induction, c'est que non seulement il était établi dans le pays avec sa femme au moment de la naissance de leur fils, mais qu'après avoir été habiter quelque temps en Italie, tous deux revinrent dans leur vieillesse se fixer à Sabarie, où Martin alla les voir, comme il sera dit en son lieu : tout le récit de Sulpice Sévère semble indiquer qu'ils avaient là leurs pénates, leur maison, et non une résidence momentanée. Enfin ils étaient païens, quoique n'appartenant pas aux classes inférieures (phrase bien remarquable, à plus d'un point de vue, dans la bouche d'un écrivain contemporain). Or la classe moyenne et la classe élevée étaient dès lors en majorité chrétiennes à Rome et dans les pays voisins; les troupes d'origine romaine étaient dans le même cas : il n'y avait plus guère que le bas peuple, et surtout le peuple des campagnes, qui fût attaché aux idoles, comme cette phrase même le donne à entendre. En Pannonie, au contraire, la religion nouvelle était fort peu répandue, et les grands comme les petits, dans cette province à demi barbare, faisaient profession de paganisme; le père de Martin, notamment, était un païen obstiné. Toutes ces raisons concourent à prouver qu'il faisait partie des milices indigènes levées pour le service d'une puissance incapable alors de se défendre elle-même.

Sur la mère du saint, nous ne savons rien, sinon qu'elle était de ces honnêtes femmes qui ne font point parler d'elles; que son fils franchit plus tard, pour aller la convertir, des montagnes presque inaccessibles, et qu'elle crut au Dieu de

---

[1] *Notitia dignitatum*, dans D. Bouquet, I, 125.

son fils : donc elle avait un cœur de mère. Suivant certains hagiographes, elle aurait eu un autre enfant, une fille, qui serait devenue la mère de saint Patrice : toutefois l'existence de cette fille, appelée Conchessa ou Conches (nom qui n'est pas plus slave que romain), est assez suspecte, et pourrait bien avoir été inventée par de trop zélés disciples de l'apôtre irlandais pour rattacher par un lien de plus leur fameux patron au maître dont il avait recueilli les leçons et les exemples[1]. La mère de Patrice s'appelait bien ainsi; mais il est très difficile qu'elle ait été la sœur de Martin, qui avait une soixantaine d'années au moins lorsqu'elle mit son fils au monde. Aussi d'autres auteurs, pour lever cet obstacle, ont-ils fait de Conchessa la nièce ou simplement la cousine de notre saint : le terme de *siur,* employé par les Irlandais, désignant également ces différents degrés de parenté, ils l'ont pris dans l'acception la plus large. Josselin, biographe du XIIe siècle, fournit déjà cette interprétation, répétée par les écrivains modernes qui ont accepté le fait[2]. Quant à la différence de race et de pays des deux saints, elle serait expliquée suffisamment par les aventures de Conchessa, qui, ayant été amenée prisonnière dans les Gaules, captiva par ses charmes le cœur de son maître, un Breton nommé Calphurnius, l'épousa, et donna ensuite le jour à Patrice dans les montagnes de l'Écosse, où son mari était retourné. Sans doute, aucune impossibilité matérielle ne s'opposerait à cette nouvelle version, bien qu'elle se lie à un épisode quelque peu romanesque et à de graves difficultés chronologiques présentées par la suite de la légende. Mais il serait bien étonnant que Sulpice Sévère, qui dut se rencontrer à Tours ou à Marmoutier avec le futur évangélisateur de l'Irlande, n'eût rien dit des liens étroits qui l'unissaient au saint évêque s'ils eussent été réels; car il a parlé de beaucoup d'autres disciples de son héros qui lui tenaient de moins près. Il est encore plus singulier que les premières vies de saint Patrice, que la *Confession,* regardée comme son ouvrage, et dans laquelle

---

[1] V. la Vie de S. Patrice, *Monast. anglic.,* I, 10; *Acta SS. Mart.,* II, 519, 544. =
[2] *Acta Sanctorum, ibid.;* Cusack, *Life of S. Patrick,* p. 99.

il est question de sa naissance, de son père, de sa famille, soient également muettes sur ce point, et qu'on ne trouve sa mère qualifiée de sœur de l'évêque de Tours que dans la chronique de Sigebert, écrite au commencement du xii° siècle, dans Florent de Worcester, dans Josselin, et dans quelques biographies plus récentes, composées d'après eux[1]. Ce ne sont pas là des autorités bien considérables et bien anciennes. C'est pourquoi, tout en ne contestant nullement ici les rapports des deux célèbres apôtres, je me permettrai de ranger simplement leurs relations de parenté parmi les choses possibles, mais non parmi les choses démontrées.

On ne saurait croire, du reste, avant d'en avoir eu les preuves sous les yeux, avec quelle ardeur l'imagination de nos bons aïeux s'est jetée sur la famille de saint Martin pour l'augmenter et l'anoblir. En l'entourant de parents illustres ou vénérables, ils croyaient l'honorer davantage ; c'était encore une manière de manifester leur dévotion envers lui, et ce serait, s'il en était besoin, un témoignage nouveau de son antique popularité. Une autre légende le gratifie d'un second neveu, non moins saint que le premier et également Irlandais : c'est Ninian, qui prêcha l'Évangile aux Pictes et exerça les fonctions épiscopales en Écosse. Et pourtant ni la biographie de ce personnage, ni le célèbre Bède, qui s'est occupé de lui, ne font allusion à cette consanguinité. Elle n'est peut-être, comme pour saint Patrice, qu'une exagération des rapports d'amitié remarqués par les contemporains entre les deux évêques, qui se rencontrèrent en Gaule[2]. L'histoire bien connue des Sept dormants, qu'on a faussement attribuée à Grégoire de Tours, non seulement fait de ses héros les compatriotes de Martin (ce qui n'a rien d'invraisemblable), mais les donne tous les sept comme ses cousins : ils viennent du fond de la Pannonie, attirés par la renommée de leur parent, pour vivre de sa vie et mourir dans son mo-

---

[1] Pertz, VI, 307 ; *Acta Sanctorum, loc cit.* = [2] *Acta SS. sept.*, V. 318, 320, 324. Les Bollandistes, qui ne disent ni oui ni non sur la parenté de saint Martin avec saint Patrice, inclinent fortement vers la négative au sujet de sa parenté avec saint Ninian, bien que M. l'abbé Dupuy, en rapportant cette dernière comme un fait authentique, renvoie à leur collection. (*Hist de S. Martin*, p. 220.)

nastère. Bien plus, elle lui prête une généalogie fabuleuse dont les fastes feraient envie aux maisons princières les plus illustres; et, comme cette histoire eut au moyen âge une vogue considérable, comme on crut fermement à son authenticité, la noble origine du saint passa bientôt à l'état de vérité acquise. Cependant il ne fut pas élevé tout d'un coup à la plus haute noblesse : il y arriva par degrés et au moyen d'amplifications successives, dont il est curieux d'observer le progrès. Déjà, au vᵉ siècle, Paulin de Périgueux, traduisant en vers la prose de Sulpice, laisse percer une certaine tendance à relever la famille de son héros [1]. Puis Sozomène, historien grec, placé à une grande distance des lieux et des faits, le dit issu d'une famille noble de Sabarie [2]. Nous voici déjà un peu loin du *non infimis* de la biographie primitive. Arrive ensuite l'histoire des Sept dormants, qui donne des noms et des faits précis : Florus, roi des Huns ou des Hongrois au temps de Dioclétien et de Maximien, épousa une jeune princesse d'une grande beauté, nommée Brichilde, et fille de Chut, roi des Saxons; il en eut trois fils, Florus, Hilgrin, Amnar, et le premier de ces trois fut le père de saint Martin; suit la série des exploits de chacun des membres de la famille, et un enchaînement de circonstances tout aussi vraisemblables. Un peu plus loin, l'auteur, se souvenant d'Horace, décerne aux parents du futur évêque cette épithète pompeuse : *Regibus atavis editus;* et, en terminant, il avoue avec ingénuité que cet opuscule a été rédigé pour faire connaître « et l'inépuisable charité du saint, et la *noblesse de son extraction, passée sous silence par son premier historien* [3] ». Dès lors la légende est établie. Tous les écrivains la répètent à l'envi, et quelques-uns l'embellissent. Au temps de Charlemagne, où les guerriers sont de nobles Germains, Alcuin se persuade que Martin a porté la ceinture militaire

---

[1] *Haud humili generatum stirpe, tribunus*
Nam genitor, clarus meritorum laude, sed iste
Nobilior patribus.
(Paulin, éd. Migne, col. 1011.)

[2] *Hist. ecclés.*, III, 14. = [3] *Greg. Turon. opera*, éd. Migne, col. 1111 et suiv.

en raison de l'illustration de sa race[1]. Quelques siècles plus tard, le héros chrétien est armé chevalier et méprise le rang suprême pour servir Jésus-Christ[2]. Sa biographie écrite en vers français par Péan Gatineau, sous le règne de Philippe-Auguste, ne fait que développer le thème de l'histoire des Sept dormants. A la fin du moyen âge, il est devenu le propre fils du roi de Hongrie, élevé dans la loi de Mahomet[3]. Enfin il reçoit des armoiries, celles du saint-empire, et le roi Louis XI fait dresser par un docteur en droit de sa cour, sur un immense parchemin, la « généalogie authentique » du grand évêque de Tours. L'original de ce singulier titre de noblesse nous est parvenu à peine altéré. C'est une pancarte formée de deux peaux cousues ensemble, ornée de l'écusson impérial, de celui des rois de Hongrie et de plusieurs autres, et d'une figure de saint Martin à cheval, en costume du xve siècle. Elle est intitulée : « Généalogye du très glorieux confesseur et amy de Nostre Syeur monsieur S. Martin, évesque de Tours, extraicte de diverses escriptures aucthenticques, composée à la dévotion du très chrestyen roy de France Louys, unziesme de ce nom, et par son commendement, mise en cest ordre par messire Ambroys de Cambray, docteur ès droictz, conseiller et maistre des requestes ordinaires de l'hostel dudit seigneur. » Les rameaux de l'arbre généalogique tracé au-dessous nous apprennent que Martin était fils de Florus et de Constance, sœur de Julien l'Apostat, qu'il était ainsi parent de Dioclétien, de Galère, de Maximien Hercule, de Constantin, etc.; qu'il tenait par un autre côté aux rois d'Angleterre; enfin qu'il compte dans son lignage dix glorieux saints du paradis, quatorze empereurs, huit Césars et huit rois, dont la liste complète est donnée. Sa vie est brièvement esquissée : on rappelle qu'il fut fait chevalier à quinze ans par Constantin, et, comme dernier titre de gloire, on ajoute qu'étant le plus proche héritier de Julien, il serait certainement devenu empereur, en même temps que roi de Hongrie, s'il n'eût renoncé à tout pour se faire moine[4].

[1] *Alcuini opera*, éd. Migne, II, 658. = [2] Homélie anonyme, dans le ms. lat. 5326 de la Bibl. nat., f° 161. = [3] *Mystère de la vie de S. Martin*, impr. par Sylvestre; Paris, 1841, in-8°. = [4] Archives d'Indre-et-Loire, G 365.

Évidemment Louis XI était de bonne foi, et messire Ambroise de Cambrai pensait faire un travail d'érudition sérieuse. A une époque plus rapprochée de nous, Nicole Gilles, dans ses *Annales de France,* Marteau, dans sa *Vie de saint Martin*[1], ont encore reproduit les mêmes traditions. En suivant une autre filière de légendes, dont on retrouve la trace dans un roman de chevalerie inédit, intitulé le *Roman de la belle Hélène,* on voit l'enfant du tribun de Sabarie érigé en fils de cette princesse et d'un roi Henri d'Angleterre; son frère Brice devient lui-même roi des Anglais et empereur des Grecs, et engendre saint Brice, futur évêque de Tours, qui se trouve ainsi le neveu de son prédécesseur[2]. Tant on éprouvait le besoin de rattacher les disciples au maître! Tant on trouvait naturel et nécessaire, dans ces temps où la noblesse exerçait un si grand prestige, que l'éclat des vertus fût proportionné à l'éclat de la naissance! Assurément, ces hommages naïfs sont incapables par eux-mêmes de rehausser les mérites du héros chrétien; mais ils viennent ajouter au culte que lui rendaient nos pères je ne sais quel parfum d'enthousiasme et d'affection filiale. Ils ne grandissent pas le saint; ils grandissent le zèle pieux de ses fidèles, et, je le répète, il ne faut pas y voir autre chose que l'expression de ce sentiment. Après tout, la prétention de faire descendre saint Martin d'un sang royal n'est pas plus étonnante que la revendication de sa parenté par des personnes vivant au xixᵉ siècle : il existe en Normandie, de nos jours, une famille dont les membres aiment à se dire les descendants latéraux de l'illustre évêque de Tours[3].

Combien est préférable à toutes ces brillantes fictions la version trop concise peut-être, mais cependant touchante dans sa simplicité, de celui qu'on a surnommé le Salluste chrétien! Après avoir mentionné la naissance de Martin, il nous dit qu'il fut élevé par ses parents dans une ville italienne, à Ticinum, qui depuis s'est appelée Pavie[4]. Sa famille s'était donc trouvée subitement transplantée sur une terre

---

[1] Tours, 1660, in-12, p. 6-7. = [2] Bibl. nat., ms. fr. 12482. Peut-être y a-t-il dans cette légende une confusion entre saint Brice et saint Patrice. = [3] V. le *Courrier de la Bresle,* nᵒ du 17 mai 1879. = [4] Sulpice Sévère, *Vita S. Mart.,* 2.

étrangère lorsqu'il était encore petit enfant. Pourquoi cette émigration? Un savant bénédictin a émis récemment la conjecture assez plausible que, Constantin ayant, dans la joie de sa victoire sur Licinius, en 324, donné à une partie de ses vétérans leur congé et des terres, le tribun pannonien avait été compris dans le nombre et avait reçu quelque *bénéfice* en Italie[1]. Effectivement, il n'est plus question ensuite de sa présence sous les drapeaux. D'un autre côté, son jeune fils devait avoir alors sept à huit ans; et justement le premier fait que Sulpice raconte de lui après son séjour à Pavie se rapporte à sa dixième année : l'intervalle est donc peu considérable, et l'explication proposée s'accorderait avec l'ordre des temps et du récit. A cet âge si tendre, l'âme de l'enfant s'ouvrit à l'action de la grâce céleste. Depuis ses premiers ans, pour ainsi dire, ce prédestiné « aspirait à la servitude divine [2] ». Mais, à ce moment, une véritable conversion s'opéra chez lui, et les circonstances dans lesquelles il se trouvait nous la font parfaitement comprendre. Arrivant d'une région païenne et peu civilisée sur cette terre chrétienne de l'Italie, où tant de martyrs avaient répandu avec leur sang la semence de la foi, le petit Sabarien dut être vivement frappé du contraste. A Pavie, il rencontra une église, un évêque, une chrétienté. Ses yeux furent saisis par le spectacle des cérémonies sacrées qu'il put entrevoir, ses oreilles par les chants graves et pénétrants de la liturgie primitive : autant de nouveautés qu'il ne soupçonnait même pas. Mais surtout son cœur fut captivé par le charme austère de l'enseignement religieux, par les leçons paternelles des prêtres, qu'il trouva le moyen d'entendre d'une façon ou d'une autre. Ceux-là peuvent se rendre compte de l'éclosion spontanée de cette jeune âme, qui ont passé par une transplantation aussi subite. Bientôt il ne put y tenir, et, malgré ses parents, il courut à l'église, demandant en grâce à être

---

[1] D. Chamard, *S. Martin et Ligugé*, p. 3. Cette supposition semble confirmée par l'obligation où Martin se trouva plus tard de servir dans l'armée, car le don d'une terre ou d'un bénéfice à un soldat romain était la condition stipulée en retour du service imposé à son fils. (Lampridius, *Vita Alex. Severi*, 58.) = [2] Sulpice Sévère, *loc. cit.*

admis au nombre des catéchumènes. Les enfants pouvaient à partir de sept ans être enrôlés parmi ces aspirants au baptême, qui s'administrait plus tard. Il y avait généralement trois classes de catéchumènes : les *audientes,* qui étaient instruits dans l'église; les *genuflectentes,* qui priaient avec les fidèles et assistaient à tous les offices; les *competentes,* candidats jugés aptes à recevoir le sacrement. On passait ainsi des mois, souvent des années à conquérir la robe blanche des baptisés, fréquentant assidûment l'assemblée des chrétiens, mais quittant l'église au moment où finissait la messe des catéchumènes, c'est-à-dire à l'offertoire. Saint Augustin appelle ceux qui accomplissaient ce noviciat les conscrits de Dieu (*tirones Dei*); et ailleurs il les assimile à l'enfant qu'une mère descendue du ciel nourrit avec sollicitude, jusqu'à ce qu'il ait pris les allures de l'homme [1]. Quelle comparaison pourrait mieux convenir au jeune Martin? Il absorba avec avidité le lait spirituel distribué aux nourrissons de l'église de Pavie. L'évêque le reçut en qualité d'*auditeur,* et dirigea ses premiers pas dans la carrière où il entrait avec une résolution au-dessus de son âge. Puis il l'admit à l'imposition des mains, qui lui ouvrait la seconde classe des catéchumènes, et le marqua du signe de la croix, qui le vouait déjà au Christ [2]. Le nom de ce pontife, qui prit une part si grande, et sans doute personnelle, à sa haute vocation, doit être signalé : il s'appelait Anastase; il siégea de 310 à 333, et l'Italie l'a inscrit au catalogue de ses saints [3]. N'eût-il fait que donner saint Martin à l'Église, il serait digne d'être honoré.

La ville de Pavie a conservé le souvenir du séjour du pieux enfant dans ses murs. Elle possède plusieurs sanctuaires placés sous son invocation depuis les temps les plus reculés; et c'est en mémoire de ce même séjour, sans doute, que les domaines dépendant de son territoire furent donnés

---

[1] Aug., *de Symb. ad catechum.*, II, 1.

[2] *Signavitque crucis sanctam munimine frontem.*
(Paulin de Périgueux, liv. I.)

[3] *Italia sacra,* I, 1078.

au monastère de Saint-Martin de Tours à l'époque de Charlemagne, ou même avant. Un de ces domaines comprenait la basilique de San-Martino *in terra arsa*, située à deux kilomètres de Pavie, au delà de Gravellone, qui est un bras du Tessin, et consacrée, dit-on, par saint Germain d'Auxerre lors de son passage dans le pays. C'est près de cette église qu'aurait été élevé Martin, si l'on en croit la tradition et les historiens locaux. Quelques-uns assurent même que le nom de *terra arsa* provient d'un feu céleste qui serait tombé sur le sol, à cette place, entre l'enfant et sa nourrice [1]. Ce dernier mot serait au moins inexact ; car, ainsi que nous l'avons vu, le tribun pannonien ne dut venir en Italie qu'un certain nombre d'années après la naissance de son fils, lorsque celui-ci n'était plus d'âge à avoir une nourrice : on pourrait tout au plus l'accepter dans le sens de « bonne d'enfant [2] ». Mais il vaut mieux, ce semble, admettre l'opinion la plus commune, d'après laquelle l'appellatif en question serait dû simplement à la nature du terrain d'alluvion, sec et sablonneux, qui supportait l'église : en effet, toute la zone environnante est désignée aussi par le nom de Siccomario. Cela n'empêche pas la tradition relative au voisinage de la demeure de Martin d'être fort respectable. La construction d'un temple en son honneur, dans un siècle si rapproché du sien, donne encore une nouvelle force à cette antique croyance. Mais il n'en est pas de même de celle qui veut que notre futur apôtre ait été baptisé dans la cathédrale de Pavie : tout le monde sait qu'il reçut le baptême longtemps après avoir quitté l'Italie, et lorsqu'il était à l'armée ; Sulpice Sévère en témoigne formellement. Peut-être ceux qui ont répandu cette fausse version ont-ils confondu le baptême avec l'admission

---

[1] Communications de M. Cesare Cantù, de l'évêché de Pavie et du bibliothécaire de l'université de cette ville. Le P. Romualdo ajoute, après Carli, dans sa *Flavia Papia sacra*, que saint Brice, venant de Tours, alla visiter cette basilique (ou son emplacement). Cf. *de Laudibus Papiæ*, ch. VI, dans Muratori, *Script. rer. ital.*, tome XI ; Robolini, *Notizie appartenenti alla storia della patria*, tome IV, part. I, p. 341 ; et, dans le *Saint Martin*, le chapitre consacré aux églises placées sous le vocable du saint à l'étranger. = [2] Cette invention d'une nourrice de saint Martin à Pavie ne viendrait-elle pas d'une interprétation trop littérale du texte de Sulpice : *Ticini alitus est ? Alitus* se disait de l'éducation en général ; les habitants de Pavie l'auront seulement entendu de l'allaitement.

au nombre des catéchumènes; effectivement, c'est dans l'église épiscopale de Ticinum, sans aucun doute, que Martin franchit ce premier pas de sa carrière chrétienne.

Bientôt après, il se donna tout entier avec une ardeur extraordinaire aux œuvres de Dieu, et il avait à peine douze ans, qu'il « convoitait déjà la solitude [1] ». C'était, en effet, le temps où commençaient à se répandre en Italie la notion et le goût de la vie monastique. Sans doute, le grand saint Athanase n'avait pas encore amené à Rome ces solitaires de la Thébaïde, dont l'étrange aspect devait faire rire quelques païens et faire pleurer les vrais disciples de Jésus-Christ. Il n'avait pas encore remué le monde et poussé des multitudes vers le cloître avec sa célèbre vie de saint Antoine. Mais il ne faut pas croire que les Pères du désert fussent complètement ignorés avant son apparition en Occident. Depuis longtemps déjà, de nombreux pèlerins s'en allaient vénérer les lieux consacrés par le passage du Sauveur, et rapportaient en Italie, en Gaule et ailleurs, les nouvelles de l'Orient chrétien, le bruit des merveilles qui se passaient au fond de l'Égypte ou de la Palestine; et précisément ce courant de pieuse émigration venait de prendre une nouvelle force depuis quelques années, à la suite de la précieuse découverte faite par la mère de Constantin. Dès l'an 311, Antoine était descendu de sa solitude au milieu des rues d'Alexandrie, pour encourager les chrétiens persécutés : à partir de cet instant, tous ceux qui fréquentaient le port de cette ville durent entendre parler de lui, de son genre de vie, de ses imitateurs, de ses monastères. Il est donc surprenant que, pour retarder de vingt ans la naissance de saint Martin et ses premières aspirations vers le cloître, on ait argué de l'ignorance absolue où se trouvait le monde occidental à l'égard des solitaires d'Égypte au moment où saint Martin devait avoir douze ans, c'est-à-dire en 329 [2]. D'ailleurs, Sulpice, en parlant de sa

---

[1] *Mox mirum in modum totus in Dei opere conversus, cum esset annorum duodecim, eremum concupivit*, etc. (Sulpice Sévère, *loc. cit.*) = [2] C'est là, en effet, un des arguments produits à l'appui de son singulier système chronologique par le docteur Reinkens, qui s'est fait depuis une célébrité par de tout autres moyens, et qui, après avoir reproché à M. l'abbé Dupuy une description soi-

précoce vocation monastique, ne dit nullement qu'il désirât rejoindre les religieux de la Thébaïde; il nous apprend simplement qu'il rêvait une solitude quelconque (*eremum*), et c'est du même terme qu'il se servira plus loin pour indiquer que la retraite de Marmoutier équivalait à un désert. Le pieux enfant nourrissait donc le vif désir de se vouer à la contemplation et de vivre avec Dieu seul à seul, sans précisément songer à émigrer. Une noble pénitente, Aglaé, avait bien mené la vie claustrale à Rome; la fille de Constantin fondait bien, vers cette époque, un monastère sur le tombeau de sainte Agnès. Donc, la vie religieuse n'était pas si inconnue que cela sur la terre chrétienne de l'Italie; et, après tout, si Martin fut un des premiers à en concevoir l'idéal dans cette contrée, une telle initiative était tout à fait digne de son étonnante précocité. Il eût dès lors cédé à son entraînement, ajoute son historien, si la faiblesse de son âge n'eût été un obstacle insurmontable. A cet obstacle venait se joindre l'opposition résolue de ses parents. Ils ne purent l'empêcher, cependant, de donner tout son temps à l'Église et à ses projets de monastères [1]. Qui sait si Ligugé, si Marmoutier n'existaient pas en germe, avec leur belle organisation, dans le cerveau de cet adolescent? D'autres, à son âge, ont combiné des plans de bataille; lui, dirigeait en imagination des légions de moines vers la palme céleste.

disant romantique du site de Sabarie, a rempli lui-même cette partie de la Vie de saint Martin au moyen de suppositions étrangères à l'histoire comme au sujet, s'étendant longuement sur les desseins probables de son père, sur l'aventure de Dioclétien et de la druidesse, racontée par Vopiscus, etc. (*Martin von Tours*, liv. I, ch. II, et suppl. 1.

[1] *Animus tamen aut circa monasteria aut circa ecclesiam semper intentus, meditabatur adhuc in aetate puerili quod postea devotus implevit.* (Sulpice Sévère, *loc. cit.*)

CHAPITRE III

ENRÔLEMENT, SERVICE MILITAIRE — TRAIT CÉLÈBRE D'AMIENS

Au milieu de ses saintes occupations, Martin atteignit sa seizième année. Il ne l'avait pas encore accomplie [1], lorsque des bruits de guerre se répandirent et que l'empereur Constantin, ayant à soumettre les Goths, contre lesquels les Sarmates imploraient son assistance [2], prit ou renouvela une mesure exceptionnelle pour augmenter au besoin l'effectif de ses troupes et avoir sous la main des recrues toutes prêtes : les fils des vétérans, qui devaient servir comme leurs pères (c'était la condition des privilèges accordés à ceux-ci), furent appelés avant l'âge habituel à suivre l'armée. Des édits antérieurs, émanés de ce prince comme de ses prédécesseurs [3], avaient ordonné

---

[1] *Cum esset annorum quindecim.* (Sulpice Sévère, *loc. cit.*) = [2] En 332. V. Tillemont, *Hist. des empereurs*, IV, 248. = [3] Alexandre Sévère et Probus avaient déjà astreint les fils des vétérans au service militaire. (V. Lampridius, *Vita Alex. Severi*, ch. LVIII; Boutaric, *Institutions militaires*, p. 33.) C'est pourquoi Sulpice dit à propos de l'obligation imposée à Martin : *Cum edictum esset* A REGIBUS... Ce mot ne prouve donc pas, comme on l'a cru quelquefois, que le fait se passait sous le règne des fils de Constantin, ou après les ordonnances successives de Constantin et de Constance sur le même objet.

qu'ils fussent contraints à entrer dans la milice, soit à vingt ans, soit à dix-huit (la limite avait varié et devait varier encore) ; sinon, ils devaient être employés au service des curies, c'est-à-dire dans ces charges civiles que chacun fuyait alors comme la peste, tant elles étaient onéreuses. Au mois d'avril 332, un rescrit impérial lui imposa de nouveau l'option, et cela dès l'âge de seize ans. Constantin se préparait ainsi une réserve utile pour combler les vides que les Goths allaient produire dans son armée ; c'est ce qu'il avait fait en 319, au moment de la guerre des Sarmates, ce que Constant devait faire en 341, à l'occasion de la guerre des Allemands, et Constance en 343, en vue de la guerre persique [1]. Chaque fois que l'empire se trouvait en face d'un danger imminent, la même option était rappelée comme un devoir aux fils des vétérans, et on les pressait de s'enrôler. Or Martin se trouvait dans les conditions voulues ou à peu près : il s'en fallait peut-être de quelques mois pour que la loi de Constantin lui fût strictement applicable. Son père, qui ne connaissait, qui n'admettait sans doute que la carrière des armes, et voyait d'un très mauvais œil les dispositions toutes contraires de son fils, le dénonça aux agents du recrutement[2]. Il obéissait, d'ailleurs, en agissant ainsi, à un mobile d'une autre nature, que Sulpice ne signale pas, mais qui n'en est pas moins réel, et qui ôte à cette action peu digne d'un père son caractère étrange : la loi portait des peines sévères contre les vétérans qui n'offraient pas leurs fils à la milice[3]. La crainte lui fit donc prendre une détermination à laquelle ses opinions ne le poussaient déjà que trop, et même devancer quelque peu le terme fixé. Probablement le jeune homme résista, et, dans le premier mouvement de sa douleur, voulut se dérober à une charge qui semblait renverser ses desseins les plus chers. Toujours est-il qu'il fut saisi et chargé de chaînes [4]. Un tel procédé pourrait aussi paraître singulier de la part d'une administration puissante ; mais on a d'autres

---

[1] Code théodosien, éd. Ritter, II, 450, 453 ; IV, 395, etc. = [2] *Prodente patre qui felicibus ejus actibus invidebat.* (Sulp., *loc. cit.*) = [3] Code théod., II, 270. = [4] *Captus et catenatus.* (Sulp., *loc. cit.*) Plusieurs manuscrits portent *raptus*, nuance bien indifférente pour le pauvre prisonnier et pour nous.

Saint Martin entrant dans la milice romaine. (D'après une peinture murale de Simone Memmi.)

exemples de ce traitement brutal sous Constantin même : saint Pacôme fut détenu de la sorte avec un certain nombre de jeunes gens, conscrits comme lui, en attendant le moment de servir [1]. On avait peur que les recrues ne prissent la fuite, et la plupart cherchaient, en effet, le moyen d'échapper à leur sort, même au prix de mutilations cruelles ; il avait fallu sévir contre ceux qui se cachaient ou se coupaient les doigts pour ne pas porter les armes [2]. Ainsi se trouve confirmé à chaque pas, et dans les moindres mots, le récit de l'historien qui nous sert de guide.

Voilà donc notre aspirant cénobite forcé d'endosser la chlamyde ; voilà le serviteur du Christ transformé en serviteur de César. Quel changement, et quelle épreuve pour sa constance! Mais il va bientôt nous montrer qu'une âme comme la sienne est au-dessus de pareilles vicissitudes, et qu'un chrétien véritable peut servir Dieu partout, même au milieu de la licence des camps. Il ne fut pas appelé tout d'abord à combattre. Il s'écoula même un certain intervalle avant qu'il fît effectivement partie d'un corps d'armée et qu'il eût le rang de soldat en titre. C'est là un fait qui n'a jamais été compris, et qu'il importe essentiellement de mettre en lumière. Non seulement il attendit son tour dans la captivité, mais il eut à passer par différentes formalités et par une sorte d'apprentissage qui demandèrent du temps. Les milices, en général, n'étaient pas inscrites au rôle aussitôt qu'elles étaient levées, et c'était cette inscription qui seule donnait la qualité de *miles*, comme nous l'indique Ulpien [3]. Avant d'être ainsi portés sur les cadres, les jeunes conscrits prêtaient un premier serment militaire, constituant l'engagement. Un peu plus tard, on les répartissait dans les légions, dans les cohortes et dans les centuries, après quoi on leur demandait un deuxième serment et on les *enrôlait* ; un troisième serment se prêtait ensuite dans le camp. Tels étaient les usages de la république, auxquels l'empire n'avait apporté

---

[1] *Vita S. Pachomii*, ch. IV. Cf. *Acta S. Maximiliani*, dans Ruinart ; de Prato, édition de Sulpice Sévère, I, 325. = [2] Code théod., II, 254. = [3] V. à ce sujet le mémoire de Lebeau, dans l'*Hist. de l'Académie des inscr.*, XXXII, 349.

que de légères modifications [1]. C'est pourquoi Sulpice, toujours fidèle à la vérité, nous dit, immédiatement après, que Martin se trouva « lié par *les serments* militaires ». Mais il ne dit pas, comme on l'a entendu jusqu'ici, qu'il ait commencé tout de suite le service actif de la milice. Les commentateurs modernes ont voulu resserrer dans l'espace de cinq ans tout le temps écoulé entre sa dénonciation aux recruteurs et son congé définitif, sous le prétexte que notre auteur affirme, un peu plus loin, qu'il combattit ou porta les armes (*militavit*) durant trois années avant son baptême et durant deux années après : de là des obscurités chronologiques, des dissertations à perte de vue, et, chose plus grave, des modifications du texte original, soi-disant pour le rectifier [2]. Mais ces chiffres, ces cinq années comptées par Sulpice sont évidemment celles du service de Martin dans la milice armée, et n'embrassent point l'espèce de noviciat militaire qui le précéda. L'historien nous indique nettement, dans une phrase dont on n'a pas assez pesé les termes, que c'étaient là deux conditions, deux phases différentes par lesquelles certains jeunes gens passaient successivement, que son héros en particulier passa par toutes les deux, et que la seconde seule s'appelait proprement le service des armes. « *Dans son adolescence,* dit-il littéralement, il *suivit* la milice armée avec les écoles de cavalerie de la garde palatine sous l'empereur Constance (ou Constantin), *et ensuite il fit partie de la milice* (*militavit*) *sous un autre prince* [3]. » Ainsi

---

[1] Tite-Live dit aussi qu'on faisait prêter serment à tous ceux qui étaient en âge de servir, afin de les employer en cas de besoin sans être obligé de faire une nouvelle levée. (*Ibid.*, 322.) — [2] V. l'éclaircissement chronologique placé à l'Appendice. — [3] *Ipse armatam militiam in adolescentia secutus inter scholares alas sub rege Constantio* (*al. Constantino*), *deinde sub Juliano Cæsare militavit*. Telle est la ponctuation de tous les anciens manuscrits et de l'édition critique publiée récemment par M. Charles Halm sous les auspices de l'Académie de Vienne (p. 111). Sur le sens de *scholares alæ*, voy. du Cange, au mot *Scholaris*, *Mém. de l'Acad. des inscr.*, XXXII, 311, etc. *Ala* désignait à lui seul un corps de cavalerie. On ne s'explique donc pas comment Tillemont a pu croire que Martin a servi dans l'infanterie. Il a été conduit là par une interprétation forcée du passage où Sulpice raconte que le jeune soldat n'avait plus que ses armes et son manteau au moment où il donna ce vêtement à un pauvre. Mais l'omission du cheval ne signifie rien ici, et la tradition universelle, consacrée par une multitude de monuments figurés de tous les siècles, s'accorde, au contraire, avec la phrase ci-dessus.

Martin, même après les serments et après l'enrôlement, ne fit d'abord qu'accompagner l'armée dans les rangs d'une troupe d'adolescents que l'on préparait au métier militaire. Était-ce donc régulier ? Un tel fait correspond-il aux lois existantes ? Oui, car les écoles attachées à la garde impériale ou aux légions palatines nous sont connues d'autre part. Le code théodosien en fait mention plus d'une fois ; il nous apprend qu'elles étaient au nombre de sept, placées, les unes sous les ordres du *magister officiorum*, les autres sous ceux du *magister militum*, et il distingue toute la milice palatine de la « milice armée », absolument comme Sulpice Sévère [1]. L'historien Agathias nous donne un renseignement plus précieux encore : il nous dit formellement que les *scholares* n'étaient pas considérés comme de véritables soldats, qu'ils n'étaient pas aptes à la guerre, et qu'ils passaient souvent tout leur temps à la cour [2]. Ce n'était pas là, du reste, la seule catégorie des novices que l'armée romaine traînait après elle. On distinguait encore, dans différentes légions, et dans la cavalerie comme dans l'infanterie, des *adcrescentes*, recrues supplémentaires destinées à combler les vides accidentels, et des *juniores*, jeunes gens offerts par leurs parents, qui suivaient les troupes jusqu'au jour où ils étaient capables de porter les armes [3]. Si les fils des vétérans étaient exempts sous certains rapports de l'apprentissage des conscrits vulgaires, s'ils étaient favorisés d'une solde immédiate, ils n'en pouvaient pas moins faire partie de ces corps d'aspirants lorsqu'ils n'avaient pas atteint l'âge requis. Ainsi, de toute façon, soit comme adolescent, soit comme *scholaris*, Martin ne « milita » pas immédiatement. A quinze ans, d'ailleurs, les épaules de l'homme ne sont pas encore assez robustes ; aussi la règle, depuis les temps de la république, était-elle de lever les recrues ordinaires à dix-sept ans, et

---

[1] V. notamment liv. VII, tit. vii, lois 24, 35; et liv. XII, tit. i, loi 38. = [2] Voici la traduction latine du texte grec : *Erant autem non revera milites neque rei bellicæ periti, sed ex cohortibus illis quæ totam diem ipsamque noctem in aula consumunt, quos scholares vocant.* (Script. rer. Byzant., III, 111.) = [3] Code théod., éd. Ritter, II, 278. Végèce, liv. III, ch. xviii. Cet écrivain conseille de tenir dans chaque cohorte cinquante ou cent de ces auxiliaires.

ceux-là même qui s'enrôlaient plus tôt ne pouvaient compter leur temps de service qu'à partir du jour où ils atteignaient cet âge [1].

A quel moment le jeune saint fut-il considéré comme adulte et incorporé comme cavalier en titre dans la légion qu'il suivait? Sans doute vers sa dix-neuvième année, puisque son service actif dura cinq ans et qu'il obtint son congé à vingt-quatre, comme nous le verrons tout à l'heure. Tel était, en effet, l'âge assigné par d'autres lois à cette incorporation, pour les enfants des militaires [2]. La guerre des Goths, en prévision de laquelle il avait été appelé sous les drapeaux, s'étant terminée brusquement par une victoire complète des Romains remportée dans le mois même où Constantin venait de réclamer les fils des vétérans, il ne fut pas envoyé contre ces barbares, mais reçut, heureusement pour notre pays, une direction toute différente. Vers cette époque, le grand empereur s'occupait de réorganiser sur un nouveau plan la défense de la Gaule, sans cesse menacée d'invasion par de redoutables tribus germaniques. Jusque-là les légions romaines avaient été échelonnées le long des frontières, du côté du Rhin. Elles oposaient ainsi à l'ennemi une ligne très étendue, mais trop faible et rendant difficile une concentration immédiate des troupes. Constantin changea de tactique : il voulut les cantonner à l'intérieur dans un certain nombre de garnisons, et à quelque distance des limites de l'empire, de manière à avoir sous la main des corps assez considérables, formant, pour ainsi dire, une digue mobile que l'on pût diriger à volonté du côté le plus menacé. Cette innovation lui a été vivement reprochée par Montesquieu; et cependant c'était la seule chose qui restât peut-être à faire devant l'affaiblissement graduel des forces romaines et le progrès alarmant des envahisseurs. Il fallait, comme l'a fait observer récemment M. Marius Sepet [3], que l'empire ramassât ses dernières ressources pour livrer ses derniers combats. En même temps, développant le système si pratique de

---

[1] Lebeau, *Hist. de l'Acad. des inscript.*, XXXV, 190 et suiv. = [2] *Ibid.*, 193. =
[3] *L'invasion des Barbares* (extrait de la *Revue des Questions historiques*, p. 7).

l'ancienne Rome, consistant à se faire des alliés et des défenseurs des peuples qu'elle avait soumis, Constantin donna une large place dans la défense des Gaules à l'élément barbare. C'est alors que vinrent s'établir sur plusieurs points de notre sol ces *lètes* germains, dont on a tant parlé, et qui passèrent de l'état de soldats à l'état de colons, commençant ainsi, longtemps avant la conquête franque, le renouvellement de la population locale. Enfin Constantin renforça les garnisons gauloises au moyen de troupes réservées auparavant à un service intérieur et moins actif, telles que les légions palatines. C'est ce que l'on voit par la notice officielle indiquant la répartition des forces romaines en Gaule au commencement du v° siècle, mais décrivant, comme le remarque avec raison M. de Pétigny[1], un état de choses existant depuis cent ans au moins.

Voilà pourquoi nous retrouvons tout à coup notre jeune soldat dans cette contrée nouvelle pour lui, mais qui allait devenir son pays d'adoption. Les voies de Dieu sont mystérieuses, et à coup sûr l'empereur, en envoyant à la Gaule sa milice palatine, ne pensait guère lui envoyer un apôtre. Mais ce qui rend la coïncidence tout à fait curieuse, c'est que la même notice non seulement nous apprend la présence dans notre pays de cette garde impériale à laquelle Martin était attaché, mais nous révèle de plus que le détachement réservé à la Gaule se composait des *lanciers de Sabarie*, placés sous le commandement du maître de la cavalerie[2]. Très probablement Martin était entré, comme son père, dans ce corps spécial, qui faisait partie des milices du palais, et qui se recrutait de préférence, sinon en totalité, dans son pays natal. On sait, du reste, que les lanciers de la Hongrie et de la Pologne ont longtemps conservé leur réputation légendaire. La notice ne nous dit pas où étaient cantonnés ces cavaliers sabariens. Elle nous indique seulement qu'il y avait des troupes sarmates ou slaves campées entre Reims et Amiens ; mais peut-être cette désignation ne

---

[1] *Étude sur l'époque mérovingienne*, , 210. = [2] *Intra Gallias, cum viro illustri magistro equitum Galliarum..., lancearii Sabarienses.* (D. Bouquet, I, 125.)

s'applique-t-elle qu'à des lètes sarmates. Nous savons cependant que les troupes romaines, même après avoir été retirées des frontières, occupaient principalement la région du nord et tenaient garnison dans quelques places fortes. Amiens était du nombre. C'est aux portes d'Amiens que Sulpice Sévère place le seul trait qu'il nous raconte de cette période de la vie de Martin. D'un autre côté, la tradition populaire a conservé le souvenir de sa présence aux environs de cette ville et de celle de Reims. Certaines localités, comme le village de Foucarmont (Seine-Inférieure), prétendent même avoir été autrefois le siège d'un camp, d'une *statio militum*, que le jeune cavalier serait venu visiter durant son séjour à Amiens [1]. Tout s'accorde donc à démontrer que c'est dans la capitale des Ambiani qu'il demeura en garnison pendant la plus grande partie de ses cinq années de service actif.

Demeura-t-il simple légionnaire, ou occupa-t-il un grade supérieur? La question ne saurait être douteuse, d'après les lois militaires du temps. Un décret rendu par Constantin en 326, en rappelant que les fils des vétérans cavaliers avaient le droit de s'engager dans la cavalerie, leur reconnaissait un autre privilège : celui de servir avec le rang de *circuiteur* et de recevoir immédiatement double ration, s'ils avaient avec eux deux chevaux ou bien un cheval et un serviteur [2]. Or c'était précisément le cas de Martin, puisque Sulpice Sévère nous parle du valet qui l'accompagnait à l'armée, et semble même dire qu'il pouvait en avoir plusieurs [3]. Ces serviteurs ou ces ordonnances, appelés plus proprement *calones*, s'étaient multipliés dans les légions romaines depuis la décadence. Ils combattaient à côté de leurs maîtres, bien qu'ils fussent probablement de condition servile ; ils portaient les pieux, les bagages, et faisaient tout le gros ouvrage. La légende prétend que celui qui était attaché au service de Martin s'appelait Démétrius; qu'il le suivit plus tard dans sa retraite et fut mis par lui à la tête de

---

[1] Communications de l'abbé Tourneur, de Reims, et de M. Parisy-Dumanoir. Cf. Marlot, I, 358, et le *Courrier de la Bresle*, n° du 10 mai 1879. = [2] Code théod., éd. Ritter, II, 451. = [3] *Uno tantum servo comite contentus.* (*Vita S. Mart.*, loc. cit.)

Le manteau partagé. (Tableau de Rubens.)

la paroisse de la Fontaine-Saint-Martin (Sarthe)[1]. Le *circuitor* ou *circitor* constituait le premier grade au-dessus du simple cavalier ou du fantassin. Il était chargé de faire des rondes de nuit, de parcourir les postes et de faire un rapport sur les infractions à la discipline qu'il pouvait constater[2]. Telle fut donc l'occupation particulière de notre héros, et c'est pourquoi Sulpice va nous le montrer tout à l'heure chevauchant aux abords de la ville d'Amiens. Il apprenait ainsi à connaître de plus près les misères et les besoins du peuple. Mais la version accueillie par Sozomène[3], d'après laquelle il aurait été élevé à un commandement, mis à la tête de une ou de plusieurs cohortes, ou même d'une armée, est beaucoup moins sûre. Elle n'est affirmée ni par le contexte de la vie de saint Martin, ni par les rapports ultérieurs avec les chefs de la milice, et la tendance à l'exagération que nous avons eu déjà l'occasion de signaler chez cet historien grec doit nous mettre en garde contre une assertion émanée de lui seul et de ceux qui l'ont suivi.

Après ces éclaircissements quelque peu arides, mais indispensables, sur le service militaire de Martin, nous reposerons avec plus de plaisir nos yeux sur le spectacle édifiant qu'il donnait chaque jour aux camps étonnés. Presque toujours accompagné de son valet, il lui rendait à tour de rôle, nous raconte Sulpice, les services qu'il recevait de lui. Il s'humiliait jusqu'à lui retirer la plupart du temps ses chaussures et à les nettoyer. Tous deux mangeaient ensemble, et le maître servait plus souvent que l'autre. Il sut se préserver entièrement des vices trop communs dans la classe militaire, c'est-à-dire de l'intempérance et de la débauche. Envers ses compagnons d'armes il témoignait une bonté, une amabilité, une patience, une modestie qui surpassaient la nature humaine. Et telle était sa frugalité, que, dès cette époque, il passait, non pour un soldat, mais pour un moine. Il avait donc trouvé le moyen de conserver, à l'armée, l'allure et l'esprit de ces pieux cénobites dont on lui avait défendu de

---

[1] Dupuy, *Hist. de S. Martin*, p. 187. = [2] Code théod., II, 452. = [3] *Hist.*, III, 14. Cf. Nicéphore, *Hist. ecclés.*, IX, 16.

porter l'habit. Il mettait son rêve à exécution dans les limites du possible, priant et attendant avec impatience l'heure de la liberté pour aller se consacrer à Dieu, comme d'autres l'attendaient pour se livrer au désordre. Quelques-uns, sans doute, riaient autour de lui ; mais la plupart des soldats avaient fini par lui vouer un tendre attachement, un respect profond. Il n'était pas encore régénéré dans les eaux du baptême, et il accomplissait toutes les bonnes œuvres qui accompagnaient si bien la robe blanche du baptisé : on le voyait assister la souffrance, secourir la misère, nourrir l'indigence, vêtir la nudité, ne rien conserver de sa solde que le prix de sa nourriture de chaque jour. Il prenait dès lors à la lettre le conseil évangélique : il ne songeait pas au lendemain [1].

Saint Martin ne fait que débuter dans la carrière de la vertu, et sur-le-champ il arrive au sommet. C'est à ce moment que se place, en effet, le trait célèbre qui lui a valu les applaudissements du ciel et de la terre entière. Un hiver plus rigoureux que d'habitude sévissait (l'hiver de 338-339, d'après la date la plus probable du baptême, qui suivit immédiatement le fait). Au milieu de cette saison exceptionnelle, un matin, devant l'une des portes d'Amiens, se présente un jeune cavalier qui, revenant sans doute de quelque ronde nocturne, se dispose à rentrer dans la ville. Tout le monde est engourdi par le froid, plus rude encore dans les provinces septentrionales ; tout le monde s'abrite sous les habits les plus chauds. Mais lui, au contraire, est équipé très légèrement ; il n'a sur lui, avec ses armes, sa lance, son épée, que le simple manteau d'uniforme ; rien dessous. Est-ce insensibilité ? Est-ce bravade ? Non ; c'est qu'il a rencontré sur sa route des malheureux, et qu'il s'est dépouillé, pour les couvrir, de ses vêtements intérieurs, ne trouvant, pour satisfaire à la fois son insatiable charité et, en apparence du moins, les exigences de la discipline, que ce procédé ingénieux, auquel il devait recourir de nouveau dans une autre circonstance [2]. Il est déjà tout tremblant, et voici

---

[1] Tous ces détails se trouvent à la lettre dans Sulpice Sévère, *loc. cit.* — [2] Sulp. *Vita S. Mart.*, 3. Cf. *Dialog.* II. 1. Le biographe dit formellement : *Nihil præter chlamydem qua indutus erat, habebat ; jam enim reliqua in opus simile consum-*

qu'au moment de franchir les remparts il aperçoit encore un misérable à moitié nu, implorant la pitié des passants : les passants ne le regardent même point ; ils ne songent qu'à leurs propres maux. Alors le soldat, touché de compassion, comprend, par une intuition subite, que ce pauvre lui est réservé. C'est une épreuve à laquelle Dieu soumet sa vertu ; Dieu veut, par une sorte de curiosité paternelle et miséricordieuse, voir en réalité, ou plutôt montrer au monde jusqu'où son serviteur pousse l'amour de l'humanité souffrante. Martin n'a plus sur le dos qu'une chlamyde : n'est-elle point assez ample, après tout, pour protéger à peu près la nudité de deux hommes ? Il n'hésite pas ; il tire son glaive, et d'un coup violent la sépare en deux morceaux. Une moitié est jetée sur les épaules du mendiant ; avec l'autre il se recouvre lui-même comme il peut. Mais l'étoffe ne se trouve pas suffisante : il laisse voir à son tour sa chair rougie par le froid ; son accoutrement paraît grotesque. Aussi son action est-elle accueillie par des plaisanteries : on rit de ce qui lui manque : on rit de ce qui lui reste. Cependant la plupart des témoins de cette scène, ceux qui ont l'âme honnête, gémissent tout haut de ne l'avoir point prévenu, eux qui pouvaient revêtir le pauvre sans se découvrir entièrement[1]. Martin, aussi insensible aux quolibets qu'aux éloges, regagne sa demeure. La foule, un instant rassemblée, se disperse, et tout semble fini. Mais la nuit d'après, tandis qu'il repose, Jésus-Christ lui apparaît en songe, portant sur lui cette moitié de manteau donnée au malheureux inconnu. Il lui commande de regarder, de reconnaître sa chlamyde. Puis, s'adressant à la multitude des anges qui l'environnent, le Seigneur prononce à haute voix ces mots : « Martin, encore catéchumène, m'a revêtu de cet habit. » Jésus se souvenait, ajoute le biographe, de la parole qu'il avait dite aux siens : « Tout ce que vous ferez à un de ces petits, c'est à moi que vous le ferez[2]. »

A partir de ce moment, le jeune militaire apparaît comme

---

pserat. Les historiens, en général, n'ont pas fait ressortir ce détail, qui donne à l'action de saint Martin son caractère héroïque et son véritable sens.
[1] *Sine sua nuditate potuissent. Ibid.* = [2] Sulp., *ibid.*

un être nouveau : il a reçu un sacre ; une seule action a fait de lui un élu, un saint. Il sera désormais l'homme de Dieu, et Dieu, de son côté, semblera mettre au service de cet homme une partie de sa toute-puissance. Le trait de charité qu'il vient d'accomplir sera célébré par tous les peuples et par toutes les générations. La poésie, la sculpture, la peinture, la gravure sur métal, le reproduiront à l'envi, sous mille formes diverses. L'image du cavalier et du mendiant deviendra la caractéristique de saint Martin. La description de la scène formera la *légende* de saint Martin, quoiqu'elle n'ait rien de légendaire, car elle est rigoureusement historique, et le caractère surnaturel ne s'y dénote même pas ; il n'apparaît que dans la récompense qui couronne cette touchante aumône. Martin, diront les orateurs et les poètes sacrés, a dépassé le précepte évangélique : l'Évangile nous dit de donner un vêtement sur deux ; il ne nous dit pas de partager en deux notre unique habit [1]. « Quel beau coup d'épée ! s'écriera un prédicateur du temps de saint Louis, embouchant à ce propos la trompette épique ; non, jamais il ne sera parlé d'un coup d'épée aussi beau que celui de saint Martin. Assez et trop de chansons l'on chante sur Roland, sur Olivier. On dit que Roland fendit la tête d'un homme jusqu'à la mâchoire ; on dit qu'Olivier trancha le corps d'un autre tout entier. Mais tout cela n'est rien. Ni Roland, ni Olivier, ni Ogier le Danois, ni Charlemagne lui-même n'ont pu frapper un seul coup qui vaille celui-là, et l'on n'en verra point frapper de pareil jusqu'à la fin du monde [2] ! »

---

[1] *O felix virtute tua miracula vincens*
Omnia, et excedens Domini præcepta jubentis!
Ille etenim modico contentos nos jubet esse,
Nec servare duas vestes; tu dividis unam.

(Paulin de Périgueux, éd. Migne, col. 1012.) L'*Histoire des Sept dormants* dit la même chose en prose, et plus tard Pierre de Blois répète, avec une foule d'autres : *Martinus supererogavit, qui suam pauperi chlamydem dimidiavit.* (*Petri Bles. op.*, 1677, in-f°, p. 350.) — [2] Bibl. nat., ms. lat. 16481 ; *Hist. littér. de la France*, XXVI, 425. Cette pensée du frère Daniel de Paris se retrouve, à peu près pareille, dans un sermonnaire latin de la même époque, conservé à la bibliothèque de Tours (ms. 142, f° 178) : *Ille nobilis ictus, quo pallium scidit deditque dimidiam partem pauperi...; hic ictus non solum pallium scidit, sed et caput diaboli amputavit. Nullus unquam amicus Dei tam bonum ictum dedit, nec tantus ictus unquam in cortina scriptus fuit.*

Les chartes elles-mêmes, les froides chartes rediront dans leur langage cet exploit d'un genre tout nouveau : le fondateur du prieuré de Tavant, en Touraine, menacera ceux de ses parents qui oseraient enfreindre ses volontés de la colère de l'illustre confesseur « qui a vêtu notre Dieu et Seigneur dans la personne du pauvre [1] ». Saint Martin, même après les triomphes de son apostolat, après ses miracles sans nombre, sera perpétuellement, aux yeux de la postérité, le saint qui a coupé son manteau en deux. Les petits enfants qui ne savent rien sauront cela ; et lorsqu'ils promèneront, la veille de sa fête, des rameaux enflammés, en guise de réjouissance, ce sera, diront-ils, pour réchauffer les bras nus du saint, glacés par le froid [2]. L'emplacement de la scène sera honoré comme un lieu sacré : on érigera en l'honneur du fait, près de la Porte-aux-Jumeaux, un oratoire qui, dès le temps de Grégoire de Tours, sera desservi par des religieuses, qui deviendra ensuite une abbaye renommée, où des inscriptions commémoratives rappelleront à la postérité ce grand souvenir [3]. Outre cette église de Saint-Martin-aux-Jumeaux, un second sanctuaire, nommé Saint-Martin-du-Bourg, s'élèvera à la place de l'ancienne hôtellerie où l'on croit qu'eut lieu l'apparition de Notre-Seigneur.

Non seulement ce haut fait de la charité chrétienne sera célébré sur tous les tons, mais les acteurs secondaires, et jusqu'aux instruments ayant servi à son accomplissement,

---

[1] Charte de la Bibliothèque de Blois, citée par M. Dupré dans la *Semaine religieuse* de Tours, an. 1871, p. 49. = [2] Usage conservé en Belgique jusqu'aux temps modernes. V. Voetius, *Disputationes theologicæ*, III, 448 et suiv. = [3] V. Grég. de Tours, *Virt. S. Mart.*, 1, 17. La Société des antiquaires de Picardie a fait rétablir une de ces inscriptions dans une pièce du palais de justice d'Amiens, qui a remplacé l'église Saint-Martin. Elle est ainsi conçue :

CHY SAINCT MARTIN DIVISA SEN MANTEL,
EN L'AN TROIS CHENT, AJOUTEZ TRENTE-SEPT.

Cette date traditionnelle se rapproche beaucoup de celle que j'ai donnée. Elle confirme même tout à fait mes inductions, si l'on admet, suivant l'opinion la plus commune, que saint Martin soit né dans le courant de l'année 316. Effectivement, en plaçant le trait d'Amiens dans l'hiver 337-338, la tradition attribue à Martin, comme je le fais ici, l'âge de vingt-deux ans environ. En tout cas cette date est beaucoup plus vraisemblable que celle de 332, que M. l'abbé Corblet propose de lui substituer, et qui repose sur un calcul matériellement faux. (*Hagiogr. du diocèse d'Amiens*, IV, 502.)

participeront à la gloire de l'acteur principal. A commencer par le pauvre, il revivra dans la personne d'un de ses successeurs, entretenu, habillé, nourri par la piété des princes ou du clergé, à Saint-Martin de Tours, à Marmoutier et ailleurs. Le cheval du bon soldat demeurera partout inséparable de son maître ; on le représentera aussi avec complaisance, on le peindra tout fier de porter un pareil cavalier. Sur un ou deux petits sceaux du xiii° siècle seulement, le saint sera figuré à pied, faute de place sans doute [1]. Mais, par-dessus tout, le manteau restera fameux et vénéré dans tous les siècles. Ce vêtement était, on le sait, la chlamyde ordinaire des cavaliers romains, en étoffe de laine blanche, s'attachant sur l'épaule droite par une fibule en forme d'arbalète et relevée sur le bras gauche [2]. Il y a des esprits faits de telle sorte, qu'ils ont contesté à Martin la faculté de disposer ainsi d'une partie de son uniforme. On lui a bien cherché chicane au sujet de l'illégalité de sa guerre à l'idolâtrie ! Les deux griefs se valent. En ce qui concerne la chlamyde, les dispositions du code théodosien nous prouvent qu'elle appartenait aux soldats, auxquels on donnait tantôt l'habillement lui-même, tantôt sa valeur en argent [3]. Qu'on se rassure donc : nos pères ont parfaitement pu honorer ce manteau sans avoir à craindre de se faire les complices d'un détournement du bien de l'État, ou les recéleurs d'un objet donné sans la permission du propriétaire. Aussi ne s'en sont-ils pas fait faute. Martin, selon Grégoire de Tours, est couvert d'un manteau sacro-saint, en mémoire de celui-là. « O glorieuse chlamyde, s'écrie Adam de Perseigne, dont le Christ s'est fait un honneur de se couvrir [4] ! » — « On ne

---

[1] V. Demay, *Le Costume d'après les sceaux*, p. 456. = [2] *Martyris alba chlamys plus est quam purpura regis.* (Fortunat, *Vita S. Mart.*, liv. I.) Cf. Labus, *Fasti della Chiesa*, 11 nov.; le P. Cahier, *Caractéristique des saints*, p. 209; Quicherat, *Hist. du costume*, p. 66. = [3] Liv. VII, tit. VI, *De militari veste.* Cf. Lebeau, *Hist. de l'Acad. des inscr.*, XXXIX, 546. Suivant Demay (*op. cit.*, p. 457), une variante de la légende, reproduite sur un sceau du xiv° siècle, ferait rapporter au saint, par un personnage céleste, un manteau entier, destiné sans doute à le mettre en règle vis-à-vis de la discipline. Mais cette image représente simplement Jésus-Christ montrant au saint endormi, suivant les paroles de Sulpice Sévère, la moitié de manteau donnée au pauvre. = [4] Grég., *Virt. S. Mart.*, II, 60. Traité d'Adam de Perseigne, *Biblioth. Cluniac.*, col. 123 et suiv.

parlera jamais tant, dit encore un orateur du moyen âge, des robes de vair et de gris de nos grands seigneurs que de ce lambeau d'étoffe, donné par le bienheureux soldat au pauvre mendiant[1]. » A Amiens, le manteau devient un symbole, et le fait de son partage forme un des termes chronologiques appendus tous les ans au cierge pascal de la

Le Christ apparaît en songe à saint Martin. — Tapisserie de Montpezat (commencement du XVIᵉ siècle).

cathédrale : on date les années « *a partitione chlamydis beati Martini, adhuc catechumeni, ad portam hujus urbis* [2] ». Les pelletiers et fourreurs de cette ville offrent à l'évêque, chaque fois que revient la Saint-Martin, une pelisse d'agneau, destinée au fonctionnaire montant la garde au palais épiscopal. Enfin des reliques du célèbre vêtement sont vénérées au même lieu, puis à Auxerre, puis à Olivet,

[1] Gilles d'Orléans, Bibl. nat., ms. lat. 16481, n° 10. = [2] *Semaine religieuse* de Tours, an 1874, p. 226; Corblet, *Hagiogr. du dioc. d'Amiens*, IV, 511.

près d'Orléans, où l'on croit en posséder aujourd'hui un dernier fragment. Il est même probable que la fameuse chape de saint Martin, conservée précieusement par nos rois, doit en grande partie les honneurs dont elle a été entourée à son identité, réelle ou supposée, avec l'habit donné au mendiant. A notre époque, le souvenir du saint manteau survit encore dans plusieurs œuvres charitables qui portent son nom, particulièrement à Lyon et à Tours. Il reste l'emblème et la plus haute expression de l'amour des pauvres. Et l'épée, cette bonne épée tranchante, qui a exécuté d'un seul coup la pensée généreuse du saint, n'a-t-elle pas mérité, elle aussi, d'échapper à l'oubli ? Elle n'était qu'un glaive ordinaire, un peu plus long que celui des fantassins, mais de forme semblable. Certains corps de cavaliers romains portaient cette arme en même temps que la lance, et les lanciers de Sabarie devaient être du nombre. On a prétendu que l'épée de saint Martin s'était également conservée. Une église de Vérone s'est vantée longtemps de la posséder. Mais, hélas ! le mercantilisme, souvent pire que la barbarie, s'est emparé de cette relique : ses derniers propriétaires véronais l'ont, paraît-il, vendue à un étranger, et l'on ne sait ce qu'elle est devenue depuis [1].

Telle a été la célébrité universelle du trait d'Amiens, et je me borne à la signaler brièvement, car il pourrait fournir à lui seul la matière d'une longue monographie. Dieu a-t-il assez réalisé l'intention qu'il manifestait à son serviteur, d'entourer d'un éclat extraordinaire son héroïque aumône ? Et ne croirait-on pas qu'il a répété pour lui la parole adressée à l'illustre pénitente de l'Évangile, lorsqu'elle répandit des parfums sur les pieds du Sauveur : « En vérité son action sera vantée par toute la terre ? » Le saint de la charité et la sainte du repentir ont été associés dans la même récompense; union bien faite pour provoquer de salutaires méditations.

La vie des saints est féconde en prodiges. Pourtant je ne connais qu'un seul trait qui se rapproche de celui dont on vient de lire le récit. L'étonnante conformité de pensée et de

[1] Communication de M. Fulin, archiviste à Venise.

procédé qui se remarque entre les héros des deux anecdotes, placés à neuf siècles de distance, m'engage à rappeler ici la seconde. Le bienheureux Philippe Berruyer, archevêque de Bourges sous saint Louis, renommé aussi pour sa prodigalité envers les indigents, rencontra un jour, au cœur de l'hiver, un mendiant presque nu. S'écartant un moment, il quitta en un clin d'œil ses vêtements de dessous, remit sa robe d'évêque, et rapporta les premiers aux pauvres. Mais, quelques pas plus loin, un second mendiant, aussi peu habillé que l'autre, se présenta : Philippe, cette fois, se trouva dans le même embarras que Martin. Il n'avait point d'épée, point de chlamyde à couper ; il avait seulement un domestique qui le suivait. Son ingénieuse charité lui suggéra de demander à ce serviteur de faire comme il avait fait lui-même, promettant de lui rembourser plus tard le prix de ses habits au double de leur valeur. Mais cet homme n'a pas le courage d'imiter son maître : le temps est trop froid, et son cœur sans doute ne l'était pas moins [1]. C'est ainsi que l'esprit chrétien sait inspirer les mêmes idées aux époques les plus différentes. L'archevêque français ne réussit pas aussi bien que le soldat romain : il eut cependant presque autant de mérite. Le récit de son action semble également authentique ; il n'a nullement l'air d'être une imitation de l'anecdote de Sulpice Sévère. Mais nous rencontrons au moyen âge une série de légendes issues, selon toute apparence, de ce trait célèbre : telle est l'histoire, souvent reproduite sous des formes variées, du lépreux soigné par une noble dame, et qui se trouve être ensuite Jésus-Christ en personne [2]. Si l'origine que j'attribue à cette famille de légendes est exacte, elle prouverait encore davantage l'immense et constante popularité de l'acte généreux de saint Martin.

[1] *Annal. eccl. Aurel.*, à *Carolo Saussaio*, liv. II. Mgr Guérin, *les Petits Bollandistes*, I, 252. — [2] V. notamment les *Anecdotes historiques d'Étienne de Bourbon*, n° 154. Une légende curieuse, mais d'une autre espèce, reproduite en vers par Péan Gatineau (éd. Bourassé, p. 139), semble aussi avoir été conçue sous l'influence du trait d'Amiens : c'est celle qui nous montre saint Martin distribuant successivement à quatre pauvres les quatre deniers qui lui restent, au grand mécontentement de saint Brice, qui représente ici l'écuyer ou le valet d'armée.

CHAPITRE IV

BAPTÊME DE MARTIN — SON DÉPART DE L'ARMÉE

 ET événement, et surtout la vision émouvante qui le suivit, opérèrent dans l'esprit du jeune soldat une révolution profonde. Il n'en conçut aucune vaine gloire, loin de là. Mais, reconnaissant la bonté toute particulière avec laquelle Dieu avait accueilli le témoignage de sa charité, il se décida sur-le-champ à se faire donner le baptême. Il avait déjà trop tardé. « Martin encore catéchumène ! » lui avait dit le Seigneur. C'était là, comme l'observe un de ses récents historiens, un tendre reproche, dont l'accent avait dû remuer son âme [1]. L'usage existait encore, il est vrai, de recevoir tardivement, et seulement après avoir atteint un âge raisonnable, cette initiation définitive à la vie chrétienne. On faisait profession de christianisme longtemps avant de porter la marque officielle du Christ : Constantin lui-même en est un exemple fameux ;

---

[1] D. Chamard, *S. Martin et Ligugé*, p. 11. Là se trouve la véritable explication de cette détermination subite ; Baronius, lorsqu'il la cherche dans un édit de Constance qui obligea, en 354, tous ses soldats à recevoir le baptême, commet un anachronisme et rabaisse en même temps le mérite du saint.

saint Just de Limoges nous en offre un autre. Il paraît que bien des gens préféraient attendre que le feu de la jeunesse fût passé, afin de pouvoir conserver plus pure la robe baptismale. Mais tel n'était point l'esprit de l'Église, qui voyait, au contraire, dans le sacrement administré un signe d'élection et un préservatif contre les vices des païens. Tant qu'on ne l'avait pas reçu, on était plus exposé à devenir infidèle ; on n'appartenait pas réellement à Jésus-Christ ; on pouvait mourir sans être régénéré. Aussi, fort peu de temps après, saint Ambroise devait-il faire abolir en Occident cette funeste coutume, déjà bannie de l'Orient par saint Basile et saint Grégoire de Nazianze. Si Martin avait différé si longtemps son baptême, ce n'était certainement pas dans une pensée d'indépendance. Il se conformait à une habitude reçue ; il subissait peut-être la volonté de ses parents, ou bien les exigences du service ne lui laissaient pas assez de temps pour la longue préparation que l'on exigeait même des catéchumènes. Il pouvait avoir quitté Pavie avant d'être passé dans la première classe de ces aspirants chrétiens, celle des *competentes*. Tout porte à croire que si, à la suite de son trait de charité, il « vola vers le baptême », selon l'expression de Sulpice [1], il lui fallut néanmoins un certain temps, et sans doute un congé momentané, pour le recevoir. Dans la primitive Église, et encore au IV° siècle, on baptisait solennellement les adultes aux fêtes de Pâques et durant toute la période pascale, jusqu'à la Pentecôte. Martin dut être baptisé à la première Pâque qui suivit, c'est-à-dire au printemps de 339. En effet, son biographe, qui ne donne presque jamais de dates, n'a pas manqué de noter son âge à ce moment capital de sa vie. Il avait, nous dit-il, vingt-deux ans. Je sais qu'aucun historien n'a jusqu'à présent adopté ce chiffre, les textes ordinaires de Sulpice portant *duodeviginti*, dix-huit ans ; mais il est conforme au plus ancien de tous les manuscrits, antérieur de beaucoup aux autres et représentant, pour ainsi dire, la version primitive ; et, de plus, la date qu'il nous fournit est la seule qui coïn-

---

[1] *Vita S. Mart.*, 3.

cide avec les événements publics rappelés un peu plus loin par le même auteur[1]. A vingt-deux ans, d'ailleurs, l'homme est beaucoup plus fait qu'à dix-huit ; il est véritablement adulte, et cet âge s'accorde beaucoup mieux avec ce que nous avons vu jusqu'à présent des actions, du caractère, de la situation du jeune saint, comme avec ce que nous allons en voir.

Martin ne fut pas plus baptisé à Poitiers où une tradition, suivie par Gervaise, le fait venir exprès trouver saint Hilaire, qu'à Pavie, où s'était perpétuée une erreur du même genre. Il y a dans ces deux versions une confusion évidente : le baptême a été confondu, dans la première, avec l'admission du saint aux ordres ecclésiastiques ; dans la seconde, avec son admission au catéchuménat. Il ne pouvait, à cette époque, connaître le célèbre évêque de Poitiers, qui n'était encore ni évêque ni célèbre, et il n'avait aucun motif pour se diriger de ce côté[2]. La légende qui le fait baptiser par les mains de saint Paul, patriarche de Constantinople, reproduite au XIIIe siècle par Péan Gatineau, ne mérite pas plus de créance : elle émane de l'*Histoire des Sept dormants*, cette pieuse odyssée où le mélange du faux et du vrai se montre d'une manière si sensible, et elle peut provenir du désir nourri par les Grecs d'avoir été, eux aussi, pour quelque chose dans les débuts du héros chrétien[3] ; mais Sozomène et Nicéphore, qui parlent de lui, sont muets sur ce point. Quelle apparence, d'ailleurs, qu'un soldat romain ait été d'Amiens jusqu'à Byzance pour chercher le baptême ? Je ne mentionnerai que pour mémoire deux autres localités auxquelles on a attribué, sans titre sérieux, l'honneur d'avoir été le théâtre de ce fait important : Arras et Thérouanne[4]. En somme, il n'y a point d'apparence que Martin ait eu une raison quel-

---

[1] V. l'éclaircissement chronologique, où ce point est établi avec plus de développements. = [2] Gervaise a cependant adopté cette version (p. 10-12), mais parce qu'il plaçait le fait quinze ans plus tard. Il est plus étonnant que Beugnot l'ait suivie. (*Destruction du paganisme*, I, 295). = [3] D. Chamard (*S. Martin et Ligugé*, p. 11) voit là une simple confusion entre saint Paul de Constantinople et saint Paulin de Trèves. Cette explication n'a pas d'autre fondement que la ressemblance des deux noms. Le siège de Trèves ne fut, d'ailleurs, occupé par saint Paulin que de 349 à 358. = [4] Hennebert, *Hist. gén. d'Artois*, p. 177.

conque pour s'éloigner d'Amiens à cette occasion. Sulpice Sévère, qui marque toutes les circonstances dont l'événement a été précédé ou suivi, à cause de l'intérêt qu'il y attache, nous l'aurait certainement dit. Au contraire, il rapporte son baptême immédiatement après le récit de sa

Baptême de saint Martin par saint Hilaire. — Verrière de Saint-Florentin (Yonne), datée de 1528.

vision, sans transition aucune. Nous pouvons donc laisser à la vieille cité des *Ambiani* cette gloire, qu'elle revendique. C'est là que notre futur apôtre fut plongé dans la piscine sacrée, car le baptême était encore administré par immersion. C'est là que le successeur de saint Firmin, qui devait sans doute connaître un jeune homme d'une si éminente vertu, lui ouvrit la grande porte de cette Église catholique, qui allait bientôt redire son nom d'un bout du monde à l'autre.

Après avoir porté la tunique blanche, cette robe intacte de l'innocence que Dieu lui envoyait pour remplacer le manteau mutilé de la charité, le nouveau chrétien ne fut plus soldat que de nom. Il ne quitta pas immédiatement l'armée, parce que son tribun, dont il était devenu l'ami et le familier, le supplia de l'attendre. Cet officier promettait de renoncer au monde avec lui à l'expiration de son tribunat. Martin demeura en suspens, pour ce motif, l'espace de deux ans ou environ après avoir reçu le baptême[1]. Il jouissait d'une certaine liberté, puisque son chef était d'accord avec lui et que l'on savait, du reste, qu'il devait se retirer prochainement. Il continua donc tranquillement, dans cet intervalle, ses bonnes œuvres et ses pratiques pieuses. Peut-être même commença-t-il dès lors cet apostolat des campagnes dont il allait se faire, pour ainsi dire, une spécialité. En effet, les environs d'Amiens, l'Artois, la Flandre sont encore pleins du souvenir de ses missions, et l'on a prétendu, non sans quelque apparence de raison, que sa prédication dans ces contrées se rapportait à l'époque de sa vie où il menait la conduite d'un moine et d'un apôtre sous l'habit d'un soldat[2]. Toutefois je réserverai ce point pour le chapitre où doit être examiné l'ensemble de ses travaux évangéliques.

Tandis que s'écoulaient ces deux années d'attente, l'empire romain, et la Gaule en particulier, changeaient de maîtres. Le grand Constantin étant mort, d'après les dernières découvertes de la science, au mois de mai 338[3], son vaste domaine fut partagé d'abord en trois : à son fils aîné, Constantin II, échurent la Gaule, la Bretagne et l'Espagne; au second, Constance, l'Orient; au troisième, Constant, l'Italie, l'Illyrie et l'Afrique. Mais dès le commencement de l'année 340, ce dernier ayant été attaqué par le jeune Constantin, mécontent de son partage, le vainquit et par sa mort devint maître de l'Occident tout entier. Les légions cantonnées dans les cités gauloises passèrent donc successivement sous les ordres de Constantin II et de Constant. Martin ne put, par conséquent, servir sous Constance, comme l'a fait croire une phrase, probablement altérée, de Sulpice Sévère, ce prince n'étant

---

[1] Sulp., *Vita S. Mart.*, 3. — [2] V. notamment Corblet, *Hagiogr. du dioc. d'Amiens*, IV, 506 et suiv. — [3] V. la *Revue des Questions historiques*, II, 81. Cette date nous est révélée par la chronique syriaque dont Cureton a publié le texte en 1848.

parvenu à posséder à son tour la Gaule que beaucoup plus tard, en 353. Encore moins put-il servir sous Julien, qui ne commanda en ce pays qu'en 355. D'ailleurs, son départ de l'armée ne pouvant d'aucune manière être retardé au delà de 356, pour les raisons que nous verrons plus loin, et comme sont forcés de l'admettre eux-mêmes les partisans de l'étrange système qui le fait rester vingt-cinq ans sous les drapeaux, par une audacieuse amplification du nombre exprimé en toutes lettres dans le texte original, et, d'un autre côté, la durée des gouvernements de Constance et de Julien réunis (353-356) ne laissant pas même la place nécessaire aux cinq ans indiqués comme le minimum absolu de son temps de service, il est évident que ce n'est pas de ces deux chefs que l'auteur de sa vie a voulu parler. Il est même impossible, d'après ce qu'on vient de voir, qu'il ait servi sous deux empereurs seulement. Mais la domination éphémère de Constantin II n'ayant pas laissé de trace en Gaule, on conçoit assez bien que Sulpice n'en ait compté que deux, dont le premier est certainement le grand Constantin, et le second son fils Constant, appelé aussi Jules [1]. Les événements publics vont achever de justifier cette explication.

Les barbares, continue le même historien, se jetèrent alors sur la Gaule. Le prince réunit aussitôt en un seul corps les troupes massées dans ce pays, et marcha contre eux [2]. C'était tout à fait la tactique imaginée par le grand Constantin. Or, précisément, nous apprenons par d'autres auteurs que Constant, dès son arrivée, eut à repousser les Francs, qui passaient les frontières à la faveur de la guerre survenue entre son frère et lui. En 341 (c'est-à-dire exactement au terme marqué par Sulpice, savoir, deux ans après le baptême de Martin), il engagea contre eux une lutte violente, qui offrit à notre

---

[1] On trouvera dans l'éclaircissement chronologique le développement de ce point et la preuve que les manuscrits portant *sub rege Constantio, deinde sub Juliano Cæsare* (*Vita S. Mart.*, 2), doivent être ainsi rectifiés. Deux autorités considérables, Tillemont et Martène, ont admis déjà que le nom de Julien s'était introduit là par erreur. M. l'abbé Dupuy a suivi avec raison leur système à cet égard. On rencontre, d'ailleurs, plus d'un exemple de confusion entre le nom de Constant et celui de Julien ou d'autres princes. = [2] *Vita S. Mart.*, 4.

jeune saint l'occasion de demander son congé. Les chroniques du temps nous parlent toutes de la série de combats qu'il fut alors obligé de leur livrer, et qui, avec des succès divers, se prolongèrent jusque dans le cours de l'année suivante[1]. L'armée romaine se dirigea vers le Rhin. Après des opérations dont nous ne connaissons pas le détail, elle vint un jour camper auprès de la ville de Worms, selon l'indication précise de notre guide[2]. En effet, une loi de Constant, promulguée au mois de juin 341 et datée de Leerda (*Lauriacum*), ville voisine de Nimègue, nous prouve péremptoirement qu'il se trouvait à ce moment dans la région du nord : il suivait ou venait de suivre la ligne du Rhin, sur laquelle Worms est également placé[3]. Dans cette position, l'armée attendit l'ennemi, et, dans la prévision d'une rencontre, l'empereur, conformément à l'usage, se mit à distribuer aux soldats un *donativum,* c'est-à-dire des largesses destinées à les encourager au combat. Pour cela, on fit devant lui un appel général, et bientôt l'on en vint au nom de Martin. Celui-ci, trouvant le moment propice pour adresser sa requête au chef suprême, et jugeant dans sa conscience que, ne devant pas prendre part à la bataille (car il se regardait déjà comme moine, et il était interdit aux moines de se battre), il ne devait pas non plus participer à la distribution, dit alors au prince : « Jusqu'à ce jour je vous ai servi comme soldat ; souffrez que désormais j'aille servir Dieu. Que ceux qui doivent combattre soient honorés de vos dons. Pour moi, qui suis maintenant le soldat du Christ, il ne m'est pas permis de me battre. » A ces mots, l'empereur, le tyran, comme Sulpice l'appelle dans sa réprobation indignée, entre en courroux et répond : « C'est la crainte de la bataille de demain, et non l'amour de la vie religieuse, qui te porte à déserter la milice. » Martin ne tremble pas ; mais, plus ferme encore devant cette parole menaçante, il reprend : « Si ma

---

[1] *An.* 341. *Vario eventu adversum Francos a Constante pugnatur... An.* 342. *Franci à Constante perdomiti, et pax cum eis facta.* (S. Gérôme.) *Constans Francos bello superatos socios ac fœderatos populi romani effecit.* (Socrat.) *Victi Franci à Constante seu pacati.* (Idat.) D. Bouquet, I, 142 et 610. = [2] *Apud Vangionum civitatem.* (Sulp., *loc. cit.*) = [3] D. Bouquet, I, 747.

demande est attribuée à un sentiment de lâcheté plutôt qu'à l'ardeur de ma foi, demain je me tiendrai debout et sans armes en avant de l'armée, et, au nom du Seigneur Jésus, muni du signe de la croix au lieu de casque et de bouclier, je pénétrerai hardiment les bataillons ennemis. » On le prend au mot ; on l'arrête et on le détient sous bonne garde, pour le contraindre à exécuter son offre audacieuse. Le lendemain arrive ; il se dispose à se présenter désarmé aux coups des barbares. Mais, au même instant, le parti ennemi que les Romains avaient devant eux leur envoie demander la paix, se rendant à discrétion. Cette victoire, ajoute Sulpice, était bien la victoire du bienheureux saint : Dieu, qui, à la vérité, eût pu le protéger contre les traits et les glaives, l'exemptait du danger, et en même temps il accordait en sa faveur à l'armée romaine un avantage qui ne lui coûtait pas une goutte de sang ; dénouement bien digne de son serviteur et de son soldat.[1] En présence de ce résultat inespéré, qui ne terminait pas la campagne, mais qui permettait à Constant de marcher contre les autres bandes germaines, Martin fut enfin laissé libre d'obéir à son impérieuse vocation.

On a encore défiguré de plusieurs façons ce dramatique épisode. Sans reparler des systèmes chronologiques qui l'ont fait placer, tantôt dans la guerre soutenue par Julien contre les Francs en 356 (guerre où les barbares du pays de Worms, loin de se rendre avant le combat, furent vaincus et écrasés[2]), tantôt dans l'expédition dirigée par Constance en 354, et dans la ville d'Augst au lieu de la cité des *Vangionum*[3], on s'est mépris sur le sens de la demande de

---

[1] *Vita S. Mart.*, 4. = [2] Socrat., III, 1. Ammien Marcellin, liv. XVI ; coll. Migne, vol. LXXXVIII, col. 368. = [3] Le premier de ces systèmes a été suivi par Gervaise (p. 18) et par d'autres. Le second a été exposé pour la première fois par D. Chamard (*S. Martin et Ligugé*, p. 370 et suiv.). L'explication du savant bénédictin, plus ingénieuse que les précédentes, a cependant l'inconvénient de transporter la scène loin de Worms, où une tradition constante et divers monuments ont perpétué le souvenir de l'emprisonnement de saint Martin. Elle repose uniquement sur une vague analogie du fait raconté par Sulpice avec celui qui arriva auprès d'Augst à l'empereur Constance, lorsque les Allemands offrirent la paix avant de combattre. Mais des soumissions semblables se présentaient fréquemment, et cette analogie, fût-elle plus étroite, ne saurait lever les impossibilités inhérentes à la date de 354 aussi bien qu'à celle de 356. Le récit du biographe contemporain et le lieu désigné

saint Martin comme sur le motif qui lui fit accorder son congé. C'est, disent les uns, par un excès de zèle qu'il excipa de sa qualité de chrétien pour ne pas prendre part à un combat ; l'empereur ne l'obligeait pas à sacrifier, et les chrétiens ne refusaient pas le service militaire dégagé des actes d'idolâtrie, puisque la légion Thébéenne, si célèbre par son martyre, s'était recrutée tout entière dans leur sein, etc.[1]. Mais il y a là un malentendu ou un contresens évident. Martin, en déclarant qu'il ne pouvait se battre, alléguait, non pas la qualité qu'il possédait, mais celle qu'il voulait acquérir, non pas le titre de chrétien, mais celui de clerc ou de religieux. Les textes abondent pour prouver que les mots *soldat de Dieu (miles Dei)* signifiaient alors un moine, et *faire partie de la milice de Dieu (militare Deo)*, mener la vie cénobitique. Saint Jérôme, saint Augustin, saint Paulin, saint Athanase ont fréquemment employé ce langage[2]. Chez Sulpice Sévère en particulier, il est habituel : ainsi cet auteur, parlant d'un religieux qui veut remémorer sa profession à son supérieur, lui fait dire qu'il est un « soldat du Christ[3] ». Les inscriptions chrétiennes de la Gaule nous offrent plus d'une fois la même tournure[4]. Encore au ixe siècle, les diplômes royaux faisant mention de Marmoutier spécifient que ce monastère est celui « où le glorieux confesseur a servi dans la milice divine avec un nombreux bataillon de moines[5] » ; et si cette expression est une réminiscence de Sulpice, elle prouve encore mieux que l'on entendait ainsi les termes dont il se sert. Plus tard encore, Fulbert de Chartres les interprétait dans le même sens[6]. Nous savons suffisamment, d'autre part, que Martin ne pouvait considérer son état de chrétien comme incompatible avec le service militaire, puisque, malgré la théorie professée

par lui se trouvent, d'ailleurs, confirmés par deux passages de l'ancienne Vie de sainte Geneviève (*Acta SS. jan.*, I, 129, 144).

[1] Lebeau, *Hist. de l'Acad. des inscr.*, XXXII, 353. Le Blant, *Manuel d'épigraphie chrétienne*, p. 14. D. Chamard, *op. cit.*, p. 378, etc. = [2] V. de Prato, éd. de Sulpice Sévère, I, 327. = [3] *Vita S. Mart.*, 14. Cf. *ibid.*, 1; *Dialog.* II, 11, et la lettre à Bassula. = [4] *Vere bellator Domini... Vir crucis arma gerens.* Le Blant, *Inscr. chrét.*, I, 228 et suiv. = [5] *In quo idem ipse præclarissimus confessor Christi regulariter cum turma monachorum Domino militavit.* = [6] D. Bouquet, X, 479.

par quelques docteurs avant la paix de l'Église, les Pères et les conciles défendaient de son temps aux fidèles de déserter l'armée ou de jeter leurs armes ; saint Augustin permettait même de servir sous un prince païen, à condition de ne rien faire contre la loi de l'Église[1]. Enfin, tout ce que nous avons vu jusqu'à présent de la vie de notre héros nous le montre aspirant, depuis l'enfance, à la solitude, et sa conduite ultérieure attestera encore la même résolution. Donc la question ne saurait être douteuse : il voulait quitter la milice pour le cloître, et sa demande ne s'appuyait que sur cette intention formellement déclarée.

Non, disent les autres, il n'a pu obtenir ainsi sa liberté : il n'avait pas achevé son temps de service, qui était de vingt ans au moins, ou bien alors il était depuis de longues années sous les drapeaux ; or, dans le premier cas, le motif que Sulpice lui fait mettre en avant n'aurait pas été admissible aux yeux de ses chefs[2]. C'est encore une erreur. L'entrée dans les ordres ou en religion exonérait si bien de la milice, que les monastères furent accusés, un peu plus tard, d'être le refuge des déserteurs, et que Valens dut édicter une loi pour les en faire sortir. Une autre loi, publiée l'an 400, décide que les fils des vétérans ne seront plus, à l'avenir, exemptés de porter les armes sous aucun prétexte, même sous celui de cléricature, auquel ils avaient parfois recours soit avant leur enrôlement, soit après[3] : donc cette exemption s'accordait antérieurement. Le clergé chrétien avait hérité de la dispense dont jouissaient jadis les prêtres païens. Julien, il est vrai, contraignit les clercs à servir : c'était une conséquence de ses idées personnelles, et ce serait une preuve de plus que le prince qui congédia Martin n'était pas lui. Mais, sous les empereurs chrétiens, l'on pouvait invoquer, pour sortir de l'armée, la qualité de serviteur de l'Église, et les

---

[1] Lettre au comte Marcellin. Cf. *Acta SS. oct.*, XII, 533, 535 ; Lupus, *de Antiq. discipl. christ. militiæ*, ch. IV, etc. = [2] V. notamment Baronius, an. 351, n°s 21, 22. = [3] *Et quoniam plurimos, vel ante militiam, vel post inchoatam vel peractam, latere objectu piæ religionis agnovimus, dum se quidam vocabulo clericorum et infaustis defunctorum obsequiis occupatos, non tam observatione cultus quam otii et socordiæ amore, defendunt, nulli omnino tali excusari objectione permittimus.* Code théod., éd. Ritter, II, 254, 444.

chefs libéraient, s'ils le jugeaient à propos, ceux qui se réclamaient de ce titre. Les lettres de saint Grégoire de Nazianze nous en offrent un exemple qui est précisément relatif à un fils de vétéran. Ce jeune homme, malgré sa condition, avait été ordonné lecteur en raison de sa vocation bien marquée. On l'enrôla cependant; mais le pontife, qui dirigeait sa carrière, écrivit au maître de la milice en lui demandant, comme une faveur dépendant de son plaisir, et nullement contraire aux lois, de le lui renvoyer[1]. Il y avait, en effet, outre le congé régulier, accordé au bout de vingt ans, et l'exclusion prononcée pour un motif déshonorant (*exauctoratio*), un troisième mode de démission, pour cause accidentelle ou imprévue (*causaria*)[2]. La vieillesse, la maladie, les blessures, la faiblesse donnaient particulièrement des droits à l'obtenir. Il est probable que cette porte de sortie, entr'ouverte à dessein pour des cas exceptionnels, laissait passer les sujets que l'armée rendait à l'Église.

Je crois avoir rétabli tous les faits qui se rattachent à la libération de saint Martin, et je m'imagine que le récit de son biographe, ainsi présenté, ne peut plus offrir de difficultés. Dans tous les cas, c'est une circonstance bien frappante que cette rencontre du futur apôtre et des futurs dominateurs de la Gaule sur un champ de bataille des bords du Rhin. Les Francs arrivent, ils paraissent pour la première fois sur notre sol; et, au même instant, Martin, comme s'il eût été dans les secrets du ciel, comme s'il se fût récusé devant de pareils adversaires, abandonne les camps pour s'en aller préparer les populations gallo-romaines à subir impunément le contact de la barbarie qui s'approche. Voici l'envahisseur; mais voici en même temps le frein qui doit le dompter et le civiliser. Voici le fléau; mais voici le remède. Coïncidence providentielle! dans cette tribu des Saliens, qui fut admise comme alliée sur le territoire de l'empire à la suite de l'expédition de Constant, figuraient certainement les aïeux des rois qui devaient couvrir d'hon-

---

[1] *S. Greg. Naz. ep.* 123. Cf. le Code théod., *ibid*, 451. = [2] Code théod., *ibid.*, 263.

neurs et de richesses le tombeau du saint confesseur, les pères de Clovis, de Clotaire, de Dagobert et de tant d'autres. Qui eût pu prévoir alors que la postérité de ces redoutables chefs de bandes s'humilierait un jour devant la poussière de l'obscur soldat romain? Dieu seul le savait; aussi ne permit-il pas que les rapports de la race franque avec son puissant protecteur débutassent par une lutte à main armée. Martin partit donc avant d'avoir à combattre ce peuple. « Bientôt, dit un écrivain moderne, personne ne pensa plus à lui [1]. » Dans le monde militaire, peut-être; mais le monde chrétien allait, au contraire, commencer à retentir de son nom.

[1] De Broglie, *l'Église et l'empire romain*, IV, 19.

Monastère de Ligugé.

LIVRE III

LE MOINE

CHAPITRE I

LE MONACHISME AVANT SAINT MARTIN

 EPUIS longtemps, nous l'avons vu, Martin ne songeait qu'à s'enfermer dans un monastère ou dans une solitude. Il renonçait pour ce motif à la carrière des armes. Libre enfin, il allait pouvoir passer du rêve à la réalité. Qu'était-ce donc que ce genre de vie extraordinaire, insolite, auquel il aspirait? Qu'était-ce que ces moines, dont le nom et l'habit apparaissaient alors comme une nouveauté bizarre aux yeux du monde

romain? D'où venaient-ils? Où en était leur institution? Il me semble que nous ne pouvons suivre plus loin le transfuge de l'armée de César sans reconnaître la route où il s'engage, sans savoir au juste où il va, ce qu'il veut, à quelle œuvre il a hâte d'apporter le concours de son activité et de sa juvénile ardeur.

Le moine! Ce mot, qui n'éveille dans l'esprit de la foule ignorante ou trompée que l'idée d'un homme habillé d'une façon excentrique, d'un fanatique, presque d'un fou, évoque aux yeux des gens instruits et des chrétiens le souvenir des services les plus éclatants qui aient jamais été rendus à l'humanité. Que de fois, en voyant passer dans la rue un de ces pauvres volontaires, vêtu de bure, les pieds nus, je me suis pris à regarder ceux qui le regardaient! Presque toujours l'expression de leur visage m'a révélé leur niveau moral et intellectuel. C'est surtout quand on se reporte aux premiers jours de notre histoire qu'on est saisi de l'immense et salutaire influence exercée par le monachisme. La société païenne est en décomposition; la barbarie est là qui s'avance : elle va faire succéder la nuit à ce crépuscule attristant. Une pléiade d'illustres évêques réunit ses efforts pour tirer de ce chaos un monde nouveau, pour créer sur ces ruines un édifice durable, qui sera un jour la France, l'Europe chrétienne. Mais les vieilles épaules de ces insignes constructeurs, de ces *pontifices,* ne suffisent pas à porter les matériaux d'un ouvrage aussi gigantesque; ils plient parfois sous le fardeau, et leur troupe courageuse compte même quelques défaillants. Pour dompter les barbares et en faire des gens civilisés, pour défricher les forêts, derniers repaires de la superstition, et les transformer en champs fertiles, il leur faut des auxiliaires robustes, ne craignant rien, n'ayant besoin de rien. Ces auxiliaires, ce seront les moines; ce seront les hommes dont saint Martin rêvait de faire partie, et dont il devait lui-même importer ou multiplier l'espèce sur le sol de la Gaule. S'il fallait en croire le grand écrivain catholique dont le nom vient ici se placer tout naturellement sous ma plume, cet habile charmeur à qui l'on ne peut plus s'arracher quand on a commencé à écouter ses attrayants récits sur les *Moines d'Occident,* le monachisme aurait même eu la plus grande part, une part à peu près exclusive, dans l'œuvre de régénération sociale entreprise alors par l'Église. « L'empire romain, dit-il dans une phrase énergiquement synthétique, c'était un abîme de servitude et de corruption. Les barbares sans les moines, c'était le chaos. Les barbares et les moines réunis vont refaire un monde qui s'appellera la chrétienté [1]. » Qu'on tienne compte, si l'on veut, de la fascination bien naturelle exercée sur l'éloquent historien par son sujet, qui le domine, qui le remplit tout entier : il faudra toujours reconnaître que l'influence monastique fut, sinon le seul, du moins un des principaux éléments de salut dans le cataclysme où s'engloutit la société antique.

D'où sortait cette race d'hommes, si différente des autres, qui ne voulait même pas ressembler aux autres, et qui prétendait vivre dans ce monde comme n'en étant pas ? Elle avait pris naissance, croit-on généralement, dans les déserts d'Égypte, sous l'éternel soleil et devant l'immobile nature de ces contrées d'Orient, dont l'aspect nous porte malgré nous à la contemplation ou à la rêverie. Mais, au fond, elle venait d'Orient parce que le christianisme lui-même en venait ; car, dès l'origine de l'Église, on remarque chez les fidèles certaines pratiques de la vie religieuse, et comme l'embryon de l'institution à laquelle les saint Pacôme et les saint Benoît devaient donner un corps. Notre-Seigneur en personne l'avait créée par son enseignement et par son exemple ; car on ne peut guère voir que des essais informes dans le genre d'existence solitaire des prophètes juifs, à bien plus forte raison dans celui de quelques prêtres de Bouddha et des plus fervents élèves de Pythagore, où l'on a été rechercher les origines premières du monachisme. En jeûnant dans le désert, en établissant la communauté parmi ses disciples, Jésus-Christ avait doublement indiqué la voie, aux anachorètes d'une part, aux fondateurs de monastères de l'autre. Les premiers chrétiens comptèrent dans leurs

---

[1] Montalembert, *les Moines d'Occident,* I, 36.

rangs un assez grand nombre d'ascètes (*ascetæ*, de ἄσκησις, exercice), c'est-à-dire de gens qui, ne se contentant pas de pratiquer volontairement et à la lettre les conseils évangéliques (la pauvreté, la chasteté, l'obéissance), s'en imposaient l'obligation au moyen d'un vœu, d'une promesse solennelle faite à Dieu ; par là le conseil devenait précepte, et bientôt il allait devenir la *règle* (c'est le mot propre). A l'origine, d'ailleurs, les fidèles de Jérusalem mettaient spontanément leurs biens en commun, et, par leur austérité, par leur union fraternelle, offraient l'image d'une véritable congrégation. Bientôt cette congrégation se répandit dans tout le monde romain, et perdit forcément ce caractère primitif. Alors on vit des hommes plus zélés que les autres chercher à établir une petite communauté dans la grande, et même une religion particulière dans la religion commune, si l'on veut conserver au mot *religio* son acception propre, celle de pratique ou de rite. Ils devaient, au reste, accaparer ce mot pour eux et s'intituler, dans la suite, les religieux ; les ordres monastiques devaient s'appeler des *religiones*. Vinrent les persécutions, les désordres et les scandales de la décadence romaine, les syptômes d'une dissolution intérieure de la société et les menaces de l'invasion étrangère. Alors il se forma de véritables courants d'émigration, allant chercher au loin, en dehors de ce monde pourri et de ses lois oppressives,

Quelque coin écarté
Où de *prier en paix* on eût la liberté.

La haute Égypte, échappant par la distance et par ses conditions naturelles à l'influence de la capitale, à sa législation, à sa police, offrit un asile à tous ceux qui, pour un de ces motifs ou pour un autre, voulaient fuir le commerce des hommes. Ils y vécurent d'abord isolément, dans les cavernes ou dans les cellules grossièrement bâties ; de là leur nom de *monachi* (de μόνος, seul). Mais bientôt ils s'y trouvèrent si nombreux, les cellules devinrent si voisines les unes des autres, que quelques initiateurs, et avant tous

Désert de la Thébaïde.

saint Pacôme, entreprirent de leur faire adopter un genre de vie uniforme, une règle et des exercices communs ; et l'amour de Dieu, qui avait dit : « Là où vous serez rassemblés deux ou trois en mon nom, je serai avec vous, » soumit en un clin d'œil à la discipline ces poursuivants de la perfection chrétienne. Les moines devinrent des cénobites (de κοινόβιον, communauté); et cette transformation de la vie monastique proprement dite en vie cénobitique se manifesta vers le commencement du IVᵉ siècle : seulement le nom de moine et ses dérivés subsistèrent, avec un sens plus ou moins altéré. Un peu plus tard, saint Basile, le grand législateur du monachisme primitif, le saint Benoît de l'Orient, corrigea ou compléta la règle de saint Pacôme. Attirés par les récits merveilleux qui commençaient à se répandre sur la vie des Pères du désert, sur leur étonnante vertu, sur les admirables phalanstères chrétiens organisés autour d'eux, la foule des pénitents, des faibles, des désolés, et tous les aspirants à la vie parfaite affluèrent chaque jour davantage dans les refuges de la Thébaïde ou de la Palestine. On n'y vint plus seulement des contrées voisines : on y vint de tout l'Occident ; on y vint surtout des pays directement menacés ou déjà envahis par les barbares. La voix puissante de saint Jérôme y appela une quantité de Romains et de Romaines. Le pèlerinage de Jérusalem, déjà très fréquenté, contribua également à faire connaître dans toute la chrétienté ces tranquilles retraites ; et, tandis que le port d'Ælia Capitolina devenait l'asile des fugitifs italiens qui ne voulaient pas renoncer au monde, le couvent de Bethléhem se remplissait d'émigrants ou de pèlerins dégoûtés des tristesses de leur temps[1].

Et voilà comment, tout d'un coup, la Rome impériale apprit qu'il existait là-bas, protégées par la double barrière de la mer immense et du désert enflammé, une société indépendante de la sienne, de vastes cités où ses gouverneurs ne trônaient pas, des sujets de l'empire échappant à sa domination. Cela se pouvait-il ? Cela était-il tolérable ? Parmi

---

[1] Am. Thierry, *S. Jérôme*, p. 466.

ces moines, il y avait des hommes valides : il y avait des riches, propres à ces fonctions municipales, à ces curies, à ces décurionats que chacun redoutait comme une servitude atroce, mais que la loi condamnait leur classe à remplir ; il y avait des enfants du peuple solidement constitués, pouvant faire d'excellents soldats. Nous connaissons ce raisonnement ; mais remarquons ce qui va s'ensuivre. Les ariens, les philosophes de l'époque, obtiennent d'abord d'un gouvernement faible, de l'empereur Valens, un décret enjoignant au comte d'Orient de fouiller les solitudes de la Thébaïde et d'en arracher, pour les ramener à leur corvée civique, ces déserteurs, ces fainéants (les mots y sont) qui se dérobent à leur devoirs[1]. Puis une seconde ordonnance du même prince arrête que les moines seront tenus de remplir le service militaire. Aussitôt on viole la paix sacrée des monastères ; on enlève les serviteurs de Dieu pour en faire des serviteurs de César ; et pour ceux qui refusent d'endosser la chlamyde, il y a un moyen très efficace : on les assomme tout simplement à coups de bâton, les fusils n'étant pas encore inventés. La ville de Nitrie, au témoignage de saint Jérôme, en vit immoler un grand nombre pour ce motif et par ce procédé. Les magistrats romains ajoutent à la sévérité de la loi les rigueurs de leur interprétation particulière ; ils ont leur chemin à faire, leur avancement à gagner : ils traquent donc les moines de tous côtés, ils les battent, ils les enchaînent. Rien à dire ; tout cela est légal. Mais attendons ; voici la plèbe qui s'en mêle à son tour, la plèbe, excitée par l'exemple des autorités, qui l'ont mise en goût. Voici des bandes sans aveu, sans commission d'aucune sorte, qui enfoncent les portes des couvents, qui envahissent les cellules, qui jettent les moines dehors, et chacun de ces émeutiers de se vanter ensuite d'avoir porté les premiers coups, d'avoir fait la première dénonciation. « Il est intolérable, disent-ils, de voir des hommes libres, sains, dispos, maîtres de toutes les joies de

---

[1] *Quidam ignaviæ sectatores, desertis civitatum muneribus, captant solitudines ac secreta, et specie religionis cum cœtibus monazontum congregantur. Hos igitur .. erui e latebris... mandavimus.* (Cod. theod., lib. XII, tit. I, leg. 63.) Montalembert, *op. cit.*, I, 114.

ce monde, se condamner à une vie si dure et si révoltante[1]. » Sus donc à ceux qui ne veulent pas être semblables à nous ! qu'on les tue ; qu'on les condamne aux mines, à la déportation ; enfin qu'on « fasse flamber » leurs couvents, et eux avec. Tout cela se passa à la lettre en Égypte, à Nitrie, à Alexandrie, sous les règnes de Constance et de Valens, qui étaient des princes chrétiens, et ce qu'on appelle aujourd'hui des honnêtes gens.

Pendant ce temps-là, les moines assez heureux pour échapper à la persécution priaient et méditaient ; ils se macéraient pour appeler la miséricorde divine sur ce monde condamné ; ils formaient des novices, ils faisaient des saints. Mais, lors même que la paix extérieure leur était laissée, la paix intérieure leur manquait encore bien souvent. De terribles tentations les assiégeaient. Tel était le prestige exercé par la vie de la capitale, tel était l'empire des habitudes de plaisir, de luxe ou de confortable contractées dans la fréquentation de Rome par la plupart des sujets romains, l'éclat de ses jeux et de ses cérémonies, l'odeur de volupté qui se dégageait de toute sa civilisation matérielle, qu'après avoir trempé ses lèvres à la coupe de la grande prostituée, l'on demeurait comme ivre ; et ceux qui avaient la force de fuir, les fumées de cette ivresse les poursuivaient jusqu'au bout du monde. Il faut voir saint Jérôme, cet homme austère, cet ascète affaibli par les mortifications, lutter avec l'énergie du désespoir contre ces souvenirs troublants, et, même au fond de sa cellule, subir encore, malgré lui, l'influence délétère de la corruption païenne. Il faut l'entendre décrire, dans son magnifique langage, ces violents combats de l'âme. « Hélas ! s'écrie-t-il, j'avais le visage pâli par les jeûnes, et mon âme se sentait brûlée des feux de la concupiscence dans un corps déjà refroidi. Ma chair était déjà morte, et les passions bouillonnaient encore en moi. Ne sachant plus où trouver du secours, j'allais me jeter aux pieds de Jésus, je les arrosais de mes larmes, je les essuyais de mes cheveux, et je m'efforçais de dompter cette chair rebelle par des semaines

---

[1] Montalembert, *les Moines d'Occident*, I, 115.

entières d'abstinence ¹. » C'était en vain ; les impressions de sa jeunesse, avec l'image de la grande ville, renaissaient toujours dans son esprit. De pareils faits montrent bien que Rome et son empire étaient incompatibles avec l'idée chrétienne, qu'ils étaient devenus l'antichristianisme ; mais ils prouvent également combien l'ombre du cloître était utile pour rectifier la vue et calmer l'ardeur des passions, combien l'état monastique était nécessaire pour retremper les âmes et régénérer la société.

Donc, il fallait que ce bienfait fût étendu à tout l'univers chrétien, et Dieu ne pouvait plus longtemps en priver l'Occident. On attribue généralement à saint Athanase, évêque d'Alexandrie, l'introduction du monachisme dans cette partie de l'empire romain. Du moins ce pontife, étant venu à Rome en 340 pour se défendre contre les calomnies des ariens, y répandit, croit-on, la notion et le goût de la vie des solitaires orientaux, et y présenta deux de ces humbles ascètes, venus avec lui ². Il est possible, en effet, que la grande ville n'eût pas encore contemplé de ces figures vénérables, qui la charmaient et la scandalisaient à la fois (car, tandis que leur aspect gagnait à Dieu certaines âmes d'élite, le peuple, et surtout les païens, les ariens, poursuivaient les moines en leur reprochant leur tenue misérable ³); toutefois, depuis assez longtemps déjà, elle les connaissait de réputation, car les pèlerinages et les émigrations dont j'ai parlé avaient commencé bien plus tôt. Dans ses murs même, elle avait vu une noble pénitente, sainte Aglaé, mener la vie claustrale ; elle avait vu la fille de Constantin fonder un couvent de femmes au-dessus du tombeau de sainte Agnès. Les récits de l'évêque d'Alexandrie et les preuves vivantes qu'il amenait n'en firent pas moins, comme le dit Montalembert, l'effet d'une révélation. Ces moines, dont le nom était déjà ignominieux chez les païens comme chez les pseudo-chrétiens de l'époque, devinrent tout à coup l'objet d'un pieux engouement chez les autres; et ce mouvement de réaction devait

---

¹ S. Jérôme, *ep.* 18. = ² S. Jérôme, *ep.* 16. Montalembert, *op. cit.*, I, 139. = ³ S. Jérôme, *ep.* 22. Salvien, *de Gubern. Dei*, VIII, 4.

s'accuser bien davantage après la publication par Athanase de la Vie de saint Antoine, le patriarche de la Thébaïde, ouvrage qui acquit aussitôt « la popularité d'une légende et l'autorité d'une confession de foi [1] ». Rome et ses environs se peuplèrent de monastères ; toute l'Italie centrale en posséda bientôt, puis Verceil, puis Milan, puis les îles de la Méditerranée, Capraja, la Gorgone, puis la cité africaine d'Hippone, où son immortel évêque en créa deux pour lui et ses clercs ; et, tandis que les nouveaux courants d'émigrés se formaient vers la Palestine, les premiers cloîtres de l'Europe s'emplissaient de patriciens et de nobles matrones.

Le tour de la Gaule allait venir. Il était venu déjà ; car, même si on laisse de côté, comme n'ayant pas précisément le caractère monastique, certaines associations religieuses des premiers siècles, telles que celle d'Issoire, dont on rapporte l'établissement à saint Austremoine [2], on doit admettre qu'Athanase, le grand propagateur de l'institution, l'importa dans nos contrées tout aussitôt qu'à Rome, sinon plus tôt. Exilé d'Alexandrie à Trèves par le grand Constantin, le célèbre patriarche parut pour la première fois dans cette métropole des Gaules dès la fin de l'année 336. Il y trouva la protection de Constantin II, chargé, avec le titre de César, du gouvernement du pays ; il y trouva surtout l'amitié et le dévouement de l'évêque saint Maximin, qui s'unit depuis à lui pour défendre contre la coalition des hérétiques le symbole de Nicée et les grands intérêts de l'Église catholique. Reparti avec ce prélat, en compagnie du jeune prince, au mois de juin 338, il lutta de nouveau pour la foi en Orient, à Rome, à Milan ; puis, en 344 ou 345, il fut rappelé par Constant à Trèves, où Maximin était retourné avant lui [3]. La tradition veut qu'il ait cherché près de cette ville une solitude favorable à ses profondes méditations. « On montrait là, au x° siècle, un puits d'une immense capacité, dans lequel les chrétiens avaient, disait-on, réuni les corps de tous les martyrs immolés pendant la persécution de Dioclétien. Saint

---

[1] Montalembert, *op. cit.*, I, 141. = [2] Montalembert, *op. cit.*, I, 244. Cf. Grég. de Tours, *Hist.*, I, 39. = [3] Chronique syriaque publiée par Cureton. D. Chamard, *Revue des Questions historiques*, II, 77, 84, 93.

Athanase aimait à venir dans cette sombre retraite, qui lui rappelait et la couronne réservée aux athlètes du Christ et les puits de l'Égypte, sa patrie. Là, en compagnie de saint Maximin, il gémissait sur les maux de l'Église et conjurait ces glorieux martyrs de hâter le moment du triomphe de la vérité[1]. » C'est dans cette crypte que le vénérable exilé paraît avoir composé quelques-uns de ses écrits pour la défense de l'orthodoxie, et peut-être commencé sa fameuse Vie de saint Antoine[2]. Toujours est-il que, grâce à lui, la métropole gauloise connut les cénobites d'Orient de très bonne heure. Il y laissa, avec le parfum de ses vertus, des disciples zélés, et sans doute aussi quelques embryons de monastères ; car, un peu plus tard, nous y trouvons la vie religieuse en pleine vigueur. De pieux cénobites habitaient des cabanes construites autour des remparts lorsque Potitianus, un des principaux officiers du palais de Valentinien, visita leur retraite avec plusieurs de ses collègues. Un de ces derniers, ayant trouvé là un exemplaire de la Vie de saint Antoine, se mit à le feuilleter curieusement ; et peu à peu, à mesure qu'il lisait, son âme se sentait profondément remuée, son cœur s'enflammait d'une ardeur inconnue. Avant d'avoir fini, il s'écria : « Voilà la milice où je veux servir, et je commencerai sur l'heure. » Puis, se tournant vers un de ses amis, qui était resté auprès de lui : « Si tu ne veux pas m'imiter, dit-il, je t'en prie, ne t'oppose pas à mon dessein. » L'autre répondit qu'il entendait partager ses combats et sa récompense. Et tous deux, refusant de quitter ce séjour de paix, dirent adieu, séance tenante, à leurs compagnons, qui versaient des larmes d'attendrissement en se recommandant à leurs prières. Saint Augustin nous a laissé, dans une page immortelle, le récit de cette scène intime, qu'il tenait de la bouche de Potitianus, et qui détermina, nous dit-il, sa propre conversion[3]. Il y avait donc depuis un certain temps, et vraisemblablement depuis le passage de saint Athanase, des moines à Trèves ; moines ne vivant pas

---

[1] D. Chamard, *Revue des Questions historiques*, II, 78. = [2] V. Ozanam, *Civilis*, II, 31. Montalembert, *op. cit.*, I, 141, 211. = [3] *Confessions*, liv. VIII, ch. 6 et suiv.

dans une véritable communauté si l'on veut, mais formant une de ces *laures* dont la Thébaïde avait donné l'exemple, et qui furent une transition entre le monachisme proprement dit et le cénobitisme, c'est-à-dire une réunion de cellules indépendantes les unes des autres, et cependant très rapprochées, comme une espèce de village ou de colonie religieuse. Quelle ne devait pas être la ferveur de ces premiers disciples d'Athanase, pour que de pareilles recrues fussent entraînées à les suivre par le seul tableau de leurs occupations et de leur genre de vie! N'eussent-ils rendu à l'Église d'autre service que de lui donner Augustin, ces humbles précurseurs du clergé régulier de France auraient droit à la reconnaissance des siècles.

CHAPITRE II

SÉJOUR DE SAINT MARTIN A TRÈVES — PÈLERINAGE A ROME

ELLE était la situation de l'institut monastique au moment où saint Martin renonçait au service militaire. La vie religieuse avait à peine pénétré en Gaule ; il lui était réservé de la répandre et d'en perfectionner la pratique dans nos contrées. Nous allons le voir d'abord se rapprocher du petit troupeau de cénobites qui s'y était formé.

A partir du jour où son congé lui est accordé jusqu'à son arrivée à Poitiers auprès de saint Hilaire, nous sommes obligés d'abandonner notre guide habituel ; ou plus tôt c'est lui qui nous abandonne à nous-mêmes sans lumière certaine, pour la bonne raison qu'il ne s'est pas proposé de raconter dans son livre tous les faits et gestes de son héros (il le déclare lui-même à plusieurs reprises), mais simplement d'édifier le monde par le récit de ses vertus et de ses miracles. Nous avons donc à remplir sans son secours un espace de six à huit ans (et non de quatorze ans au moins, comme l'implique le système qui fait partir saint Martin de l'armée en 336 et le fait venir à Poitiers en 350, ou même en 356). Cette lacune, ainsi réduite à ses justes proportions, n'a plus rien d'invraisemblable : un biographe ne saurait, sans choquer ses lecteurs, passer sous silence une longue période de la vie de son personnage; mais il peut enjamber sans inconvénient un petit nombre d'années, afin d'arriver plus vite aux événements qui offrent à ses yeux une plus grande importance. Pour nous, plus jaloux de suivre partout la trace d'un si grand saint, nous devons chercher à la reconnaître, dans ce court intervalle, à l'aide d'autres indices. A défaut du soleil de l'histoire écrite par un témoin oculaire, nous pouvons recourir aux clartés plus douteuses des textes postérieurs, en nous aidant du flambeau de la critique.

Nous savons déjà qu'il n'y avait en Gaule qu'une seule ville où il pût rencontrer un essai de la vie cénobitique. Or, en quittant l'armée romaine à Worms, il n'était qu'à une petite distance de Trèves. Il devait savoir ce qui s'y passait; il lui était facile de s'y rendre. Et précisément nous le retrouvons, vers cette époque, en relations avec l'évêque du lieu, saint Maximin, l'accompagnant dans un voyage lointain, revenant avec lui dans sa cité épiscopale, en un mot, lié avec ce prélat d'une amitié intime, qui devait même déterminer plus tard sa venue en Poitou. Tels sont, du moins, les faits que nous révèle une légende célèbre jadis, fort peu connue aujourd'hui. Mais il ne s'agit pas ici d'une de ces mille légendes créées par l'enthousiasme débordant des fidèles du XII° ou du XIII° siècle : celles-là, je l'ai reconnu, ne sauraient avoir d'autorité sérieuse, lorsqu'elles racontent des événements de beaucoup antérieurs à l'époque de leur rédaction et qu'elles ne sont pas corroborées par d'autres témoignages. Il s'agit d'un passage de la Vie de saint Maximin écrite au VIII° siècle par un religieux de son monastère, œuvre dont les récentes découvertes de la science ont fait ressortir l'autorité [1]. Ce document a donc le mérite de l'anti-

---

[1] V. la *Revue des Questions historiques*, II, 68. La source de cette légende n'est pas la Vie de S. Maximin composée au IX° siècle par S. Loup de Ferrières, comme le croit M. l'abbé Dupuy (p. 16). Cette dernière, dont l'autorité est bien moindre, ne fait que reproduire la biographie primitive donnée par les Bollandistes (*Acta SS. maii*, VII et suiv.)

quité, et en même temps celui d'émaner des sources locales. Les détails qu'il nous donne sont, il est vrai, mêlés à un incident merveilleux, dont on rencontre l'analogue dans la légende de plusieurs saints. Mais ce ne serait pas là une raison suffisante pour rejeter le fond du récit, confirmé, du reste, par d'autres traditions.

Suivant cette ancienne biographie, dont je vais reproduire la version dans sa charmante simplicité, Maximin, après avoir assisté au synode de Cologne, en 346[1], mû par une inspiration divine, se mit en route pour Rome en compagnie de Martin : tous deux voulaient visiter, en fidèles amis du Sauveur, le tombeau de son bienheureux apôtre Pierre. Durant le trajet, ils s'arrêtèrent auprès d'un petit bourg, et Martin s'en alla devant pour acheter des vivres dans le village, laissant son compagnon garder leur bagage commun et l'âne qui le portait. Maximin, fatigué, s'abandonna au sommeil. A ce moment, un ours, sortant d'une forêt voisine, s'élança sur l'âne, l'emporta et le dévora. Martin, étant revenu, dit à l'évêque :

« Qu'avez-vous fait, mon frère Maximin ?

— J'ai été surpris par le sommeil, répondit celui-ci, et j'ai reposé un instant ma tête en cet endroit.

— Et notre âne, qu'en avez-vous fait ?

— Je ne sais. »

Et Martin lui montra la bête féroce qui venait de le dévorer.

« Elle s'est préparé une mauvaise affaire, » dit Maximin.

Aussitôt il appela l'ours à lui, et, au nom du Seigneur Jésus, lui commanda :

« Viens, suis-moi ; puisque tu as fait la sottise de ne pas épargner ce malheureux âne qui portait nos paquets, tu rempliras toi-même son office. »

L'animal reçut docilement le fardeau qu'on lui imposait, et les suivit ainsi jusqu'à Rome. Arrivés là, les deux pèlerins prièrent sur le tombeau de l'apôtre dans toute la sincé-

---

[1] L'authenticité de ce concile a été rejetée par Binterim et par d'autres; mais les bénédictins et les Bollandistes modernes ont réfuté leurs objections. (V. *Acta SS. oct.*, XI, 834.)

rité de leur âme ; ils vénérèrent pieusement les reliques des saints ; puis ils revinrent par le même chemin et repassèrent par le même bourg, qui a reçu le nom d'*Urseria,* toujours accompagnés de l'ours portant son fardeau. Alors ils lui dirent :

« Va maintenant où tu voudras ; fais attention à ne nuire à personne, et personne ne te nuira. »

Basilique des saints Sylvestre et Martin, à Rome.

Ils regagnèrent Trèves ensemble, et Martin profita de l'intimité que ce voyage avait établie entre Maximin et lui pour recommander à ses soins un jeune homme appelé Lubentius, qui était, paraît-il, son fils spirituel ou son filleul ; l'évêque, en effet, instruisit celui-ci dans les saintes lettres, et le mit plus tard à la tête d'une paroisse de son diocèse.

Telle est, dans son intégrité, cette jolie légende, que les précédents historiens de saint Martin ont omis de reproduire. L'incident de l'ours se retrouve, sous une forme à peu près identique, dans l'histoire de saint Hubert de Marolles, dans celles de saint Corbinien, de saint Guilain, de saint Romedius, de saint Éloi. Dans une autre, celle de saint Pappon, cet animal est remplacé par un loup ; saint Odon de Cluny eut aussi un loup pour l'accompagner et le défendre contre les renards dans ses excursions nocturnes. Saint Gérold de Feldkirch garda pareillement à son service un ours qui, poursuivi par des chasseurs, s'était réfugié auprès de lui, et saint Nursin en employa un autre à la surveillance de ses troupeaux. Il faut encore rapprocher de ce trait le fameux lion de saint Jérôme, qui tenait lieu de bête de somme à son maître, et tant d'autres animaux sauvages dont les moines, ces grands dompteurs, firent les compagnons de leur solitude dans les forêts de la vieille Gaule, les apprivoisant, les utilisant, partageant avec eux l'empire de ces régions mystérieuses[1]. Le nombre seul de ces exemples, vrais ou supposés, montre combien leur familiarité avec les êtres les plus redoutés frappait l'imagination du peuple, et combien, par conséquent, elle devait être fréquente. L'ours est, du reste, un de ceux dont la domestication a toujours offert le plus de facilité. Aussi cette particularité du pèlerinage de notre apôtre national n'a-t-elle point paru trop invraisemblable à nos aïeux. Elle leur a souvent servi de thème, et je serais bien étonné si l'habitude traditionnelle d'accoler au nom de certains ours, comme à celui de certains ânes, le nom vénéré de Martin n'était point un dernier vestige de l'antique popularité de l'épisode[2].

Maintenant, le fond du récit, le fait même du voyage de l'évêque de Trèves et de son jeune compagnon à la ville éternelle doit-il être tenu pour authentique? Les ornements qui l'accompagnent ne sont pas, je le répète, un argument négatif d'une valeur suffisante. On a cru en trouver un autre dans la qualité d'évêque de Tours, attribuée à Martin par le narrateur. Mais il est évident qu'il la lui donne par anticipation, pour le distinguer de ses homonymes ; il veut

---

[1] V. *Acta SS. maii*, VII, 23. *Vita S. Odonis, Bibl. Clun.*, col. 19, 20. Montalembert, *les Moines d'Occident*, II, 385 et suiv. Le P. Cahier, *Caractér. des saints*, p. 592, 594, etc. = [2] Dans la langue du moyen âge, l'ours Martin, l'âne Martin, signifient l'ours ou l'âne de Martin. La légende rapportée par Péan Gatineau (p. 104), d'après laquelle l'âne de saint Martin aurait été dévoré par un loup dans un pré voisin de Poitiers, doit aussi dériver de celle-ci. Assurément l'exploit du loup n'est pas plus authentique que celui de l'ours; aussi n'ai-je raconté ce dernier qu'avec des réserves formelles. Pourtant un auteur d'outre-Rhin, M. Kraus, m'a reproché d'y croire aveuglément. Si c'est là la critique allemande!...

dire : Martin qui devint évêque de Tours. Précaution fort utile ; car, malgré cette désignation bien claire, quelques hagiographes ont rapporté l'anecdote à saint Martin de Mayence ou à saint Martin de Vertou, auxquels elle ne saurait convenir [1]. L'objection tirée de la prétendue condition militaire de notre personnage à l'époque de ce voyage est plus nulle encore : nous avons vu qu'il était sorti de l'armée dès l'an 341, et qu'il jouissait, par conséquent, de sa pleine liberté depuis quelque temps déjà. Enfin sa parenté spirituelle avec Lubentius n'a rien d'impossible, puisque ce jeune clerc avait pu se faire baptiser étant adulte et depuis le baptême de Martin, et que, si ce dernier le reçut des mains de ses parents, comme le porte sa biographie, c'était pour en faire un chrétien, non pour l'élever [2]. Nous avons, au contraire, plus d'un argument à produire à l'appui de la réalité du pèlerinage en question, ou au moins de sa probabilité. Il ne faut peut-être pas attribuer une trop grande autorité au souvenir matériel qu'en auraient conservé les moines de Saint-Maximin de Trèves : jusqu'à la fin du XVIIe siècle, ces bons religieux montraient, parmi leurs reliques les plus chères, les bâtons (*scipiones*) sur lesquels s'étaient appuyés les deux saints dans leur voyage d'Italie [3]. Mais les antiques et constantes traditions de cette ville, dont le témoignage s'accorde avec celui-ci, méritent certainement considération. Elles se trouvent consignées dans plusieurs écrits du moyen âge, et la vie de saint Mansuet, rédigée au Xe siècle, vient encore les confirmer : l'auteur, qui était abbé de Montier-en-Der, rapporte que le tombeau de cet évêque de Toul fut visité par saint Martin revenant de Rome à Trèves avec saint Maximin ; il ajoute même que l'on montrait aux fidèles une pierre sur laquelle l'apôtre des Gaules

---

[1] *Acta SS. oct.*, X, 811. *Acta SS. ord. S. Ben.*, I, 362. Montalembert, *op. cit.*, II, 385. = [2] La légende de saint Lubentius semble, du reste, placer la recommandation de sa personne, faite à saint Maximin par saint Martin, à une époque ultérieure et à l'un des voyages que celui-ci fit à Trèves dans les derniers temps de sa vie. (*Acta SS. oct.*, VI, 201.) Les Bollandistes, qui élèvent ici des doutes sur la véracité du biographe de saint Maximin, d'après Brower, la soutiennent ailleurs. (*Acta SS. maii*, VII, 21, et ms. 8940 de la biblioth. de Bruxelles.) = [3] Lettre de l'abbé de Saint-Maximin, du 9 déc. 1686 (ms. 8940 de la biblioth. de Bruxelles).

s'était agenouillé. Cette pierre, d'après les historiographes locaux, fut transportée, lors de la destruction de l'abbaye de Saint-Mansuet, en 1552, dans le cloître de l'église de Saint-Gengoulphe, où on put la voir encore de longues années avec une inscription affirmant le passage de l'illustre pèlerin à Toul ; cependant elle avait disparu au temps de dom Calmet [1]. La bourgade désignée sous le nom d'*Urseria*, où se seraient arrêtés nos deux voyageurs, et qui a tiré son nom de leur étrange compagnon de route (à moins que ce nom n'ait, au contraire, donné lieu à la légende de l'ours), peut elle-même se retrouver. On l'a voulu reconnaître dans le village d'Ursel, sur la rive droite du Rhin, entre Worms et Mayence [2] ; mais ce vocable géographique ne correspond nullement à la forme latine. Elle n'a pu donner que *Oursière*, *Orsière*, ou un équivalent. Or sur le trajet des *Romiers* venant du nord de la Gaule ou de l'Allemagne occidentale, qui passaient ordinairement les Alpes au mont Joux ou grand Saint-Bernard, se trouvait le pays dont a été formé le canton de Vaud, encore plein des souvenirs du passage de notre apôtre, comme nous le verrons ailleurs, et dans ce même pays, près de Lausanne, un village appelé *Orsères* par des auteurs du xiiie siècle [3]. De plus, le nom de saint Martin s'est conservé aux environs de cette localité. Un autre village nommé *Orsières* se présente sur les pas du voyageur qui commence la traversée du grand Saint-Bernard du côté du Valais. Ce canton garde aussi la mémoire du saint, et justement Orsières se trouve au-dessus de la ville de Martigny (*Martiniacum*). Il est donc fort possible que la halte des pieux pèlerins ait eu lieu dans un de ces deux endroits.

En somme, le voyage de Martin à Rome est dans l'ordre des faits très probables, et il nous est doux de penser qu'un de ses premiers soins, après avoir reconquis son indépendance et avant de se lancer dans la carrière apostolique, fut d'aller demander au prince des apôtres et à son successeur la force, l'inspiration, la constance qui font les confesseurs et

---

[1] *Acta SS. sept.*, I, 624, 644 et suiv. D. Calmet, *Hist. de Lorraine*, liv. V, n° 21. = [2] *Acta SS. maii*, VII, 23. = [3] Pertz, *Mon. germ.*, XXIV, 787.

les martyrs. A tout le moins, son séjour à Trèves et ses relations avec saint Maximin doivent demeurer hors de doute. Cette ville était alors le grand centre religieux de la Gaule ; il y fut attiré tout naturellement. La présence de saint Athanase dans ses murs avait fait du bruit. Il voulut se joindre, sans doute, aux disciples que ce fervent propagateur du monachisme y avait laissés à son premier passage, il dut même avoir le bonheur de le rencontrer en personne à sa seconde visite, en 345 ; car en ce moment Maximin se trouvait à Trèves pour recevoir le patriarche d'Alexandrie[1], et par conséquent Martin n'était point encore parti pour Rome avec lui : leur pèlerinage commun ne s'effectua qu'un peu plus tard, comme l'indique, du reste, la légende qu'on vient de lire. On imagine aisément le caractère et le sujet des entretiens qui eurent lieu entre trois personnages de cette qualité et de cette vertu. Les récits d'Athanase sur la vie de saint Antoine et des autres Pères du désert charmèrent leurs heures de loisir, et consolidèrent la vocation de l'ancien soldat de César. Ils échangèrent leurs idées, leurs vœux, leurs projets pour le triomphe de l'Église. Ils prièrent ensemble pour le salut de la Gaule, et, comme ils étaient trois, Dieu fut avec eux, selon sa promesse. Martin, déjà moine de fait, ressentit ainsi directement l'influence du champion le plus zélé de l'institut monastique et la contagion de son enthousiasme. Quand on songe à toutes les ardeurs que dut lui communiquer un pareil contact, à toutes les impressions profondes qu'il dut remporter de ces premières années de sa vie religieuse, et de sa visite au tombeau des apôtres, et de ses rapports avec les plus intrépides pontifes de l'époque, on ne peut plus s'étonner de l'énergie qu'il déploya dans sa longue campagne contre l'idolâtrie et l'arianisme.

[1] Chronique syriaque; *Revue des Quest. hist.*, II, 93.

CHAPITRE III

SAINT MARTIN A POITIERS — VOYAGE EN PANNONIE ET EN ITALIE

NE circonstance providentielle amena bientôt Martin dans le Poitou, et le donna pour jamais à cette région centrale de la Gaule qui devait s'enorgueillir de le posséder. L'évêque de Trèves était Poitevin, et son frère Maxence occupait lui-même le siège épiscopal de Poitiers. Une véritable colonie de compatriotes était allée se grouper autour de Maximin, qui, tout le premier, avait été attiré dans la métropole des Gaules par un saint évêque de son pays, nommé Agricius, auquel il succéda. Saint Paulin, saint Lubentius, saint Castor, saint Quiriace, qui illustrèrent alors l'Église de Trèves, venaient tous de l'antique cité des *Pictavi*[1]. Il y avait donc entre ces deux villes un échange continuel de relations. On racontait dans l'une les choses remarquables qui se passaient dans l'autre. Or il n'était bruit à Poitiers que du savoir, de l'éloquence, des vertus exceptionnelles d'un chrétien austère qui allait

---

[1] *Acta SS. maii*, VII, 21; *aug.*, VI, 676; *oct.*, VI, 202; *febr.*, II, 661; *mart.*, I, 423. D. Chamard, *S. Martin et Ligugé*, introd., p. XXI, XXII.

devenir une des plus éclatantes lumières de l'Église, mais dont le mérite faisait déjà l'admiration des hommes, bien qu'il ne fût pas encore évêque : il s'appelait Hilaire. On le connaissait donc certainement à Trèves, et l'on croit même qu'il avait reçu dans cette ville la brillante instruction dont il donna depuis tant de marques [1]. Martin ne pouvait manquer d'entendre parler souvent de lui. Aussi conçut-il la plus haute estime pour cette gloire naissante du catholicisme. Une secrète sympathie l'appelait vers ce frère de son âme, dont il rêvait sans doute d'aller recueillir les exemples et les leçons ; car lui, le fils d'un soldat de Pannonie, n'était pas aussi versé dans la doctrine et les saintes lettres qu'un savant de la brillante Aquitaine. Il arriva précisément qu'après son retour de Rome Maximin eut besoin de revoir sa famille, sa maison paternelle ; et, malgré les fatigues accumulées, malgré le poids de la vieillesse, il entreprit immédiatement ce pèlerinage d'un autre genre vers les lieux témoins de son enfance. L'homme qui doit mourir recherche assez souvent les souvenirs de son jeune âge. En effet, Maximin se rendit à Poitiers, puis à Silly, son village natal ; et là il fut surpris par la mort, le 12 septembre 347. Il est à présumer que son disciple et son compagnon assidu le suivit également dans ce voyage : c'était pour celui-ci une occasion trop belle de satisfaire sa pieuse curiosité ; peut-être même le saint évêque ne s'était-il acheminé vers son pays que pour présenter Martin à Hilaire et le confier à sa direction éclairée, sentant que ses propres forces allaient bientôt défaillir. Du moins, si notre jeune saint n'arriva pas en Poitou avec lui, il est certain qu'il ne tarda guère à y venir ; car ici nous retrouvons notre fil conducteur, le fidèle témoin de sa vie, et nous ne sommes plus réduits à tâtonner : Sulpice Sévère dit formellement qu'après avoir abandonné la milice (combien de temps après ? il ne l'indique pas), il se rendit auprès de saint Hilaire de Poitiers, dont la foi éprouvée et la profonde connaissance des choses de Dieu étaient justement renommées [2].

---

[1] D. Chamard, *op. cit.*, p. 19. = [2] *Exinde, relicta militia, sanctum Hilarium, Pictavæ episcopum civitatis, cujus tunc in Dei rebus spectata et cognita fides habebatur, expetiit.* (*Vita S. Mart.*, 5.)

L'historien donne ici au célèbre docteur la qualité d'évêque, et, en effet, ses concitoyens l'appelèrent vers ce temps à succéder à Maxence, qui était allé rejoindre son frère dans la tombe. C'était en 349 ou 350 : par conséquent, que l'on regarde ce titre comme lui étant décerné par anticipation, ou que l'on soutienne, comme on l'a fait généralement jusqu'ici, qu'Hilaire était réellement pourvu de la dignité épiscopale avant l'arrivée de Martin, la date de ce dernier fait ne saurait varier beaucoup ; il faut le placer en 347 au plus tôt, et vers 350 au plus tard. Ce premier séjour de notre saint à Poitiers fut effectivement assez long, pour les raisons que nous allons voir[1] ; et, comme il fut forcément interrompu cinq ou six ans après, on doit le faire commencer au moins vers le début de l'épiscopat d'Hilaire. Aussi tous ceux qui ont voulu prolonger le service militaire de Martin jusqu'en 356 se sont-ils heurtés à des impossibilités matérielles[2].

La rencontre des deux saints dont le nom devait rester à jamais uni dans la mémoire des hommes laissa, dit-on, au lieu qui en fut le témoin une marque précieusement conservée par vingt générations. « Hilaire, d'après un manuscrit du xᵉ siècle provenant de Saint-Martial de Limoges et heureusement exhumé par l'historien de Ligugé, fut un homme aux œuvres magnifiques ; mais il fut plus grand encore par son disciple Martin, qui devint ensuite évêque de Tours. Jusqu'à ce jour, les traces des pas de ces deux admirables pontifes sont restées imprimées sur le sol, dans l'enclos du chapitre de Saint-Pierre de Poitiers et devant l'église qui fut construite plus tard en l'honneur de saint Martin, *à l'endroit où ils se rencontrèrent pour la première fois*[3]. » Ainsi cette mémorable réunion eut lieu tout près de l'ancien sanctuaire de Saint-Martin-entre-les-Églises, attenant à la cathédrale et relevé de ses ruines par un des plus dignes successeurs d'Hilaire, le cardinal Pie.

Deux grands cœurs, et deux cœurs brûlant du même zèle, se comprennent vite. Au bout de quelque temps, le mérite

---

[1] *Aliquandiu apud eum commoratus est.* (*Ibid.*) = [2] V. l'éclaircissement chronologique. = [3] Bibl. nat. ms. lat. 196. D. Chamard, *op. cit.*, p. 21.

éclatant du disciple enthousiasma tellement le maître, qu'il voulut l'ordonner diacre sans le faire passer par les ordres mineurs, dans l'espoir de l'attacher par des liens plus étroits, non seulement au service de l'Église, mais à sa personne et à son diocèse. Effectivement les clercs seuls étaient les vrais ministres du Seigneur, et qui disait moine ne disait pas nécessairement clerc : les religieux ne constituaient pas encore un des ordres du clergé, le clergé régulier ; ils étaient regardés comme une sorte d'intermédiaire entre les prêtres et les laïques. Mais Martin ne se jugeait pas digne d'un tel honneur : l'office des diacres, qui administraient le temporel des églises, assistaient l'évêque à l'autel, conféraient même, en cas d'urgence, le baptême et l'eucharistie, lui semblait trop supérieur à sa condition et à son mérite. L'évêque, le voyant avancer de plus en plus dans la perfection, renouvela mainte et mainte fois ses instances : il les repoussa toujours avec des cris d'effroi, en protestant de son insuffisance [1]. Un ancien soldat, un homme qui avait fait la guerre à ses semblables, et qui était censé avoir versé le sang, était ordinairement réputé inapte au ministère sacré, au moins pour quelque temps : on ne l'éloignait plus de la communion pour trois ans, comme le voulait la règle primitive de saint Basile ; mais on ne l'admettait qu'avec beaucoup de peine dans le clergé, on lui interdisait l'accès du diaconat, et, jusque dans le vi[e] siècle, on lui imposait à tout le moins une pénitence ou un noviciat de trois ans en habit laïque, excepté quand il avait, depuis son congé, vécu religieusement dans un monastère [2]. Ces prohibitions étaient rigoureuses, et elles suffiraient seules à renverser le système qui fait passer directement saint Martin de l'armée à la cléricature dans le cours de la même année. Mais il avait accompli, lui, son temps d'expiation ; il avait mené une vie toute monastique ; il était d'une vertu reconnue. L'évêque pouvait donc le juger suffisamment purifié et convenablement préparé par son enseignement journalier à recevoir le premier des ordres

---

[1] *Cum sæpissime restitisset, indignum se esse vociferans.* (Sulp., *loc. cit.*) =
[2] Thomassin, *Discipl.*, part. II, liv. I, ch. LXVI, LXVIII. Martène, *Ant. eccl. rit.*, II, 13.

majeurs. N'importe, l'humble soldat du Christ résistait avec obstination. A la fin, Hilaire comprit qu'il ne pourrait le vaincre qu'en lui offrant un rang infime dans l'Église : au lieu de flatter sa vanité, comme on est obligé de le faire à l'égard de tant d'hommes, il fallait flatter son mépris pour sa propre personne. Il lui demanda donc de se laisser revêtir simplement d'un des ordres mineurs, celui d'exorciste : encore dut-il le lui commander au nom de l'autorité qu'il avait sur lui [1]. Martin, de peur de paraître dédaigner une distinction si minime, se résigna enfin. Les exorcistes ne formaient pas primitivement un échelon bien défini dans la hiérarchie ecclésiastique. Leurs fonctions furent d'abord exercées par des clercs d'un rang peu élevé, quelquefois même par de simples fidèles, et il n'était nullement nécessaire de les avoir remplies pour passer à un ordre plus élevé. Elles consistaient à imposer les mains et à réciter des prières sur les énergumènes comme sur certains malades, qui souvent, par leurs injures et leurs violences, rendaient la tâche des exorcistes on ne peut plus rebutante. Cependant, depuis le début du IVe siècle environ, ces délégués spéciaux, dont une lettre du pape Corneille fait remonter l'institution, comme celle de tous les ordres mineurs, aux origines mêmes de l'Église, composèrent une catégorie distincte, et furent regardés comme des candidats à la vraie cléricature, c'est-à-dire au diaconat et à la prêtrise : saint Martin lui-même en est un des premiers exemples aux yeux des canonistes [2]. C'était pourtant un office honorable qu'on lui confiait là, et convenant bien à son goût démontré pour les œuvres charitables. Aussi ne faut-il pas croire avec Juret, un des commentateurs de Sulpice, que cet historien, en mentionnant le fait, ait voulu présenter la charge d'exorciste comme humiliante : il dit simplement qu'elle exposait Martin à subir des humiliations, des avanies [3] ;

---

[1] *Exorcistam cum esse præcepit.* (Sulp., *loc. cit.*) = [2] V. Thomassin, *Discipl.*, part. I, liv. II, ch. XXX, XXV. Martigny, *Antiquités chrétiennes*, au mot *Exorciste*. S. Pierre, martyr sous Dioclétien, est peut-être le plus ancien exorciste qualifié ainsi par les textes. = [3] *Si id ei officii imponeretur, in quo quidem locus injuriæ videretur.* La même remarque a été faite par Reinkens (liv. 1, ch. v).

et pour cette raison même, elle devait lui être agréable.

Il entra donc dans le clergé par cette petite porte, la seule que sa touchante humilité consentît à franchir ; et, tandis qu'il distribuait aux plus malheureux des hommes les secours spirituels destinés à remplacer pour eux la vertu curative de Jésus-Christ et de ses apôtres, tandis qu'il apprenait à connaître par leurs œuvres les mauvais esprits auxquels il devait faire par la suite une guerre acharnée, il s'instruisait, à l'école du docteur le plus éloquent de son temps, dans la science des Écritures, qu'il posséda si parfaitement depuis, dans l'art de la prédication, où tant de triomphes effectifs l'attendaient. Ainsi l'homme de parole s'unit chez lui à l'homme d'action ; ainsi cet ignorant de la veille acquit le don précieux et rare de parler au cœur du peuple et de le toucher par un langage presque aussi convaincant que ses miracles. Avait-il renoncé pour cela à la vie religieuse et à ses projets de monastère ? Nullement ; nous en aurons bientôt la preuve. Il y avait sans doute à Poitiers, autour de saint Hilaire, quelques religieux de cœur ou de fait, puisque tout à l'heure Sulpice va donner aux compagnons de Martin la qualité de « frères » ; ainsi le milieu où il se trouvait pouvait lui offrir encore une ébauche du genre de vie auquel il aspirait. Mais le monachisme n'était pas encore assez organisé en Gaule pour que ses adeptes fussent astreints à la résidence perpétuelle : même après la fondation de Ligugé et de Marmoutier, cette condition ne leur fut pas strictement imposée, et nous verrons les disciples de Martin voyager comme leur maître. N'oublions pas, d'ailleurs, que, tout en ayant vécu auprès des solitaires de Trèves, il n'avait encore créé aucune communauté ni choisi aucune solitude, et que personne autre n'avait établi en Occident une règle quelconque. Sentant le besoin de s'instruire avant tout dans les sciences divines, il avait remis à un peu plus tard le parfait accomplissement de ses desseins.

Tout cela demanda nécessairement un temps assez long. Il y avait plusieurs années qu'il séjournait auprès de saint Hilaire, lorsqu'il fut averti en songe d'aller revoir sa patrie, ses parents, plongés encore dans les ténèbres de l'idolâtrie, afin d'ouvrir leurs yeux à la lumière de la foi[1]. Pourquoi cette mission subite, intempestive en apparence, qui venait le déranger au milieu d'une préparation si utile ? C'est que Dieu voyait plus loin que les hommes. Il n'était pas encore question, sur la terre, de l'exil du célèbre évêque de Poitiers, cette scandaleuse iniquité commise en 356 par la secte arienne et par l'empereur Constance, son instrument; car Sulpice n'en parle que plus loin et n'aurait pas manqué d'indiquer ce motif tout naturel du départ de son disciple. Mais le Ciel le prévoyait, et voulait mettre à l'abri, pendant l'orage, l'apôtre qu'il réservait à la Gaule pour des temps plus tranquilles. On doit donc placer vers 355, et non plus tard, cette interruption du séjour de notre saint à Poitiers. Il se mit en route, après avoir obtenu le consentement d'Hilaire. Celui-ci le supplia en pleurant de revenir bientôt, et lui-même avait le cœur serré en entreprenant ce long voyage. Tout en ignorant l'un et l'autre le sort qui les attendait, ils avaient de fâcheux pressentiments, et Martin, dit-on, annonça en partant à ses frères qu'il lui arriverait plus d'un accident[2].

Il se dirigea vers les Alpes, avec l'intention de traverser une des montagnes de cette redoutable chaîne, et de gagner par le Milanais l'Illyrie et la Pannonie. La voie la plus directe, d'après les indications de l'Itinéraire d'Antonin et de la carte de Peutinger, devait le faire passer par les stations romaines que voici : Argenton, Château-Meillant, Néris (ou Vichy), Roanne, Lyon, Seyssel, Annecy, Albertville, Moutiers, Aime, le petit Saint-Bernard, Aoste, Verceil, Novare, Milan, etc. Sur ce parcours, en effet, l'on rencontre, soit dans les noms de lieu, soit dans le vocable des églises, la trace probable de son passage : ainsi Saint-Martin de Pouligny, Saint-Martin d'Estreaux, près Roanne, Saint-Martin de Bavel, Saint-Martin d'Yon, Saint-Martin

---

[1] *Vita S. Mart.*, 5. = [2] *Mœstus, ut ferunt, peregrinationem illam ingressus est, contestatus fratribus multa se adversa passurum; quod postea probavit eventus* (*Vita S. Mart., ibid.*) Remarquons le soin avec lequel Sulpice déclare qu'il n'a pas entendu de ses oreilles cette prédiction du saint.

d'Anglefort près de Seyssel, plusieurs paroisses, chapelles et cours d'eau du même nom aux environs d'Annecy, à Aime, à Moutiers, paraissent devoir leur appellation au trajet suivi dans cette circonstance par notre intrépide marcheur [1]. Cependant, comme il a pu venir dans quelques-unes de ces localités à un autre moment, et comme en même temps son nom s'est perpétué dans beaucoup d'autres endroits du Berry, du Forez, de la Suisse, on ne saurait affirmer avec certitude que cette ligne à peu près continue représente son itinéraire. Cette conjecture se trouve confirmée sur un seul point par des indices d'une nature différente ; il est vrai que ce point est capital, et détermine à lui seul la direction générale suivie par saint Martin. Il s'agit du passage des Alpes. Dès l'époque romaine, les communications ordinaires entre la Gaule et l'Italie avaient lieu par le grand et le petit Saint-Bernard. C'est par un de ces deux cols que, suivant quelques autorités des plus compétentes, serait passé Annibal, dans cette fameuse expédition où il employa des acides pour percer les rochers. C'est par l'un d'eux, nous l'avons déjà vu, que les *Romiers* venant de la Gaule ou de l'Allemagne occidentale gagnaient de préférence l'Italie, et que Martin lui-même s'était probablement dirigé sur Rome en compagnie de l'évêque de Trèves. Sur le premier de ces sommets s'élevait une colonne dédiée à Jupiter, et sur le second un temple du même dieu : de là les noms de colonne Joux et de mont Joux, qui leur sont demeurés jusqu'au jour où un autre saint, Bernard de Menthon, y détruisit les derniers vestiges de l'idolâtrie et fonda les établissements qui ont pris son nom. Constantin II venait de faire abattre la statue de Jupiter ; mais on ne voyait pas encore au mont Joux l'hospice primitif que les princes chrétiens devaient y établir pour les pèlerins, que des bandits devaient détruire et Bernard rétablir ensuite sur des bases plus larges. La Colonne-Joux était encore moins protégée, et les brigands y régnaient en

---

[1] Communication de M. l'abbé Ducis, archiviste de la Haute-Savoie. Cf. la *Revue savoisienne* du 30 juin 1879.

maîtres[1]. Or c'est justement par cette dernière montagne que passait la route allant de Moutiers à la vallée d'Aoste et à Milan : la voie du mont Joux, qui rejoignait celle-ci auprès d'Aoste, venait d'Avenche, d'Augst, de Strasbourg, et servait plutôt aux voyageurs se rendant de Suisse ou d'Allemagne en Italie[2]. De plus, un magnifique pont romain, que l'on rencontre sur l'antique chemin descendant du petit Saint-Bernard à la ville d'Aoste, a reçu, ainsi que le bourg qui l'avoisine, le nom de pont Saint-Martin. Enfin, Sulpice va nous raconter que son héros fut assailli, en traversant les Alpes, par une bande de malfaiteurs. Tout concourt donc à démontrer qu'il passa réellement cette fois par le petit Saint-Bernard, et qu'il suivit, en conséquence, la voie aboutissant par Moutiers et par la Tarentaise à la même montagne[3]. Ces détails relatifs à son itinéraire ne sauraient être indifférents si l'on songe que sans doute il semait déjà la parole de Dieu dans les pays qu'il traversait, et que la prétention émise par certaines localités d'avoir reçu l'Évangile de sa bouche peut se trouver par là confirmée ou infirmée.

Il gravissait donc la cime neigeuse dont je viens de parler, lorsqu'il tomba au milieu d'une troupe de voleurs et d'assassins qui voulurent le massacrer sur-le-champ. L'un d'eux

---

[1] V. *Acta SS. junii*, 11, 1077; Beugnot, *Destruction du paganisme*, II, 344; Lecoy de la Marche, *le Mystère de saint Bernard de Menthon*, introduction, etc. C'est l'invasion sarrasine du xe siècle qui restaura le paganisme en ces lieux et qui amena l'entreprise courageuse de Bernard de Menthon. Faute d'avoir compris ces faits, Beugnot s'est laissé aller à nier l'histoire du saint tout entière. = [2] V. l'étude consacrée aux voies romaines de cette contrée par M. Aubert, *Revue archéol.*, an. 1862, p. 65 et suiv. = [3] J'ignore sur quel fondement M. l'abbé Dupuy lui fait suivre la route des Alpes Cottiennes ou du mont Cenis, qui était infiniment moins fréquentée. On trouve dans la vie de plusieurs saints, sans parler de celle de Bernard de Menthon, des preuves curieuses de l'habitude conservée par les pèlerins de traverser les Alpes au grand ou au petit Saint-Bernard. L'abbaye d'Agaune (Saint-Maurice) en attirait un grand nombre de ce côté : saint Maur, disciple de saint Benoît, s'y arrêta en venant en France. Saint Gérard d'Aurillac, au ixe siècle, saint Odon et saint Odilon de Cluny, un peu plus tard, franchirent le mont Joux en revenant de Rome, et trouvèrent aux environs des guides *marrons* (*marrones*, *marucci*) qui, moyennant finance, se chargeaient de conduire les voyageurs sains et saufs de l'autre côté de la montagne. On sait qu'aujourd'hui encore, au bout de dix siècles, les gens du monastère chargés d'aller à la recherche des malheureux perdus dans les neiges portent le nom tout local de *marronniers*. (*Bibl. Cluniac.*, col. 48, 95, 321; append., col. 27.)

brandit déjà la hache sur sa tête ; il balance vivement le bras pour le frapper d'un coup plus sûr ; mais ce bras demeure en l'air, subitement arrêté par un camarade du brigand. Alors on se ravise ; on enchaîne Martin, les mains derrière le dos ; puis on le livre à un homme de la bande pour le dépouiller

Saint Martin et les voleurs. — Tapisserie de Montpezat (commencement du XVIe siècle).

et le garder. Cet individu l'emmène dans un coin écarté, et commence par lui demander quel il est. « Je suis chrétien, » répondit-il simplement, à l'exemple de ces courageux martyrs qui ne déclaraient pas d'autre nom devant les juges. « N'as-tu pas peur ? — Je n'ai jamais été si tranquille, car je sais que la bonté divine m'assistera surtout à l'heure du danger. Mais je crains pour vous qui vous rendez indigne de miséricorde par le métier que vous faites. » Et le voilà qui, séance tenante, se met à discuter avec le bandit, à lui expliquer l'Évangile, à entreprendre sa conversion. Quel sang-froid, et quelle scène ! Qu'ajouterai-je ? dit Sulpice. Le voleur crut Martin ; il le délivra, le remit dans son chemin, en le conjurant de prier pour lui le Seigneur, et dans la suite embrassa lui-même la vie religieuse. C'est de sa bouche que l'on apprit cette aventure ; celui qui avait failli être sa victime n'en souffla mot [1]. Martin arriva ensuite sans encombre jusqu'à Milan. Toutefois il n'était pas quitte des mauvaises rencontres. Un peu au delà de cette ville, un homme d'étrange apparence s'offrit tout à coup devant lui, demandant où il allait. « Je vais, dit-il, où Dieu m'appelle. — Eh bien ! fit l'autre, partout où tu iras et dans tout ce que tu entreprendras, le diable te combattra. » Alors le voyageur, empruntant les paroles du prophète : « Le Seigneur est mon appui ; je ne craindrai rien de la part des créatures. » A ces mots, continue le narrateur, « l'ennemi » s'évanouit en fumée et disparut de sa présence. Présage trop véridique de la lutte incessante qui allait se livrer entre ces deux puissances, l'homme du Christ et le génie du paganisme [2].

Le saint parvint enfin dans son pays natal et y retrouva ses parents. Pourquoi, dira-t-on, ceux-ci avaient-ils quitté Pavie, si l'empereur avait conféré à son tribun un *bénéfice* près de cette ville et si l'officier était venu s'installer dans son nouveau domaine ? Probablement parce que la condition essentielle de cette concession n'était plus remplie. Les fils des vétérans étaient tenus de servir dans l'armée ; sinon leur famille devait *déguerpir* les terres qui pouvaient lui avoir été données en vue de ce service [3]. Martin étant sorti de la milice avant le temps légal, son père avait été sans doute obligé de renoncer au don du prince et de retourner dans sa patrie. Il paraît, en effet, avoir mal accueilli l'enfant qu'il revoyait après une si longue absence, et qui venait à lui avec les paroles d'amour du vrai disciple de Jésus-Christ ; car, lorsqu'il lui parla de sa foi, de son désir de le voir adorer comme lui le Dieu unique et tout-puissant, ce fut sans aucun succès : le vieux soldat persista dans son idolâtrie. Martin fut plus heureux auprès de sa mère [4] : quelle mère peut résister à la

---

[1] *Vita S. Mart.*, 5. — [2] *Ibid.*, 6. — [3] V. Dubos, *op. cit.*, I, 83. — [4] *Matrem*

vérité enseignée par la bouche d'un fils aimé? Il eut encore la consolation de convertir un certain nombre de ses compatriotes. Ainsi, les premiers fruits connus de son apostolat, il les recueillit sur la terre natale. Sabarie avait donné au monde un grand serviteur du Christ; le Christ, en retour, lui envoyait par ce même serviteur la lumière et la vie.

Lorsque la mission spéciale qu'il avait reçue lui parut suffisamment accomplie, Martin tourna ses regards vers les pays voisins, et les trouva en proie aux ravages de l'arianisme. Cette redoutable hérésie, cachant sous le masque d'une feinte philosophie la négation radicale du christianisme, était à l'apogée de son règne. En apparence, elle était le juste milieu, la liberté de penser; en réalité, elle était l'intolérance, la persécution : ses chefs, ses adeptes couronnés venaient de le démontrer à l'univers en exilant les pontifes, en maltraitant les moines, en pillant les églises. L'Illyrie et l'Italie septentrionale étaient particulièrement infectées de son poison. A Mursa (Eszek) et à Singidunum (Belgrade), villes qui dépendaient de la première de ces provinces ainsi que toute la Pannonie, siégeaient comme évêques deux des plus ardents disciples d'Arius, nommés Valens et Ursace. Ils avaient pris une part active à la condamnation de saint Athanase, prononcée dans le conciliabule de Tyr. La présence dans leur pays d'un adhérent déclaré du vénérable patriarche, d'un homme qui avait reçu ses leçons et qui suivait ses exemples, ne pouvait que soulever leur colère. Le bruit se répandit bientôt parmi les hérétiques que cet audacieux prêchait aux populations la doctrine orthodoxe et ne craignait pas de lutter, presque seul, contre les puissances ariennes. De suspect il passa au rang d'accusé, puis immédiatement à celui de victime. Battu de verges en public, il fut chassé honteusement de la ville où il défendait la cause de la vérité, ville que Sulpice ne désigne pas autrement, et qui était peut-être un des sièges épiscopaux dont je viens de parler[1]. Ainsi l'auréole

---

a gentilitatis absolvit errore. (*Vita S. Mart.*, ibid.) C'est par une distraction manifeste qu'un des PP. Bollandistes a avancé que ce fait ne se trouvait pas dans Sulpice Sévère. (*Acta SS. maii*, II, 17.)

[1] Plusieurs écrivains ont compris qu'il s'agissait de sa ville natale. Rien ne néces-

des persécutés venait se poser sur son front avant la couronne des apôtres et des confesseurs : ses historiens, ses admirateurs devaient partir de là pour égaler sa gloire à celle des martyrs.

Martin regagna donc l'Italie, avec le dessein d'aller retrouver saint Hilaire, suivant sa promesse. Là seulement il apprit que son maître et son évêque venait de subir, lui aussi, la vindicte impériale. Constance, le soutien de l'hérésie, n'avait pu l'entendre sans courroux protester contre les violences des ariens, contre le bannissement de saint Paulin de Trèves, contre les excès de complaisance de Saturnin, évêque d'Arles. Sur le rapport de ce prélat excommunié, rédigé à la suite du concile de Béziers, il exila Hilaire en Orient comme Constantin avait exilé Athanase en Occident. Ces chassés-croisés, qui jetaient la perturbation dans les Églises, choquaient jusqu'aux païens eux-mêmes : sur les grandes routes, dans les voitures publiques, on ne rencontrait, disaient-ils, que des prêtres émigrants, à tel point qu'il ne restait plus de places pour les autres [1]. Que faire dans ces conjonctures? L'Église n'était pas plus tranquille en Gaule qu'en Illyrie. Le mieux pour Martin était de rester où il était, et d'attendre que l'orage fût passé. Il s'arrêta donc à Milan. Là, profitant de sa liberté momentanée, il entreprit, sans perdre un instant, de mettre à exécution ses projets les plus chers : il se créa, non pas seulement une solitude, mais un véritable monastère [2]. L'affirmation du biographe sur ce point est corroborée par l'interprétation de Grégoire de Tours, qui dit formellement que son illustre prédécesseur fonda sa première communauté religieuse dans la ville de Milan [3]. Nous manquons de détails

---

site une telle interprétation; le contexte indique seulement une ville d'Illyrie : *Dehinc cum hæresis ariana per totum orbem et maxime intra Illyricum pullulasset, cum adversus perfidiam sacerdotum solus pæne acerrime repugnaret..., publice virgis cæsus est et ad extremum de civitate exire compulsus.* (*Vita S. Mart.*, *ibid.*) La ville de Sabarie n'est même pas nommée plus haut; elle n'était pas, du reste, un centre arien assez important pour être le théâtre de pareilles scènes. Sozomène, qui rappelle ces faits, ne désigne non plus que la province d'Illyrie (liv. V, ch. XIII).

[1] *Hist. tripart.*, liv. III; Gervaise, p. 35. = [2] *Monasterium sibi statuit.* (*Vita S. Mart.*, 7.) C'est exactement de la même expression que Sulpice se sert en parlant de la fondation de Marmoutier. (*ibid.*, 10.) = [3] *Apud urbem Mediolanensem Italiæ primo monasterium instituit.* (*Hist. Franc.*, X, 31.) Cette phrase pourrait également se traduire ainsi : « Martin fonda le premier monastère de la ville de

sur cet essai intéressant, qui, d'ailleurs, ne devait pas subsister longtemps. Mais le souvenir s'en est perpétué dans les nombreuses églises dédiées à saint Martin à Milan et aux environs; car la vision de saint Ambroise au sujet des obsèques de son confrère ne saurait expliquer à elle seule le culte presque général voué par ce pays à l'évêque de Tours.

Saint Martin, prêchant la foi catholique à Milan, est maltraité et chassé par les ariens. — Verrière de Saint-Florentin (Yonne), datée de 1528.

De plus, nous savons que Martin laissa là plusieurs disciples, qui vécurent sans doute de sa vie et sous sa direction. Gaudence, devenu évêque de Novare et mort vers 418, fut du nombre : il se joignit à lui à cause de sa merveilleuse doctrine, et lui servit de scribe ou de secrétaire, disent la Vie de ce personnage, composée au VIIIe siècle, et l'office des chanoines réguliers de Saint-Augustin[1]. Maurille, qui monta

---

Milan. » Mais cela ne changerait rien au fait, puisqu'il n'avait encore établi de couvent nulle part.

[1] V. *Acta SS. jan.*, II, 417, 419.

plus tard sur le siège épiscopal d'Angers, reçut aussi à Milan, s'il faut en croire Fortunat, l'enseignement religieux de son futur métropolitain [1]. L'hérésie vint encore bouleverser de son pied malfaisant cette naissante fourmilière. Un intrus, du nom d'Auxence, se trouvait alors à la tête de la métropole qu'allait bientôt illustrer le pontificat d'Ambroise. C'était un fauteur et un des chefs de la secte arienne. Bien que le petit établissement qui se formait à l'ombre des murs de sa cité ne fît pas beaucoup de bruit, il se hâta d'en entraver le développement; il poursuivit de sa haine le fondateur, l'accabla d'outrages, et finalement le força d'émigrer encore une fois [2].

Pour le coup, Martin résolut de fuir le voisinage des hommes. Une île déserte, située dans la mer de Toscane, non loin des côtes de la Ligurie, lui offrit un asile sûr : elle s'appelait alors l'île des Poules (*Gallinaria*), à cause de la quantité de volatiles sauvages qu'on y avait trouvés [3]; les Italiens la nomment aujourd'hui Isola d'Albenga. C'était le moment où les îles de la Méditerranée commençaient à se remplir de solitaires ou de cénobites : la Gorgone, Capraja en abritaient un certain nombre; et, en effet, peu d'endroits étaient aussi propices à la vie érémitique, à la mortification, à la pénitence. Gallinaria, en particulier, repoussait les visiteurs par son aspect rocailleux et par les nombreux serpents dont elle était infestée. Le saint homme, qui ne redoutait rien, s'y installa avec un seul de ses compagnons, un prêtre de grande vertu, et là il vécut, pendant un certain temps, de racines. Il avait trouvé sa Thébaïde en pleine Europe, à quelques milles du rivage italien. Un jour, dans cette solitude, il lui arriva de manger des herbes d'une espèce inconnue. Il se trouva que c'était une plante vénéneuse, une variété de l'ellébore particulièrement répandue dans les régions subalpines et connue des naturalistes sous le nom d'ellébore noir. La force du poison le mit aux portes du tombeau : il en réchappa par le seul secours de la prière. Les bruits du monde arrivaient cependant jusqu'à lui, il faut le croire, car bientôt, vers le mois de mars 360, une grande nouvelle vint ré-

---

[1] *Vita S. Maurilii*, 1. (Migne, t. LXXXVIII, col. 563.) = [2] *Vita S. Mart.*, 6. = [3] Varron, de *Re rustica*, III, 9; Columelle, VIII, 2.

veiller les échos de son rocher solitaire : saint Hilaire revenait; l'empereur, dans un moment de repentir, ou par complaisance pour les évêques ariens, embarrassés de sa présence en Orient, le renvoyait en Gaule. La résolution de Martin fut prise à l'instant : les liens d'obéissance et d'affection qui l'unissaient à son maître l'emportèrent sur les charmes de sa retraite; il quitta cette île, n'y laissant que le souvenir de son nom, qui devait survivre dans un monastère donné plus tard aux religieuses de Suse, en Piémont[1], et regagna le continent. On lui disait que l'illustre exilé devait passer par Rome en retournant à Poitiers. Il voulut l'y précéder; il espérait se jeter dans ses bras en face du tombeau de saint Pierre, là où plus tard deux autres gloires de l'Église et du monachisme, saint Dominique et saint François, se rencontrèrent et s'embrassèrent. Malheureusement, Hilaire était déjà passé. Martin, sans s'attarder dans la ville éternelle, qu'il avait déjà visitée, se précipita sur ses traces. Il ne le rejoignit, selon toute apparence, qu'à Poitiers même[2]. Dire avec quels transports de joie ces deux grandes âmes se retrouvèrent, après cinq ans de séparation, après les malheurs de la persécution et de l'exil, c'est ce que l'historien original n'essaye même pas : une telle scène défierait la peinture. Cette fois, leur réunion était définitive, et les années fécondes allaient succéder pour eux à la période stérile de l'isolement.

---

[1] *Annales Bened.*, IV, 349. = [2] Selon Martène (*Hist. de Marmoutier*, I, 24), Hilaire et Martin seraient revenus ensemble. Il se base sur une légende accueillie par Fortunat (*Vita S. Hilarii*, I, 9), d'après laquelle l'évêque de Poitiers aurait été avec son disciple visiter l'île Gallinaria et en aurait chassé les serpents. Mais cet auteur se trompe si grossièrement sur tous les faits relatifs au retour de saint Martin, qu'il fait venir pour la première fois à Poitiers après l'exil de saint Hilaire et ordonner exorciste encore plus tard, que nous ne pouvons ici lui accorder confiance. Il paraît, comme l'a remarqué Valois, avoir confondu cette île avec celle d'Yeu, dans l'Océan, ou une de ses voisines. D'ailleurs le texte de Sulpice paraît contredire formellement la version de Martène : *Cumque ab eo gratissime fuisset susceptus, haud longe sibi ab oppido (Pictavensi) monasterium conlocavit.* (*Vita S. Mart.*, 7.)

CHAPITRE IV

FONDATION DE LIGUGÉ

A première action du saint mentionnée après son retour à Poitiers est la fondation de Ligugé. Ces deux faits semblent s'être suivis à fort peu d'intervalle : ainsi donc, c'est bien près de l'an 360 qu'il faut faire remonter l'origine de cette célèbre maison. Nul monastère de France ne saurait produire un acte de naissance authentique aussi ancien que celui-là. Si la cité de Trèves peut se flatter à bon droit, comme nous l'avons vu, d'avoir été le berceau de l'institut monastique dans les Gaules, il n'en est pas moins vrai que l'établissement primitif qu'elle renfermait n'offre pas le caractère d'un monastère régulièrement constitué et n'a pas laissé dans l'histoire de traces durables. Ceux de l'Ile-Barbe, auprès de Lyon, de Saint-Jouin, en Poitou, n'ont pas apporté de preuves à l'appui de la priorité qu'ils ont parfois revendiquée sur Ligugé; celui de Lérins encore moins. Ne contestons donc pas à la fondation de saint Martin ce droit d'aînesse qui fait sa gloire; la seule ville qui serait autorisée à le lui disputer, la vieille métropole des Gaules, est depuis si longtemps étrangère à notre patrie !

Le disciple d'Hilaire n'entendait pas cesser d'être son clerc et son auxiliaire; il ne voulait pas non plus renoncer à la vie religieuse après y avoir goûté à peine : il se choisit donc une retraite à proximité de la cité de Poitiers [1]. Sulpice n'en désigne pas autrement la situation. Mais Grégoire de Tours, mais Fortunat sont plus explicites, et nomment ce lieu solitaire *Locociagense, Locodiacense, Locojaco, Legudiaco* [2]; leurs manuscrits fournissent encore d'autres variantes. Des monnaies mérovingiennes nous donnent la leçon authentique, et nous prouvent en même temps que le monastère de saint Martin était bien là. On y lit ces mots : LOCOTEIACO SANCTI MARTINI [3]. Ce vocable serait, suivant les uns, d'origine celtique et signifierait un endroit couvert de petites cabanes; dans ce cas, il pourrait bien n'avoir été attribué à la localité qu'après l'installation des moines et à cause d'elle. Suivant les autres, il viendrait, comme il a été dit plus haut, de la langue slave; Martin, originaire du pays où cette langue se parlait, aurait ainsi nommé le lieu de son choix parce qu'il le trouvait agréable et fertile (*Luzice*) [4]. La première hypothèse semblera plus probable aux philologues français. Les anciens cénobites recherchaient moins, du reste, les beautés de la nature que la paix et l'isolement : nous pouvons être certains qu'il n'y avait là aucun village, aucun habitant avant la petite colonie religieuse qui vint s'y établir. Si la vallée du Clain offre un aspect riant et animé, ce n'est pas une raison pour qu'elle ait eu ce caractère à une époque où la moitié de la Gaule n'était pas encore défrichée, et il est plus probable qu'elle l'a dû précisément aux travaux ou à l'influence de ses pieux solitaires. Comme presque toujours, les maisons se sont peu à peu groupées autour du clocher, et le bourg s'est développé à l'ombre du cloître.

---

[1] Ce choix n'avait pas d'autre raison que les relations antérieures de Martin avec saint Hilaire. Beugnot se trompe évidemment quand il l'attribue à l'importance du Poitou comme centre druidique. (*Destruction du paganisme*, I, 286.) = [2] Greg. *Virt. S. Mart.*, IV, 30. Fort., *Vita S. Hilarii*, I, 12. = [3] De Barthélemy, *Liste des noms de lieux inscrits sur les monnaies mérovingiennes*, n° 380. Une de ces monnaies se trouve reproduite dans le livre de D. Chamard, *S. Martin et Ligugé*, p. 96. = [4] *Vie de S. Martin*, par le docteur Riha, de Budvice, et communication du même.

Ligugé se trouve à huit kilomètres au sud de Poitiers. La distance était suffisante pour que le mouvement de la ville ne troublât pas le silence et le recueillement rêvés par le fondateur; elle n'était pas assez grande pour l'empêcher de communiquer fréquemment avec l'évêque et son clergé. Dès le principe, nous le voyons appliquer dans cet établissement nouveau les plans qu'il méditait depuis de longues années et qu'il devait exécuter sur une plus vaste échelle à Marmoutier[1]. L'idéal du moine, la conception de la vie monastique n'a jamais été le même en Orient et en Occident. Dans les déserts de la Thébaïde, le solitaire demeurait beaucoup plus isolé de ses semblables, et le couvent plus séparé du monde. La contemplation les absorbait exclusivement, et ne laissait presque point de place à la vie active. Il en résultait pour les forts un surcroît de perfection, une plus intime union avec Dieu; mais pour les faibles, c'est-à-dire pour la majorité, des dangers et des tentations auxquels ils n'échappaient pas toujours. Leur imagination, excitée par un soleil brûlant, les entraînait dans des écarts de plus d'un genre, qui, peu à peu, mais assez rapidement, amenèrent dans ces contrées la corruption de l'institution comme celle du christianisme lui-même. Dès le IVe siècle, le tableau de leurs vertus et de leurs austérités est singulièrement assombri par celui de leurs discordes avec les évêques[2]. Le vagabondage d'esprit naissait trop souvent de leur oisiveté, l'orgueil de leur immense crédit; car, disaient avec amertume les païens d'Orient, quiconque se montre en public vêtu d'une robe noire est assuré d'exercer un pouvoir absolu[3]. Enfin, le soin même de leur vertu personnelle les détournait parfois de s'occuper du bien de leur prochain; ils n'exerçaient pas autour d'eux ce grand rayonnement de la charité et de l'apostolat qui a fait la gloire et, sans doute, la durée du monachisme occidental. On pourrait mettre dans leur bouche le mot de saint Jérôme : *Clerici pascunt oves; ego pascor*[4]. Tout autre est chez nous l'idée du religieux. Le couvent du moyen âge est un centre, et non une oasis perdue

---

[1] *Vita S. Mart.*, 7. = [2] V. Sulp. Sév., *Dial.*, I, 5. = [3] Eunap., I, 44. = [4] S. Jér., *ep. ad. Heliodor.*

dans le désert. Le cénobite des temps mérovingiens, le solitaire retiré au fond des vieilles forêts gauloises sont en même temps des apôtres. S'ils s'établissent dans un lieu inhabité, c'est pour attirer à Dieu les populations voisines, c'est pour défricher le sol, c'est pour protéger les petits et adoucir les grands, c'est pour travailler avec leurs mains robustes et leur cœur vaillant à sanctifier et à civiliser la société nouvelle, sans pour cela négliger le devoir essentiel du religieux, la contemplation. Le moine missionnaire, tel est le vrai type des grands ordres et des grandes congrégations de l'Occident, depuis le bénédictin des premiers jours jusqu'au frère prêcheur du xiii° siècle et au jésuite des temps modernes. Nous avons peine à concevoir l'état monastique sans cette union étroite de la vie active et de la vie contemplative, sans cette irradiation constante du monastère sur le monde, s'exerçant par la prédication, par les missions lointaines, par les œuvres charitables ou par l'éducation, cette œuvre religieuse par excellence. Eh bien, ce type, cette conception nouvelle, qui semble avoir passé dans l'esprit de notre nation comme le sang des pères dans les veines des fils, c'est saint Martin qui l'a inoculée chez nous, et c'est à Ligugé qu'il en a pour la première fois offert le spectacle. Là, il se trouvait enfin libre de faire ce qu'il voulait : il était chez lui. Les obstacles matériels qui l'avaient arrêté à Trèves, à Milan, à Gallinaria, ne se dressaient plus devant ses desseins; au contraire, l'évêque s'en était fait le complice. Était-ce donc pour rien que, depuis l'âge de douze ans, il remuait dans sa tête des bataillons de moines? Était-ce pour le simple plaisir de vivre dans une retraite de son choix qu'il avait rompu les liens qui l'attachaient à sa famille et à l'armée, cherché du nord au midi et de l'orient au couchant un lieu propice à l'exécution de ses plans? Non, Martin ne veut pas se borner à faire un ermite de plus; il veut créer un monde, et ce monde, c'est celui dont saint Benoît viendra consolider et perfectionner les lois, celui qui traversera quinze siècles en faisant le bien, celui que nous retrouvons aujourd'hui dans nos écoles, dans nos missions, dans nos hospices, sur nos sièges épiscopaux, toujours méconnu, toujours persécuté, et toujours triomphant par ses œuvres. Après cela, que Ligugé soit ou ne soit pas le plus ancien monastère des Gaules, il peut se consoler; il n'a pas besoin de cette gloire : il a vu la première réalisation du rêve de saint Martin.

Nous trouverons cette **réalisation** plus complète et plus heureuse, je le répète, dans l'établissement de **Marmoutier** : là, le fondateur n'aura pas seulement la liberté de ses mouvements et l'alliance de l'évêque, il sera lui-même le maître et le chef de la chrétienté, il disposera de ressources plus nombreuses. Cependant, en étudiant de près le peu que nous dit Sulpice de la colonie de Ligugé, nous y reconnaissons, à l'état rudimentaire, les mêmes règles et la même organisation que dans celui qui s'appellera plus tard le grand monastère (*Majus monasterium*). Et d'abord il nous montre Martin entouré de *frères,* terme dont il se sert pour la première fois : la communauté y est véritablement établie. Ces frères, sans doute, ne vivent pas encore le jour et la nuit dans un bâtiment unique, comme l'ordonneront bientôt les conciles[1] : ils sont répartis dans un certain nombre de cabanes ou de cellules rapprochées les unes des autres (les récits de saint Athanase sur les *laures* d'Égypte, et aussi les premiers établissements de Trèves, avaient fait connaître au fondateur ce système mixte); mais ils s'assemblent à certaines heures pour des exercices communs. Parmi eux se trouvent des catéchumènes recevant l'instruction préparatoire au baptême : particularité remarquable, qui nous montre l'enseignement déjà distribué dans le monastère et les moines assistant l'évêque dans une partie de ses fonctions. Enfin et surtout, les frères, et Martin le premier, parcourent les environs, soignent les corps et les âmes des fidèles, exercent, en un mot, l'apostolat[2]. Plusieurs évangélisateurs du Poitou, saint Martin de Brives, saint Martin de Saintes, saint Félix de Smarves, saint Macaire des Mauges, saint Florent de Montglonne, ont été rangés avec assez de raison dans cette phalange primitive de disciples qui ne faisaient que suivre l'exemple et la trace du maître[3].

---

[1] Premier concile de Tours, can. 7; deuxième can. 14. = [2] *Vita S. Mart.*, 7, 8.
[3] D. Chamard, *op. cit.*, p. 60 et suiv.

Grégoire de Tours indique plus clairement encore que son saint prédécesseur commença le cours de ses missions en Gaule étant moine à Ligugé ; il le déclare en deux endroits différents, et le dit même, dans l'un deux, en termes assez solennels pour nous faire supposer que son véritable début comme prédicateur populaire eut lieu à ce moment. Immédiatement après avoir parlé du retour d'Hilaire à Poitiers, il écrit ces mots : « Alors notre brillant soleil se leva, et la Gaule vit se répandre sur elle les rayons d'une lumière nou-

Saint Hilaire donne à saint Martin l'habit de religieux.
— Gravure sur bois tirée de *la Vie et les miracles de monseigneur sainct Martin*
(édit. Michel Le Noir, 1516).

velle ; je veux dire que notre pays commença vers cette époque à entendre la parole du bienheureux Martin, qui, annonçant et prouvant par de nombreux miracles que le Christ est vraiment le Fils de Dieu, bannit l'incrédulité païenne[1]. » Ces dernières expressions renferment une allusion transparente à des prédications contre les ariens, qui niaient la divinité de Jésus-Christ, et dont la doctrine infectait, en effet, l'Aquitaine. L'historien complète, du reste, sa pensée en mentionnant à la

---

[1] *Hist. Franc.*, I, 36. Dans l'autre passage (*ibid.*, X, 31), Grégoire rapporte le commencement des prédications de S. Martin à l'épiscopat de S. Lidoire de Tours (337-370). En réunissant ces deux témoignages, on est amené à placer ces premières missions entre 360 et 370, c'est-à-dire dans l'espace de temps que le saint passa à Ligugé. La version de l'*Histoire des Sept dormants*, qui les fait remonter avant l'exil d'Hilaire, n'a aucune autorité.

suite et les destructions des temples, et la guerre à l'hérésie, et les fondations d'églises qui remplirent la vie du saint.

Martin unit donc dès lors à la profession monastique les labeurs de l'apostolat. On ne saurait dire qu'il ne fut pas apôtre sans aller contre la double autorité de Sulpice et de Grégoire, et leurs témoignages généraux doivent suffire en attendant que nous recherchions, dans le chapitre réservé à l'ensemble de ses missions, quelles sont les paroisses du Poitou qu'il a pu évangéliser durant son séjour en ce pays. On peut encore moins lui contester la qualité de moine, et il a fallu, pour se permettre de le faire, toute l'aveugle prévention qui animait son moderne historien, Gervaise, contre un titre aussi respectable. Cet écrivain était pourtant attaché à la collégiale de Saint-Martin de Tours en qualité de prévôt; mais il était tellement entiché de son rang de chanoine, qu'il a fait, dans son livre, des efforts surhumains pour démontrer que ni ses prédécesseurs ni le fondateur de son église n'avaient jamais appartenu à l'ordre monastique. Bizarre prétention, qui s'explique à peine par le propos suivant. On lui demandait un jour d'où lui venait un sentiment non moins opposé aux textes qu'à la tradition : « C'est, répondit-il, que je ne trouve pas l'état religieux digne du grand saint Martin. » Voilà une dignité singulièrement entendue! Un bénédictin, dom Badier, s'est donné la peine de réfuter cette opinion, et vraiment la tâche était trop facile. N'avons-nous pas entendu le témoin oculaire de la vie de saint Martin nous parler à chaque instant de ses aspirations bien définies, et de ses monastères, et de ses frères? Grégoire de Tours ne rappelle-t-il pas, de son côté, qu'il avait établi à Ligugé une troupe de véritables moines[1]? La règle de Marmoutier, l'organisation primitive de l'église de Saint-Martin nous prouveront encore mieux, s'il est possible, l'absurdité d'une thèse qui ne mérite pas de nous arrêter davantage[2]. Et, du reste, nous

---

[1] *Monasterium Locociagense..., quo congregatam monachorum catervam locaverat vir beatus.* (*Virt. S. Mart.*, IV, 30.) Martène, dans son *Histoire de Marmoutier* (I, 30), a produit encore d'autres textes qui détruisent complètement le système de Gervaise. = [2] Cela soit dit sans nier les qualités générales du livre de Gervaise. (V. sur ce point particulier, sa *Vie de S. Martin*, p. 39, 285, etc., et *la Sainteté de l'état monastique*, par D. Badier, Tours, 1700, in-12, *passim*.)

n'avons qu'à recueillir les aveux d'impuissance échappés à Gervaise lui-même. Tout en se démenant dans le cercle vicieux où il s'enferme volontairement, il déclare qu'il ne prétend pas ôter à son héros « la gloire d'avoir le premier introduit la profession monastique dans la France comme dans plusieurs autres royaumes de l'Europe, ni aux moines celle de l'avoir pour père [1] ». *Habemus confitentem!*

Martin acquit encore, dans le même temps, la dignité de prêtre, ou tout au moins celle de diacre. La seule autorisation de prêcher, qui lui fut accordée par saint Hilaire, nous le donnerait à entendre, car la distribution de la parole sacrée n'appartenait qu'à l'évêque ou aux prêtres qui le représentaient. Il serait d'ailleurs invraisemblable qu'après avoir fait accepter le rang d'exorciste à son disciple durant le premier séjour de celui-ci à Poitiers, Hilaire, le voyant attaché définitivement à son Église et à la tête d'un monastère, ne lui eût pas ouvert l'accès des ordres majeurs. Il pouvait parfaitement l'élever à la prêtrise bien qu'il ne fût pas originaire de son diocèse, car il y promut dans les mêmes conditions saint Just, son fils spirituel, qui était né près de Limoges. S'il est vrai qu'un concile avait interdit aux évêques d'ordonner les étrangers, cette interdiction visait uniquement les sujets dont le caractère ou les mœurs étaient inconnus, suspects ; telle est l'interprétation des canonistes, et l'on voit, en revanche, plusieurs docteurs, saint Augustin notamment, créer des prêtres sans consulter l'évêque de leur pays [2]. L'élection de Martin à l'épiscopat, dont nous approchons, est encore une base de présomption très sérieuse. Le silence gardé par Sulpice, par Fortunat, par Paulin de Périgueux sur le point qui nous occupe a fait penser à Martène qu'il passa directement du grade d'exorciste à celui d'évêque ; mais il n'y a là qu'un argument négatif, et, bien que dans les premiers siècles quelques pontifes aient été pris parmi les laïques, la règle générale de l'Église latine était de ne conférer l'épiscopat qu'à des prêtres et la prêtrise qu'à des diacres ;

[1] Gervaise, *op. cit.*, p. 42. = [2] V. *Acta SS. oct.*, XII, 237 et suiv.

les ordres mineurs pouvaient seuls être omis[1]. Gervaise a cru, au contraire, que Martin fut investi de la dignité sacerdotale avant d'être appelé au pontificat par les Tourangeaux, et l'on doit ici lui donner raison. Ce qui achèverait de le démontrer, c'est le trait du baptême administré par le fondateur de Ligugé à l'un de ses frères, qu'on va lire plus bas : le droit de baptiser était encore, on le sait, une prérogative réservée aux prêtres. Quant au diaconat, il est plus matériellement certain que notre saint le reçut à Poitiers. La lacune de sa biographie originale est comblée à cet égard par un manuscrit du IXe ou du Xe siècle, que j'ai déjà eu l'occasion de citer après dom Chamard, et qui est une compilation de documents antérieurs relatifs à saint Hilaire : il y est dit expressément que ce pontife fut surtout grand par son disciple, qu'il ordonna diacre, et qui devint plus tard évêque de Tours[2]. Ces mots sembleraient signifier qu'il fut élevé du diaconat à la dignité épiscopale sans passer par le sacerdoce. Toutefois il ne faut pas trop arguer du silence des textes, et, s'il fut fait diacre sans que Sulpice en ait parlé, il put aussi bien recevoir la prêtrise sans que le compilateur de ce recueil anonyme en ait rien dit.

Enfin (et c'est ici que le rôle de saint Martin va se dessiner dans toute sa grandeur) il conquit, étant encore simple moine, la renommée de thaumaturge et de bienfaiteur des peuples que devaient justifier tant de miracles extérieurs. Sulpice ne raconte absolument que deux faits se rapportant à cette période de sa vie, qui embrasse une dizaine d'années, et ces deux faits sont deux prodiges de l'espèce la plus extraordinaire que le monde puisse voir s'accomplir, prodiges tels qu'il a été donné à peu de saints d'en opérer : c'est la vie rendue par un homme à d'autres hommes. Voici, dans toute sa simplicité, le récit de l'historien que nous avons trouvé si fidèle jusqu'à présent.

« Un catéchumène s'était joint au bienheureux pour recevoir ses saints enseignements. Au bout de quelques jours, il

---

[1] Thomassin, *Discipl.*, part. I, liv. II, ch. XXXVI. = [2] Bibl. nat., ms. lat. 196. D. Chamard, *S. Martin et Ligugé*, p. 22.

fut pris de langueur et tourmenté d'une fièvre violente. Martin fut justement forcé de s'éloigner, et quand il revint, après trois jours d'absence, il ne retrouva plus qu'un corps inanimé. La mort avait été si prompte, que le malade n'avait même pu recevoir le baptême. Le cadavre gisait entouré de la troupe désolée des religieux en prière, lorsque Martin accourut, pleurant et sanglotant. Aussitôt toute son âme s'emplit de l'Esprit-Saint[1] : il ordonne aux assistants d'évacuer la cellule, il ferme la porte, puis il se prosterne sur la dépouille de son frère décédé. Il prie quelque temps avec ardeur, et tout à coup il sent, par une sorte de révélation, la présence d'une vertu divine[2]. Il se relève un peu, il fixe les yeux sur le visage du mort, et il attend sans trembler l'effet de sa prière et de la miséricorde céleste. A peine deux heures se sont-elles écoulées, qu'il voit les membres du défunt se ranimer les uns après les autres. Voilà les paupières qui s'ouvrent; voilà le regard qui revient. Un grand cri sort de la bouche du saint, cri de reconnaissance qui monte vers le Seigneur et fait trembler la cellule. Les moines, qui se tenaient derrière la porte, font irruption. O merveille! celui qu'ils ont laissé mort, ils le retrouvent vivant. Revenu complètement à lui, cet homme reçut immédiatement le baptême (des mains de son sauveur, ajoute Alcuin), vécut ensuite un certain nombre d'années. Il fut le premier objet et le premier témoignage parmi nous des miracles de saint Martin. Il avait coutume de raconter qu'après avoir dépouillé son enveloppe mortelle son âme avait comparu au tribunal du souverain Juge, et qu'une sentence sévère l'avait exilée en des lieux obscurs, au milieu d'une vile multitude; alors deux anges avaient exposé au Juge que c'était là cet homme pour qui priait Martin, et ils avaient reçu l'ordre de le ramener sur la terre, de le rendre à son intercesseur et de le remettre dans son état précédent. A partir de ce jour, le nom du bienheureux fut environné d'éclat : tout le monde le regardait déjà

---

[1] *Tota sanctum Spiritum mente concipiens.* Expression presque intraduisible et rarement traduite, mais néanmoins fort belle. = [2] *Domini adesse virtutem.* On croit entendre le poète : *Deus! ecce Deus!*

comme un saint; il fut désormais tenu pour un homme puissant et vraiment apostolique.

« Peu de temps après, il traversait les terres d'un personnage honorable selon le monde, nommé Lupicin. Des cris de douleur et les gémissements d'une foule en deuil l'accueillirent. Il s'arrêta, plein de sollicitude, et s'informa de la cause de ces lamentations. C'est, lui dit-on, un pauvre petit serviteur de la maison du maître qui s'est arraché la vie en se pendant. A cette nouvelle, il entre dans la chambre où l'on avait déposé le cadavre, il renvoie tout le monde, et, penché sur le mort, il prie un bon moment. Bientôt le visage reprend sa couleur, les yeux se lèvent languissants vers la figure du saint; puis, après un lent effort pour se redresser, le défunt saisit la main de Martin et se met debout devant lui. Et tous deux s'en vinrent ainsi jusqu'au vestibule de la maison, sous les yeux du peuple assemblé[1]. »

Le narrateur n'ajoute pas un commentaire, et je serais bien tenté d'en faire autant. Quelques remarques sont cependant nécessaires. Le lecteur, sans doute, aura déjà observé la manière de faire du thaumaturge en ces deux circonstances. Sa conduite, ses procédés sont les mêmes. L'amour de son prochain l'émeut d'abord d'une compassion profonde; qu'il s'agisse d'un suicidé, peu importe, il n'en est que plus empressé, parce que le malheur est plus grand. L'humilité lui fait bannir tous les témoins. Puis une foi robuste, cette foi qui transporte les montagnes, fait monter à ses lèvres une prière ardente, longue, obstinée; on dirait qu'il veut violenter la Divinité. Un souffle mystérieux l'avertit : il s'étend, comme jadis le prophète Élisée, sur les membres glacés du défunt. Et cependant le résultat ne se produit pas tout de suite; il lui faut attendre. Il attend, sans désespérer une minute, et, lorsque sa foi est suffisamment éprouvée, le prodige éclate. Telle sera presque toujours la marche observée dans ses miracles, et ceux qu'il accomplira plus tard du fond de son tombeau seront de même accordés après des instances persévérantes, souvent après des années de prières. Que d'enseignements dans ces simples détails!

[1] *Vita S. Mart.*, 7, 8.

Le caractère authentique du double récit de Sulpice mérite aussi d'être signalé. Toute la communauté de Ligugé d'une part, toute une population de l'autre sont témoins de la résurrection. Un des deux ressuscités raconte lui-même ce qui s'est passé à l'historien ou aux personnes qui le lui répètent. Celui-ci ne craint pas de consigner dans un livre destiné au public deux traits merveilleux dont les héros, dont les contemporains subsistent encore; il ne redoute ni les rectifications des assistants, ni les démentis des gens du pays. Tout ce qu'il nous dit ailleurs est d'une exactitude démontrée; sa parole a une autorité considérable. Mais quoi? des récits de miracles, et de miracles pareils, peuvent-ils donc être authentiques? Ah! voilà le grand point; voilà le nœud de la question. Qu'un écrivain rapporte ce qu'il a vu ou entendu, ce qu'il tient de première main : ce sera parfait, ce sera la vérité, ce sera l'histoire, tant qu'il ne s'agira point de faits surnaturels. Mais que le même homme, absolument dans les mêmes conditions, reproduise un trait miraculeux : ce ne sera plus que de l'hallucination, de la légende. Si Grégoire de Tours remplit une partie de son histoire de traditions germaniques plus ou moins altérées, la « haute critique » les admettra comme des réalités; mais s'il entreprend le récit d'une seule guérison au tombeau de saint Martin, la même école ne verra plus chez lui qu'un homme crédule et impressionnable à l'excès, dans son témoignage qu'une absurdité. Ainsi donc, ce n'est plus ici une question de critique historique, quoi qu'on en dise : la saine critique ne saurait employer deux poids et deux mesures; c'est une question d'opinion religieuse. Les idées préconçues détermineront seules la valeur de tel ou tel passage d'un chroniqueur : s'il dit ce qui nous convient, nous le croirons; s'il dit ce qui ne nous plaît pas, nous lui refuserons toute autorité. Voilà où mène le rationalisme obstiné en matière d'histoire. Mais il mène encore plus loin : il n'entraîne pas seulement l'inconséquence; il entraîne l'hypocrisie. Vous dites que saint Martin est un homme vénérable; vous racontez avec une pieuse admiration ses traits de charité envers les petits, ses actes d'indépendance vis-à-vis des grands, et vous ajoutez ensuite, quand vous venez à ses miracles, qu'il répugne de voir en lui un thaumaturge[1]; vous en reproduisez le récit sur un ton légèrement ironique, laissant voir suffisamment que vous n'en êtes point la dupe; enfin vous donnez délicatement à entendre qu'il n'y a là, au fond, que de l'aberration mentale ou du charlatanisme. Jetez donc bas les masques! Si saint Martin, si ses panégyristes sont des insensés ou de vulgaires imposteurs, comme les marabouts d'Afrique, ne venez pas leur décerner l'hommage d'une feinte vénération ni d'une confiance essentiellement variable. Dites franchement ce que vous pensez qu'ils sont; ayez le courage de votre opinion, et rejetez, pendant que vous y êtes, jusqu'à l'existence de Dieu; car admettre Dieu, c'est admettre la possibilité du miracle, et nier le miracle, c'est nier Dieu. Pour nous autres, qui nous sentons dans la logique et dans la loyauté, nous avons le droit de louer tout haut les belles actions de nos saints, et nous avons le devoir de déclarer, quand nous voyons la toute-puissance divine se manifester par leur intermédiaire, quand le récit de leurs prodiges est entouré de toutes les garanties exigées pour les faits ordinaires : Ceci est de l'histoire[2].

Comme j'aurai souvent à parler des faits merveilleux qui remplissent la vie de saint Martin sur la terre et sa vie posthume, il était utile de faire, dès le premier, cette déclaration de principe, qui n'exclut nullement la critique véritable et sincère, j'espère le prouver. A partir de ces deux résurrections, qui produisirent une sensation immense, l'humble

---

[1] Paul Albert, *Variétés morales et littéraires*, p. 78. = [2] Je ne puis résister au désir d'opposer à une théorie trop commune de nos jours les paroles sensées d'un savant allemand, étranger cependant aux croyances catholiques. « Au XVIIIe siècle, et encore récemment, certains esprits ont voulu expliquer les faits merveilleux en les attribuant à une combinaison de mensonges et de tromperies, au moyen de laquelle les prêtres auraient asservi les laïques et les auraient tenus en lisière. Pour démontrer le caractère insoutenable de cette proposition, il n'y a qu'à ouvrir les œuvres de Grégoire de Tours. Ces écrits respirent la foi et la conviction la plus vive dans la vérité des faits racontés. Le singulier système sacerdotal, qui eût forcé un des évêques les plus célèbres et les plus honorés de la Gaule à cacher un aussi puissant levier! Et ce gouvernement secret n'aurait laissé aucune trace! Point de restes de cette littérature ésotérique, qui n'aurait vécu que de trompeurs et de trompés! » (Loebell, *Aberglaube und Wunderglaube*, p. 271 et suiv.)

moine de Ligugé fut appelé fréquemment pour guérir les malades ou secourir les infortunes désespérées. Il reçut dès lors, comme l'indique un mot du narrateur, la qualification d'homme égal aux apôtres, *par apostolis,* diront les hymnes sacrées; et Nicéphore, qui admettra la même idée, et tous les hagiographes postérieurs, qui la reproduiront à l'envi, la justifieront par les deux hauts faits qu'on vient de lire et par un troisième semblable [1]. La cellule du moine ressuscité deviendra de très bonne heure un lieu de pèlerinage; Grégoire de Tours, un des premiers successeurs du puissant thaumaturge, ira s'y prosterner « auprès des barreaux de l'angle où le mort fut rendu à la vie », car la piété des fidèles avait environné d'un grillage ou d'une balustrade cet endroit à jamais consacré; et c'est à ce miracle, c'est à cette petite chambre que Ligugé devra, suivant son historien, le privilège d'être jusqu'à nos jours un des sanctuaires les plus fréquentés du Poitou [2]. Les autres merveilles accomplies par Martin dans son premier monastère ne nous sont pas connues; car on ne peut guère ajouter foi à l'anecdote recueillie au XIIe siècle par Guibert de Gembloux, d'après laquelle saint Hilaire, étant venu visiter son disciple dans le lieu de sa retraite, aurait oublié là son sacramentaire, et Martin, après l'avoir accompagné jusqu'à Poitiers, aurait reçu le livre des mains d'un ange pour le remettre à son propriétaire [3]. Une telle histoire porte en elle le caractère de la pure légende, et, dans tous les cas, ce trait serait peu digne de figurer à la suite des deux grands événements rapportés par Sulpice. Bornons-nous à ajouter, d'après ce dernier, que les miracles du moine de Ligugé furent innombrables et plus fréquents que ceux de l'évêque de Tours : Martin lui-même se plaignait plus tard d'avoir senti sa « vertu » amoindrie après sa promotion à l'épiscopat, et l'on a remarqué, en effet, qu'il avait ressuscité deux morts étant simple religieux, un seul étant évêque [4]. Dieu se plaît souvent à donner des leçons

---

[1] Nicéphore, IX, 16. = [2] Grég., *Virt. S. Mart.*, IV, 30. D. Chamard, *S. Martin et Ligugé*, p. 48. = [3] Lettre de Guibert de Gembloux, D. Chamard, *ibid.*, p. 39. = [4] Sulp. Sév., *Dial.* II, 4.

d'humilité aux plus humbles. Mais nous allons voir que si les actes du pontife participent un peu moins du surnaturel, ils ne laissent pas que d'offrir un caractère d'incomparable grandeur.

Ruines de Marmoutier.

LIVRE IV

L'ÉVÊQUE

CHAPITRE I

ÉLECTION DE MARTIN A L'ÉPISCOPAT — SA SITUATION COMME PONTIFE ET COMME CHEF DE L'ÉGLISE DE TOURS

ENDANT que le fondateur de Ligugé poursuivait en paix, avec sa petite phalange de disciples, son œuvre de moine missionnaire, le grand évêque qui l'avait aidé de ses leçons et de sa protection fut appelé à recueillir le fruit d'une longue et laborieuse carrière. En 368, saint Hilaire mourut, laissant après lui les écrits lumineux que l'on sait et la renommée d'un des plus profonds docteurs que l'Église ait connus. Ces deux hommes semblaient s'être partagé la rude tâche de

dissiper les ténèbres encore amassées sur la Gaule. Réunis par la Providence pour coopérer de concert à l'exécution de ses mystérieux desseins, ils se choisirent, comme Marthe et Marie, une part différente : au premier l'enseignement populaire, les excursions fatigantes à travers les plaines et les montagnes, la vie active et dévorante du voyageur de Dieu ; au second l'enseignement savant, par la plume, l'exposition méthodique des divines vérités, l'éclaircissement de la doctrine. L'un devait surtout travailler à l'enfantement de la première nation catholique, l'autre à la formation de ce foyer séculaire de lumières et d'orthodoxie qui a justement illustré l'Église de France. Et tous deux travaillèrent bien, puisque, grâce à Dieu et malgré tant de bouleversements, le peuple français, le clergé français sont demeurés fidèles durant quinze siècles.

Martin eût, certes, pu succéder à son maître sur le siège de Poitiers. On s'est même étonné qu'il n'y ait pas été porté tout naturellement par le suffrage des populations. Mais son humilité, toujours aussi inquiète, repoussait de bien loin un pareil honneur, et il fallut unir la violence à la ruse lorsqu'une autre occasion se présenta de l'élever à la dignité épiscopale. Trois ans plus tard, l'évêché de Tours vint à vaquer. Aussitôt les habitants de cette ville songèrent à lui. Aucun nom n'était plus vénéré que le sien à cinquante lieues à la ronde ; ses miracles éclatants lui avaient fait une auréole ; en même temps la simplicité de son extérieur et de ses manières le rendait cher au peuple. Les Tourangeaux cherchèrent donc un moyen de l'attirer à eux ; mais ce n'était pas une entreprise facile de l'arracher de son monastère, de lui faire quitter pour toujours la communauté qu'il avait eu tant de peine à établir [1]. Un seul prétexte, à leur avis, pouvait l'amener loin de Ligugé : c'était l'exercice de la charité ; et cette conviction, répandue chez ceux qui le connaissaient, nous apprendrait à elle seule à quelles occupations il se livrait quand il sortait de sa retraite. Lui dire qu'une créature souffrante l'attendait, c'était pour lui un appât tout-puissant,

---

[1] *Cum erui monasterio suo non facile posset.* (*Vita S. Mart.*, 9.)

c'était le prendre par son faible. Un des citoyens de Tours se dévoua donc, et vint se jeter à ses genoux en le suppliant de venir secourir son épouse malade. Martin écouta sans défiance ce personnage, qui s'appelait Rusticus, et se mit en marche. Mais, le long de la route, des troupes d'hommes et de femmes avaient été disposées comme pour un véritable enlèvement. Il se vit peu à peu cerné, enveloppé; on l'emmena ainsi, sous bonne garde, jusqu'à la cité qui le désirait[1]. Là il ne fut plus question de malade, ou du moins l'historien n'en dit rien; mais une multitude innombrable, assemblée de tous les pays voisins, accueillit le pauvre moine, étourdi, confus. Un cri unanime s'éleva : « Martin est digne, Martin est le plus digne ! Heureuse notre Église, si un pareil pasteur lui est donné[2] ! »

Cependant il y avait aussi là des évêques mandés par la ville pour procéder à l'institution d'un nouveau pontife, et, parmi eux, deux ou trois faisaient mine de résister à cet élan magnifique. Ils trouvaient le candidat trop peu distingué : un air sans noblesse, un habillement sordide, une chevelure mal soignée[3] leur semblaient de mauvais titres à un pareil honneur. Le peuple, mieux inspiré, tourna leurs scrupules en dérision; en voulant dénigrer un homme aussi recommandable, ils faisaient encore mieux éclater sa vertu, sa modestie. Force leur fut de se ranger à l'avis général; Dieu le voulait ! Un de ces dissidents, qui s'était fait remarquer par l'ardeur de son opposition, s'appelait Defensor : c'était probablement l'évêque d'Angers, car aucun autre prélat du même nom n'a pu être le contemporain de saint Martin, et celui-là se trouvait justement parmi les comprovinciaux appelés à prendre part à l'élection. Or ce nom même porta malheur à sa cause, et voici comment. La foule compacte qui remplissait l'église ayant empêché le lecteur, ou le clerc appelé à lire l'office de circonstance, d'approcher du sanctuaire, et

---

[1] *Sub quadam custodia ad civitatem usque deducitur.* (*Vita S. Mart.*, 9.) = [2] *Martinum episcopatus esse dignissimum, felicem fore tali Ecclesiam sacerdote.* (*Ibid.*) = [3] *Crine deformem.* (*Ibid.*) Quelques-uns ont compris que ce mot renfermait une allusion à la tonsure monastique, ou du moins à la chevelure très courte portée par les premiers moines d'Occident.

les prêtres déroutés par son absence, se fatiguant de l'attendre, un des assistants prit le psautier, et bravement se mit à entonner le premier verset qui lui tomba sous les yeux. Il se trouva que c'était le passage des psaumes où il est dit : « De la bouche des enfants et des nourrissons à la mamelle vous avez tiré gloire contre vos adversaires, afin de détruire l'ennemi et son *défenseur* [1]. » A ces mots, qui tombaient si juste, le peuple entier pousse une acclamation; les opposants restent confondus. « Tout le monde, ajoute le narrateur, vit là une éclatante manifestation de la volonté divine [2]. » Martin fut donc immédiatement consacré évêque de Tours. Cet événement, dont la date a encore été discutée, eut lieu en 371, le 4 ou le 5 juillet [3]. Le nouveau pontife était âgé de cinquante-quatre ans.

La scène dont on vient de lire le récit, textuellement empruntée à Sulpice Sévère, n'est pas seulement intéressante au point de vue de l'histoire particulière du saint. Sans doute elle est déjà fort curieuse par les détails qu'elle nous donne au sujet de son extérieur, de l'opinion téméraire conçue à son égard, sur ce seul indice, par quelques membres du haut clergé, peu familiers encore avec la robe grossière des moines, et surtout de l'habitude touchante qui le fait apparaître à nos yeux comme le voyageur de la charité. Mais elle renferme, en outre, une leçon d'histoire générale très précieuse à recueillir. Les élections épiscopales étaient au nombre des événements les plus importants qui pussent agiter une cité gallo-

---

[1] Ps. VIII, 3. La Vulgate porte *ultorem;* mais la version latine alors en usage contenait, paraît-il, le mot *defensorem.* = [2] *Vita S. Mart.,* 9. = [3] La huitième année du règne de Valentinien et de Valens, dit Grégoire de Tours; 26 ans 4 mois et 27 jours avant la mort de Martin, ajoute-t-il; 33 ans après l'élection de son prédécesseur Litorius, qui eut lieu dans la première année du règne de Constant, c'est-à-dire en 338, marque-t-il ailleurs. (*Hist.,* X, 31.) Toutes ces indications sont concordantes et ne laissent aucun fondement aux dates de 370, 372, 375, admises par Baronius, Gervaise, Dupuy et d'autres. Si l'on veut que la consécration ait eu lieu un dimanche, conformément à l'usage liturgique suivi depuis, il faut la placer au 5 juillet : l'anniversaire en fut fixé au 4 par l'Église de Tours; mais les fêtes de ce genre, on le sait, se célébraient quelquefois la veille. Le P. Pagi a cru devoir adopter le 15 juin, en se fondant sur les 4 mois et 27 jours comptés par Grégoire en sus des 26 ans d'épiscopat de saint Martin; mais ces chiffres varient trop dans les différents manuscrits de son histoire pour qu'on puisse les prendre comme base. (V. l'éclaircissement chronologique.)

romaine, en raison de la part qu'y prenait la population et de la haute position sociale occupée par l'évêque. Leur législation a subi de telles vicissitudes, elle est encore recouverte de telles obscurités pour ce qui regarde les temps primitifs, qu'on ne saurait négliger aucun des éléments capables de projeter quelque lumière sur ce point. Nous voyons d'abord

Sacre de saint Martin. — Tapisserie de Montpezat (commencement du XVIe siècle).

ici dans la pratique le mode d'élection enseigné à l'origine par saint Cyprien : « Que celui qui doit gouverner le diocèse soit choisi [par les évêques voisins], en présence de tous, et qu'il soit jugé digne et idoine par un témoignage et un jugement publics [1]. » Les chapitres diocésains, auxquels fut attri-

---

[1] Cypr., *Ep.* 68. Cf. le cours de droit canon professé à l'École des chartes par M. Ad. Tardif. Saint Cyprien s'exprime ainsi : « *Ut sacerdos plebe presente sub omnium oculis deligatur, et dignus atque idoneus publico judicio ac testimonio comprobetur.* » (Cypr., *Ep.* 68.) Le texte donne à entendre plus loin que le *suffragium* était donné par le peuple et le *judicium* prononcé par les évêques. J'ai pourtant été attaqué fort vivement, pour avoir écrit ces lignes, par M. Gabriel

bué, au moyen âge, le droit d'élire les nouveaux pontifes, n'étaient pas organisés; le pape, à qui ce droit appartenait en principe, se trouvait trop loin pour l'exercer, en raison de la lenteur et de la difficulté des communications; la royauté n'existait pas encore, et l'empire à son déclin ne songeait pas, comme celle-ci devait le faire plus tard, à s'immiscer dans l'administration des choses de l'Église. On s'en tenait donc au système primitif, qui attribuait une part notable dans l'élection aux simples fidèles. Seulement, depuis que le nombre des chrétiens était devenu considérable, le public consulté, ou, si l'on veut, le collège électoral s'était peu à peu réduit aux clercs, aux magistrats et aux personnages influents de la cité. Le suffrage universel était devenu un suffrage restreint. Il ne faut pas croire toutefois qu'à aucune époque le peuple ait créé directement les évêques, ni baser sur ce fait je ne sais quelles théories démocratiques mettant en opposition la pratique de l'Église primitive avec celle des âges postérieurs. Telle a été, il est vrai, la tendance de quelques libéraux et du petit clan des historiens protestants [1]. Mais saint Cyprien ne voyait évidemment dans l'intervention du peuple qu'un moyen de recueillir des témoignages sur le caractère et la réputation des candidats [2]; il ne lui attribuait, en un mot, qu'une voix consultative, et c'était, dans tous les cas, aux évêques voisins, aux comprovinciaux qu'il appartenait de nommer véritablement et d'instituer leurs nouveaux collègues, en particulier leur métropolitain [3]. Les canons du concile de Nicée exigeaient la présence de trois d'entre eux au moins, et la procuration ou le vote écrit des autres. Le concile d'Arles, un peu plus tard, décida que les évêques désigneraient trois candidats, entre lesquels les habitants de la cité auraient à choisir, et qu'ils les institueraient ensuite [4]. Précautions fort sages, du reste, et devenues

Monod, qui a prétendu me donner, dans la *Revue historique*, des *leçons de droit canon* (sic).
[1] V. Guizot, *Hist. de la civil. en Europe*, leçon III, p. 49. Cf. de Saint-Priest, *Hist. de la royauté*, p. 268. = [3] Cf. *Epist.* 33. Gorini, *Défense de l'Église*, III, 373. = [2] Telle est la doctrine de Thomassin (*Discipl.*, part. I, liv. II, ch. xiv), admise par les évêques de France du siècle dernier, dans leur exposition de principes sur la constitution civile du clergé. = [4] Concile de Nicée, can. 4; 2ᵉ d'Arles, can. 54.

nécessaires; car la participation du peuple entraînait souvent des abus fâcheux. Les fidèles et le clergé se divisaient, formaient des factions, entraient en lutte ouverte. De riches laïques, des prêtres ambitieux briguaient leurs suffrages par toute espèce de moyens, au besoin par des festins offerts à la ville entière, comme fit un jour certain personnage de Clermont en Auvergne, qui aurait peut-être vu sa cause triompher, s'il n'avait été frappé de mort au milieu de son dîner électoral [1]. Il fallait quelquefois, pour en finir, recourir à la voie du compromis, fort usitée dans la suite, et dont l'élection de Simplicius de Bourges par Sidoine Apollinaire offre déjà un curieux exemple [2]; ne pouvant s'entendre, on remettait l'élection au nom d'un commissaire unique, qui pouvait en profiter pour se désigner lui-même, comme on prétend qu'il arriva plus tard à un célèbre évêque de Paris. Ces abus ou ces dangers, qui amenèrent peu à peu la modification radicale du système primitif, n'existaient pas lorsqu'un saint personnage s'imposait par son mérite aux électeurs comme aux pontifes consécrateurs. Alors il était choisi par inspiration, élu par acclamation. L'élévation de Martin au siège de Tours nous fournit à la fois un spécimen remarquable de ce dernier mode et du rôle prépondérant joué dans toutes ces occasions par les évêques. Les comprovinciaux sont convoqués dans la cité épiscopale. Le peuple leur amène son candidat, entraîné de force dans l'église, et il élève jusqu'aux voûtes de cette illustre cathédrale le cri unanime qui passe pour une manifestation de la volonté du ciel (*vox populi, vox Dei*). On reconnaît même dans le texte du narrateur, sous le masque habituel du discours indirect, emprunté à Salluste, la formule des grandes acclamations traditionnelles dont retentissaient le forum, la curie, le théâtre, la basilique des Romains. « Martin est le plus digne ! » Voilà le mot consacré, répété d'ordinaire cinq, dix et vingt fois dans les élections populaires, et que nous retrouvons notamment dans celle du successeur de saint Augustin à Hippone [3].

[1] Grégoire de Tours, *Hist.*, II, 23. = [2] Sidoine, *Epist.* VII, 9. = [3] *Dignus et justus est, dictum est vicies; bene meritus, bene dignus, dictum est quinquies*, etc. (Aug. *Ep.* 213; De Prato, édition de Sulpice Sévère, I, 334.)

L'objection de quelques-uns des évêques présents : « Il a une apparence méprisable, » c'est la contre-partie, c'est le cri des *réclamants,* bientôt étouffé par la voix d'une écrasante majorité, qui s'élève de plus en plus, comme le bruit de la mer montante. L'incident qui vient lever les dernières hésitations rappelle encore un autre usage des anciens Romains, qui a subsisté durant une partie du moyen âge. Les païens ouvraient le livre de Virgile, et croyaient trouver dans le premier mot qui leur tombait sous les yeux l'indice des volontés divines; c'est ce qu'on appelait *sortes Virgilianæ :* les chrétiens firent quelquefois de même avec l'Écriture sainte, et cette coutume superstitieuse (*sortes sanctorum*) ne disparut qu'à la longue devant les prohibitions les plus énergiques des conciles et des capitulaires. Ici cependant le livre des Psaumes n'est pas précisément ouvert dans l'intention d'y chercher un présage ou un arrêt. C'est plutôt une coïncidence providentielle qui frappe d'une manière inattendue l'esprit des assistants. Alors seulement les évêques ratifient à l'unanimité le choix des citoyens et procèdent à la consécration. On cite, dans les temps reculés, d'autres exemples de grands et illustres pontifes proclamés ainsi par la voix inspirée de tout un peuple : Milan vit cet admirable spectacle à l'élection de saint Ambroise, Reims à celle de saint Remi; et de pareilles manifestations nous dédommagent amplement de la simonie ou des brigues favorisées trop souvent par les passions populaires. Mais aucune promotion ne présente un caractère aussi imposant, ni une peinture de mœurs aussi complète que celle du saint évêque de Tours.

Il faut reconnaître, après avoir suivi attentivement le récit de Sulpice, que Martin dut son élévation au prestige communiqué à sa robe de moine par une série de miracles et de traits de dévouement. Il s'est pourtant trouvé des écrivains assez téméraires pour affirmer qu'il avait été nommé, non pas à cause de sa profession monastique, mais, au contraire, malgré cette profession. On a voulu ériger la résistance momentanée de deux ou trois membres du haut clergé en opposition constante et résolue, dirigée, au nom de l'aristocratie et du corps épiscopal des Gaules, contre l'influence des religieux en général et du fondateur de Ligugé en particulier[1]. Il faut vraiment avoir bonne envie de transporter dans le passé les petites rancunes et les petites préoccupations du présent. Il n'exista pas plus de parti antimartinien que de parti antimonastique dans l'Église gallo-romaine. Saint Martin fut en butte à l'animosité de quelques prélats courtisans lorsqu'il défendit contre eux, auprès de l'empereur Maxime, la cause de la tolérance. Mais rien ne peut laisser supposer, dans les passages où son historien fait allusion à leurs jalousies, à leurs mauvais sentiments, que l'épiscopat se fût ligué avec eux pour une lutte permanente contre lui ou ses moines. Sulpice nous montre, au contraire, le haut clergé se recrutant parmi les cénobites de Marmoutier, et ceux-ci parmi la noblesse[2]. Ainsi, non seulement les deux partis adverses auraient été alliés, mais ils se seraient trouvés composés l'un et l'autre des mêmes personnages. Laissons ces fantaisies, et tâchons de profiter de l'exemple pour ne pas nous lancer dans une interprétation aventureuse des textes.

L'humble moine est donc devenu évêque; le pauvre étranger a reçu par là ses lettres de grande naturalisation : il est désormais à la tête d'une fraction importante de l'Église des Gaules. Se figure-t-on bien la haute influence, l'autorité considérable que cette position lui conférait? Non seulement il se trouvait investi des attributions spirituelles léguées par Jésus-Christ à ses apôtres et à leurs successeurs, non seulement il avait des âmes à conduire, mais il avait des intérêts matériels à protéger, une cité à gouverner. L'évêque est, aux IVe et Ve siècles, une puissance religieuse et civile tout à la fois. Il a hérité, pour le bonheur de ces populations exposées à tant de fléaux extérieurs et intérieurs, des fonctions des derniers magistrats romains, disparus dans le désordre de l'anarchie, engloutis bientôt dans la tourmente des

---

[1] « Le mécontentement des évêques ne connut plus de mesure lorsque le cri public porta le solitaire au siège de Tours. » (De Saint-Priest, *op. cit.*, p. 304 et suiv.) Cf. Paul Albert, *op. cit.*, p. 83. L'abbé Gorini a facilement réfuté le premier de ces écrivains (*Défense de l'Église*, III, 426 et suiv.). — [2] *Vita S. Mart.*, 10.

invasions. Il ne s'est pas emparé de leur pouvoir, comme le dit Henri Martin; mais, suivant un autre mot qui a fait fortune, il l'a ramassé par terre, ou plutôt on l'y a ramassé pour le lui offrir. A l'arrivée des barbares, il n'y avait plus ni édiles, ni curiales, ni municipes; de toute la savante administration romaine il ne restait rien debout, rien qu'un dignitaire aux attributions assez mal définies, et dont le nom seul trahit à quelles nécessités sociales son office répondait : le *defensor civitatis*. Ce défenseur avait été institué par Valentinien dès 365, sept ans avant l'élection de saint Martin, à la demande générale des populations, désireuses surtout d'avoir un appui contre les exactions intolérables des officiers impériaux. Il était chargé de contrôler les rôles d'impositions, de réclamer contre les exactions injustes, de soutenir les intérêts de la cité auprès de l'empereur, même de faire la police. Il eut un siège dans l'assemblée municipale, dont il devint la tête. Les citoyens l'élurent eux-mêmes parmi les personnages les plus importants de la ville. Or la juridiction accordée précédemment aux évêques par Constantin, les privilèges nouveaux ajoutés par ses successeurs à cette prérogative d'une immense portée, avaient déjà donné aux chefs des Églises une certaine portée matérielle. La plupart, en outre, appartenaient par leur naissance à l'ordre sénatorial, qui était la noblesse romaine. Quand tout commença à s'écrouler autour d'eux, ils apparurent plus forts et plus grands qu'auparavant. Le peuple vint à eux naturellement; il s'abrita sous leur tutelle; il en fit presque partout les *defensores civitatis*. Ainsi le prestige de leurs fonctions sacrées et celui de la race, l'institution légale et le suffrage populaire, tout se réunissait pour leur conférer le gouvernement local, et, le jour où il n'y eut plus de gouvernement central, ils furent à peu près tout. « La réunion des deux magistratures, comme le remarque M. Dareste, devint si ordinaire, que, dans les derniers temps de l'empire, la loi (ou l'usage) finit par supprimer le titre de *défenseur* comme inutile. L'institution de Valentinien n'avait eu qu'un résultat, celui de transmettre aux évêques le patronage administratif des cités. » Aussi a-t-on pu dire que le « chef respecté de l'Église était le chef accepté du peuple¹ ». Un peu plus tard, les devoirs des pontifes-défenseurs changeront de nature : ils n'auront plus à résister à la tyrannie du fisc; ils opposeront leur corps à l'envahisseur barbare. Saint Loup, saint Aignan le repousseront; saint Remi le baptisera; une foule d'autres le dompteront et le civiliseront. C'est ainsi que, suivant une métaphore vieille de douze siècles, la nation française sera façonnée par la main de ses évêques comme la ruche par un essaim d'abeilles laborieuses². Saint Martin n'aura pas à se mesurer avec la barbarie germanique; mais il protégera son troupeau contre la barbarie savante du vieux régime impérial. Nous ne le verrons point porter le titre de *defensor* : la plupart de ses collègues remplirent la fonction sans prendre la qualité, confondue très vite avec celle d'évêque, et lui-même dut en faire autant, car, dans ses rapports avec les autorités locales, nous ne trouverons aucune trace d'un autre défenseur de la cité de Tours. En tout cas, nous le verrons exercer de fait cette belle magistrature, si chrétienne par son principe, et plaider, avocat officiel ou officieux, la cause des faibles auprès des puissants. Sans quitter sa robe de bure, il dominera, par le double ascendant de sa position et de sa vertu, les comtes de l'empire et l'empereur lui-même, à l'instar de ces pontifes des temps mérovingiens, dont Chilpéric disait avec une certaine amertume qu'ils trônaient dans leur cité comme des rois dans leur capitale; seulement le trône ne sera ici qu'un simple escabeau de bois. Et plus tard, du fond de son tombeau, il sauvegardera plus efficacement encore les intérêts de son peuple : il remplira une des attributions caractéristiques du *defensor*, en faisant brûler par les rois mêmes les rôles des impositions pesant sur les Tourangeaux. Que dis-je? il arrêtera, lui aussi, les barbares; car devant la poussière de son corps les conquérants du Nord viendront s'humilier et les envahisseurs du Midi se briser.

La ville de Cæsarodunum, ou la capitale des Turones, n'avait encore rien qui pût ajouter à la haute situation de

---

[1] Mignet, *Journal des savants*, février 1855, p. 77. Dareste, *Histoire de France*, 2ᵉ édition, I, 144. — [2] Ancienne vie anonyme de saint Ouen, *Acta SS.*, 24 août.

l'évêque une importance ou un éclat particuliers. Sa célébrité, sa prospérité séculaire, elle les dut précisément à cette glorieuse dépouille qui attira chez elle le monde entier. Elle n'avait même pas alors le rang de métropole; elle dépendait de Rouen, chef-lieu de la deuxième Lyonnaise, et n'était qu'une petite cité romaine, admirablement assise sur la rive gauche de la Loire, mais renfermée dans une enceinte étroite, dont les curieux débris permettent de mesurer exactement l'étendue, et n'embrassant qu'une portion infime du territoire de la ville actuelle, celle qui forme le quartier de la cathédrale. Sa population indigène était connue par la mollesse de son caractère : c'était déjà cette race aux mœurs douces et faciles, à la physionomie plutôt romaine que celtique, dont le type s'est conservé dans les campagnes de Touraine. Elle avait entendu de bonne heure prêcher l'Évangile par la voix de saint Gatien, son premier apôtre. A quelle époque au juste? Grave problème, qui se rattache à la question plus générale de l'origine apostolique de nos Églises, et qui a été souvent discuté avec elle. Je n'ai pas à entrer ici dans l'examen de ce point d'histoire locale. Il semble, du reste, avoir épuisé tout l'arsenal de la critique. L'opinion traditionnelle qui fait remonter au 1ᵉʳ siècle la prédication de saint Gatien a été récemment combattue, avec une vivacité extraordinaire, par M. l'abbé Chevalier, aujourd'hui clerc national de France à la cour de Rome, et défendue contre lui par dom Chamard, bénédictin de Ligugé, avec des arguments très forts[1]. En l'état de la cause, nous sommes autorisé à penser que probablement saint Gatien fit partie d'une mission envoyée dans les Gaules par les apôtres ou leurs disciples, comme le porte l'ancien bréviaire du diocèse, mais que son Église ne put être immédiatement constituée d'une façon bien régulière, ce qui arriva dans beaucoup d'autres pays de la Gaule. En effet, s'il faut s'en rapporter à Grégoire de Tours, qui semble avoir été lui-même réduit à des traditions assez

---

[1] *Les Origines de l'Église de Tours,* par l'abbé Chevalier, Tours, 1871, in-8º. *Questions historiques,* t. XIV, p. 129 et suiv. Cf. les dissertations manuscrites contenues dans la collection de dom Housseau, à la Bibl. nat. (tome XIX).

vagues[1], il fut en butte, avec le petit troupeau de fidèles converti par sa parole, à une persécution violente, qui se prolongea longtemps après lui et empêcha seule de lui donner un successeur : tous les chrétiens que les idolâtres du lieu pouvaient découvrir étaient battus de verges ou décapités. Un tel état de choses indique, d'une part, une fondation bien précaire; mais, de l'autre, il semble trahir une époque antérieure au commencement du IVe siècle, temps où l'école antiapostolique veut fixer la mort de Gatien. Sous Constance Chlore et après le concile de Nicée, c'est-à-dire lorsque le christianisme vivait au grand jour, déjà toléré et même protégé, lorsque le paganisme en était réduit à la défensive, nulle cité romaine n'eût pu être le théâtre d'une oppression aussi furieuse et aussi continue. On montre encore, à Marmoutier, à Sainte-Radegonde, les cryptes qui, d'après le même historien, servaient d'asile, le dimanche, au pasteur et à ses ouailles, réunis en secret pour les mystères sacrés, et qui ont conservé le nom de grottes de Saint-Gatien[2]. Rien de saisissant comme l'aspect de ces chapelles primitives, réductions des catacombes, creusées dans le sol ou taillées dans le roc, et des étroits couloirs, en pente raide, qui en procuraient l'accès. Pendant cinquante ans, l'apôtre vécut ainsi, échappant à grand'peine aux poursuites des autorités locales, subissant les injures et les mauvais traitements, dirigeant dans l'ombre la chrétienté naissante, mais sans avoir la consolation de la voir se développer d'une manière sensible. Après un interrègne épiscopal, qui dans tous les cas ne dura pas moins de trente-sept années, d'autres pasteurs, pris sans doute dans la cité, lui succédèrent : Grégoire de Tours n'en nomme qu'un seul entre Gatien et Martin; mais Sulpice Sévère, bien plus voisin que lui de ces temps reculés, semble indiquer, par un mot dit en passant, qu'il y en eut plusieurs[3]. Le dernier d'entre eux, Litorius ou Lidoire, éri-

---

[1] *Ut ferunt*, dit-il en parlant de la durée de l'épiscopat de Gatien (*Hist.*, X, 31). Cf. *ibid.*, I, 43. = [2] *Per cryptas et latibula, cum paucis christianis per eumdem conversis, mysterium solemnitatis diei dominici clanculo celebrabat.* (Grégoire de Tours, *Hist.*, X, 31.) = [3] *Nam et altare ibi a superioribus episcopis constitutum habebatur.* (Sulpice, *Vita S. Mart.*, 11.)

gea, sous l'empereur Constant, la première basilique de Tours. La religion nouvelle avait fait alors beaucoup de progrès dans la haute société du pays; ce fut la maison d'un sénateur qui servit à installer cette cathédrale primitive, église deux fois vénérable, où fut sacré l'apôtre des Gaules, où saint Lidoire fut enseveli et où son nom survécut[1]. Mais parmi le peuple, et surtout hors du chef-lieu de la *civitas*, les païens abondaient toujours; ils formaient la grande majorité dans les campagnes, et, tandis que des superstitions abrutissantes tenaient enchaînés les malheureux placés au bas de l'échelle sociale, l'arianisme infectait, de son côté, la classe des clercs et des lettrés. Telle était, en deux mots, la situation de la chrétienté que le cénobite de Ligugé se trouvait appelé à régir. Il avait à la consolider et à l'étendre : vaste tâche qui, nous allons le voir, n'était point au-dessus de son courage.

[1] *Hic ædificavit ecclesiam primam infra urbem Turonicam, cum jam multi christiani essent, primaque ab eo ex domo cujusdam senatoris basilica facta est.* (Grégoire de Tours, *ibid.*)

CHAPITRE II

L'ÉVÊQUE-MOINE — ÉTABLISSEMENT DE MARMOUTIER

Jusqu'a présent j'ai suivi dans le récit des actions de saint Martin l'ordre chronologique, observé également par le biographe original. Mais ici Sulpice l'abandonne, et mieux vaut, ce semble, en faire autant, sans toutefois nous mettre à la remorque de cet auteur, car il enregistre ensuite pêle-mêle, soit dans sa Vie du saint, soit dans ses Lettres, soit dans ses Dialogues, tous les souvenirs édifiants qui lui reviennent à l'esprit. L'ordre des temps serait d'abord très difficile à retrouver, au milieu de ce dédale, pour une foule de petits faits. Puis il importe, pour mettre en lumière l'œuvre du pontife, d'en présenter les différents aspects dans autant de tableaux séparés et méthodiquement distribués. Je conduirai donc en premier lieu les lecteurs bénévoles au nouveau monastère dont il fit son séjour. Après avoir l'installé, nous le suivrons dans l'exercice de ses fonctions épiscopales, dans l'administration de son diocèse, dans ses fondations d'églises, dans ses tournées pastorales. Ensuite nous l'accompagnerons chez les grands, et nous observerons ses rapports avec la puissance civile. Enfin, élargissant comme lui notre domaine, nous étudierons, dans un chapitre à part, ses travaux apostoliques en dehors du diocèse de Tours, et nous voyagerons en sa compagnie dans les Gaules.

En l'élevant sur le siège épiscopal, on lui avait fait une véritable violence. Il ne voulut point la subir entièrement : il accepta la charge, mais ne se résigna ni aux honneurs, ni à l'appareil de la puissance. Moine il était, moine il entendait rester. « Il savait, dit un ancien historien, que, si l'épiscopat a quelque chose de plus relevé par l'excellence de son caractère, la profession religieuse renferme une perfection non moins sublime dans la pratique des conseils évangéliques, ou que, si l'épiscopat demande une perfection égale, il n'est rien de plus rare que de l'y trouver, rien de plus difficile que de l'y conquérir, et qu'il est presque impossible de l'y conserver et d'y persévérer sans les exercices de la vie religieuse[1]. » En effet, l'Église ne connaissait que trop, à cette époque, les prélats imparfaits ou indignes. La haute situation temporelle faite aux évêques contribuait elle-même à les entraîner dans la négligence ou dans le faste; aussi en rencontrait-on souvent parmi les courtisans de l'empereur et parmi les suppôts de l'hérésie. A côté des vénérables figures des Athanase, des Ambroise, des Hilaire, surgissaient les Ithace, les Valens de Mursa, les Saturnin d'Arles. Sévère nous trace quelque part un portrait peu honorable, s'il n'est pas chargé, du luxe et de la mollesse d'une partie du clergé contemporain[2]. C'était là une des causes de l'opposition faite par une petite minorité à l'élection de Martin : elle le trouvait trop mal mis, trop ennemi du confortable. On n'avait pas l'habitude, en Occident, de voir une robe grossière s'étaler sur le velours du trône pontifical. Cette habitude allait bientôt venir; le saint évêque de Tours devait enseigner au monde toute la vertu d'un pareil contraste. Il résolut d'abord de ne changer rien à son habillement : la même humilité au cœur, la même tunique sur les épaules, voilà le spectacle qu'il offrit à son peuple depuis le jour de

---

[1] *Hist. de Marmoutier*, par D. Martène, I, 1. — [2] *Dialog.*, I, 21.

son élévation jusqu'à sa mort [1]. Ce vêtement était en *birre* noire, grosse étoffe de laine velue, portée ordinairement par les esclaves. Lorsque Martin envoya, un jour, acheter un habit pour certain pauvre, son diacre lui apporta du fond d'une taverne une *bigerica* payée cinq pièces d'argent, et l'évêque s'en recouvrit lui-même [2]. Le nom de cet habit, qui figure dans le glossaire d'Isidore, provenait, dit-on, des *Bigerrones* ou des montagnards du Bigorre, mentionnés par Pline et César ; ces paysans ont, en effet, conservé la coutume de se préserver du froid au moyen de petits manteaux courts en laine rugueuse [3]. Plus tard, quand la querelle s'allumera, chez les moines, entre les habits blancs et les habits noirs, Pierre le Vénérable invoquera le précédent de saint Martin, et rappellera comme un titre d'honneur ce costume pauvre et sombre adopté par lui [4]. A son exemple, désormais, les religieux appelés aux dignités de l'Église garderont la robe monastique ; les clercs séculiers laisseront même percer une tendance manifeste à s'habiller comme les réguliers, à tel point que la cour de Rome devra leur résister ; et dans certaines contrées, en Italie, par exemple, on verra jusqu'à nos jours des évêques moines refuser comme un acte d'apostasie de quitter les insignes de leur profession première [5]. Voilà déjà une leçon d'humilité qui a porté ses fruits.

Martin ne se borna pas là. Sachant sans doute, longtemps avant la naissance du proverbe, que l'habit ne fait pas le moine, il prit le parti de se créer une demeure de cénobite à portée de sa cathédrale. Une cellule attenante à cette église lui servit d'abord d'asile. On croit en reconnaître l'emplacement entre la façade méridionale de la cathédrale actuelle et le mur d'enceinte de la cité romaine. Ce qu'il y a de certain, c'est que la cellule de saint Martin mentionnée dans les anciens textes n'avoisinait pas du tout

---

[1] *Eadem in corde ejus humilitas, eadem in vestitu ejus vilitas.* (*Vita S. Mart.*, 4.) = [2] Sulp., *Dialog.* II, 1. = [3] Quicherat, *Hist. du costume*, p. 68. Cf. du Cange et Fortunat (éd. Migne, vol. LXXXVIII, col. 394). = [4] *Ille magnus Martinus, monachus episcopus, nigrarum colorem vestium suis vestibus dedicavit.* (Migne, vol. CLXXXII, col. 411.) = [5] Ad. Tardif, Cours de droit canon; Martène, *op. cit.*, I, 2.

la basilique qui portait son nom, comme l'ont cru des érudits ordinairement plus exacts [1]. Elle existait bien avant cette dernière et fort loin d'elle. C'était cette habitation primitive du saint, contiguë à l'église, marque Sulpice [2], c'est-à-dire à l'église épiscopale, la seule que la cité possédât dans son temps. Cette cellule fut convertie en chapelle par Grégoire de Tours, qui y déposa des reliques des saints Côme et Damien [3]. Une inscription commémorative en décora l'entrée. Jointe, dans plusieurs manuscrits, à celles qui ornèrent la basilique de Saint-Martin (d'où peut-être la confusion dont je viens de parler), elle a été reproduite avec elles et avec les pièces de vers composées pour les autres cellules du saint évêque dans le grand recueil de M. Edmond Le Blant. Mais notre éminent épigraphiste, en donnant une édition critique et aussi exacte que possible de ces différents morceaux, ne me paraît pas avoir reconnu leur destination respective : il parle simplement, à leur sujet, de « la cellule » de saint Martin, et, s'il ne la met pas positivement auprès de la basilique, il n'en désigne pas non plus l'emplacement véritable. Or le contenu des inscriptions et leur titre seul nous apprennent qu'elles étaient apposées en des lieux distincts, illustrés de différentes manières par le vénérable pontife. Je parlerai des autres à mesure que l'occasion s'en présentera. Pour le moment, voici celle de la « première cellule » de saint Martin, à savoir, de celle qu'il habita avant de se retirer à Marmoutier, comme le dit Sulpice Sévère.

Incipiunt versus in foribus primæ cellæ sancti Martini, episcopi ac confessoris.

VENIMUS EN ISTHUC, HIC NEMO PERSONAT EHEU !
VENIMUS EN ISTHUC, ET CRUCIS ARMA SILENT !
VERE BELLATOR DOMINI DORMIT, SONAT EHEU !
BELLATOR DOMINI, DESIDERANDUS HOMO.
INTREMUS TAMEN ET FLETU PRECIBUSQUE PRECEMUR
SANCTORUM DOMINUM MARTINIQUE DEUM,

---

[1] La méprise de Mabille a déjà été relevée par M. Longnon (*Géographie de la Gaule*, p. 255). Les modernes éditeurs de Grégoire de Tours, Guadet et Taranne (IV, 153), Bordier (II, 305), etc., ont fait la même confusion. = [2] *Vita S. Mart.*, 10. = [3] *Hist. Franc.*, X, 31.

STERNAMURQUE LOCO QUEM SANCTUS FLENDO RIGABAT :
AUXILIUM NOBIS SPIRITUS EJUS ERIT.
BELLATOR DORMIT, SED TU NOS PROTEGE, CHRISTE ;
QUI NON DORMITAS, PROTEGE ISRAELEM [1].

Vers inscrits sur la première cellule de saint Martin,
évêque et confesseur.

Nous voici venus en ces lieux, et personne n'y fait retentir le cri de la douleur! Nous voici venus, et les armes du soldat du Christ ne rendent plus aucun son! Il dort, hélas! le vrai combattant du Seigneur, l'homme à jamais regrettable. Entrons cependant, et par nos pleurs et nos prières supplions le Seigneur des saints, le Dieu de Martin; prosternons-nous sur le sol que le saint arrosait de ses larmes : son âme envolée viendra à notre secours. Ton soldat sommeille, ô Jésus-Christ! Mais toi, protège-nous ; toi qui ne dors pas, veille sur Israël!

Martin vécut donc quelque temps dans cette demeure d'ascète, observant à la lettre le précepte canonique : « Que l'évêque ait un petit logis près de son église ; que ses meubles soient de vil prix, sa table pauvre ; qu'il soutienne son rang par la pureté de sa foi et de sa conduite [2]. » Ou plutôt, comme ce précepte est quelque peu postérieur, on se demande s'il n'a pas été suggéré aux Pères de Carthage par le récit de sa vie, qui fut répandu dans cette ville de très bonne heure et dut amener une réaction salutaire contre les habitudes fastueuses des prélats contemporains. Mais bientôt cette solitude au milieu de la cité ne fut plus une solitude : les fidèles y affluaient. Tel était l'enthousiasme, telle était la curiosité excitée par le nouveau pontife, par le faiseur de miracles, que tout le monde venait le déranger, pour lui apporter, soit un hommage, soit une prière. L'homme de Dieu ne s'appartenait plus, ou plutôt il n'appartenait

---

[1] *Inscriptions chrétiennes de la Gaule*, I, 228. Les termes de cette inscription désignent bien un lieu habité par saint Martin. D. Martène, qui en a reproduit une version incorrecte, a cru qu'il s'agissait d'une des cellules occupées par lui à Marmoutier; il a rapporté à ce monastère toutes les pièces analogues contenues dans les manuscrits, comme si l'évêque de Tours n'avait jamais eu d'habitation ailleurs; ce qui l'a forcé d'admettre, à son corps défendant, l'existence de quatre cellules de saint Martin dans le même établissement (*Hist. de Marmoutier*, I, 6); mais cette attribution n'est nullement justifiée, sauf pour une seule des inscriptions, qui n'est pas celle-ci. = [2] 4e concile de Carthage, can. 14, 15.

plus à Dieu. Il dut chercher une combinaison qui lui permît à la fois de pourvoir aux besoins de son troupeau et de vaquer librement aux exercices de la vie religieuse. A cet effet, il prit une grande résolution : celle de fuir la ville, de créer à sa porte un monastère, comme il avait fait près de Poitiers, et administrer son diocèse du fond de ce nouveau Ligugé, qui serait à la fois une retraite, une école, un séminaire. L'idée était originale, l'entreprise inouïe ; mais elle répondait à un plan mûri longtemps à l'avance, et n'était que l'application plus vaste et plus féconde d'un système déjà expérimenté. Martin allait droit à son but, le même depuis bien des années ; l'empressement de la foule importune ne fut pour lui que l'occasion déterminante[1]. Il s'agissait seulement de trouver l'emplacement le plus convenable pour le futur établissement.

Les bords de la Loire, aux environs de Tours, étaient loin d'offrir alors l'aspect enchanteur et animé qui les a depuis rendus fameux : les solitudes, les sites sauvages n'y manquaient point. En traversant le pont de bateaux qui seul, à l'origine, reliait les deux rives, et en longeant la rive droite, en amont, jusqu'à une distance de deux milles ou d'une demi-heure au plus, on rencontrait un endroit tellement isolé, tellement agreste, qu'il n'y avait pas besoin, de l'avis de Sulpice, d'aller chercher plus loin le désert. D'un côté, le rocher taillé à pic ; de l'autre, le fleuve, qui par une courbe insensible enfermait presque complètement une espèce de petite plaine, inabordable par conséquent. Des bois épais en défendaient encore les approches : il n'y avait d'accès que par un étroit sentier, perdu au milieu des broussailles, le long de la Loire. La grande route, la voie romaine d'Orléans à Angers, au lieu de suivre la vallée, moins large et moins viable qu'aujourd'hui, passait sur la hauteur : les voyageurs ne pouvaient même pas soupçonner l'existence de ce coin retiré, que la nature semblait avoir réservé pour quelque destination mystérieuse. C'est là que le pontife, que le prin-

---

[1] Son historien dit clairement qu'il se décida à fonder Marmoutier après avoir éprouvé, dans sa cellule de Tours, les inconvénients de la trop grande popularité. (*Vita S. Mart.*, 10.)

cipal magistrat de la cité des Turones vint élire domicile ; c'est là que devait s'établir le « monastère de l'évêque » ou le « grand monastère », et que Marmoutier devait élever un jour vers le ciel ses légers campaniles. Mais, au début, point de construction, point d'édifice d'aucune sorte. Une cabane de bois, faite peut-être de ses mains, prêta son abri

Fondation de Marmoutier. — Verrière de Saint-Florentin (Yonne), datée de 1528.

au fondateur. Cela rappelait mieux Ligugé, et Trèves, et la Thébaïde. Un autre souvenir du désert s'offrait encore à ses yeux dans cette retraite ignorée : c'étaient ces grottes, ces caves profondes, taillées depuis un temps immémorial dans le tuffeau tendre et friable dont sont formées les roches de la contrée ; cellules toutes faites, ayant toujours servi et servant encore d'habitation à une foule de paysans tourangeaux. Elles n'étaient peut-être pas aussi multipliées qu'à présent ; beaucoup sont d'un âge relativement récent. Mais un certain nombre existait déjà en ce lieu : ressource inespérée pour une installation de cénobites ! Une d'entre elles avait même, suivant la tradition, donné asile à saint Gatien lorsqu'il fuyait les persécutions des païens : raison de plus pour fixer le choix de son successeur ; le lieu se trouvait consacré. Il se réserva une de ces grottes, située précisément au-dessous de celles-là, et s'en fit une seconde cellule. Devant elle s'étendait un petit terre-plein où il prit plaisir à se tenir, sur un escabeau de bois connu de tout le monde, dit Sulpice. Un escalier taillé grossièrement dans le roc, et célèbre aussi dans la légende, descendait de là vers la plaine[1]. C'est ce logis plus que modeste, dont l'intérieur ne renfermait qu'un lit d'ascète ou une couche de cendre, que la postérité a pieusement conservé sous le nom de *Repos de saint Martin*. Les fidèles prirent l'habitude de s'y rendre en procession aux fêtes de Pâques, et une inscription lapidaire leur rappela, comme à Tours, la sainteté du lieu[2]. Les autres caves du rocher furent employées par le saint abbé à loger une partie de ses frères (car immédiatement un troupeau de disciples, qui atteignit bientôt le chiffre de quatre-vingts, accourut se placer sous sa houlette). Le reste se fabriqua des cabanes à l'instar de la sienne. Ainsi cet établissement offrait encore extérieurement l'aspect d'une laure ; c'était une combinaison de l'ermitage et de la communauté. Toutefois le caractère du couvent et la vie commune y dominèrent dès le principe. Un même enseignement fut donné par le fondateur à ses moines ; une même règle leur fut imposée.

Rien d'intéressant à observer comme cette règle rudimentaire, qui très probablement n'a jamais été écrite, et que la tradition a néanmoins perpétuée assez fidèlement pour que le grand législateur monastique, saint Benoît, ait pu lui faire des emprunts. En premier lieu, les frères ne possédaient rien en propre ; tout ce qu'ils avaient était mis en commun. C'est l'observation exacte du conseil évangé-

---

[1] Sulp., *Vita S. Mart.*, 19; *Dialog.*, III, 15.

[2]
Hic inhabitavit felix eremita SUB ANTRO;
Hic inhabitavit quem paradisus habet.

Le Blant, *op. cit.*, I, 229. Grég. de Tours, *Virt. S. Mart.*, I, 2.

lique et le fondement de tous les ordres institués postérieurement. Ils n'avaient le droit ni d'acheter ni de vendre, comme le faisaient, paraît-il, la plupart des moines de ce temps [1]. Et pour mieux leur inculquer le saint amour de la pauvreté, leur abbé (nous pouvons lui attribuer ce titre, déjà consacré par l'usage de l'Église orientale, et bientôt après généralisé en Occident) leur donnait l'exemple avec le conseil. Un jour, le riche Lycontius, dont il avait délivré la maison d'une peste terrible, lui offrit, dans sa reconnaissance, un don de cent livres d'argent. Il ne voulut pas qu'une somme aussi forte pénétrât dans son monastère ; il eût craint d'y introduire avec elle les vaines préoccupations, les pensées ambitieuses, que la fable nous montre envahissant le cerveau du pauvre subitement enrichi et détruisant la paix de son âme. Avant qu'elle arrivât, il l'employa tout entière à racheter des captifs. Et comme ses frères, ces pauvres moines qui manquaient de tout, lui représentaient timidement qu'il aurait pu en garder une petite partie pour subvenir à leurs besoins : « L'Église de Dieu, répondit-il, nous donnera le vêtement et la nourriture ; nous ne devons pas nous inquiéter de gagner notre vie [2]. »

On travaillait cependant à Marmoutier. Mais le seul art manuel qui fût permis était celui de l'écrivain ou de l'enlumineur. Les jeunes frères étaient chargés de préférence du soin de transcrire ou d'exécuter les manuscrits : on laissait les plus âgés vaquer à l'oraison [3]. Précieux renseignement, qui nous permet de placer l'établissement de saint Martin à la tête de cette longue et laborieuse lignée de monastères, par lesquels nous ont été transmis les trésors de littérature antique, profane et sacrée. C'est presque un lieu commun aujourd'hui de rappeler que l'Église a sauvé les lettres ; mais ce qu'on n'a pas observé et ce qu'il importe d'établir ici, c'est que l'homme qu'on a voulu affubler du manteau de l'ignorance et d'une espèce de dédain affecté pour la science humaine, le prédicateur populaire érigé quelquefois en fanatique grossier, est précisément celui qui

---

[1] *Vita S. Mart.*, 10. = [2] Sulp., *Dial.*, III, 14. = [3] *Vita S. Mart.*, 10.

a introduit dans nos cloîtres l'usage de consacrer les heures de travail à la copie et à la multiplication des livres, celui qui le premier a fait de ses religieux des scribes, en attendant que cette habitude même en fît peu à peu des savants. Le moine du moyen âge est presque toujours un clerc, le monastère une officine de manuscrits splendides. Les rédacteurs ou les copistes représentés dans les miniatures ont généralement la robe de bure, le front dégarni et le regard expressif du cénobite, ce regard qui trahit l'habitude du respect. Les livres transcrits par ces humbles propagateurs de la science sont, à leurs yeux, autant de prédicateurs annonçant de leur part la vérité, autant de fleurons de la couronne céleste qui les attend. Dans toutes les bonnes actions qui seront inspirées par leur lecture, ils espèrent une petite part; dans chaque trait de leur plume ou de leur pinceau, ils voient une œuvre pie[1]. On aime à retrouver dès l'origine ce type sympathique; on aime à saluer dans le monachisme, dès le jour de son apparition sur notre sol de France, longtemps avant l'arrivée des bénédictins, l'allié naturel de la civilisation et des lumières; et l'historien de saint Martin éprouve une douce jouissance à reconnaître que c'est la main de son héros qui a scellé cette heureuse alliance.

La discipline établie dans le couvent était sévère. Aucune femme ne pouvait y pénétrer, même celle qui avait là un frère ou un époux. Les moines n'étaient pas astreints à une résidence perpétuelle ni à une clôture absolue; cependant ils ne sortaient que rarement de leurs cellules, soit pour les exercices en commun, soit pour accompagner leur chef dans ses tournées apostoliques. Ils priaient ensemble à certaines heures du jour et de la nuit (car la psalmodie nocturne paraît avoir été instituée chez eux dès le principe[2]), et pour cet usage l'abbé leur fit construire une petite église, qu'il dédia aux saints apôtres Pierre et Paul[3]. Ils mangeaient ensemble également, une fois le temps du jeûne

---

[1] V. Masson, *Annales ordinis Cartus.*, liv. I, c. VIII (statuts du vénérable Guigues); *Anecdotes historiques d'Étienne de Bourbon*, p. 119, etc. = [2] Cf. *Vita S. Mart.*, 23. = [3] Grég., *Hist.*, X, 31.

écoulé, c'est-à-dire vers le milieu du jour. Leur nourriture était en rapport avec leur pauvreté. Elle se composait ordinairement de fruits et de légumes, jamais de viande ; mais, le jour de Pâques et à quelques autres fêtes solennelles, on leur accordait, comme douceur, un peu de poisson. Quand ces jours-là revenaient, on voyait la petite colonie de Marmoutier descendre allègrement vers les berges de la Loire et prendre une récréation extraordinaire. Les frères assistaient aux opérations du diacre Caton, très versé dans l'art de la pêche et spécialement chargé du soin matériel de la communauté. Ils l'encourageaient de leurs paroles, de leurs regards, et quelquefois, grâce à l'intervention personnelle du saint abbé, ils contemplaient une vraie pêche miraculeuse, rappelant doublement les scènes de l'Évangile. L'économe, après avoir inutilement jeté ses filets durant toute une journée, les tendait de nouveau, sur l'injonction de Martin, et ramenait tout à coup, avec un instrument beaucoup trop faible, un de ces énormes saumons dont la basse Loire a conservé l'espèce : capture inespérée, qu'il traînait sous les yeux de ses compagnons ébahis, ajoute Sulpice Sévère, citant un vers de Stace[1]. Mais, si le poisson figurait de temps en temps sur leur table, aucun jour n'y voyait apparaître le vin : les religieux malades avaient seuls le privilège d'en goûter, lorsqu'il y avait nécessité absolue.

Quant à leur mise, elle était propre, mais fort austère. Ceux qui n'étaient pas vêtus de birre noire comme l'abbé lui-même portaient des habits faits de poil de chameau. Tout autre costume eût semblé attester une mollesse criminelle. Leurs cheveux étaient coupés très courts et négligemment[2] ; et peut-être est-ce ce mode primitif de tonsure qui avait fait trouver ridicule, par quelques prélats plus mondains, l'extérieur de l'élu du peuple. Pourtant, s'écrie le biographe, la plupart de ces frères appartenaient à de nobles familles. Leur éducation, leurs habitudes antérieures ne s'accordaient

---

[1] *Captivumque suem mirantibus intulit Argis.*
(Stat., *Theb.*, VIII, 751. Sulp., *Dialog.*, III, 10.)

[2] *Vita S. Mart.*, ibid. S. Paulin, *ep.* XXII *ad Sulpit.*

sur aucun point avec ce régime ; mais la patience, mais l'humilité chrétienne leur faisaient accomplir des tours de force contraires à la nature.

On a déjà pu reconnaître dans cette organisation quelques-uns des grands traits de la règle de Saint-Benoît. Les principes vitaux devenus la base de son ordre et de tous les autres, la pauvreté, l'obéissance, la chasteté, la mortification, régissent la condition des moines de Marmoutier ; il faut vraiment toutes les préventions de Gervaise pour avancer le contraire [1]. Leurs pratiques pieuses, leurs prières en commun, leurs jeûnes, leurs travaux, leur genre de nourriture, et jusqu'à leurs récréations des jours de fête, qu'on appellera des *spatiamenta,* se retrouveront plus tard chez les bénédictins. Encore une similitude frappante : lorsqu'un étranger se présente au seuil du nouveau monastère, il est accueilli à bras ouverts, il reçoit les soins de l'hospitalité la plus touchante ; avant de le faire asseoir à la table commune, l'abbé en personne lui présente de l'eau pour se laver les mains, et, le soir, il lui lave les pieds. Sulpice raconte qu'il fut lui-même traité de la sorte lorsqu'il vint visiter Martin au milieu de ses disciples. Comme saint Pierre, il eut un scrupule ; mais, comme Jésus-Christ, le saint évêque le subjugua tellement par sa haute autorité, qu'il se serait fait un crime, dit-il, de ne pas acquiescer à son désir [2]. Toutefois, lorsqu'un puissant de la terre, lorsque le préfet Vincent, par exemple, homme d'une vertu éclatante cependant, demande à prendre sa part de l'hospitalité des frères, on le lui refuse obstinément : l'abbé ne veut pas de pareils convives ; il craint d'en tirer vanité, lui ou les siens, et préfère garder intact le parfum d'humilité qui règne dans son monastère [3].

Mabillon, une des plus grandes gloires de l'ordre de Saint-Benoît, avoue lui-même que ce dernier s'est inspiré du saint évêque de Tours en plus d'un chapitre de sa fameuse règle [4]. On ne peut en douter lorsqu'on voit l'illustre fonda-

---

[1] *Vie de S. Martin,* p. 89. = [2] *Vita S. Mart.,* 25. = [3] Sulp., *Dialog.,* I, 25. = [4] *Annales Bened.,* I, 11.

teur du Mont-Cassin professer pour le fondateur de Marmoutier une vénération toute particulière, répandre son culte parmi ses propres disciples, et dédier les deux oratoires primitifs de son couvent, l'un à saint Jean-Baptiste, l'autre à saint Martin, comme aux deux meilleurs modèles de la vie pénitente et monastique. L'influence de la règle martinienne est donc tout à fait incontestable et fut certainement des plus fécondes, bien qu'on n'en connaisse pas le texte. Suivie dans les principaux établissements de France jusqu'à l'adoption définitive et générale de la loi bénédictine, c'est-à-dire pendant trois à quatre siècles, elle fit la prospérité d'Ainay, de Savigny, de l'Ile-Barbe et de mainte autre abbaye. Ainsi, lorsqu'on dit que son auteur a importé chez nous la vie religieuse, il ne faut pas entendre simplement par là qu'il a fondé nos plus anciens monastères ; il faut nous rappeler qu'il a véritablement créé tout un monde, monde développé par son influence et gouverné par ses idées très longtemps après sa mort ; en un mot, qu'il a été plus que le précurseur du patriarche des moines d'Occident, et qu'avec lui il peut être appelé le Moïse de ce peuple nouveau.

Marmoutier, ai-je dit, n'était pas seulement un couvent, c'était encore une école et un séminaire. Pour une école, le fait ressortirait déjà du régime établi précédemment à Ligugé. Celui qui naguère instruisait de jeunes catéchumènes dans le petit établissement ouvert, à titre d'essai, aux portes de Poitiers ne pouvait négliger cette tâche capitale dans le grand monastère, dans le monastère de l'évêque, réalisation complète de son rêve. L'exemple de Brice atteste, en effet, qu'il y avait là des enfants et des adolescents dressés de bonne heure à la vertu et à la science. Ce clerc, qui devait succéder un jour au saint évêque, commença par le poursuivre de sa haine et de son ingratitude. Au milieu d'une scène de violence qu'il lui fit un jour à Marmoutier, il alla jusqu'à lui reprocher le bienfait de l'instruction qu'il avait reçu de lui dans cet asile. « Vous avez passé votre jeunesse dans la licence des camps, lui dit-il ; tandis que moi, dès mes premières années, j'ai grandi sous ce toit sacré, j'ai étudié les saintes lettres, j'ai été formé à vos leçons[1] ! » La fin de cette apostrophe est tout à fait plaisante. Elle n'en indique pas moins que l'éducation de l'enfance faisait partie du programme de Martin, et qu'il s'en occupait lui-même. C'est ce que nous prouve encore l'histoire de Victorius, fils de Victor, évêque du Mans, qui fut également élevé par le saint à Marmoutier : ce jeune homme recevait de lui des leçons de dogme et de controverse, mêlées de réprimandes et même de corrections[2]. Ainsi donc, il recueillait des sujets d'un âge tendre dans les rangs du peuple (car Brice était, paraît-il, sorti de très bas) ; il les instruisait, les façonnait pour le service de Dieu, et plus tard il en faisait ses auxiliaires en les plaçant à la tête d'une paroisse ou d'un autre établissement ; mais, en devenant prêtres, ils demeuraient toujours moines, comme lui-même l'était demeuré en devenant évêque. Cette œuvre eut tant de succès, qu'on vit bientôt des diocèses voisins, et jusqu'aux cités éloignées, ambitionner pour pasteurs des clercs sortis de ses mains et se disputer les élèves de Marmoutier[3]. Du vivant même de son fondateur, cette illustre maison commença à devenir ce qu'elle est restée durant plusieurs centaines d'années, la pépinière du clergé et de l'épiscopat des Gaules. Elle donna à l'église de Tours saint Brice, à celle d'Angers saint Maurille, à celle du Mans saint Victorius, à celle de Lyon un autre saint Martin, à celle d'Arles son évêque Héros, et peut-être à celle d'Aix un vertueux pontife du nom de Lazare. Les abbayes de Mont-Glonne, de l'Ile-Barbe, de Blaye, de Saintes, de Brive lui durent saint Florent, saint Maxime ou Mesme, saint Romain, et encore deux saints Martin : le nom vénéré du maître se multipliait chez les disciples. L'Irlande, enfin, reçut d'elle son fameux apôtre, saint Patrice, dont le souvenir a survécu dans plusieurs endroits de la Touraine[4]. Beaucoup d'autres personnages plus obscurs, dont Sulpice ou Paulin

---

[1] Sulp., *Dial.*, III, 15. = [2] *Tunc vir Dei arguebat et catechizabat eum suis dogmatibus, corripiebat, castigabat et docebat eum suis doctrinis, hoc est, ut ipse per angustam portam transiret ad cœleste regnum.* (*Acta SS. aug.*, V, 147.) = [3] *Quæ enim esset civitas aut ecclesia quæ non sibi de Martini monasterio cuperet sacerdotem?* (*Vita S. Mart.*, 10.) = [4] V., sur tous ces élèves de Marmoutier, Martène, *op. cit.*, I, 61-146.

nous ont conservé le nom, apprirent là ce qu'était la perfection chrétienne : Refrigerius, Gallus, Victor, Eusèbe, Aurèle ; et Sulpice lui-même y puisa, avec la connaissance intime de son héros, ce parfum d'aimable vertu qu'il répandit autour de lui en Aquitaine. Des soldats de l'armée romaine vinrent y chercher les leçons de leur ancien compagnon d'armes [1]. On y accourut même du fond de sa lointaine patrie, s'il faut en croire une légende dont le fond du moins n'est peut-être pas à rejeter [2]. Tel était l'empressement de la jeunesse catholique à venir se ranger sous la direction de l'évêque-abbé, qu'il dut établir à côté de Marmoutier une succursale. Un de ses plus chers élèves, Clarus ou saint Clair, homme de la plus haute noblesse, fut mis à la tête d'une petite communauté, où il s'illustra, dit notre historien, par les mérites les plus éclatants. Sa retraite était située entre celle de son maître et la ville de Tours, mais beaucoup plus près de la première, au bas du village actuel de Sainte-Radegonde, dont le vieux cimetière offre encore, encastré dans son mur d'enceinte, un fragement de la façade d'une antique chapelle de Saint-Clair. Cette annexe réussit moins bien que la maison mère, peut-être parce qu'elle échappait au contrôle direct et incessant du fondateur. Un mauvais frère, nommé Anatole, y donna le scandale et voulut faire croire qu'il était favorisé, comme saint Martin, de communications célestes. Pour ce motif ou pour un autre, Clair abandonna ce lieu ; il alla faire revivre auprès de Sulpice Sévère, à Prumiliac, la pure observance de Marmoutier, et son petit couvent ne paraît pas lui avoir survécu [3].

Les essais de ce genre furent, du reste, multipliés par saint Martin dans un rayon très étendu autour de son grand monastère. Non seulement il peupla de serviteurs du Christ et de bienfaiteurs de l'humanité les vallons déserts de son diocèse ; mais son biographe va jusqu'à dire que, partout où il détruisait un temple païen, dans ses voyages à travers la Gaule, il laissait à la place une église ou un monastère [4]. Il est

---

[1] Cf. Sulp., *Dialog.*, II, 11. = [2] *Histoire des Sept dormants*, parmi les œuvres de Grégoire de Tours. = [3] *Vita S. Mart.*, 23. Paulin, *ep.* 32. = [4] *Vita S. Mart.*, 13.

certain que la vie cénobitique prit sous son impulsion, principalement dans les pays voisins de la Touraine, un essor extrêmement rapide, puisque, entre le jour de sa mort et celui de son ensevelissement, deux mille moines purent, comme nous le verrons, se réunir pour assister à ses obsèques. Les maisons de recluses, les congrégations de femmes se développèrent parallèlement. Martin en visitait quelquefois sur sa route : à Claudiomagus ou Clion [1], sur les confins de la Touraine et du Berry, il eut la joie de trouver, vers la fin de sa vie, une colonie considérable de religieuses, dont l'établissement primitif était probablement dû à son initiative, et qui se précipitèrent, après son départ, dans la sacristie où il avait passé la nuit, pour s'arracher les précieux souvenirs de son passage [2]. Une autre fois, il voulut, en vertu de sa charge épiscopale, pénétrer dans la retraite d'une sainte fille qui s'était fait un ermitage au milieu des champs, et dont la réputation de haute vertu avait frappé son oreille. Au lieu d'être touchée de l'honneur d'une pareille visite, elle l'envoya prier de n'en rien faire ; elle avait juré à Dieu, disait-elle, de ne laisser apercevoir son visage à aucun homme ; telle cette jeune Febronia qui, au temps de Dioclétien, passait pour n'avoir jamais été vue, depuis son enfance, ni par un homme, ni par une femme du monde. Et le saint, respectant une clôture que son autorité lui permettait cependant de franchir, se retira, profondément édifié, louant de toutes ses forces la conduite de la recluse, emportant comme une *bénédiction*, par une dérogation unique à ses habitudes, un petit présent qu'elle lui avait fait remettre [3]. Lui-même consacrait à Dieu des veuves ou des vierges. La fille du préfet Arborius, après avoir été guérie par son secours de la fièvre quarte, lui fut amenée par le père, ému de reconnaissance, et, à sa prière, il la revêtit de la robe de virginité [4]. Lorsqu'un de ses moines

---

[1] On a généralement traduit *Claudiomagus* par Cloué. Gervaise (p. 152) et M. l'abbé Dupuy (p. 151) ont pris cette localité pour Châtillon-sur-Indre ou Châtillon-sur-Cher. Mais M. de Longnon, s'appuyant à la fois sur les règles de la phonétique et sur des titres du xiie siècle, a établi récemment l'identité de *Claudiomagus* et de Clion, situé, du reste, près de Châtillon-sur-Indre. (*Bull. de la Soc. des Antiquaires de France*, séance du 22 mai 1879.) = [2] Sulp., *Dial.*, II, 8. = [3] Sulp., *Dial.*, II, 12. = [4] *Vita S. Mart.*, 19. On a supposé que ce *vir præfectorius*

était marié, il faisait entrer son épouse dans quelque monastère de femmes. La tradition rapporte même qu'il en avait ouvert un à peu de distance de Marmoutier, dans un îlot de la Loire [1]. Toujours est-il qu'au bout de plusieurs années la ville de Tours et ses environs comptèrent un certain nombre de ces pieux asiles ; et le tombeau du saint évêque devait à son tour abriter quelques-unes de ces servantes du Seigneur par lesquelles il se plaisait, de son vivant, à répandre des trésors de prière et de charité.

On voit assez, par tout ce qui précède, quel fut le rôle monastique de saint Martin et de quelle œuvre gigantesque Marmoutier fut le centre et le pivot. L'évêque-moine n'avait pas seulement voulu se créer une retraite pour lui et ses disciples ; sa conception était plus vaste, ses regards portaient plus loin. De ses élèves, de ses novices, il se proposait de faire des recrues pour le service des églises qu'il méditait de fonder et de multiplier de tous les côtés. Et ces églises nouvelles, ces paroisses rurales étaient elles-mêmes destinées, dans sa pensée, à répandre chez tout le peuple gallo-romain les lumières de la foi et de la civilisation chrétiennes. Ainsi tout se tenait dans son système ; toutes ses idées revenaient à une grande et synthétique idée, tendaient à un but suprême : la conversion totale des Gaules, et par suite la formation d'une véritable nation catholique sur les ruines de l'empire païen qui tombait en poussière. Après avoir étudié son principal moyen d'action, nous allons maintenant assister au développement des différentes parties de son œuvre.

---

pouvait être Æmilius Magnus Arborius, fils de Cæcilius Argicius Arborius et oncle d'Ausone, qui parle de l'un et de l'autre dans ses poésies (*Parental.*, 3 et 4). =
[1] Sulp. *Dial.*, II, 11. Dupuy, *Vie de S. Martin*, p. 164.

CHAPITRE III

SAINT MARTIN DANS L'EXERCICE DES FONCTIONS ÉPISCOPALES — FONDATIONS DE PAROISSES — TOURNÉES PASTORALES

I l'évêque de Tours avait abandonné la cellule qu'il habitait dans la ville pour la retraite de Marmoutier, il n'avait pas renoncé à se tenir en contact journalier avec son clergé et son peuple : sa combinaison consistait, nous l'avons vu, à concilier les exigences de l'état monastique avec les devoirs de sa charge pontificale. Il venait donc très souvent à Tours (le peu de distance qui séparait la cité de son monastère le lui permettait), et là, soit avant l'office divin, soit après, il demeurait quelques instants dans une dépendance de l'église, où il sut se ménager encore une solitude. Toutes les basiliques du temps possédaient, au fond de la région du sanctuaire, de chaque côté de l'abside, deux petits édicules ou cabinets destinés, le premier à l'évêque pour recevoir ses administrés, ses clients (*salutatorium*), le second au trésor et aux offrandes des fidèles (*oblatorium*). Il s'installa dans l'un pour prier et méditer, fermant sa porte aux indiscrets, accessible seulement aux clercs et aux pauvres. Dans l'autre, il mit des prêtres chargés de le représenter auprès des visiteurs, d'échanger avec eux les politesses d'usage, d'entendre les affaires et de les lui rapporter. Ainsi, jusqu'au milieu d'un édifice où le monde affluait, et tout en vaquant aux soins d'une administration multiple, il trouvait le moyen de vivre seul avec Dieu. Dans cette nouvelle cellule, pas plus que dans l'église même, on ne le voyait jamais s'asseoir sur la *cathedra,* ou sur le siège monumental réservé à l'évêque. Sulpice, qui se scandalisait de voir des prélats trôner pompeusement dans leur basilique, à l'instar des rois tenant leur cour souveraine, parle avec admiration du tabouret de bois ou du trépied rustique dont le vénérable pontife se servait comme le dernier des esclaves [1]. D'autres cherchaient à imposer aux populations par l'appareil de la grandeur : lui, ou eût dit qu'il voulait les frapper par l'excès de sa modestie ; et cette simplicité évangélique ne faisait qu'augmenter son prestige.

Les traits de charité et d'humilité dont ce réduit était le témoin demeuraient la plupart du temps cachés. Mais, un jour, un prodige éclatant vint les mettre en lumière. Le récit de cette scène, rapportée *de visu* par un disciple du saint, nous édifiera sur sa manière touchante de pratiquer ces deux vertus, et en même temps sur la façon dont il officiait dans sa cathédrale. C'était au milieu de l'hiver. Martin arrivait à l'église avec quelques-uns de ses religieux, lorsqu'un pauvre à moitié nu s'offrit à lui, comme jadis aux portes d'Amiens, demandant de quoi se couvrir. L'évêque fait approcher son archidiacre (dignitaire qui n'avait pas alors la même importance que plus tard, et qui était simplement, à l'origine, le premier des diacres, chargé du temporel de l'église); il lui montre ce malheureux, et lui commande de le vêtir sans retard, puis il entre dans le retrait dont je viens de parler, pour se préparer à la célébration des saints mystères [2]. Quelques instants se passent. L'archidiacre ne se presse pas. Le pauvre, impatienté, fait

---

[1] *Sellula rusticana, ut sunt istæ in usibus servulorum, quas nos rustici Galli tripeccias, vos scholastici... tripodas nuncupatis. (Dialog.,* II, 1.) = [2] Sulpice donne à cette petite pièce le nom de *secretarium ;* mais il est évident, d'après le contexte, qu'il s'agit d'un des deux édicules placés au fond de la basilique, et non d'une sacristie dans le sens actuel du mot.

irruption dans l'asile du saint, et se plaint amèrement que son clerc se moque de lui, que pendant ce temps-là il meurt de froid. La misère prend parfois ce ton exigeant; la vraie charité n'y fait pas attention. Martin, avec une douceur incroyable, se retourne, retire la tunique qu'il porte sous son amphibale ou son manteau de birre, et la donne au mendiant : ce qu'il avait fait soldat de César, il était tout naturel qu'il le fît étant soldat du Christ, et il est même probable que cela lui arrivait souvent. L'homme parti, entre l'archidiacre. Il avertit son évêque, suivant l'habitude, que le peuple attend dans l'église, et qu'il est l'heure de commencer l'office. « Il faut avant tout revêtir le pauvre, dit le saint ; je ne puis entrer dans le sanctuaire s'il n'a pas reçu son habit. » Le pauvre, c'était maintenant lui; mais il parlait à mots couverts, pour ne pas divulguer l'action qu'il venait de commettre. Le clerc le voit couvert de son manteau et ne soupçonne pas ce qui lui manque dessous ; il ne comprend pas son langage. « Le pauvre n'est plus là, répond-il. — C'est égal, donnez-moi l'habit qu'on a dû acheter ; ce n'est pas l'homme à vêtir qui manquera. » Cédant enfin à un ordre formel, mais ne cachant pas son irritation, l'archidiacre sort, va dans un bazar voisin, saisit une vieille tunique courte et rugueuse, laisse à la place cinq pièces d'argent, et revient la jeter avec violence aux pieds de Martin en disant : « Voici l'habit ; mais, je vous le répète, il n'y a plus de pauvre ici. » L'évêque, toujours impassible, lui ordonne de se tenir un moment à la porte, et se recouvre à la hâte de ce vêtement grossier ; car il lui fallait quitter son manteau pour célébrer, et il ne voulait pour rien au monde se trahir.

Mais à quoi servent aux saints tant de précautions ? ajoute le biographe. Bon gré, mal gré, leurs belles actions se dévoilent. Martin s'avance dans le sanctuaire avec ce vêtement, dissimulé à grand'peine sous les ornements sacerdotaux. Il commence la cérémonie, et bientôt il arrive à la bénédiction de l'autel, suivant les rites solennels de l'Église. A ce moment, un cercle de feu semble sortir de sa tête et lui fait une auréole lumineuse, dont les rayons s'allongent et s'élèvent vers le ciel. C'est une autre transfiguration. Un prêtre, une religieuse, trois moines contemplent ce prodige, caché aux yeux de la masse des assistants. Au nombre de ces privilégiés se trouve le narrateur en personne [1]. On ne tarde pas à connaître ce qui s'est passé, et chacun de voir là un hommage rendu par le Ciel même à l'admirable conduite du pontife. D'après des écrivains postérieurs et moins dignes de foi, il faudrait encore ajouter à ce récit une circonstance merveilleuse. Le poète Fortunat raconte que, les manches de cette tunique d'emprunt s'étant trouvées trop courtes à l'instant où le vénérable officiant élevait les bras, ses poignets nus apparurent couverts de pierres précieuses [2]. Mais cette addition paraît provenir d'une confusion avec un autre fait du même genre rapporté par Sulpice, d'après qui l'ancien préfet Arborius aurait aperçu, un jour, la main de Martin toute brillante de pierreries pendant le saint sacrifice [3]. En tout cas, elle ne saurait augmenter ni l'éclat du miracle, ni le mérite extraordinaire qu'il récompensait. Les Tourangeaux, frappés de l'événement, entourèrent de leur vénération le lieu où leur évêque s'était dévêtu en faveur d'un misérable, et cette petite chambre devint, elle aussi, un sanctuaire. C'est, du moins, ce que nous pouvons conclure des vers de Fortunat, qui lui avaient été demandés par Grégoire de Tours, son ami, et qu'il s'empressa de lui envoyer pour répondre à la dévotion populaire. Ce morceau ne figure point, dans les manuscrits, parmi les inscriptions lapidaires composées en l'honneur du saint; il ne se trouve que dans les œuvres poétiques du prélat poitevin. Mais M. Le Blant en a parfaitement indiqué le caractère épigraphique. Il a prouvé qu'il devait orner une cellule de saint Martin, et il

---

[1] *Vidimus emicare.* (*Dial.*, II, 2.) Toutefois le récit est placé par l'auteur dans la bouche de Gallus, autre disciple de saint Martin; de sorte qu'on ne sait trop si le personnage qui parle ainsi est ce jeune moine ou bien Sulpice lui-même. C'est ce prodige qui est représenté sur le sceau du doyen de Saint-Martin de Tours signalé par Demay (*Costume*, p. 454); mais l'interprétateur dit à tort que le saint *aperçut* au-dessus de sa tête un *globe* de feu. = [2] Fortunat, l. X, c. vi. Cf. Péan Gâtineau et les vitraux de la cathédrale de Tours, qui reproduisent cette particularité. = [3] Sulp., *Dial.*, III, 10. Ce trait doit être évidemment distingué du miracle rapporté ici, puisque l'un ne fut connu que par Arborius, et que l'autre fut visible seulement pour quatre clercs et une religieuse.

aurait pu démontrer aussi facilement, en confrontant les textes, que cette cellule n'a pu être absolument que l'édicule dépendant de la basilique primitive de Tours dont il vient d'être question. Pour s'en convaincre, il suffit de lire le titre et les vers suivants, qui se rapportent on ne peut plus clairement au fait rapporté par Sulpice :

> *In cellulam sancti Martini, ubi pauperem vestivit, rogante Gregorio episcopo.*
>
> HIC SE NUDATO TUNICA VESTIVIT EGENUM.
> DUM TEGIT ALGENTEM, PLUS CALET IPSE FIDE.
> TUM VILI TUNICA VESTITUR ET IPSE SACERDOS,
> PROCESSITQUE INOPI TEGMINE SUMMUS HONOR...
> NAMQUE VIRI SACRO DE VERTICE FLAMMA REFULSIT,
> IGNIS ET INNOCUI SURGIT AD ASTRA GLOBUS... [1]

> Vers pour la cellule où saint Martin revêtit le pauvre, composés à la prière de l'évêque Grégoire.
>
> C'est ici que le saint se dépouilla de sa tunique pour habiller un malheureux. En couvrant celui qui tremblait, il se réchauffait, lui, par l'ardeur de la foi. Ayant endossé lui-même un habit grossier, il reçut, sous cette vile enveloppe, un honneur suprême... De sa tête sacrée jaillit une flamme qui s'éleva, en globe inoffensif, vers le ciel.

Ainsi donc, il n'est pas douteux que la cellule occupée par l'évêque de Tours dans sa cathédrale n'ait été, comme la première et comme la grotte de Marmoutier, l'objet d'un pieux concours de visiteurs ; il est même à croire qu'elle fut conservée à la dévotion des fidèles lorsque cette église fut rebâtie par Grégoire au vi[e] siècle.

Du fond de son monastère ou du fond de sa basilique, Martin s'occupait avec une incessante activité des besoins de son diocèse. Un de ses premiers soucis fut d'accroître son troupeau et de christianiser entièrement les campagnes tourangelles. Il avait vu de près, en Poitou et ailleurs, la malheureuse situation des paysans, et son cœur était ému de pitié. Mais, pour y apporter un remède radical et durable, il ne suffisait pas de faire visiter le pays par quelques-uns

---

[1] Le Blant, *op. cit.*, I, 226. Il faut bien se garder de confondre le trait de charité rappelé dans cette inscription avec le fameux don du manteau fait au pauvre d'Amiens.

de ses prêtres, ni d'y aller prêcher lui-même. Homme pratique avant tout, il savait que les fruits des missions temporaires disparaissent souvent avant elles. Il eut donc recours à un moyen plus sûr, qui nous paraît aujourd'hui d'une simplicité primitive, mais qui était alors une nouveauté hardie : c'était la création d'un certain nombre de petits centres religieux autour de la cité épiscopale, centre unique jusque-là, en Touraine comme ailleurs ; c'était, en d'autres termes, la multiplication des foyers lumineux sur toute la région couverte encore de ténèbres ; en un mot, la fondation de paroisses rurales. Idée féconde, qui devait produire dans l'Église une véritable révolution, et dont l'application a tellement réussi, que nous avons peine à nous figurer que la chrétienté ait jamais existé sans cet élément vital. Si l'on ne saurait affirmer que saint Martin en fut le promoteur, on ne peut nier qu'il en ait été l'un des premiers adeptes et un des propagateurs les plus infatigables. Son nom se lie si étroitement à cette réforme capitale et au mouvement d'extension générale de la foi chrétienne qui coïncide avec elle, qu'il ne sera pas déplacé d'en expliquer ici la nature et l'importance.

Les évêques, à l'origine, n'avaient pour auxiliaires que le collège de prêtres et de diacres qui résidait auprès d'eux dans la cité, ou le chef-lieu du diocèse, et qu'on appelait *presbyterium* : il n'y avait ni paroisses ni curés, sinon peut-être en quelques localités très importantes d'Orient. Les livres saints, les lettres des premiers Pères ne parlent que des évêques des grandes villes, et ne contiennent pas de vestige d'église sans évêque. Les fidèles de la cité et du pays environnant s'assemblaient le dimanche à l'église épiscopale, d'après saint Justin, et les diacres portaient les sacrements aux absents. L'évêque était chargé de surveiller les villes et les villages[1]. On croit qu'il envoyait, dans les chrétientés situées hors de sa cité, des membres de son clergé, qui revenaient auprès de lui après le service, et qui

---

[1] *Qua parochiæ propriæ competunt et villis quæ sub ea sunt*, disent les canons attribués aux apôtres.

plus tard, lorsque le nombre des fidèles s'accrut considérablement, finirent par rester aux lieux où on les déléguait. Ce seul fait de l'absence des paroisses prouverait combien le christianisme était d'abord peu répandu dans les campagnes. Mais, à l'époque où nous sommes, le triomphe de la foi catholique commence à s'accuser par de nombreuses fondations d'églises rurales (et il faut entendre ce mot dans le sens le plus large, c'est-à-dire l'entendre de toutes les églises en dehors de la cité) : le christianisme prend complètement possession de tout le sol gaulois. Jusque-là divers obstacles avaient empêché ce rayonnement universel. Sans rappeler de nouveau la ténacité des superstitions païennes chez les paysans, il faut noter que, cette classe étant encore presque tout entière dans l'esclavage, le clergé ne pouvait guère s'y recruter, et qu'il ne trouvait pas dans les villes assez de sujets pour les envoyer résider dans les villages. En outre, les conciles interdisaient d'ordonner des étrangers, c'est-à-dire des gens nés ou baptisés hors du diocèse, à moins que leurs mœurs et leur caractère ne fussent parfaitement connus. Les empereurs avaient, il est vrai, permis d'élever à la prêtrise de petits cultivateurs ou des colons ascrits, mais à la condition qu'ils resteraient attachés au domaine d'où ils étaient originaires, qu'ils continueraient à payer la capitation, se feraient remplacer à leurs frais pour la culture de leurs champs et ne pourraient exercer ailleurs leur saint ministère. Cette condition leur faisait un sort intolérable, incompatible avec la dignité du prêtre. L'évêque avait bien le droit de payer leur rançon et de les réserver tout entiers au service de l'Église ; mais cela ne pouvait se faire que rarement. On remédiait à cet état de choses de deux façons. Des *chorévêques* (χώρας ἐπίσκοποι, *ruris episcopi*), sorte de coadjuteurs, qui n'avaient que le rang de prêtres tout en exerçant comme délégués la juridiction épiscopale, parcouraient les campagnes pour y propager ou pour y entretenir la foi, à peu près à la manière de nos missionnaires *in partibus infidelium*. Les conciles avaient recommandé l'institution de ces visiteurs. Cependant il paraît qu'on ne les vit guère en Occident qu'à partir du v° siècle, alors que les paroisses rurales étaient déjà assez nombreuses [1]. Un peu plus tard, les évêques furent obligés d'affaiblir leur autorité, devenue trop indépendante, au moyen de la création d'un archiprêtre rural, distinct de l'archiprêtre urbain, et ils disparurent vers la fin de la période carlovingienne. Le second palliatif était la fondation d'oratoires sur les domaines des riches particuliers assez zélés pour y entretenir des chapelains et y faire célébrer l'office. *Oratorium* était le nom propre de ces chapelles privées, autorisées en raison de l'éloignement de la cité épiscopale ; ce nom s'étendit ensuite à toutes les églises de peu d'importance. Nous trouvons de semblables oratoires dans un certain nombre de *villas* ou d'exploitations agricoles, même après la multiplication des paroisses de campagne [2]. Ainsi saint Sévère, prêtre, en avait bâti un sur sa terre de Serre, dans le Bordelais, et un second sur un autre domaine situé à vingt milles de là ; et, tous les dimanches, son clerc ou son chapelain allait de l'un à l'autre dire l'office, comme le rapporte Grégoire de Tours [3]. C'était déjà un acheminement vers l'établissement des églises succursales, et une grande ressource pour les fidèles disséminés dans les champs. Toutefois il en résultait des abus : un clergé domestique se formait ainsi en dehors du clergé de l'évêque et loin de sa surveillance ; les conciles d'Orléans et de Châlons durent apporter des restrictions à la tolérance accordée sur ce point par le concile d'Agde. Il n'y avait réellement de mesure efficace que la division de l'église épiscopale, que la création d'une quantité de petits centres rayonnant, comme je le disais, autour du centre principal. Les paroisses des petites villes ou des villages apparaissent avant les paroisses des *civitates*, parce que, dans celles-ci,

---

[1] Il est question d'un chorévêque au concile de Riez, en 439 (Labbe, III, 1286). Thomassin dit à ce propos : *At in Occidente certum est ante quintum sæculum eorum mentionem esse nullam... Chorepiscoporum ergo in Occidente nulla,* AUT CERTE RARISSIMA, *ante exactum quingentesimum annum fuit mentio.* » (*Vet. et nov. Eccl. disciplina*, 1, 218.) La première de ces phrases dit qu'il n'y eut point de chorévêques *avant* le ve siècle, la seconde qu'il y en eut fort peu avant le vi^e. Je suis donc d'accord avec le savant canoniste ; mais nous ne le sommes ni l'un ni l'autre avec M. Monod, qui a maintenu contre moi, « *avec assurance,* qu'il n'y eut point de chorévêque en Occident *au* v^e *siècle.* » = [2] Longnon, *Géogr. de la Gaule*, p. 17, 19. = [3] *Glor. Conf.*, 50.

l'évêque était toujours là et suffisait, avec son *presbyterium*, aux besoins des fidèles. En Gaule, la paroisse rurale s'organise au ive siècle, et la paroisse urbaine à partir du ve seulement. Dès 314, le concile d'Arles ordonne aux ministres du culte de ne pas quitter les localités auxquelles ils ont été préposés pour en desservir d'autres ; ce qui fait supposer déjà quelques églises instituées en dehors de la cité. Peu à peu l'on établit dans les bourgs des prêtres à poste fixe, avec le titre de *parrochus, plebanus* ou *presbyter*, et avec les attributions qu'auront plus tard les curés. Les conciles recommandent même à ces pasteurs d'organiser autour d'eux un collège de prêtres analogue à celui de l'évêque, et d'y élever de jeunes clercs pour le service du diocèse[1]. Or ce sont précisément ces excellentes mesures dont nous allons voir saint Martin prendre l'initiative ; c'est à la tête de ce mouvement de décentralisation ecclésiastique, devenu indispensable, qu'il va se placer avec une virile énergie.

Dans le bourg d'Amboise, qui était dès lors une des localités importantes du diocèse, puisqu'il possédait une forteresse romaine, s'élevait un monument païen d'un aspect imposant. C'était une tour ronde, construite en pierres de taille et en forme de cône ou de pyramide[2]. Son caractère de grandeur entretenait dans le pays la superstition et la crainte. L'évêque envoya un de ses prêtres, nommé Marcel, se fixer en ce lieu avec plusieurs auxiliaires, et lui recommanda à différentes reprises de détruire ce repaire de l'idolâtrie, où l'on révérait quelque divinité gauloise ou romaine, peut-être Mars, comme l'ajoute la chronique des seigneurs d'Amboise[3]. La première chose à faire était d'en débarrasser le sol. Mais telle était la masse de pierres qu'il s'agissait de renverser, qu'une force armée aidée de la po-

---

[1] V., sur toutes ces matières, Thomassin, *Discipl.*, part. I, liv. II, ch. XXI, XXII; Durand de Maillane, *Dict. de Droit canon*, I, 742 et suiv.; Tardif, Cours de droit professé à l'École des chartes; Guizot, *Civil.*, I, 371, 379; Revillout, *Mémoires des Soc. sav.*, an. 1863, p. 393 et suiv.; Guyot, *Somme des conciles*, I, 401, etc. = [2] Sulp., *Dial.*, III, 8. Une construction de même forme ou à peu près se voit aujourd'hui aux portes d'Amboise : c'est la fameuse pagode de Chanteloup, élevée par le duc de Choiseul au siècle dernier. N'y a-t-il dans cette ressemblance qu'une coïncidence fortuite ? = [3] Marchegay et Salmon, *Chroniques des comtes d'Anjou*, p. 11.

pulation tout entière n'eût pu en venir à bout, au dire de Marcel : comment voulait-on qu'une poignée de clercs ou de faibles moines fût plus heureuse? Martin, las d'attendre et n'admettant pas les prétextes, se rendit lui-même sur les lieux. Puis, recourant à ses armes ordinaires, il passa toute une nuit à prier, demandant à Dieu une inspiration. Il n'en eut pas besoin : vers le matin, un ouragan tellement formidable se déchaîna, que le temple fut démoli jusque dans ses fondements. Sulpice déclare tenir le fait du prêtre Marcel, qui en fut le témoin [1]. Aussitôt l'évêque fit élever à la place une église, et fonda ainsi la première paroisse d'Amboise, comme l'atteste Grégoire de Tours [2]. Mais, dans cette petite troupe de clercs qu'il y avait déléguée à l'avance, ne reconnaît-on pas déjà le *presbyterium* ou le collège ecclésiastique rural conseillé vers le même temps par les conciles? Et la présence de quelques religieux parmi ces clercs ne prouve-t-elle pas avec une égale clarté à quel rôle il destinait ses élèves de Marmoutier, pour quelle mission il les formait? Voilà donc ses plans réalisés déjà sur un point essentiel : une chrétienté, une église desservie par un clergé local, composé de prêtres et de diacres, moines et missionnaires comme lui, existaient désormais à Amboise ; tous les environs devaient recevoir promptement la réverbération de ce nouveau foyer.

Bientôt ce fut le tour de Langeais, de Sonnay près Château-Renault, de Chisseaux près Montrichard, de Saint-Pierre-de-Tournon [3], de Candes. Les circonstances particulières de la fondation de ces paroisses ne nous sont pas racontées; mais partout la même marche fut suivie. Temples détruits, habitants baptisés, églises construites : telle était l'ordre des opérations [4]. Martin procédait méthodiquement, comme il convenait à une grande œuvre dans laquelle la sagesse des hommes était appelée à coopérer avec la grâce divine. A Candes, un *presbyterium* assez nombreux fut organisé, puisque le saint évêque était venu établir la con-

---

[1] Sulp., *Dial.*, III, 8. = [2] *Hist.*, X, 31. = [3] Et non Saint-Martin-de-Tournon, dans l'Indre, comme l'ont cru Ruinart et d'autres. Cf. Longnon, *op. cit.*, p. 294. = [4] Grég., *Hist.*, X, 31.

corde parmi ses membres lorsque la mort l'atteignit. La situation de ce bourg, à l'extrémité du diocèse, au confluent de la Loire et de la Vienne, lui donnait une grande importance. Les traditions locales et les antiquités retrouvées dans le village confirment d'une manière absolue les faits consignés sommairement par Sulpice et Grégoire de Tours. Les ruines d'un vieil édifice, qui paraît avoir été un temple gallo-romain, et qui était entièrement rasé, y ont été récemment découvertes. La première église de Candes, dédiée à saint Maurice, passe pour avoir été construite par saint Martin un peu au-dessus de la basilique actuelle, et dans cet endroit on a également reconnu des substructions romaines. On a conservé en outre le souvenir d'une maison habitée par le bienheureux pontife et par les clercs réguliers qu'il avait établis dans cette paroisse : elle était située près de la Vienne, sur la voie conduisant de Chinon à Saumur [1]. Au reste, c'est une observation curieuse à faire (et on l'a faite avant nous), que la plupart des églises rurales fondées à une époque reculée, notamment dans le diocèse de Tours, ont été placées au bord d'une voie romaine. La raison en est facile à comprendre. En dehors des *civitates,* qui avaient accaparé, sous le régime romain, une prépondérance exclusive, et de quelques places fortes (*castella*), la population des Gaules vivait disséminée sur de grands domaines agricoles; il n'y avait point ou presque point de villages. Le village s'était formé généralement autour de l'église, du prieuré ou de l'abbaye, après eux, à cause d'eux, et cela surtout à partir des VIIIe et IXe siècles. Jusque-là les habitants des campagnes, bien moins nombreux qu'aux temps postérieurs, se réunissaient, pour traiter leurs affaires ou échanger leurs produits, aux carrois ou carrefours formés par les principales voies de communication, dans certains champs consacrés par l'usage. Il était de bonne politique de profiter de leurs assemblées pour leur enseigner la religion, et de choisir les mêmes endroits pour y élever des oratoires ou des églises. Aussi ces carrefours

---

[1] Communication de M. Fournier, curé de Candes.

ou ces champs de foire au bord des grandes routes sont-ils devenus souvent le siège d'une paroisse, puis d'une viguerie, où un magistrat local rendait la justice à des époques déterminées, puis d'un bourg et d'une commune [1]. Les localités dont je viens de parler se trouvaient précisément situées sur des voies romaines. Amboise était une station de la route de *Genabum* (Orléans) à *Juliomagus* (Angers); Candes et Langeais étaient à proximité de la même route ; Sonnay était sur un de ses embranchements, et, de plus, sur celle qui conduisait de Tours à *Autricum* (Chartres); Chisseaux, sur celle de Tours à *Avaricum* (Bourges); Tournon, sur celle de Tours à *Argentomagus* (Argenton [2]). Il faut y joindre Ligueil, qui fait aussi remonter l'origine de son église à saint Martin, et dont la tradition séculaire est confirmée par une ancienne inscription récemment découverte, portant les mots : Hic Martinus condidit ore..., qu'il serait difficile d'interpréter dans un autre sens [3] ; là passait la voie qui menait à Poitiers par Loches et Ingrandes. Il faudrait encore y ajouter Ciran-la-Latte, qui a la même prétention, si les légendes locales étaient appuyées sur quelque chose de plus solide que la mention par Grégoire de Tours d'un oratoire de *Sirojalum*, nom que l'on a voulu à tort identifier avec celui de ce village [4].

Mais combien d'autres paroisses en Touraine pourraient revendiquer une aussi illustre origine ! Évidemment les historiens n'ont pas signalé toutes celles que le grand pontife a créées. Ils en ont dit assez cependant pour nous faire comprendre que ce fut là son œuvre de prédilection et qu'il lui consacra tout son zèle. Ses successeurs immédiats la continuèrent avec une pieuse émulation ; l'impulsion était donnée. Saint Brice fonda les églises de Brêches, de Ruan (ou Pont-de-Ruan), de Brizay, de Chinon, de *Calatonnum* [5] ; saint Eustoche, celles de Braye (aujourd'hui Rei-

---

[1] V. Mabille, *Bibl. de l'École des chartes*, an. 1866, p. 337. = [2] *Ibid.*, an 1863, p. 413 et suiv. Cf. le mémoire de l'abbé Bourassé sur les voies romaines d'Indre-et-Loire, dans le recueil de la Société archéologique de Touraine, an. 1861. = [3] Communication de M. le curé de Ligueil. = [4] *Sirojalense oratorium, cujus altarium sancti confessoris manus alma sacravit.* (*Virt. S. Mart.*, I, 18.) *Sirojalum* est probablement Sireuil (Charente). Cf. Longnon, *op. cit.*, p. 555. = [5] Localité dont

gnac), d'Yzeures, de Loches, de Dolus¹; saint Perpétue, celles d'Esvres, de Mougon (commune de Crouzilles), de Barrou, de Balesmes, de Vernou, de Montlouis. Sous Volusien fut créé le bourg de Manthelan; sous Injuriosus, ceux de Neuillé-le-Lierre, de Luzillé; sous Baudin, celui de Neuillé-Pont-Pierre. Le pontificat d'Euphrone vit s'établir les paroisses de Thuré, de Céré, d'Orbigny; celui de Grégoire, une quantité d'autres, qu'il n'a pas nommées². Peu de temps après, le diocèse comptait une soixantaine d'églises rurales. C'est ainsi que le christianisme conquit pied à pied, sur le désert et sur la barbarie, la totalité des campagnes gauloises. Les « solitudes de l'empire » se transformèrent peu à peu en plaines vivantes et animées, et le sol de la Touraine fut un des premiers à se couvrir de clochers. Toutefois, si les successeurs de saint Martin créèrent à son exemple des paroisses, il n'est dit nulle part qu'en les établissant ils eurent à convertir comme lui une population païenne. Ainsi l'on doit croire que la conversion des paysans de son diocèse fut complètement achevée par lui. Et comme les textes ne parlent pas non plus de fondations analogues entreprises antérieurement à son pontificat, on peut sans témérité lui laisser l'honneur d'une initiative qui devait changer la face du monde chrétien.

Mais ce n'était pas le tout de fonder : il fallait entretenir et surveiller. De là l'établissement ou au moins la consolidation d'un usage non moins fécond en bons résultats, dont les origines se lient également au nom de notre grand évêque, soit qu'il l'ait pratiqué un des premiers, soit que son exemple ait seulement contribué à le généraliser et à

---

l'identité n'est pas certaine. Marolles l'a prise pour Chaumont-sur-Loire, Valois et Jacobs pour Clion, Salmon pour Chalonnes-sous-le-Lude, Mabille pour Chalenton. Il faut reconnaître avec M. Longnon (*Géogr. de la Gaule*, p. 267) que ces différentes interprétations présentent toutes des impossibilités. *Calatonnum* est sans doute un des rares villages de Touraine dont l'ancien nom a disparu.

[1] C'est probablement par distraction que M. Longnon (*op. cit.*, p. 272) attribue la fondation de l'église de ce lieu à saint Martin. = [2] Grég., *Hist.*, X, 31. Plusieurs de ces noms de lieu, désignés par Grégoire, ont été diversement traduits en français. Le travail de M. Longnon, dont je suis ici les indications, semble devoir lever tous les doutes à cet égard, sauf pour les deux localités du nom de Neuillé (*Noviliacus*), dont on peut intervertir le rang.

Saint Martin délivrant un démoniaque.
(D'après le tableau de Jordaëns, au musée de Bruxelles.)

le faire passer à l'état d'institution fixe; je veux parler des tournées pastorales. Les conciles et les Pères des trois ou quatre premiers siècles sont muets, ou à peu près, sur les visites de l'évêque dans les différentes parties de son diocèse; et cela s'explique assez, étant donné le peu d'extension de la chrétienté en dehors des cités. On voit bien saint Augustin les recommander; on voit saint Athanase parcourir ses paroisses à la tête d'un nombreux cortège [1]. Mais de ces deux faits, cités par Thomassin, l'un est contemporain de saint Martin, l'autre est postérieur; et le biographe de l'évêque de Tours est celui qui fournit au savant canoniste le plus ancien texte positif sur la matière. Sulpice Sévère, il est vrai, parle des tournées diocésaines comme d'un usage déjà répandu; toutefois il serait impossible de prétendre qu'il le fût depuis longtemps. Il faut plutôt reconnaître, comme l'a fait Gervaise [2], que, si on le vit se propager dès cette époque, et si tant de conciles postérieurs, notamment ceux de Tours, le recommandèrent avec insistance, l'émulation excitée par saint Martin chez ses confrères et les avantages sérieux qu'il recueillit d'une pratique si salutaire en furent la principale cause.

Il avait, en tout cas, une manière à lui d'accomplir ce devoir épiscopal. Fidèle à son vœu de pauvreté, il s'en allait le long des grands chemins, soit à pied, soit sur un âne, à l'exemple de Jésus-Christ, et suivi, comme lui, d'un petit troupeau de disciples. Telle était la modestie de la tenue dans laquelle il voyageait, qu'elle lui valut, un jour, une cruelle avanie. Des mules qui traînaient un chariot du fisc sur la voie publique furent effrayées par l'aspect de son vêtement grossier et de son long manteau noir; elles se jetèrent de côté, et l'attelage s'emmêla. Les soldats qui accompagnaient l'équipage, irrités de ce contretemps, se jetèrent sur l'évêque, qu'ils prenaient pour un homme de rien, et le chassèrent à coups de fouet et de bâton. Martin supporta tout sans rien dire, suivant son habitude; ce qui était un mauvais moyen de les apaiser, car, voyant leur

---

[1] Thomassin, *Discipl.*, part. II, liv. III, ch. LXXVII. — [2] *Vie de S. Martin*, p. 142.

vengeance impuissante, ils n'en frappaient que plus fort. Un instant après, ses compagnons, qui étaient restés en arrière, le trouvèrent étendu sur le sol, tout ensanglanté, à moitié mort. Ils le replacèrent avec peine sur sa monture, et, maudissant le théâtre de cet affreux accident, s'éloignèrent avec lui. Pendant ce temps, les soldats, revenus à leurs mules, cherchaient à les faire repartir; mais en vain faisaient-ils résonner le fouet gaulois, en vain dépouillaient-ils pour les frapper tous les arbres voisins : les malheureux animaux semblaient atteints d'une paralysie complète. Ne sachant quelle puissance les condamne à l'immobilité, les conducteurs s'informent; ils découvrent que l'homme si maltraité par eux est le premier magistrat de la cité, le grand évêque en personne. Aussitôt ils courent après lui, se précipitent à ses genoux, implorent leur pardon. Le saint, qui savait déjà ce qui se passait et qui en avait prévenu ses moines, le leur accorde avec bonté, et chacun se remet alors en marche. Ce trait nous est encore rapporté par un témoin oculaire. La tradition ajoute qu'il eut lieu sur la route d'Amboise, qui longe la Loire, et, en effet, Sulpice et Paulin le placent sur une de ces levées (*agger publicus*) que les Romains avaient déjà fait construire en plusieurs endroits au bord du fleuve : le pontife allait donc visiter la paroisse qu'il avait établie dans cette localité[1].

Le biographe mentionne en passant plusieurs autres tournées pastorales entreprises par saint Martin[2]. Il nous apprend, à propos de l'une d'elles, que l'évêque logeait dans la sacristie des églises placées sur son itinéraire (c'est-à-dire encore dans un des deux *secretaria* voisins de l'abside), et que le clergé lui préparait là une installation convenant à ses goûts comme à sa profession monastique. Ainsi, même loin de chez lui, il ne fréquentait pas le monde, et jugeait plus utile de se tenir jour et nuit auprès de Dieu que d'accepter les politesses ou les réceptions de ses administrés. Cette habitude l'exposa, une fois, à un péril encore plus grand. On lui avait fait dans une de ces chambres impro-

---

[1] Sulp., *Dial.* II, 3. Cf. Paulin de Périgueux, liv. IV. = [2] *Dial.* II, 9; *Ep.* I, 3.

visées un feu assez vif (car il voyageait hiver comme été), et on lui avait dressé un lit rempli d'une quantité de paille. A peine y fut-il, que la mollesse de cette couche lui fit horreur : lui qui avait l'habitude de dormir sur la terre nue, recouverte seulement de son cilice, pouvait-il endurer un luxe pareil? Aussi vivement que s'il eût reçu un outrage,

Saint Martin et le pauvre de Tours.
Miniature du Livre d'heures de M. de Paulmy (Bibl. de l'Arsenal, à Paris, ms. 255).

il rejeta la paille, dont une partie alla tomber sur le brasier et mit le feu au plancher tandis qu'il dormait. Réveillé en sursaut par la flamme et la fumée, il perdit d'abord un peu la tête, courut à la porte, qui ne voulut pas s'ouvrir, et s'escrima un bon moment contre la serrure. Pendant ce temps, l'incendie se propageait ; en un clin d'œil son vêtement fut atteint et consumé. Alors seulement il comprit qu'il ne devait pas chercher son salut dans la fuite, mais dans la prière. Il se mit à genoux, invoqua le Seigneur du fond de son âme ; aussitôt les flammes s'écartèrent de lui comme des jeunes Hébreux dans la fournaise, et il sentit comme une rosée qui le rafraîchissait. Un instant après, les moines, attirés par le bruit de l'incendie, venaient le délivrer. Il raconta plus tard le fait à Sulpice, et c'est en gémissant qu'il s'accusait d'avoir cédé, dans le premier moment, à la tentation du démon, qui voulait le détourner de prier.

Nous retrouvons encore la trace du passage de Martin dans plusieurs autres localités de son diocèse, notamment à Neuilly, où il releva par la vertu du signe de la croix un arbre tombé qui encombrait la voie publique, arbre dont les fidèles arrachèrent plus tard l'écorce pour s'en faire des remèdes [1]; à Martigny ou Port-Martigny, près de Tours, où il alla souvent prier dans un oratoire qui subsistait encore au temps de Grégoire; à Notre-Dame de Rivière, ancienne dépendance de Marmoutier, à laquelle ses visites firent une célébrité; à Saint-Senoch, où un religieux de ce nom trouva, avec des ruines de constructions romaines, une vieille chapelle également fréquentée par lui, et la restaura [2]. Il est probable que le saint pontife ne laissa pas en Touraine un seul bourg, ni surtout une seule église, sans y porter la lumière ou l'encouragement : une foule de légendes, pieusement conservées dans le pays, pourraient venir à l'appui de cette proposition. Nous voudrions avoir plus de détails sur le bien moral et matériel que sa présence produisit, sur l'état de ces chrétientés naissantes que sa prédication avait fait surgir dans les campagnes tourangelles, sur les progrès ou les réformes amenés par ses visites. Son biographe, malheureusement, ne nous en parle pas; ébloui par l'éclat de ses miracles, il néglige presque tout le reste, et nous prive de renseignements qu'il devait à coup sûr posséder, mais qui avaient à ses yeux moins de prix. Nous pouvons cependant juger, d'après ses récits, que les tournées pastorales absorbèrent une bonne part de l'activité dévorante du pon-

---

[1] Grég., *Glor. Conf.*, 7. L'identité du lieu n'est pas certaine; mais il s'agit toujours d'un des villages de Touraine appelés Neuilly ou Neuillé (*Nobiliacus*). Mabille penche pour Neuilly-le-Noble. == [2] Grég. *ibid.*, 8, et *Vit. Patr.*, 15; Salmon, *Chroniques*, p. 395.

tife. C'est au milieu de cette œuvre laborieuse qu'il devait rencontrer la mort, à Candes, comme si sa magnifique carrière n'eût pu trouver de plus digne couronnement. Ce n'était là, du reste, qu'une faible partie, et la plus facile encore, de la tâche apostolique qu'il s'était imposée. J'aurai à revenir sur son ardeur voyageuse et sur ses missions; le lecteur trouvera plus loin certains faits intéressants qui s'y rattachent, et dont le théâtre est trop incertain pour qu'on puisse les placer dans le récit de ses visites diocésaines. Mais auparavant il nous reste à envisager les autres actions de saint Martin rentrant directement dans sa gestion épiscopale.

CHAPITRE IV

CULTE RENDU AUX SAINTS — EXERCICE DES DROITS DE MÉTROPOLITAIN

N des principaux soins du pontife porta sur les honneurs à rendre aux saints et sur la propagation de leur culte parmi les fidèles ; et cette préoccupation se liait encore à celle de l'organisation des églises. Au premier rang des bienheureux auxquels il voulut rendre et faire rendre des hommages publics, il faut placer le fondateur de son évêché, saint Gatien, dont il retrouvait les vestiges à Tours et à Marmoutier. Si le corps et la mémoire du plus ancien évangélisateur de la contrée échappèrent à l'oubli qui a recouvert chez nous tant d'apôtres de la première heure, s'il fut honoré dans un sanctuaire digne de lui, qui devait prendre un jour son nom, c'est à la vénération filiale de Martin qu'on le dut ; et cette dévotion a quelque chose de touchant chez celui qui allait bientôt éclipser lui-même par l'éclat de son culte et de sa basilique le premier évêque du pays. Il alla d'abord à la recherche de son tombeau, situé dans l'ancien cimetière des chrétiens, hors de la cité. Les restes de Gatien n'avaient pas encore été retirés de cette sépulture primitive et obscure, la

seule que la rigueur de la persécution eût permis de lui donner. Il se prosterna publiquement devant la pierre qui les recouvrait, récita des prières, lut un chapitre de l'Écriture sainte ; puis il dit à haute voix : « Homme de Dieu, donne-moi ta bénédiction ! » Et la tradition rapporte, par la bouche de Grégoire de Tours, qu'on entendit cette réponse : « Toi aussi, bénis-moi, je te prie, serviteur du Seigneur ! » Les assistants étaient saisis de stupeur, et répétaient qu'avec Martin habitait l'Esprit qui jadis évoqua Lazare du sépulcre[1]. Le pontife fit ensuite la translation du corps saint dans l'église bâtie par Lidoire, et le déposa près du tombeau de ce dernier[2]. Nous avons vu, en effet, que le deuxième évêque connu de la ville de Tours avait établi dans l'enceinte de la cité la première basilique du lieu, et que cette basilique, formée de l'hôtel d'un sénateur, n'était autre que la cathédrale. Telle était déjà l'opinion de dom Ruinart, basée sur une phrase de Grégoire qui, si on lui prête un peu d'attention, ne laisse point de place à un autre sens[3]. Cependant quelques érudits modernes, tels que Mabille, l'abbé Bourassé, l'abbé Chevalier, ont compris que Lidoire avait érigé deux églises, l'une qui fut le siège de la cathédrale, l'autre en dehors de la cité, à douze ou quatorze cents mètres des remparts. L'existence de cette seconde basilique, qui aurait porté le vocable de son fondateur même, ne repose sur aucune base sérieuse. MM. Bourassé et Chevalier ont prétendu en fixer l'emplacement sur le terrain occupé de nos jours par la rue Saint-Lidoire, sous prétexte qu'il exista là, jusqu'en 1357, une chapelle du même nom[4] ; mais cette chapelle, d'après Mabille, ne remonte pas au delà du xie ou du xiie siècle, et, d'ailleurs, une basilique des plus anciennes et des plus vénérables n'eût guère pu devenir un simple oratoire, à une époque où toutes les églises tendaient, au contraire, à s'agrandir et à s'enrichir. Mabille, reconnaissant l'invraisemblance de cette version, a pensé que l'église de

---

[1] Grég., *Glor. Conf.*, 4. = [2] Grég., *Hist.*, X, 31. = [3] *Hic ædificavit ecclesiam primam infra urbem Turonicam, cum jam multi christiani essent, primaque ab eo ex domo cujusdam senatoris basilica facta est.* (*Ibid.*) = [4] *Recherches hist. et archéol. sur les églises romanes en Touraine*, p. 8, 9, 27, etc.

Saint-Lidoire était le monastère de Saint-Médard, lequel aurait pris cette dernière dénomination avant le ixe siècle. Il a allégué une bulle d'Adrien II, datée de 874, constatant que les corps de saint Gatien et de saint Lidoire reposaient alors à Saint-Médard, qui venait d'être dévasté par les Normands[1]. Mais ces corps avaient pu être transférés là momentanément, comme l'ont conjecturé les deux auteurs ci-dessus ; le trouble apporté par les invasions, une simple réparation de la cathédrale, justifieraient suffisamment un déplacement de ce genre, et les annales du temps nous en offrent beaucoup d'exemples. Quelle apparence, en outre, que le nom d'un saint local, et d'un des premiers pontifes de la ville, se soit effacé devant celui d'un évêque de Noyon n'ayant rien de commun avec la Touraine? Et pourquoi Lidoire aurait-il été créer une basilique aussi loin de la cité, lorsque celle-ci en possédait à peine une dans son enceinte, lorsque le nombre des fidèles était encore si restreint dans la campagne? On objecte un autre passage de Grégoire, où, énumérant certains offices institués par saint Perpétue dans l'Église de Tours, il écrit que « la vigile de la fête de saint Lidoire se célèbre dans la basilique de ce saint[2] ». Le chroniqueur veut simplement indiquer ici que la mémoire d'un pontife se fête tout naturellement dans la basilique élevée par lui, portant communément son nom ; et l'on disait dans l'usage, en parlant de la cathédrale, « l'église de saint Lidoire, » pour dire « l'église fondée par saint Lidoire », sans qu'il faille en conclure nécessairement qu'elle lui lui fût dédiée ; car elle devait être, au temps de Grégoire, sous l'invocation de saint Maurice. Voilà pourquoi l'historien ne se sert pas, en cet endroit, du terme d'*ecclesia* ou de cathédrale. Si l'on veut alléguer qu'autrefois, à l'époque gallo-romaine ou mérovingienne, les mots *ecclesia* et *basilica* avaient une signification différente, que Grégoire n'a pu les employer l'un pour l'autre, comme l'ont cru Mabille et M. Quicherat lui-même, je répondrai que cette distinction est loin d'être toujours observée. Les écrits de Sulpice Sévère en fournissent la preuve ; ceux de l'évêque

---

[1] *Notice sur les divisions territoriales de la Touraine*, p. 113. = [2] *Hist.*, X, 31.

de Tours également, M. Longnon l'a déjà remarqué ; et nous avons, de plus, des diplômes du VII° siècle, où l'église cathédrale de Paris est formellement appelée *basilica*[1]. Si l'auteur de la *Géographie de la Gaule au* VI° *siècle* a cru pouvoir approuver dans son livre les sentiments de MM. Bourassé et Chevalier, il est bon de dire qu'il est revenu depuis à un avis plus conforme à ses propres conclusions. Il est donc à peu près certain que Lidoire n'avait fondé qu'une seule église, située dans la cité, et désignée primitivement par son nom ou par celui de saint Maurice, plus tard par le nom de saint Gatien. C'est dans cette antique cathédrale, où reposait déjà un des évêques de Tours, que Martin transporta le corps de son vénérable prédécesseur, et c'était là, maintenant que les chrétiens dominaient, la véritable place de ces précieuses reliques, plutôt que dans un obscur sanctuaire de la banlieue[2].

Nous trouvons dans l'histoire de l'illustre pontife un trait qui présente une grande analogie avec sa visite au tombeau de saint Gatien. Il invoqua de même une pieuse vierge, appelée Vitaline, ensevelie depuis peu au bourg d'Artonne, en Auvergne ; et celle-ci, d'après le récit recueilli de la bouche des « anciens du pays » par Grégoire en personne, répondit à la question qu'il lui adressait sur son état dans l'autre monde, en disant qu'une faute très légère l'avait empêchée de jouir immédiatement de la présence du Seigneur[3]. Mais je passe sur cet incident, qui nous transporterait prématurément hors de son diocèse. Je le rappelle seulement pour montrer avec quel empressement il recherchait partout le souvenir des âmes bienheureuses qui l'avaient précédé sur la terre, et aussi combien étaient vivantes, dès cette époque, et la coutume de prier les serviteurs de Dieu décédés, et la croyance au purgatoire. D'autres faits, du reste, vont nous

---

[1] V. Jules Tardif, *Monum. histor.*, n° 40. Longnon, *op. cit.*, p. 248, note. Quicherat, *Restit. de la basilique Saint-Martin de Tours*. Mabille, *loc. cit.* = [2] L'opinion soutenue ici au sujet de l'église dans laquelle saint Martin transféra le corps de saint Gatien est confirmée d'une manière formelle par un ancien bréviaire de Tours, où se trouve cette leçon : *Post multa vero annorum curricula, ejus venerabile corpus à beato Martino... de loco in quo diu latuerat, divinâ eidem revelante clemenciâ,* AD MATREM ECCLESIAM... *translatum est.* (V. le Catal. imprimé des mss. de la biblioth. de Tours, p. 65.) = [3] *Glor. Conf.*, 5.

édifier sur le zèle qu'il apportait à propager le culte des saints, et particulièrement de ceux qui étaient encore peu connus autour de lui.

En 386, saint Ambroise découvrit à Milan les corps de deux martyrs ignorés, devenus depuis fort célèbres, et qui souffrirent sans doute sous Néron : les saint Gervais et Protais. Il en fit la translation solennelle, et distribua en différents pays des fragments de leur dépouille, ou plutôt des linges trempés dans leur sang. Les églises de Gaule et d'Italie en reçurent ; l'évêque de Tours, en particulier, fut assez heureux pour en obtenir une bonne part. Les apporta-t-il de Milan, comme on l'a dit quelquefois, ou lui furent-ils envoyés par Ambroise, qui le connaissait ? La chose peut sembler incertaine, lorsqu'on lit la phrase où Grégoire mentionne le fait d'après une lettre de saint Paulin, malheureusement perdue [1]. Toutefois, comme Martin n'alla pas en Italie après 386, ainsi que nous le verrons, la dernière version est plus probable, et elle s'accorde mieux aussi avec un autre passage du même historien, où, aussitôt après avoir dit que ces reliques furent apportées en Gaule, il ajoute que son prédécesseur en reçut des parcelles notables [2]. Quoi qu'il en soit, le pontife fit immédiatement participer à son trésor différentes églises de sa province et du dehors. Il en laissa une partie à Tours, où son second successeur, Eustoche, construisit, pour recevoir ce précieux dépôt, un sanctuaire spécial contre le mur d'enceinte de la cité, sanctuaire agrandi ou du moins exhaussé un peu plus tard par l'évêque Ommatius [3]. Il en donna une autre portion à Victor, évêque du Mans, ou à Victorius, son fils et successeur, en lui recommandant de l'exposer à la vénération des fidèles dans sa cathédrale, et de répandre autant que possible le culte des deux martyrs [4]. Enfin il en remit très probablement à une nouvelle église de Vienne (en Dauphiné), où il se trouvait un peu avant 389, église qui fut consacrée vers cette époque

---

[1] *Reliquias sanctorum Gervasii et Protasii..., quæ sancto Martino de Italia sunt delatæ.* (*Hist.*, X, 31.) Plusieurs manuscrits portent : *a sancto Martino.* = [2] *Multa suscepit.* (*Glor. martyr.*, 37.) = [3] Grég., *Hist.*, X, 31. = [4] *Acta SS. junii*, III, 835.

aux saints Gervais et Protais, et qui devint le noyau d'un monastère, brûlé au viiie siècle par les Sarrasins ; à moins qu'au contraire il n'ait pris les reliques en question à Vienne, où elles auraient été envoyées d'Italie à l'occasion de l'érection de cette église [1].

La propagation par l'évêque de Tours de la dévotion à saint Maurice et à ses compagnons, les célèbres martyrs de la légion thébéenne, nous est révélée par une légende plus curieuse, mais aussi plus incertaine. Une lettre des chanoines de Saint-Martin, adressée vers 1168 à l'archevêque de Cologne, une relation inédite, composée vers le même temps par Guibert de Gembloux, et le Bréviaire de l'Église de Tours racontent les faits suivants. Le pontife revenait de Rome, lorsque, après avoir passé les Alpes, il s'arrêta au monastère d'Agaune (Saint-Maurice-en-Valais), fondé depuis peu. N'ayant pu obtenir dans ce couvent des reliques des saints martyrs immolés près de là (au lieu dit Vérolliez, suivant la tradition), il alla prier sur le champ du supplice ; l'herbe lui apparut toute couverte d'une rosée rouge, et aussitôt il remplit plusieurs fioles, apportées par un ange, de ce sang miraculeusement rendu en sa faveur par le sol qui l'avait bu. Une de ces fioles aurait été ensuite déposée par lui dans la cathédrale de Tours, une autre dans celle d'Angers, une autre dans l'église de Candes, érigée par ses soins [2]. Il en aurait même laissé une quatrième à Saint-Maurice, où on l'aurait conservée durant de longs siècles, avec un couteau dont il se serait servi pour couper quelques brins de l'herbe merveilleuse. Il y avait là sans doute, comme presque toujours, un mélange de vérité et d'amplification. Ainsi que le reconnaît la sage critique des Bollandistes, un tel assemblage de prodiges ne peut guère être admis s'il n'est appuyé sur des témoignages considérables. Or, ni Sulpice Sévère, ni Grégoire, ni Fortunat ne disent un mot de ces faits ; on n'en trouve la trace écrite que beaucoup plus tard. Les chanoines de Saint-Martin, auxquels l'archevêque de Cologne deman-

---

[1] V. Allmer et de Terrebasse, *Inscriptions de Vienne en Dauphiné*, I, 16 et suiv.
[2] V. Bibl. de Tours, ms. 1281, f° 13. Bibl. de Bruxelles, mss. 5387, 8940. *Acta SS. sept.*, VI, 384 et suiv., etc.

dait des renseignements précis sur ce point, ne citent eux-mêmes, dans leur réponse, aucun document, aucune source authentique ; et c'est leur lettre seule qui a probablement servi de base aux rédacteurs du Bréviaire. Le couteau de l'évêque, disparu d'ailleurs dans un incendie de l'église Saint-Maurice avant 1659, ne saurait faire autorité. Quant à la fiole conservée longtemps avec lui, peut-on la reconnaître dans le magnifique vase en sardonyx dit « vase de saint Martin » que l'on admire encore dans le trésor de la même abbaye ? Assurément, c'est là un des monuments les plus précieux : les camées, les pierreries, les figures païennes qui le décorent attestent sa haute antiquité ; ce serait même un objet unique au monde, de l'avis de M. Aubert, si une anse n'avait été brisée [1]. Mais son caractère même ne dément-il pas la légende qui en attribue le présent à un ange ? Et n'est-il pas absolument différent, par sa forme et sa substance, des *fioles* mentionnées dans le récit des chanoines ? Il peut être effectivement un souvenir de saint Martin ; il peut avoir été donné par lui aux moines d'Agaune : mais c'est tout ce qu'il est permis d'avancer. On montre à Candes un vase de verre, retrouvé dans un ancien autel, qui se rapporte beaucoup mieux par son aspect et par son contenu aux indications de la légende. C'est une ampoule à panse large, à goulot évasé, comme l'art gallo-romain nous en a légué un assez grand nombre ; il renferme un résidu de matières qui, soumis à une analyse chimique, en 1873, par une commission instituée à cet effet, a été reconnu pour du sang décomposé [2]. Cette fiole est vraisemblablement celle qui fut rapportée par saint Martin, et ce sang doit être celui de saint Maurice, comme l'a déclaré, après enquête, une lettre de Mgr l'archevêque de Tours, en date du 31 juillet 1875 [3]. Quant aux vases déposés à Tours et à Angers, ils ne se retrouvent malheureusement plus : ils ont sans doute été enveloppés dans le pillage général des églises de la contrée par les huguenots du xvi° siècle ; mais

---

[1] *Trésor de Saint-Maurice*, p. 151 et suiv. Cf. Rahn, *Hist. des monuments d'art en Suisse*, p. 72 et 750. = [2] *Procès-verbal déposé aux archives de l'archevêché de Tours. Hist. de Marmoutier*, par Martène, 53 (note de M. l'abbé Chevalier). = [3] Communication de M. le curé de Candes.

il est à présumer qu'ils devaient être pareils à celui de Candes. D'ailleurs, le culte traditionnel voué par ces deux villes au chef de la légion thébéenne, le nom de Saint-Maurice donné originairement à la cathédrale de la première [1], confirment, en ce qui les concerne, le fond de la légende. Mieux encore, nous avons vu sur les reliques des martyrs d'Agaune conservées jadis à Tours le témoignage formel de Grégoire. « Comme je l'ai appris de clercs très âgés, dit-il, ces reliques avaient été placées d'abord dans l'église métropolitaine. Je les retrouvai dans le trésor de la basilique de Saint-Martin, où elles avaient été transportées par respect ; mais elles étaient tombées en putréfaction (ce qui indique assez bien leur nature, et ce qui eut également lieu à Candes)... Dans mon admiration pour ce présent de la bonté céleste, je rendis à Dieu des actions de grâces, je célébrai des vigiles et des messes, et je replaçai ces précieux souvenirs dans la cathédrale [2].

Il serait donc aussi difficile de nier que les reliques de saint Maurice et de ses compagnons aient été apportées en Touraine par saint Martin, que d'affirmer la véracité des détails merveilleux racontés par les chanoines du xiie siècle. Nous devons conclure, comme l'a fait Gervaise [3], que la légende recueillie par eux a son point de départ dans un fait positif, mais entouré par la voix populaire de circonstances fabuleuses. En d'autres termes, le saint évêque dut recevoir au monastère d'Agaune une certaine quantité du sang des martyrs thébéens, gardé précieusement depuis leur glorieux supplice, et distribuer ensuite ce présent à différentes églises, comme il le fit pour les souvenirs de la passion des saints Gervais et Protais. Maintenant, ce voyage à Rome, dans le cours duquel il s'arrêta en Valais, l'accomplit-il étant évêque, comme le veulent cette même légende et d'autres récits de même espèce ? Rien, dans le texte de ses historiens primitifs,

---

[1] Par saint Martin même, selon M. l'abbé Dupuy, qui ajoute que le pontife agrandit cette église. = [2] *Hist.*, X, 31. Chifflet a voulu, je ne sais pourquoi, identifier la fiole de sang de Saint-Maurice conservée autrefois à Tours avec la fameuse ampoule de Marmoutier. Celle-ci ne contenait que de l'huile, comme le font observer, en le réfutant, les Bollandistes. (*Acta SS., loc. cit.*) = [3] *Op. cit.*, p. 219 et suiv.

ne nous autorise à le croire. M. Aubert place sa visite à Saint-Maurice sous le pontificat de Théodore, évêque d'Octodorum, mort en 391, mais ne cite aucune preuve à l'appui[1] : c'est évidemment là une simple induction, basée sur la tradition même qu'il s'agit d'éclaircir. M. l'abbé Dupuy, qui « ne voit pas pourquoi le récit de ce voyage a paru fabuleux à quelques critiques [2] », n'allègue que la lettre du chapitre à l'archevêque de Cologne et la légende de saint Mesme de Chinon. M. Damourette, qui mêle ce fait aux excursions beaucoup plus réelles de saint Martin en Berry, se fonde sur Péan Gâtineau, le poète du xiii° siècle [3]. Il n'y a dans tout cela aucune autorité suffisante pour nous convaincre, et je me rangerai ici à l'opinion du savant abbé Chevalier, qui regarde comme une fable imaginée tardivement ce prétendu voyage à Rome effectué par le bienheureux pontife durant son épiscopat. Il faut croire que sa station à Agaune eut lieu, soit lors de son pèlerinage avec saint Maximin, soit lorsqu'il se rendit de Poitiers en Pannonie, soit enfin lorsqu'il revint d'Italie auprès de saint Hilaire, et plutôt dans cette dernière occasion ; car l'abbaye de Saint-Maurice fut seulement fondée, d'après M. Aubert, vers l'an 360. On se souvient, en effet, qu'en franchissant les Alpes il avait dû passer par le Valais et le mont Saint-Bernard.

Il importe à présent de faire voir que, si Martin répandait avec amour le culte des saints et la vénération de leurs reliques, il se gardait non moins soigneusement de favoriser la superstition et savait au besoin la démasquer. Le signalement de l'erreur ou de la supercherie est la contre-partie naturelle de la propagation des dévotions légitimes ; l'Église l'a toujours compris ainsi, et n'a jamais failli à ce double devoir. Esprit critique autant que religieux, le saint pontife faisait la guerre aux légendes suspectes en même temps qu'aux mythes païens. Aux environs de Marmoutier (au lieu où se voit encore la petite chapelle de Saint-Barthélemy, d'après la tradition [4]) s'élevait un autel érigé, croyait-on, sur la tombe d'un mar-

---

[1] Aubert, *op. cit.*, p. 15. = [2] *Vie de S. Martin*, p. 159. = [3] *Congrès archéol. de Châteauroux*, tenu en 1873, p. 417. = [4] *Hist. de Marmoutier*, I, 53.

tyr par les précédents évêques de Tours. N'ajoutant pas facilement foi aux histoires incertaines (c'est Sulpice qui nous fournit en propres termes ce trait de caractère de son héros), il demandait souvent aux vieillards, aux prêtres, à tous les clercs des renseignements sur ce prétendu martyr. Il n'obtenait pas de réponse satisfaisante, et cette incertitude le jetait dans des scrupules qui troublaient la paix de sa conscience délicate. Il s'abstint pendant un certain temps d'approcher de ce lieu, échappant ainsi au double danger de paraître irrévérencieux envers un saint honoré de toute la contrée, ou de faire courber son autorité épiscopale devant une superstition populaire. Mais à la fin il résolut d'en avoir le cœur net, et de demander à Dieu même ce que les hommes ne pouvaient lui apprendre. Prenant avec lui quelques-uns de ses religieux, il se dirigea vers le tombeau, et là, se tenant debout, il pria le Seigneur de lui faire savoir d'une manière quelconque quel était le personnage enseveli sous cette pierre, ou au moins quel était son mérite. Il aperçut alors, assure l'historien, une ombre dégoûtante, souillée de sang, qui, sur son injonction, lui déclara qu'elle était tout simplement un brigand mis à mort pour ses crimes, vénéré de la foule par une erreur grossière. Les assistants entendaient la voix, mais ne voyaient point le spectre. A la suite de cette scène, Martin fit enlever l'autel érigé sur cette sépulture. Ainsi fut abolie chez son peuple une croyance absurde [1].

Il est assez curieux de retrouver un trait absolument semblable dans la vie d'un disciple de saint Dominique vivant au temps de saint Louis. Étienne de Bourbon, qui, dans ses tournées d'inquisiteur, pourchassait la superstition aussi bien que les fausses doctrines, détruisit de la même manière dans le pays de Dombes le culte d'un saint Guinefort, lequel n'était, en réalité, qu'un chien mort victime de sa fidélité à ses maîtres et jeté ensuite dans un puits, devenu peu à peu le but d'un pèlerinage spécial pour les mères ayant des enfants malades. Ce qu'il y a de plus singulier, c'est qu'au-

[1] *Vita S. Mart.*, 11.

jourd'hui encore on invoque saint Guinefort ou Généfort pour la santé des enfants dans plusieurs localités très éloignées les unes des autres, comme à Romans en Dauphiné et à Lamballe en Bretagne. Des légendes analogues à celles que découvrit le frère prêcheur du XIIIᵉ siècle se retrouvent dans le pays de Galles et jusque dans le livre indien de *Sindibâd,* d'où est issu le roman des *Sept Sages*[1]. Quoi qu'il en soit de l'origine de ces dévotions populaires, l'exemple de Martin eut une influence des plus heureuses, qui se fit sentir jusqu'en Afrique. Le concile de Carthage ordonna, bientôt après, que tous les autels élevés dans les champs ou le long des routes fussent renversés par l'évêque diocésain s'ils ne contenaient des reliques authentiques, et défendit sévèrement d'admettre le culte d'aucun martyr en des lieux où son souvenir n'aurait pas été conservé par une tradition très fidèle ; dispositions renouvelées par des canons postérieurs et par une lettre du pape saint Grégoire le Grand[2]. J'ai déjà eu l'occasion d'observer qu'à l'époque où fut tenu ce concile africain, la Vie de saint Martin par Sulpice Sévère venait précisément d'être apportée à Carthage : Posthumien, en y arrivant l'année d'après, la trouva dans toutes les mains. Il est donc très probable que, sur ce point encore, l'exemple de notre grand pontife imprima une direction salutaire aux tendances de l'Église universelle.

Avant de suivre l'évêque de Tours loin de son diocèse, il nous reste à éclaircir une question importante et jusqu'à présent assez controversée. Son autorité s'étendit-elle sur les évêchés voisins ? Exerça-t-il les droits de métropolitain reconnus à ses successeurs, et fut-il, en un mot, ce qu'on appelle en France, depuis la fin du VIᵉ siècle environ, un archevêque ? J'ai dit plus haut qu'au moment de son élection, la capitale des Turones n'était encore qu'une simple *civitas,* faisant partie de la seconde Lyonnaise, dont la métropole était Rouen. Or on sait que les circonscriptions

---

[1] V. *Anecdotes historiques tirées du recueil d'Étienne de Bourbon,* p. 325. Guigne, *Topogr. hist. de l'Ain.* G. Paris, préface des deux rédactions en prose du *Roman des Sept Sages,* etc. = [2] Conc. de Carthage, can. 83. S. Grég., *Ep.,* XI, 40.

ecclésiastiques furent calquées fidèlement, dans le principe, sur celles de l'administration civile, que chaque chef-lieu de province romaine eut un évêque métropolitain, et chaque cité dépendant de cette province un évêque diocésain. Donc, évidemment, Tours n'était qu'un simple évêché à l'avènement de saint Martin. Mais en fut-il de même jusqu'à la fin de son pontificat? Une division nouvelle du territoire des Gaules fut certainement faite vers cette époque, et dans ce partage, qui nous est connu par la Notice officielle des provinces de l'empire, la deuxième Lyonnaise fut démembrée : une portion considérable de cette région, à savoir : la Touraine, le Maine, l'Anjou, la Bretagne, forma une province distincte, qui s'appela la troisième Lyonnaise et qui eut Tours pour capitale. Cette ville se trouva donc érigée en métropole civile, et, par une conséquence nécessaire, immédiate ou à peu près, en métropole ecclésiastique. A quel moment au juste s'opéra cette transformation? Faut-il la retarder jusqu'en 511, comme le fait le docteur Reikens, ou même seulement jusqu'en 394, comme le fait M. l'abbé Dupuy sur la foi de Maan[1]? Cela est fort douteux. Les auteurs de la *Gallia christiana* sont beaucoup plus dans le vrai en la rapportant au règne de Valentinien 1er ou au moins à celui de Gratien, qui mourut en 383[2] : c'est l'opinion la plus accréditée aujourd'hui, et je crois inutile d'en entreprendre ici la justification. Que le titre de métropolitain n'apparaisse attribué à l'évêque de Tours qu'à partir du pontificat d'Euphrone, au vi^e siècle, et que M. Hauréau ne le donne pas auparavant aux successeurs de saint Martin, il n'en est pas moins certain qu'ils remplirent la fonction et jouirent de la prérogative beaucoup plus tôt : le continuateur des frères de Sainte-Marthe le reconnaît[3]. Il faut aller plus loin, et dire que saint Martin lui-même exerça, durant une partie de son épiscopat, les droits attachés aux métropoles. Ce n'est point, comme on l'a cru quelquefois, en qualité de premier suffragant de la province ou de représentant

---

[1] Reinkens, *Vie de S. Martin*, liv. II, ch. III. Dupuy, *op. cit.*, p. 215. = [2] *Gall. christ.*, XI, 1. Cf. D. Bouquet I 122, note. = [3] *Gall. christ.*, XIV, 22.

de l'archevêque de Rouen (dont aucun fait contemporain n'indique, d'ailleurs, la suprématie effective sur le diocèse de Tours), c'est comme archevêque de cette dernière ville qu'il sacra saint Maurille d'Angers et saint Victor du Mans. Les circonstances de ces deux consécrations méritent d'être rapportées. D'après deux biographies, composées l'une par Grégoire de Tours, l'autre par saint Magnobode en 620, les Angevins, ayant perdu leur pontife, se trouvèrent en désaccord pour le choix de son successeur. Martin se transporta dans leur cité, et, tant à cause de sa sainteté renommée qu'en vertu du privilège que lui conférait son siège métropolitain, dit le second de ces biographes, leur désigna le candidat à élire : c'était Maurille, son disciple, chargé déjà de la paroisse de Chalonnes. Il leur tint, pour les persuader, un petit discours, qui, sortant d'une bouche comme la sienne, produisit un grand effet ; on envoya aussitôt chercher le prêtre dont il avait fait l'éloge, et la légende ajoute qu'une colombe descendit sur sa tête au moment où il arrivait dans l'église. Les acclamations d'usage furent prononcées, et le vénéré pontife étendit la main sur l'élu pour le bénir [1].

Au Mans, il procéda de la même façon. Il s'était rendu dans cette ville pour assister aux derniers moments de l'évêque Liboire, qu'il affectionnait particulièrement. Après l'avoir enseveli, il fit une courte harangue aux fidèles assemblés : « Il ne faut pas, dit-il, que je m'en retourne en laissant votre Église désorganisée (parole qui marque bien sa suprématie) ; cherchons un nouveau titulaire, qui, élu par vous, puisse la gouverner avec une vertu éclatante. » Et tous de répondre : « Ce que vous voudrez faire sera fait, car le Seigneur est avec vous. » Alors il leur présenta un homme qu'il avait rencontré aux environs travaillant dans les vignes, et qu'il avait amené secrètement jusqu'à la ville. Cet homme, nommé Victor, était un disciple de Liboire ; il avait même reçu de sa main, paraît-il, l'ordre du sous-diaconat. Martin,

---

[1] Grég., *Vita S. Maurilii*, 13. *Acta SS. sept.*, IV, 73. Sur les difficultés présentées par la vie de S. Maurille, cf. la note explicative jointe à l'édition de Fortunat, dans Migne, t. LXXXVIII, col. 576.

en conversant avec lui, avait deviné la sainteté de son âme et s'était dit à l'avance : J'ai trouvé un évêque. « Voilà, fit-il en le montrant au peuple, celui que le Seigneur vous destine. — Comment cela se peut-il ? s'écria Victor tout surpris. Je suis marié et père de famille. » Il disait vrai ; en effet, l'obligation du célibat ne fut rigoureusement étendue aux sous-diacres qu'un peu plus tard, par le pape saint Léon le Grand [1]. On fait venir son épouse ; Martin (détail remarquable) demande à cette femme si elle consent à ce que son mari devienne évêque. « Mes yeux ne sont pas dignes, répond-elle en tremblant, de contempler les merveilles divines. Qu'il soit pour moi un frère, et je serai pour lui une sœur. » Alors le pontife adresse aux électeurs une seconde allocution pour leur recommander de chérir leur nouveau pasteur. Ils protestent de leur attachement; le candidat est acclamé, béni, consacré. Sa femme se retire du monde ; son fils est baptisé par Martin, qui lui donne le nom de Victorius, en souvenir de celui du père, et l'emmène ensuite à Tours pour en faire son disciple, en attendant que cet enfant succède lui-même à Victor [2]. La mort de Liboire est placée par les uns vers 394, par les autres un peu avant 389 [3]. Dans les deux cas, elle est postérieure à la fin du règne de Gratien : par conséquent, l'évêque de Tours pouvait alors agir légalement comme métropolitain.

Sa suprématie sur les diocèses de Bretagne n'apparaît pas aussi clairement que sur l'Anjou et le Maine : elle fut reconnue au v⁰ siècle, ainsi que l'a prouvé, contre Augustin Thierry, le savant Gorini ; un concile la consacra en 567, et elle fut depuis, comme l'on sait, l'objet d'une longue querelle [4]. Mais, au temps de saint Martin, si elle existait en droit, elle ne semble pas, du moins, avoir été exercée de fait ; car les légendes qui lui font consacrer de ses mains et Corentin de Quimper, et Arisius de Nantes, et Rictisme de

---

[1] S. Léon, *Ep.* 84. = [2] Anciens actes de S. Victor du Mans, dans les *Acta SS. aug.*, V. 146 et suiv. D. Piolin, *Hist. de l'Église du Mans*, 1, 75. Ce récit est confirmé par la vie de S. Victorius, par Bède, Raban, etc. Aucun argument sérieux n'a été produit contre son autorité, au dire des Bollandistes. = [3] *Acta SS. jul.*, V, 396, aug., V, 144. = [4] *Défense de l'Église*, II, 200. Gall. christ., XIV, 2, 3.

Rennes, ne sont guère dignes de confiance. Il suffit toutefois, pour la solution de la question qui nous occupe, que son autorité se soit affirmée dans une portion de la province ecclésiastique de Tours. On ne peut nier, après cela, qu'il ait réellement possédé la qualité de métropolitain, non pas seulement dans les deux ou trois dernières années de sa vie, mais durant une bonne partie de son épiscopat; du reste, les traditions et les monuments figurés sont d'accord pour la lui attribuer. Je serais même tenté de croire que son mérite personnel et sa haute influence à la cour impériale ne furent pas tout à fait étrangers à la mesure administrative qui, par une dérogation presque unique à la règle générale, érigea en chef-lieu de province une simple *civitas*. Cette induction paraîtra moins téméraire si l'on réfléchit aux relations du saint avec l'empereur Valentinien, relations auxquelles j'arriverai tout à l'heure, et surtout à la fidélité, à la reconnaissance qu'il gardait à la mémoire de Gratien sous l'usurpateur Maxime. Les maîtres de la Gaule durent certainement apprendre de lui à estimer et à favoriser les Turones. Il les patronna, il défendit leurs intérêts, il fit parler d'eux de tous les côtés. Il nous est donc permis de penser que l'éclat de sa majestueuse figure rejaillit assez sur sa ville épiscopale pour en accroître subitement l'importance et la renommée.

CHAPITRE V

RAPPORTS DE SAINT MARTIN AVEC LES GRANDS — AFFAIRE DES PRISCILLIANISTES

ous devons maintenant sortir du cercle des affaires ecclésiastiques du diocèse de Tours pour accompagner Martin chez les princes de la terre. Jusqu'à ce moment il nous est apparu plein d'humilité et de mansuétude, parce que nous l'avons considéré principalement dans ses rapports avec les clercs, les fidèles ou les pauvres. En présence du pouvoir civil, et d'un pouvoir trop souvent oppressif, son attitude va changer : le pasteur du peuple se redressera dans toute sa dignité; le *defensor civitatis* se révélera dans sa force. Déjà nous l'avons vu repousser de la table des frères de Marmoutier le préfet des Gaules Vincent, qui le suppliait de le laisser partager leur maigre repas, mais dont la présence eût pu troubler par des pensées de vanité ou d'ambition la paix profonde de ces serviteurs de Dieu[1]. C'était peut-être pousser trop loin le scrupule; c'était, en

---

[1] Sulp., *Dial.*, I, 25. Des mandements d'Honorius et d'Arcadius sont adressés à Vincent, préfet des Gaules, dans les années 397 et suivantes. En 401, ce personnage devint consul. Le fait rapporté par Sulpice eut donc probablement lieu vers la fin de la vie de S. Martin. (V. les mss. de Salmon, à la bibl. de Tours, n° 1281, f° 100.)

tout cas, se montrer bien indifférent pour l'amitié des grands, bien peu empressé de leur plaire. Mais qu'avait-il besoin de se ménager leur faveur, celui qui rejetait comme une peste les dons généreux de Lycontius, l'ex-vicaire de l'empire? Il semblait pressentir que la richesse deviendrait un jour l'écueil de la vertu monastique, et, tant qu'il vécut, il s'efforça de maintenir dans son institut ce salutaire principe de la pauvreté absolue, dont la résurrection devait faire plus tard l'immense succès des ordres mendiants. L'offrande de l'opulent fonctionnaire, il l'employa, nous l'avons vu, au rachat des captifs. Cette belle œuvre, qu'il sembla continuer après sa mort avec une prédilection marquée, comme le proclament tant de chaînes brisées sur son tombeau, avait de son temps une importance particulière. Les malheurs de la guerre et des invasions, la dureté des traitements infligés aux prisonniers en faisaient pour le cœur maternel de l'Église un devoir pressant : elle se penchait avec amour sur les malheureuses victimes de la barbarie ou du despotisme afin de les relever et de les délivrer, comme si, dès son berceau, elle eût tenu à se déclarer l'alliée la plus naturelle de la liberté et de la dignité humaines. Les conciles permettaient au clergé d'engager les vases sacrés des églises pour racheter ces tristes bandes d'esclaves que les armées traînaient après elles comme des troupeaux. Saint Épiphane de Pavie, saint Eptade d'Autun, plus tard saint Grégoire le Grand, saint Éloi, dépensèrent pour les libérer des sommes énormes; tout le trésor de l'Église d'Arles, amassé par les prédécesseurs de saint Césaire, fut englouti par lui dans une prodigalité semblable. A l'époque de saint Martin, et même avant, les prêtres, les simples fidèles consacraient très souvent leur avoir à cette œuvre pie, qui devait dans la suite prendre assez d'extension pour former l'occupation spéciale d'un ordre célèbre. Sur une quantité d'inscriptions tumulaires retrouvées en Gaule, on lit, pour tout éloge funèbre, ces mots touchants : « Il racheta les captifs [1]. » Notre pays était déjà

---

[1] Guérard, *Cart. de N.-D. de Paris*, préface, p. XLI et suiv. Le Blant, *Note sur le rachat des captifs*, dans la Revue archéologique, an. 1864.

Saint Martin à la porte d'Avicum. (Dessin de Luc-Olivier Merson.)

la terre de la charité, et notre glorieux pontife fut un de ceux qui lui imprimèrent le plus profondément cet admirable caractère, d'où est sorti jadis, d'où sortira peut-être encore son salut. C'est ce que nous apprend surtout le récit de son entrevue avec le comte Avicien, un des traits les plus saisissants que Sulpice Sévère nous ait retracés dans sa prose magistrale, une des plus dramatiques scènes qui puissent tenter le pinceau d'un artiste.

Avicien était un de ces gouverneurs civils et militaires qui, vers la fin de l'empire, particulièrement depuis Constantin, administraient les provinces avec les attributions les plus diverses et les plus étendues. Chalmel a imaginé d'en faire le premier comte de Tours; mais il commandait certainement à bien d'autres cités[1]. La Notice des dignités de l'empire nous montre plusieurs de ses pareils réunissant sous leur autorité des portions considérables du territoire gaulois, et nous les voyons, d'autre part, s'asseoir à la table de l'empereur, admis dans ses conseils, pris dans son entourage ou dans la plus haute noblesse. C'était donc un personnage très élevé. Grande était sa puissance, plus grande encore sa cruauté. Sa seule approche répandait la terreur. Un jour, il arrive à Tours, suivi d'un long cortège d'hommes enchaînés, au visage défait, dont une partie sans doute appartenaient au troupeau dont le saint évêque a la charge. Ces malheureux sont destinés au dernier supplice. Avicien annonce à la ville consternée une exécution en masse pour le lendemain. Martin l'apprend dans la soirée; il décide aussitôt qu'un spectacle aussi abominable ne sera pas donné à son peuple. Seul, dans les ténèbres, un peu avant l'heure de minuit, quand tout le monde dort et que toutes les portes sont closes, il s'avance hardiment vers la demeure de cette bête féroce[2]; il se prosterne sur ce seuil ensanglanté, et là, du fond de son âme abreuvée de douleur, il prie. Une ombre agenouillée dans la nuit, un sanglot éclatant au milieu du silence de la nature,

---

[1] *Qui cum in omnibus locis cunctisque in urbibus ederet crudelitatis suæ infanda monumenta...* (Sulp., *Dial.* III, 8.) = [2] Une chronique postérieure place le palais d'Avicien à Amboise; mais le fait se passa bien à Tours, d'après Sulpice. (V. *Chroniques des comtes d'Anjou*, p. 11.)

tel est le tableau. Cependant Avicien s'agite sur sa couche ; un avis mystérieux, la voix d'un ange l'a réveillé en sursaut : « Le serviteur de Dieu est couché dans la poussière devant ta porte, et tu sommeilles ! » Inquiet, troublé, il appelle ses serviteurs. « Martin, s'écrie-t-il en tremblant, est là qui demande à entrer ; ouvrez-lui vite, afin de ne pas faire outrage à l'homme du Seigneur. » Mais ses gens se contentent d'aller voir à la première porte intérieure. Ils n'y trouvent personne et se mettent à rire, persuadés que leur maître est le jouet d'un songe. Ils reviennent donc lui dire qu'il se trompe : à une heure pareille, au milieu d'une obscurité profonde, est-il vraisemblable qu'un pontife vienne humblement frapper à une porte étrangère? Avicien les croit et se rendort. Bientôt sa voix retentit de nouveau : il crie plus fort, il affirme que l'évêque est là, que sa présence l'empêche de goûter aucun repos. Enfin, les esclaves ne bougeant pas, il se lève et sort lui-même jusqu'à la porte extérieure. Là il se heurte contre le saint homme, et, saisi de frayeur à la pensée d'une manifestation si évidente de la volonté divine : « Pourquoi, seigneur, me causer tant de mal ? lui dit-il doucement. Vous n'avez pas besoin de parler ; je comprends ce que vous voulez (tant on savait quels motifs pouvaient amener Martin chez les grands). Retirez-vous, je vous prie, de peur que le Ciel ne me punisse de vous avoir fait injure. J'ai déjà trop souffert ; ce n'est pas sans une raison des plus graves que je me suis décidé à venir moi-même vous ouvrir. » L'évêque, satisfait, s'éloigne. Aussitôt le comte mande ses gardes et leur commande de relâcher tous les prisonniers. Au lever du jour, il était parti, fuyant au plus vite une ville si dangereuse pour lui. Les habitants respirèrent, comme s'ils étaient débarrassés d'un fléau terrible : le *défenseur* avait fait son œuvre [1].

Avicien ne fit pas mystère de son aventure ; il la racontait à qui voulait l'entendre, et un ancien tribun, nommé Dagridus, en recueillit de sa bouche le récit, qu'il répéta, sous le sceau du serment, au prêtre Refrigerius, ami du biographe [2].

---

[1] Sulp., *Dial.* III, 4. = [2] *Ibid.*, 3. Une ancienne vie de sainte Geneviève mentionne également ce fait. (*Acta SS. jan.*, I, 142.)

Paulin de Périgueux nous décrit, de son côté, les transports de reconnaissance, les démonstrations de joie dont la population tourangelle entoura son évêque [1]. Il est facile de se représenter les scènes qui suivirent, et, en effet, cet historien poète paraît les avoir imaginées : aussi nous permettrons-nous de passer outre. Ajoutons seulement, avec Sulpice, que, toutes les fois que le terrible comte repassait par la cité de saint Martin, il s'y montrait doux et inoffensif : le monstre se faisait agneau. A partir de certain jour où le pontife lui dit qu'il venait de chasser un démon posé sur son épaule, il s'humanisa encore plus. La légende prétend même qu'il se laissa convertir par lui au christianisme ; mais rien ne prouve qu'il ne fût pas déjà chrétien, car à cette époque les païens étaient à peu près exclus des fonctions publiques, notamment des emplois militaires, et malheureusement la vertu ne s'unissait pas toujours, chez les Romains corrompus, à la qualité de disciples du Christ. Sa femme tout au moins n'était pas païenne, puisqu'elle envoyait au saint évêque de l'huile à bénir, pour l'employer ensuite, selon l'usage, à guérir des malades [2].

En face des souverains, Martin déploya un zèle et une fermeté plus admirables encore. On eût dit que sa résolution grandissait avec les obstacles. Dès le début de son épiscopat, il eut affaire à l'empereur Valentinien Ier pour lui demander quelque grâce. Ce prince, comme l'histoire nous l'apprend, s'était fixé à Trèves en 368, et ne quitta cette résidence que cinq ans plus tard, pour se rendre à Milan et de là en Pannonie, où il devait rencontrer la mort en 375. Plusieurs de ses constitutions, datées de la métropole des Gaules, attestent la continuité du séjour qu'il y fit dans cet intervalle. C'est donc en vain que certains écrivains du xe ou du xiie siècle voudraient nous faire croire que le palais de Valentinien qui reçut la visite du pontife se trouvait à Tours même. Il s'est établi d'assez bonne heure dans cette ville une tradition, d'après laquelle l'édifice en question (*aula Valentiniani*) aurait été situé sur l'emplacement de l'ancienne église Saint-Martin de la Basoche ; la chronique de Tours a reproduit

---

[1] Liv. V, v. 386 et suiv. = [2] Sulp., *Dial.* III, 3.

cette version, tantôt comme un simple bruit populaire, tantôt comme un fait[1]. Mais, quand même il y aurait eu là une résidence impériale remontant au règne de Valérien, ainsi qu'on le prétend, ce ne serait nullement une raison suffisante pour y placer la scène qui va suivre. Gervaise et l'ancien éditeur de Sulpice Sévère ne s'y sont pas trompés comme le moderne historien de saint Martin. Quant à ceux qui écrivent que l'évêque de Tours alla chercher Valentinien en Italie, leur opinion ne vaut guère la peine qu'on s'y arrête[2]. Tout en ne désignant pas la ville où il se rendit, Sulpice nous donne suffisamment à entendre qu'il ne peut s'agir que de Trèves ; car il se sert, en parlant de ce voyage, de la même expression que pour celui que Martin fit plus tard dans la métropole gauloise auprès de l'empereur Maxime[3], et il met l'événement presque aussitôt après son élection à l'épiscopat. Ainsi donc, nous devons nous transporter dans cette grande cité, où le disciple d'Athanase retrouvait les souvenirs de sa jeunesse, et en l'an 372, suivant la date la plus probable.

Valentinien eût peut-être été personnellement bien disposé à l'égard d'un des représentants les plus renommés de l'Église des Gaules ; mais il avait une femme arienne, au caractère fier et impérieux, dont il subissait, comme il arrive en pareil cas, l'ascendant dominateur. L'impératrice Justine, qui avait été l'épouse du tyran Magnence, professait pour le catholicisme et tous ses défenseurs une haine dont saint Ambroise devait un jour éprouver la violence. Si elle ne put détacher son mari de l'orthodoxie, elle sut du moins le prévenir adroitement contre Martin, un des plus redoutables adversaires de sa secte, et le détourner de lui donner audience. Injure grave pour un homme revêtu d'une si haute magistrature ! L'évêque pourtant ne s'en émut pas. Il eut recours au moyen qui lui réussissait si bien : à l'instar des vieux prophètes d'Israël qui voulaient pénétrer jusqu'à la personne des rois, il se couvrit d'un cilice, il se mit des cendres sur la tête, il jeûna, il pria le jour et la nuit, et, au bout d'une semaine,

---

[1] Salmon, *Chroniques*, p. 69, 97. — [2] V. Gervaise, p. 116. De Prato, I, 373. Dupuy, p. 56. P. Guérin, *les Petits Bollandistes*, XI, 212. — [3] *Ad comitatum ire,* aller à la cour. Cf. *Dial.* III, 11.

sur l'avis d'un ange, il se présenta audacieusement à la porte du palais. Nul garde ne lui barra le chemin : il entra sans obstacle, et parvint ainsi jusque dans l'appartement où se tenait l'empereur. Celui-ci, le voyant arriver de loin, entra en fureur et demanda qui avait osé l'introduire. Martin était debout devant lui : il ne se leva point. Tel était le respect témoigné ordinairement par les princes envers les dignitaires de l'Église, que l'historien semble scandalisé de cette manière d'agir. Il se hâte de nous dire que le feu, ayant pris instantanément dans la chambre, gagna en un clin d'œil le siège où Valentinien était assis, que force lui fut alors de le quitter et de rendre au pontife l'honneur qui lui était dû. La frayeur causée par cet accident, jointe sans doute au prestige irrésistible de l'homme de Dieu, changea subitement les dispositions du potentat. Lui qui voulait le repousser avec mépris, qui un moment auparavant l'eût volontiers chassé, le voilà qui se jette à son cou, l'embrasse, lui déclare qu'il a senti que Dieu était avec lui et que toutes ses demandes sont exaucées d'avance. Martin n'eut donc pas la peine de parler; il obtint tout ce qu'il désirait. Admis ensuite à la table de l'empereur, il devint pendant quelques jours son familier, et lui fit entendre les conseils de la sagesse. La politique ultérieure de Valentinien, la persistance qu'il mit à protéger les catholiques malgré les suggestions de sa femme, sans cependant persécuter les ariens, tout nous montre que les paroles du pontife l'impressionnèrent vivement et durent exercer sur sa conduite une puissante influence; car cette fermeté et cette tolérance réunies constituaient précisément, comme nous le reconnaîtrons tout à l'heure, l'esprit de saint Martin. A son départ, le prince voulut lui faire accepter des présents magnifiques; fidèle à ses chères habitudes de pauvreté, il refusa tout[1].

Mais c'est principalement sous le règne de Maxime que son rôle à la cour prit une importance et un caractère de grandeur extraordinaires. Ici le théâtre des exploits du héros chrétien va s'élargir encore, et nous allons voir son nom mêlé

[1] Sulp., *Dial.* II. 5.

à la plus grave des questions sociales et religieuses de son temps, à celle qui accapare dans cette période toute l'attention des annalistes sacrés. Son intervention dans l'affaire des priscillianistes, l'action salutaire et prépondérante qu'il exerça dans cette occasion, seul contre un certain nombre de prélats courtisans, marquent le point culminant de sa carrière publique. Il convient donc d'exposer les faits avec quelque détail. Je glisserai cependant sur les origines de la secte de Priscillien, dont la recherche nous entraînerait trop loin. Il me suffira de rappeler en deux mots ce que l'histoire en connaît. Les doctrines grossières des gnostiques, importées d'Égypte en Espagne, y avaient récemment engendré une hérésie nouvelle, fortement mélangée de manichéisme. Un homme distingué, mais de mœurs suspectes, lui donna son nom. Ses disciples enseignaient comme lui que l'âme humaine est de la même substance que la Divinité, et que le monde a été créé par un principe malfaisant. Ils proscrivaient de leur table la chair des animaux et condamnaient le mariage, exaltant en paroles la continence, mais, dans la pratique, tenant des assemblées nocturnes qui étaient de véritables écoles de débauche. Une première condamnation solennelle fut prononcée contre eux par le concile de Saragosse, en 381; ses canons défendirent notamment aux femmes de former des sociétés secrètes avec des hommes étrangers, aux uns et aux autres de se réunir clandestinement dans les cavernes ou les maisons particulières. A ce concile furent convoqués les prélats d'Aquitaine. La cité des Turones, bien que fort éloignée, appartenait à cette région, dont elle était le point extrême : son évêque devait prendre part à l'assemblée; et, en effet, un auteur espagnol, cité par Gervaise, et très rapproché de l'époque des événements, affirme qu'il en fut ainsi. Sulpice ne parle point du voyage de saint Martin à Saragosse, et les actes du concile ne portent pas sa souscription. Toutefois, comme le premier a passé sous silence, dans sa biographie, plus d'une circonstance importante, et comme, d'autre part, les seconds nous sont parvenus très mutilés, particulièrement en ce qui concerne les noms des évêques présents, le fait n'est nullement impossible; il est même assez vraisemblable, pour qui examine avec attention les canons promulgués, où se reflètent l'esprit et les préoccupations dominantes de notre saint pontife [1]. Il est plus certain qu'il assista au concile de Bordeaux, où furent de nouveau condamnés Priscillien et ses adeptes, en 384 ; car la chronique d'Idace, écrite au ve siècle, mentionne sa présence, et Grégoire de Tours, de son côté, nous le montre, vers la même époque, ensevelissant à Blaye son disciple saint Romain [2]. Cette seconde assemblée fut convoquée par l'initiative de l'empereur ou du « tyran » Maxime, officier romain qui venait d'être proclamé auguste par les légions de Bretagne, et de s'installer à Trèves après la mort déplorable de Gratien, ce jeune fils de Valentinien dont les vertus auraient pu arrêter la décadence de l'empire, s'il n'eût été assassiné auprès de Lyon par quelques traîtres au moment où il soutenait la lutte contre l'usurpateur. Le nouveau maître des Gaules était originaire d'Espagne ; il avait à cœur de rendre à son pays la paix religieuse, troublée par la nouvelle secte. Mais le concile réuni par lui n'aboutit, au contraire, qu'à envenimer le débat et à le déplacer complètement. Deux prélats espagnols, Ithace et Idace, s'étaient énergiquement prononcés contre les hérétiques, et, de plus, pour l'intervention de la puissance temporelle dans la répression de leurs scandaleux excès. Priscillien et les siens les poussèrent eux-mêmes dans cette voie : après avoir échoué dans leurs tentatives de justification auprès du saint-siège, ils se virent définitivement flétris par l'unanimité des Pères de Bordeaux ; alors ils récusèrent leur autorité pour en appeler à l'empereur. Leurs adversaires commirent la faiblesse d'accepter cet appel, et leurs deux accusateurs acharnés, plus remplis d'animosité que de zèle véritable, s'empressèrent de les suivre à la cour de Trèves, entraînant avec eux un groupe d'évêques auxquels ils avaient fait partager leur manière de voir ; exemple déjà fort mauvais, qui, en transportant à un tribunal civil la connaissance des causes religieuses, pouvait devenir aussi funeste à l'Église

---

[1] Sulp., *Chron.*, II, 46 et suiv. Labbe, *Concil.*, II, 1009. Gervaise, p. 171 ; etc. =
[2] *Idat. Chron.* (D. Bouquet, I, 614.) Grég., *Glor. Conf.*, 46,

qu'à l'hérésie. Mais Ithace et ses partisans ne s'en tinrent pas là : trouvant Maxime disposé à entrer dans leurs vues et croyant flatter ses sentiments personnels, ils oublièrent la sainteté de leur caractère jusqu'à réclamer et à poursuivre eux-mêmes la condamnation à mort des sectaires [1]. C'était chose inouïe dans la catholicité. Constantin et ses successeurs avaient bien porté des lois sévères contre l'hérésie; tout récemment une constitution impériale venait de déclarer passibles du dernier châtiment les abominables pratiques de certaines sectes, devenues un scandale notoire et une atteinte à la morale publique; mais ce qu'on n'avait jamais vu, c'étaient des prêtres participant à cette répression sanglante, ou plutôt l'exerçant. Un procédé si contraire à l'esprit de l'Évangile allait-il rencontrer l'approbation, le succès? Allait-il s'implanter, et verrait-on désormais les successeurs des apôtres prononcer la peine capitale au lieu et place des magistrats? Il y avait là un double empiètement : l'empereur, ne se contentant pas d'appliquer les lois civiles, mais jugeant une querelle religieuse, empiétait sur le for ecclésiastique; les évêques, employant le glaive temporel, empiétaient sur les attributions de la justice séculière. La question était donc d'une importance exceptionnelle : transformée, agrandie, elle atteignait les principes vitaux de la constitution de l'Église; sa solution était grosse de conséquences pour le présent comme pour l'avenir. En attendant, le procès des priscillianistes s'instruisait.

Les choses en étaient là, lorsque saint Martin fut appelé à Trèves, en 385 [2], par des affaires du plus haut intérêt pour lui. Et quelles étaient ces affaires si chères à son cœur, sinon toujours des prisonniers à délivrer, des exilés à rappeler, des biens à restituer [3] ? L'avènement de Maxime avait amené bien des disgrâces; les partisans de Gratien étaient partout frappés : l'évêque de Tours, affectionné lui-même à ce malheureux prince, avait une foule de réparations à demander, non pour lui, mais pour les autres. Un peu plus tard, en effet,

---

[1] Sulp., *Chron.*, II, 46 et suiv. Baronius, an. 385, nos 22 et suiv. = [2] En 384, selon Gervaise. Mais Martin, au dire de Sulpice, était septuagénaire, c'est-à-dire au moins dans sa soixante-dixième année. = [3] Sulp., *Dial.* II, 7.

Saint Martin intercédant pour les Priscillianistes. (Dessin de Joseph Blanc.)

il devait revenir à la cour plaider la cause de deux magistrats, le comte Narsès et le président Leucade, qui avaient encouru la colère du vainqueur par leur dévouement obstiné au vaincu. Lui-même était resté attaché de cœur au parti de Gratien; car nous allons l'entendre adresser à son successeur des représentations assez vives sur son usurpation. Il était donc naturel qu'il se chargeât de défendre ceux qui pensaient comme lui. Mais un motif plus grave encore le faisait sortir de sa retraite. Il n'ignorait pas ce qui s'était passé à la suite du concile de Bordeaux, ce qui se passait à Trèves. Protester par l'abstention, ne pas aller prendre part à l'iniquité qui se commettait, pouvait suffire à beaucoup de ses collègues; pour lui, ce n'était pas assez; il entendait résister, fût-il seul. Dès son arrivée, il manifesta courageusement son opinion en blâmant les menées d'Ithace, en l'adjurant de se désister de ses poursuites judiciaires et en suppliant l'empereur de ne pas y donner suite. « N'est-ce point assez, disait-il, que ces malheureux, anathématisés par l'assemblée des évêques, soient expulsés des églises? Ce serait une cruauté, ce serait une innovation criminelle, que de soumettre une cause essentiellement spirituelle à un juge séculier[1]. » Il ne prétendait pas empêcher la puissance civile d'appliquer ses décrets à elle; mais il ne voulait pas que l'on versât le sang dans une affaire où des ecclésiastiques se portaient comme accusateurs et comme juges, conjointement avec des laïques. Son insistance eut auprès de ces deux personnages un succès très différent. Ithace, d'après Sulpice Sévère, était un homme emporté, vindicatif, adonné au luxe et à la bonne chair, en un mot, tout l'opposé de saint Martin. Se trouvait-il en désaccord avec des gens vertueux, adonnés au jeûne ou à l'étude, vite il les accusait d'être les adhérents de Priscillien. Il n'épargna même pas cette injure à son vénérable adversaire. Ce fut tout ce que celui-ci put obtenir de son côté; mais les outrages glissaient sur son âme sereine comme sur une glace internissable, et une imputation si audacieuse n'avait aucune chance de trouver du crédit. Sur l'esprit de

---

[1] Sulp., *Chron.*, II, 50.

Maxime, l'impression fut tout autre. Ce prince était fier, enivré par son triomphe facile ; mais il avait l'âme droite, et, n'eût été sa façon de parvenir, sa faiblesse en face des mauvais conseils, notre historien l'aurait reconnu véritablement digne de louange. Il écouta le pontife. Le soldat couronné fut subjugué comme un simple paysan par cette éloquence primesautière et sans apprêt. Bref, il fit interrompre la procédure commencée, et, tant que Martin fut là pour lui parler le langage de la raison, tout danger fut écarté de la tête des priscillianistes [1].

Dès lors il prit sur l'empereur un ascendant qui s'affirma d'une manière éclatante, au grand déplaisir des prélats de la cour. Au milieu de ce cortège d'adulateurs qui se trouvaient avoir en pure perte sacrifié leur dignité sacerdotale et prodigué à César des flots d'encens, il représentait seul la noble indépendance des apôtres, seul le droit, seul la charité. Sans doute c'est une exagération tout à fait déraisonnable que de peindre l'épiscopat des Gaules ligué tout entier contre lui : parmi les absents, la grande majorité partageait son opinion ; leur éloignement seul le disait assez. Mais, à Trèves, nul n'osait encore élever la voix avec lui. La grandeur de cette attitude, la majesté de cet isolement, furent précisément ce qui acheva de captiver l'honnête Maxime. Ce ne fut plus l'homme de Dieu qui supplia, ce ne fut plus l'empereur qui commanda : les rôles se trouvèrent renversés. Le premier présenta toutes ses requêtes, et ses désirs furent accomplis. Le second formula une prière, et la vit repoussée. Que demandait-il pourtant? Une très légère faveur : que le pontife voulût bien s'asseoir à sa table et honorer de sa présence, pour une fois, le repas impérial. Martin refusait obstinément, et la raison qu'il donnait paraîtra peut-être singulière pour l'époque. Il ne voulait point, disait-il, partager le pain d'un homme qui avait fait périr un souverain et qui occupait injustement le trône d'un autre. Qu'un évêque se montrât clérical à la cour, c'était bien naturel ; mais qu'il fît profession d'attachement aux princes légitimes en face de l'usurpateur, et

---

[1] Sulp., *Chron.*, II, 50.

cela en pleine décadence romaine, c'était, je crois, moins ordinaire. Le tyran, n'en concevant que plus d'estime pour sa personne, entreprit de se justifier à ses yeux, ne fût-ce que pour le décider à accepter son invitation. Il lui exposa (ce qui était, du reste, assez vrai) qu'il n'avait pas saisi spontanément la pourpre, que ses soldats la lui avaient jetée sur les épaules, et qu'il avait dû soutenir son parti par les armes. C'était bien la volonté de Dieu qu'il régnât, car son succès avait été tout à fait extraordinaire. Enfin, pas un de ses adversaires n'avait été tué en dehors des champs de bataille; il était innocent de la mort de Gratien. Il y avait au moins dans ses paroles un grand accent de sincérité; car le saint, après avoir longtemps résisté, se laissa persuader par ses raisonnements ou plutôt toucher par ses instances, et finit par lui promettre d'accéder à son désir [1].

Aussitôt Maxime, enchanté, met tout son palais en mouvement. Il fait apprêter un dîner magnifique, comme pour une grande solennité. Il invite de hauts dignitaires, des *viri illustres,* Evodius, consul et préfet, magistrat austère, deux comtes de l'empire, investis d'une puissance considérable, dont l'un est le propre frère du prince et l'autre son oncle. Le jour du festin arrivé, Martin pénètre sous les portiques de marbre avec sa pauvre tunique de birre, accompagné d'un de ses clercs, un humble prêtre qui le suit partout. Ils sont introduits tous les deux dans une salle somptueuse. L'empereur prend place sur son siège; l'évêque s'assied à sa droite, mais sur un simple escabeau : pas plus dans un palais que dans sa cathédrale, il n'entend renoncer à ses pratiques d'humilité. A la gauche de Maxime, le consul; en face, de l'autre côté de la table, les deux comtes; et au milieu d'eux, le pauvre clerc. Vers la moitié du repas, un des serviteurs, suivant l'usage du temps, offre au maître une patère remplie de vin. Celui-ci, par déférence, fait signe de la présenter au pontife, pour qu'il y trempe ses lèvres et la remette ensuite au convive le plus honorable après lui : c'est encore une très vieille coutume, qui s'est perpétuée presque jusqu'à nos jours

---

[1] *Vita S. Mart.*, 20.

dans certaines contrées de l'Europe, notamment dans la Flandre. Il croit naturellement que son hôte va lui repasser à lui-même cette coupe ; il avance déjà la main. Martin, après avoir bu, jette les yeux autour de lui ; et n'apercevant aucun personnage plus digne de respect que son prêtre, il lui tend la patère avec une noble assurance. Tous les assistants sont saisis de stupeur devant une telle violation de l'étiquette. Mais le prince le premier, et ses officiers ensuite, donnent une marque d'approbation. Ils ont compris la leçon ; ils admirent cette sainte audace, et elle devient aussitôt l'objet d'un éloge unanime. Le lendemain, on répétait par toute la ville que l'évêque de Tours venait de faire au dîner de l'empereur ce qu'aucun de ses collègues n'avait jamais osé à la table du plus infime des magistrats [1].

De tels incidents, et l'impression profonde qu'ils produisaient, n'étaient pas faits pour rendre l'espoir au parti des ithaciens. Et non seulement Maxime semblait maintenant dominé par leur adversaire, qui prolongeait d'une façon inquiétante son séjour dans la métropole, mais l'impératrice professait pour sa personne une admiration, un enthousiasme encore plus prononcés, et, contrairement à la femme de Valentinien, elle travaillait à le rendre plus cher à son mari. Cette princesse était, à ce que l'on croit, la fille d'un roi indigène du pays de Galles, et s'appelait Elena. Épousée par l'officier romain dans le cours d'une expédition en Bretagne, elle l'avait suivi en Gaule, et, en montant avec lui sur le trône, elle n'y avait apporté ni les passions ni les préventions de Justine. Elle devait se laisser fasciner entièrement par l'éclat d'une sainteté aussi extraordinaire. Tandis que Martin, mandé à chaque instant par l'empereur, s'entretenait avec lui des sujets les plus élevés, des choses présentes et des futures, de la gloire des élus, de l'éternité des récompenses et des

---

[1] *Vita S. Mart.*, 20. C'est peut-être en souvenir de ce repas que le saint avait rapporté à Tours une patère couleur de saphir provenant du trésor de l'empereur Maxime, et dont Grégoire de Tours nous parle comme d'une relique précieuse. (*Virt. S. Mart.*, IV, 10.) La vie de S. Lambert, évêque d'Utrecht au viiie siècle, rapporte un trait de courage du même genre accompli par ce prélat à la table de Pépin le Grand, et rappelle à ce propos l'exemple de S. Martin. *Acta SS. sept.*, V, 597.

peines; tandis qu'il recevait ses confidences et cherchait à le détourner d'une ligne politique funeste (car, mis au courant de ses projets d'attaque contre le jeune Valentinien II, il lui prédit un commencement de succès, suivi d'une mort prompte, ce qui se réalisa de point en point), la fille des rois bretons, suspendue à ses lèvres, dévorait en silence chacune de ses paroles. Assise à terre devant lui, elle ne pouvait s'arracher à cette humble posture. On la voyait par moments si émue de ses touchantes exhortations, que, pareille à la pécheresse de l'Évangile, elle arrosait de ses larmes les pieds du saint et les essuyait de ses blonds cheveux. Le pontife, qu'aucune femme n'avait jamais approché, supportait avec peine ses assiduités : il lui était impossible de les repousser; mais c'était pour lui, on le conçoit, une véritable servitude. Il fallut qu'il cédât de nouveau lorsqu'elle le supplia d'accepter un repas intime, où elle le recevrait seule avec son mari, loin de tout importun : son rêve était de jouir en liberté de sa conversation, de le vénérer à son aise, de le servir comme une esclave. Au festin solennel succéda donc une agape d'un caractère tout privé. L'impératrice voulut mettre elle-même la table, préparer les mets de sa main, verser l'eau sur les doigts de l'homme du Seigneur, suivant l'usage de Marmoutier, approcher le vil escabeau auquel il attachait tant de prix; et, tandis qu'il mangeait, elle se tenait respectueusement à distance, debout, immobile comme la plus modeste servante, mêlant le vin et le lui offrant. Dès que l'évêque et le prince eurent pris une légère nourriture et qu'ils se furent levés, elle recueillit pieusement les miettes de pain que le premier avait laissées devant lui, préférant ces restes aux plats les plus recherchés. Heureuse femme! s'écrie Sulpice, plus admirable que la reine de Saba, qui vint des extrémités de la terre pour entendre Salomon; car elle ne se contenta pas d'écouter le sage : elle voulut s'abaisser devant lui et le servir. Elle servit comme Marthe, elle écouta comme Marie. Belle leçon pour les femmes autant que pour les clercs! Ce n'était pas une veuve, ce n'était pas une vierge dont Martin tolérait ainsi le contact : c'était une épouse joignant ses prières à celles de son mari, c'était une princesse se réduisant au rôle d'esclave pour lui faire honneur; et elle lui prêta ses services de loin, sans oser s'asseoir à table avec lui; et pareille chose n'arriva au saint qu'une seule fois dans sa vie; et il était dans sa soixante-dixième année! Comprenons donc, ajoute le narrateur, que la femme ne doit pas nous commander, ni prendre place à nos côtés. Conclusion quelque peu rigoureuse; mais Sulpice, j'aime à le croire, parle ici comme moine et pour les gens d'église : dans ce sens, il faut l'avouer, sa moralité est juste et opportune en tous les temps[1].

Cependant notre saint ne donnait pas tout son temps aux grands de la terre. Loin de là, il profitait de tous ses moments de liberté pour exercer l'apostolat et semer les bienfaits parmi le peuple de Trèves. Tantôt un père éploré venait le supplier pour sa fille malade, réduite à la dernière extrémité; il la guérissait en la bénissant avec un peu d'huile, au milieu des cris d'enthousiasme d'une foule compacte. Tantôt un pauvre esclave, saisi d'un mal mystérieux, d'une fureur démoniaque, lui était apporté : lorsque son maître était païen, il l'adjurait d'embrasser la foi de Jésus-Christ si Dieu le rendait témoin d'un miracle, et alors il délivrait le malheureux possédé par l'imposition des mains. C'est par ce moyen qu'il amena la conversion d'un personnage proconsulaire nommé Tetradius, qui lui voua depuis une affection inaltérable, et dont la maison, d'après un ancien auteur, fut transformée en église, consacrée par Martin lui-même, et donnée plus tard à des moines bénédictins[2]. Il sauva encore une autre victime du démon, qui écumait de rage, en lui introduisant les doigts dans la bouche, sans qu'il pût ou qu'il osât serrer les dents. Ce jour-là, il n'était bruit dans la cité impériale que de l'approche d'une bande de barbares : on s'attendait à une prochaine invasion, et tout le monde tremblait d'avance. Il

---

[1] Sulp., *Dial.* II, 6, 7. *Vita S. Mart.*, 20. Bien que le biographe ne précise pas l'époque de ces derniers faits, je les rattache sans hésiter au premier voyage fait par saint Martin à la cour de Maxime, parce que dans le second il resta fort peu de temps à Trèves et fut à peine admis auprès de l'empereur. Quelques auteurs en ont distingué un troisième; leur sentiment ne me paraît pas justifié par les textes. D'autres, comme Reinkens (liv. III, ch. vii), ont placé les deux repas offerts à l'évêque par Maxime et son épouse après le dénouement de l'affaire des priscillianistes : c'est une interversion encore plus invraisemblable. — [2] *Vita S. Mart.*, 16, 17. Cf. Martène, *Hist. de Marmoutier*, I, 36.

profita de l'occasion pour tirer la vérité de la bouche du possédé; celui-ci, adjuré de dire ce qui se passait, avoua que les bruits répandus étaient un artifice diabolique, nul peuple barbare ne songeant en ce moment à tenter une attaque [1]. Ainsi furent débarrassés de leurs terreurs les habitants de la métropole. Et par là grandissait chaque jour la popularité du saint étranger, en même temps que sa faveur à la cour.

Comblé partout de témoignages de déférence et de vénération, Martin pouvait croire que la cause qu'il était venu défendre était définitivement gagnée. Il partit de Trèves après un séjour de quelques mois au plus, non sans avoir fait renouveler à l'empereur la promesse formelle d'épargner la vie des priscillianistes. Mais à peine fut-il éloigné, que les ithaciens recommencèrent leurs obsessions. Maxime, on l'a vu, était un caractère faible : la voix de la justice ne parvenant plus à son oreille, les mauvais conseils reprirent facilement le dessus. Les partisans de la répression sanglante obtinrent une revanche aussi prompte que terrible. Deux prélats, Magnus et Rufus, persuadèrent au prince de remettre l'affaire aux mains d'Evodius, ce magistrat connu pour sa rigueur inflexible, qui s'était assis avec l'évêque de Tours à la table impériale. Le préfet, qui n'avait pas subi autant que son maître le charme souverain de cette vénérable figure, reprit avec ardeur l'instruction du procès. A la suite de deux interrogatoires, Priscillien fut convaincu par son propre aveu d'avoir pratiqué des maléfices, de s'être adonné à des études plus que suspectes [2], d'avoir réuni la nuit des femmes débauchées, de s'être mis habituellement nu pour prier, etc. C'en était assez, sans doute, pour tomber sous le coup de la loi civile, protectrice des mœurs. Néanmoins, comme l'hérésie formait le fond du procès, la juridiction ecclésiastique devait, en droit, connaître de l'affaire. Au lieu de cela, Evodius fit emprisonner l'hérésiarque, adressa à l'empereur un rapport circonstancié, et bientôt, comme l'avaient réclamé les dénonciateurs, un arrêt de mort fut rendu. Alors Ithace se vit d'avance compromis aux yeux de l'épiscopat (preuve que la

---

[1] *Vita S. Mart.*, 18. = [2] *Obscenis se studuisse doctrinis...* (Sulp., *Chron.*, II, 50.)

majorité était loin d'être avec lui); il trembla d'être rejeté par l'Église s'il participait à la condamnation suprême (car il fallait que la sentence fût ratifiée et rendue définitive par un second jugement), et voulut hypocritement se retirer. Un avocat du fisc, nommé Patrice, lui fut substitué comme accusateur. Mais le mal était fait : des prêtres avaient siégé dans un tribunal appelé à prononcer la peine capitale, et des magistrats laïques avaient tranché au nom de l'empereur un débat religieux. La confirmation de l'arrêt ne pouvait être douteuse. Priscillien fut immédiatement décapité avec deux de ses disciples. Plusieurs autres périrent un peu plus tard, soit par la colère du peuple, soit en vertu de condamnations subséquentes; quelques-uns, moins coupables, furent envoyés en exil. Mais l'affaire était loin d'être finie. Les corps des suppliciés, transportés en Espagne, excitèrent par leur présence le fanatisme de leurs disciples : contre toute attente, on les vit surgir en plus grand nombre et propager avec plus d'audace leurs pernicieuses doctrines [1]. L'Église se trouva donc en face d'un double péril; car tandis que le fléau de l'hérésie redoublait, l'orthodoxie allait elle-même se diviser en deux camps, l'un favorable aux ithaciens, l'autre désapprouvant énergiquement leur conduite. Tel était le résultat du mépris des conseils de saint Martin. Il s'agissait maintenant de savoir lequel de ces deux partis ferait prévaloir ses idées, tant dans la répression de la nouvelle légion de priscillianistes qui apparaissait à l'horizon que dans la pratique ultérieure de l'Église universelle.

Les antimartiniens ne perdirent pas de temps. Soit qu'ils fussent restés autour de l'empereur après l'exécution de Priscillien pour assurer leur victoire, soit qu'ils fussent revenus à Trèves en 386, à l'occasion de l'élection d'un nouveau métropolitain, ils tinrent alors dans cette ville une assemblée synodale, où ils déclarèrent d'abord, pour répondre aux accusations qui commençaient à s'élever contre Ithace, que ce prélat n'était coupable d'aucune faute. Puis, afin de mettre leurs actes d'accord avec cette déclaration, ils agirent auprès de Maxime

---

[1] Sulp., *Chron.*, II, 50. Prosper, *Chron.*

pour le décider à englober tous les priscillianistes, anciens ou nouveaux, dans une poursuite rigoureuse et à les faire mourir comme leur chef. Le faible prince, voué désormais corps et âme à leur faction, les écouta. Il décréta, sur leur conseil, que des tribuns, armés des pouvoirs les plus étendus, partiraient sans retard pour l'Espagne, qu'ils rechercheraient les hérétiques, les arrêteraient, leur enlèveraient leurs biens et la vie. C'était une véritable inquisition civile qui allait sévir sur ce malheureux pays ; la dureté, l'avidité des officiers impériaux, faisaient redouter de sa part bien d'autres abus que ceux qu'on a si légèrement reprochés à l'inquisition ecclésiastique du moyen âge. Tout un peuple allait être mis en suspicion, et une foule d'innocents se trouvaient exposés à périr avec les coupables ; car, suivant Sulpice, la couleur du visage, la forme des habits, pouvaient suffire à établir une présomption d'hérésie. La mesure fatale venait d'être signée, lorsqu'une nouvelle désastreuse pour ses instigateurs se répandit tout à coup dans la ville : Martin revenait ; Martin n'était qu'à une journée de Trèves ; le lendemain même, ce fâcheux allait faire sa réapparition à la cour. Aussitôt la panique se met dans tout le camp des ithaciens. Un homme qui a tenu le prince sous sa domination tant qu'il a été présent peut renverser d'un souffle tout leur ouvrage. Il doit certainement savoir ce qui s'est passé depuis son départ, et il en gémit ; mais, quand il apprendra la décision prise la veille par Maxime, n'est-il pas à craindre qu'il ne lui fasse encore une fois changer d'avis, qu'il ne repousse de sa communion tous les évêques du parti, et que son ascendant sur le clergé des Gaules ne les fasse condamner par l'Église ? Bel hommage rendu au caractère et à l'influence souveraine de l'homme de Dieu, que cette frayeur subite de ses adversaires !

Donc il faut aviser au plus vite. Une députation va trouver l'empereur. On arrête avec lui que des agents seront envoyés de sa part au-devant du pontife et lui intimeront la défense d'entrer dans la ville, à moins qu'il ne déclare apporter la paix aux prélats réunis. Maxime, ne voulant sans doute pas s'exposer à rougir devant lui, consent à tout. Aussitôt le plan est exécuté. A la porte de Trèves, Martin rencontre les officiers impériaux, qui s'aequittent de leur commission. « Je viens, répond-il, avec la paix de Jésus-Christ. » Parole équivoque si l'on veut, du moins en apparence ; mais, au fond, c'était si bien la vérité[1] ! Il était résolu, du reste, à pénétrer jusqu'auprès du prince, auquel il apportait des requêtes en faveur des partisans de Gratien frappés par son courroux. On le laisse donc entrer, mais à la nuit close, pour éviter, sans doute, une occasion de tumulte. Il se rend à l'église : la prière est toujours son premier souci, et plus que jamais il a besoin du secours divin dans la tempête au milieu de laquelle il s'engage. Le lendemain, il se présente au palais. Il ne cache pas ses intentions : il veut surtout empêcher le départ des tribuns munis de pouvoirs militaires pour l'Espagne ; il veut non seulement préserver de vexations arbitraires les catholiques livrés à leur merci, mais sauver de la mort les hérétiques eux-mêmes. Maxime refuse de le recevoir. Un jour, deux jours se passent : la porte lui est impitoyablement fermée. Les ithaciens sont là qui veillent ; ils font bonne garde autour du tyran. Celui-ci, d'ailleurs, entrevoit maintenant dans la répression sanglante des priscillianistes une source abondante de revenus. Son trésor est épuisé par les guerres civiles ; la descente en Italie dont il nourrit toujours le dessein exige des ressources nouvelles : comme il arrive trop souvent, l'intérêt politique se mêle à la question religieuse, et l'avidité du fisc fait pencher la balance du côté de la rigueur. Il reste donc peu d'espoir au défenseur du droit et de la dignité de l'Église[2].

Cependant Martin évite soigneusement tout contact avec les adhérents d'Ithace. Il n'en approche aucun. C'est bien

---

[1] Michelet, qui ne regardait pas à une calomnie, s'est empressé de saisir ce prétexte pour lancer contre saint Martin une accusation de mensonge, adroitement mêlée à un éloge plus perfide encore (*Hist. de France*, I, 117). Il me suffira, je pense, de renvoyer le lecteur à la réplique qui lui a été faite par l'abbé Gorini (*Défense de l'Église*, II, 177). Voici les termes dont se sert Sulpice Sévère : *Se cum pace episcoporum ibi consistentium adfore fateretur...; ille callide frustratus profitetur se cum pace Christi esse venturum.* (*Dial.*, III, 11.) Évidemment, le biographe était trop enthousiasmé de son personnage pour avoir employé ces expressions dans un sens défavorable. On peut tout au plus voir dans la réponse du saint une habile échappatoire. = [2] Sulp., *Dial.*, III, 11.

clair à présent : il les regarde comme exclus de la communion des saints, il les excommunie par la pensée. Les conséquences tant redoutées vont se produire. Alors les évêques font entendre à l'empereur d'amères récriminations : il n'eût pas fallu laisser pénétrer cet homme dans les remparts de Trèves ; ce n'est plus seulement l'avocat des priscillianistes qu'il faut voir en lui, c'est leur vengeur ; rien n'est fait, le supplice du chef de la secte n'aura plus aucune efficacité, si l'on supporte ses agissements. Qu'on le fasse donc partir, ou plutôt qu'on l'enveloppe dans le sort commun des hérétiques, car c'en est un ! Maxime s'est livré, pieds et poings liés, aux ithaciens. Pourtant il se souvient de ses entretiens intimes avec le serviteur de Dieu, de ses touchantes paroles, de sa bonté pour lui et les siens. Il revoit en esprit les scènes édifiantes dont son palais a été le témoin, lorsqu'il le traitait à sa table, quand l'impératrice le servait. Peut-être la femme de cet autre Pilate lui parle-t-elle, comme sa devancière, en faveur du juste. Après tout, se dit-il, aucun homme n'égale celui-là en vertu, en sainteté, en bonne foi. Il se résout donc à tenter de le sauver en l'amenant avec adresse à changer de sentiment, et dans ce but il le mande secrètement auprès de lui.

Que se passa-t-il dans cette audience clandestine, si différente des pompeuses réceptions d'autrefois ? Ce qui devait naturellement se passer. Le prince déploya toute l'habileté dont il était capable. Il s'excusa, il excusa Ithace. Les hérétiques avaient été condamnés par jugement public, en vertu des lois impériales plutôt qu'à la poursuite des évêques. Il n'y avait pas de raison grave pour se séparer de la communion de ces derniers ; un seul prélat, Théognite, avait osé le faire jusqu'à présent, mais apparemment poussé par des motifs de haine personnelle ; les autres n'avaient modifié en rien leur manière de voir, et même, quelques jours auparavant, un synode avait proclamé publiquement l'innocence d'Ithace. Mais ces misérables arguments se heurtèrent contre une âme d'airain. Le pontife si humble et si doux se redressa. La loyauté de sa conscience et la platitude de son adversaire lui donnaient une double supériorité. Il se retrancha dans un *non possumus* inébranlable. Maxime, furieux, rompit l'entretien et le congédia. Les tribuns reçurent aussitôt l'ordre de se mettre en route pour l'Espagne [1].

Que faire dans une aussi triste conjoncture? Faut-il laisser s'exécuter les projets sanguinaires du tyran? Faut-il ajouter une tache plus grave à la tache qui a déjà souillé une partie de l'épiscopat? Faut-il abandonner à d'illégitimes violences une multitude d'hommes, innocents ou coupables? Une telle perspective remplit Martin de douleur et de perplexité. Son cœur saigne, comme saignait celui de son divin Maître à l'aspect des crimes de l'humanité, dans la nuit de Gethsémani. Il faut qu'il subisse, lui aussi, sa passion. Mais il n'a pas la force de l'Homme-Dieu : il n'ira pas jusqu'au bout. Dans cette tempête de l'âme, dans cette lutte héroïque entre la fidélité à ses convictions et sa charité ardente, la charité finit par l'emporter; n'est-il pas, depuis sa tendre jeunesse, l'incarnation de cette admirable vertu? Il retourne, au milieu des ténèbres, au palais de l'empereur. Il lui promet (faiblesse bien pardonnable) de communiquer avec les ithaciens, pourvu que l'on renonce aux mesures sanglantes et qu'on rappelle les tribuns. Enchanté d'un revirement aussi inattendu, Maxime accorde tout, pensant bien que la joie de voir un pareil opposant se rapprocher d'eux, l'espoir d'obtenir pour leur conduite passée l'approbation ou au moins l'absolution de l'Église, décideraient facilement les évêques à abandonner, comme lui-même, la poursuite de cette malheureuse affaire. Le jour suivant, c'était l'ordination du nouvel archevêque. L'élu, nommé Félix, était un homme de grande vertu, digne, d'après Sulpice, d'être élevé au pontificat en des circonstances moins fâcheuses, et, de plus, cher à Martin [2]. Celui-ci prit donc part à la cérémonie de la consécration : il se montra au milieu de ses collègues, estimant qu'il valait mieux se joindre à eux pour un instant que de déchaîner des maux incalculables, et parut ainsi rentrer dans

---

[1] Sulp., *Dial.*, III, 12. — [2] Une tradition, recueillie par Baronius et par les Bollandistes, ajoute que Félix commit la même faiblesse que l'évêque de Tours et s'unit à lui dans sa dernière démarche auprès de Maxime (Baronius, an. 389; Acta SS. mart., III, 622); elle n'est nullement confirmée par le récit de Sulpice.

leur communion. Le sacrifice était consommé ; mais des flots de sang étaient épargnés. Toutefois, quand ils voulurent lui faire reconnaître par écrit cette espèce de capitulation de conscience, ils ne purent jamais lui arracher sa signature. Il préféra fuir la ville, et dès le lendemain, la mort dans

Un ange assiste saint Martin. — Miniature du manuscrit 1018 de la Bibliothèque de Tours (fin du xive siècle ou commencement du xve).

l'âme, il était sur la route de son diocèse. Ce fut sa voie douloureuse. A quelques lieues de Trèves, il avait à traverser une épaisse forêt : laissant en arrière ses compagnons de voyage, il profita de l'ombre et du silence de ces lieux pour s'abîmer dans ses amères réflexions. Repassant dans son esprit toutes les particularités des événements qui venaient de s'accomplir, il s'accusait et se défendait tour à tour. Cependant l'accusation prenait peu à peu le dessus : avoir fraternisé une seule heure avec des prêtres indignes, c'était à ses yeux une faute des plus graves ; et le remords, cette torture

17

inconnue à son âme, commençait à l'envahir. Ses forces défaillirent dans cette angoisse ; il tomba épuisé. A ce moment, rapporte Sulpice, un ange lui apparut et le réconforta, comme Jésus au jardin des Oliviers : « Tu t'affliges avec raison, lui dit-il ; mais tu ne pouvais en sortir autrement. Reprends tes forces, rallume ton courage, de peur d'exposer, non plus ton honneur, mais ton salut éternel [1]. »

Le lieu de cette halte est désigné par le biographe sous le nom d'Andethanna, qui rappellerait, selon quelques-uns, le passage d'un ange. On a longtemps cru reconnaître cette localité dans le bourg d'Epternach, situé à environ trois lieues de Trèves, dans le grand-duché de Luxembourg, et célèbre jadis par son abbaye. D'autres l'ont placée à Ivois (aujourd'hui Carignan, dans les Ardennes), où s'éleva de très bonne heure, comme nous le verrons, un monastère en l'honneur de notre saint confesseur. Il paraît avéré maintenant, par l'étude de l'itinéraire d'Ethicus, que c'est un village luxembourgeois appelé Anwen, placé sur l'ancienne chaussée romaine qui reliait à Reims la métropole des Gaules. Le long de cette chaussée se trouve un certain nombre d'églises dédiées à saint Martin, passant avec assez de vraisemblance pour autant de souvenirs de ses voyages à la cour de Trèves. Il est vrai que toute la contrée environnante, notamment sur les bords de la Sarre et de la Moselle, le pays Messin, les villes de Toul et de Verdun, sont remplies de traditions pareilles. Cela tient, sans doute, à ce qu'il ne passa pas toujours par le même chemin et prêcha l'Évangile dans un rayon assez étendu autour de la ligne directe qu'il avait à suivre [2].

Après avoir reçu cette consolation céleste, Martin, ranimé, continua sa route. Mais depuis il évita soigneusement tout contact avec les ithaciens ; et quand il s'apercevait que la vertu curative dont la bonté divine l'avait gratifié agissait

---

[1] Sulp., *Dial.*, III, 13. = [2] Communications de MM. Engling, de Luxembourg, et Godefroid Kurth, de Liège. Cf. Migne, t. LXXXVIII, col. 416 (note de l'éditeur de Fortunat); Marlot, *Hist. de la ville de Reims*, I, 558; de Montagnac, *les Ardennes illustrées*, I, 47; Wiltheim, *Luciliburgum Romanum*, etc. Une légende locale précise encore mieux le théâtre de l'apparition de l'ange en la plaçant à la montée de Heiligenstein, près d'Anwen, où une croix de pierre a été élevée en mémoire du fait,

sur les malades plus lentement qu'autrefois, il avouait avec larmes que c'était une punition du moment de faiblesse qu'il avait eu à Trèves. Il se condamna même, pour le reste de ses jours, à ne plus paraître aux réunions épiscopales. Un synode s'étant assemblé à Nîmes en 394, il eut envie de savoir ce qui s'y passait : il ne voulut point aller s'en enquérir lui-même, et il ne l'apprit que par une nouvelle révélation, dont son fidèle historien et plusieurs autres de ses disciples, témoins du fait, contrôlèrent ensuite l'exactitude avec un soin minutieux [1]. Au reste, Sulpice semble avoir tenu de première main tous les détails relatifs à ses voyages auprès de l'empereur Maxime et à l'affaire des priscillianistes. Son récit très circonstancié nous l'indique. Les demi-confidences du pontife, les rapports plus précis de ses compagnons de route, qui devaient être, comme d'habitude, des moines de Marmoutier, et que l'historien vit certainement peu de temps après dans ce monastère, lui permirent de connaître à fond toutes les péripéties de ce drame. Lui-même se met en scène, et donne à entendre, par quelques mots distincts, qu'il sut directement de la bouche du saint une partie des traits dont sa relation est émaillée [2]. Ce serait donc tomber bien mal que d'alléguer à ce propos son défaut d'informations et l'insuffisance de son témoignage [3].

Nous avons vu que, malgré sa faute et malgré son insuccès premier, Martin avait finalement remporté auprès de Maxime une victoire décisive, la victoire de la charité : au lieu de quelques victimes, des milliers de têtes fussent peut-être tombées sous le glaive sans la sublime défaillance de cette grande âme. Sublime est le mot, car son dévouement lui coûta quelque chose de plus précieux que l'honneur ou la vie : la pureté d'une conscience vierge. Mais, dans l'Église,

---

[1] Sulp., *Dial.*, III, 13; II, 13. Cf. Héfélé, *Hist. des conciles*, II, 247. = [2] *Quod propter temporum notam semper occuluit, sed nos celare non potuit... Subinde nobis cum lacrymis fatebatur*, etc. (Sulp., *Dial.*, III, 13.) = [3] C'est ce que fait cependant l'auteur d'une étude sur « la légende de saint Martin », dont l'allure générale est, du reste, plutôt celle d'un pamphlet que celle de l'histoire. (P. Albert, *Variétés morales et littéraires*, p. 89.) Jamais « légende n'a » revêtu autant qu'ici le caractère d'une biographie authentique, et jamais légendaire n'a donné autant de place à l'élément historique que Sulpice ne le fait dans cette partie de son récit.

quelles furent les suites de sa courageuse opposition au système d'Ithace ? Laquelle des deux doctrines fut ratifiée par l'autorité spirituelle ? Les historiens protestants, l'école rationaliste, n'ont pas manqué de se prévaloir de cette querelle pour avancer que le christianisme avait alors changé de voie, que la tendance des ithaciens était devenue celle de tout le clergé orthodoxe, que les persécutés d'hier s'étaient érigés en persécuteurs, en un mot, pour opposer l'esprit de saint Martin à l'esprit du catholicisme du moyen âge ; on a même inventé, pour désigner le régime de l'inquisition ou la résistance armée aux hérétiques, le vilain nom d'ithacianisme. Or ce fut, au contraire, le parti antimartinien qui reçut un solennel désaveu, et ce fut l'influence de l'évêque de Tours qui l'emporta, comme le redoutaient ses adversaires. Déjà, durant son dernier séjour à Trèves, il n'était plus tout à fait seul à défendre la cause du droit. Avant son arrivée, un prélat dont le siège est inconnu, Théognite, s'était séparé de ses confrères : nous l'avons entendu avouer à l'empereur lui-même. Une autorité plus considérable vint ensuite appuyer celle de Martin. Le grand évêque de Milan, saint Ambroise, se rendit aussi vers cette époque à la cour de Maxime. Une chronique postérieure assure même qu'il s'y rencontra avec son vénérable collègue et joignit ses efforts aux siens [1] : le fait n'a rien que de très vraisemblable, si l'on réfléchit à l'amitié qui les unissait, amitié dont nous trouvons la trace dans la révélation qu'Ambroise obtint plus tard de la mort de l'évêque de Tours, aussi bien que dans le présent d'une notable portion des reliques découvertes à Milan, qu'il lui fit peut-être durant ce même séjour à Trèves. Ce qu'il y a de certain, c'est qu'il arriva dans cette ville au moment où les ithaciens étaient réunis autour du prince ; qu'il refusa, lui aussi, de communiquer avec eux, et dut pour ce motif s'éloigner de la cour : il nous l'apprend lui-même dans la relation de son ambassade, adressée à Valentinien II [2]. Mais ce n'est pas tout : la décision officielle de l'Église, exprimée

---

[1] *Gesta Treverorum*, dans Pertz, VIII, 155. = [2] Ambr., *op*. 56. Cf. Paulin, *Vita S. Ambrosii*, nº 19.

par les deux plus hautes autorités qu'elle reconnaisse, le saint-siège et le concile, vint flétrir tous les adhérents de cette faction, et jusqu'à ce nouvel archevêque, Félix, qui n'avait que le tort d'avoir été consacré par elle. Rejetés de la communion catholique, ils ne purent y rentrer qu'en se séparant ouvertement de ces prélats indignes, c'est-à-dire en faisant ce qu'avait fait saint Martin : des lettres du pape Sirice et les canons du concile de Turin stipulèrent cette condition essentielle [1]. Imagine-t-on une condamnation plus éclatante ? Non ; en voici une cependant. Le chef du parti, le redoutable Ithace, fut déposé de l'épiscopat ; après la défaite de Maxime, il fut exilé et s'en alla mourir loin de son pays. Son principal complice, Idace, dut se démettre [2]. Et pendant que l'Église universelle proclamait vénérable et sainte la mémoire de l'évêque de Tours, elle continuait de maudire celle de ses adversaires. Si parfois le clergé dut invoquer l'appui du bras séculier contre certains hérétiques incorrigibles, dont les excès tombaient sous le coup de la loi civile, ce fut avec cette réserve expressément formulée que le sang ne serait point versé, de peur de contracter la souillure des ithaciens [3]. Si quelques docteurs imitèrent par la suite saint Augustin, qui, après avoir été opposé à l'intervention de l'autorité temporelle lorsqu'il se plaçait au point du vue théorique, l'approuvera, au contraire, à partir du jour où il eut sous les yeux le bien qui en résultait dans son diocèse, ce fut toujours en n'admettant comme lui que les peines modérées et en protestant contre les mesures trop rigoureuses. « Réfléchissez, écrivait l'évêque d'Hippone au proconsul d'Afrique, que, si vous traitez d'une manière cruelle ces malheureux, vous empêcherez qu'on ne les défère à votre tribunal ; et alors ils deviendront plus audacieux, se persuadant

---

[1] *Illud præterea decrevit sancta synodus ut, quoniam legatos episcopi Galliarum qui Felici communicarunt destinarunt, si qui ab ejus communione se voluerint sequestrare in nostræ pacis consortium suscipiantur, juxta literas venerabilis memoriæ Ambrosii episcopi vel Romanæ Ecclesiæ sacerdotis dudum latas, quæ in concilio legatis præsentibus recitatæ sunt.* (*Conc. Taur.*, can. 6. Labbe, II, 1157.) M. l'abbé Dupuy place ce concile à Milan, en 388, sans en donner la raison. (*Vie de S. Martin*, p. 182.) — [2] Sulp., *Chron.*, II, 51. Isid., *de Vir. illustr.*, 1. — [3] V. Baronius, an. 386, n° 33.

avec raison que *nous aimerions mieux souffrir la mort que de jamais la prononcer contre eux* [1]. » — « Tuez l'erreur, s'écrie-t-il ailleurs, mais aimez les égarés. » Ces deux belles paroles renferment tout l'esprit de l'Église. En vain nous objecterait-on ici les pratiques de l'inquisition. L'inquisition, tant qu'elle demeura une institution purement ecclésiastique, eut précisément l'avantage de faire prévaloir la procédure régulière sur le régime de l'arbitraire, la légalité sur la violence ; et si elle commit à son tour des excès regrettables, c'est surtout, on le sait à présent, parce qu'elle devint un instrument au service de l'avidité des seigneurs et des princes. D'ailleurs, ces excès furent l'ouvrage des particuliers, et ne reçurent jamais la sanction de l'autorité suprême. Ouvrons les registres de la chancellerie apostolique : nous y trouverons des bulles, des rescrits pontificaux prescrivant aux inquisiteurs de modérer leur zèle, adoucissant la peine des coupables, prenant leur défense contre la puissance civile ; nous n'y trouverons pas une seule lettre admettant qu'un prêtre puisse participer à l'application des châtiments matériels, et surtout à une condamnation capitale. Parcourons les lois canoniques : nous y verrons des dispositions très sévères contre les ecclésiastiques convaincus d'avoir poursuivi la mort des criminels ; ils sont déclarés déchus du sacerdoce, et l'accès des ordres sacrés est à jamais fermé aux laïques soupçonnés d'en avoir fait autant. *Ecclesia abhorret a sanguine;* cette maxime a toujours été la règle, elle est devenue presque une banalité. Et si nous jetons les yeux sur les temps plus rapprochés de nous, sur notre époque même, que voyons-nous ? La rigueur et la barbarie devenues l'apanage des ennemis acharnés du christianisme ; la mansuétude et la tolérance réfugiées, au contraire, dans le sein de l'Église catholique : non pas toutefois cette tolérance aveugle, déraisonnable, qui n'est au fond que la liberté illimitée du mal, mais cette tolérance intelligente et juste, qui permet aux ministres du Seigneur l'emploi des seules armes spirituelles et veut établir le règne de la vérité sur la base solide de la

---

[1] *August.*, éd. bénéd., II, 269.

conviction. Voilà la constante, la sainte tradition chrétienne. Qu'on dise si elle est conforme à la doctrine d'Ithace ou à celle de saint Martin, si l'Église est ithacienne ou martinienne ! Non, grâce à Dieu, la funeste théorie de quelques évêques espagnols du ive siècle n'a jamais fait loi parmi nous. C'est l'esprit évangélique de l'apôtre des Gaules qui a triomphé, et c'est une de ses gloires les plus pures, c'est le couronnement de son épiscopat si fécond, d'avoir affirmé par ses actes que le vrai humanitarisme et la véritable indulgence sont avec le catholicisme, et non pas avec ses adversaires.

Le prieuré de Saint-Martin-des-Champs, à Paris, d'après une gravure d'Israël Silvestre.

LIVRE V
L'APOTRE

CHAPITRE I

APOSTOLAT DE SAINT MARTIN DANS LA GAULE SEPTENTRIONALE

IEN que le zèle apostolique de notre saint évêque se soit principalement déployé dans les limites de son diocèse, il s'est étendu à une portion considérable du territoire de l'ancienne Gaule, considérable surtout pour un seul homme. Vouloir que la Touraine ait absorbé son activité et qu'il n'ait travaillé que par accident à l'évangélisation des autres pays [1], ce serait se heurter à tout un ensemble de faits que je vais essayer d'exposer, et qui lui ont mérité la glo-

[1] Dupuy, *Vie de S. Martin*, p. 71. Le livre de Gervaise dénote la même tendance.

rieuse qualité d'apôtre national de France. Pour justifier une pareille opinion, il faudrait d'abord renfermer dans la cité des Turones, ou dans sa circonscription, un certain nombre d'événements dont Sulpice Sévère ne précise pas le théâtre, mais qui peuvent aussi bien s'être passés dans toute autre province ; et, fût-on autorisé à le faire, il resterait encore dans les récits du biographe assez de localités clairement désignées pour nous forcer à élargir beaucoup plus le cercle des missions du bienheureux pontife. Il prêchait la foi partout où il passait, partout où l'appelaient ses affaires ; mais il voyageait aussi dans le but unique d'enseigner et de convertir les populations ; autrement il serait impossible d'expliquer des excursions aussi multipliées et aussi divergentes. Leur grand nombre va même nous empêcher de les étudier dans l'ordre le plus logique. Ce serait, sans doute, une excellente chose de pouvoir dire : A telle époque, il suivit tel itinéraire et fit entendre la parole de Dieu à tel et tel endroit. Mais tout au plus peut-on tenter une restitution de ce genre pour les grands voyages qu'il accomplit notoirement de Tours à Trèves, de Poitiers aux Alpes, etc. En dehors de ceux-là, son trajet, ses stations seront toujours très difficiles à déterminer ; et cependant l'on ne peut douter de son apparition dans une foule de lieux qui, en aucune de ces circonstances, ne durent se trouver sur son chemin. Inutile, par conséquent, de s'obstiner à suivre sa marche ou même l'ordre des temps. La clarté exige que nous procédions autrement. Nous allons donc parcourir successivement les différentes provinces où sa présence a pu laisser des traces en partant d'abord de Tours dans la direction du nord, pour redescendre ensuite aux pays du centre et du midi ; et nous chercherons surtout à reconnaître les fruits de son passage, sans nous inquiéter de la cause ou du moment, excepté quand ils seront clairement indiqués. L'intérêt local doit, en effet, le céder à l'intérêt général ; et l'essentiel, ne l'oublions pas, est de constater l'immense rayon dans lequel notre héros étendit son action salutaire. Après cette série de vérifications, il sera plus facile d'embrasser dans un coup d'œil général l'ensemble de son œuvre apostolique, le caractère de ses missions, l'importance de leurs résultats.

Trois sortes d'indices peuvent nous éclairer dans notre recherche : les documents écrits; les traditions ou légendes; enfin les monuments, particulièrement les églises. Pour les premiers, nous n'avons qu'à peser leur autorité suivant les lois ordinaires de la critique. La deuxième catégorie ne peut nous apporter qu'un secours très secondaire. En effet, si l'on en croyait la voix populaire, il n'y aurait, pour ainsi dire, pas en France une seule province, et, dans quelques provinces, pas une paroisse qui n'ait eu l'honneur d'entendre la prédication de saint Martin. C'est là un autre excès contre lequel il est nécessaire de réagir. Les légendes, dont l'étude trouvera sa place dans la seconde partie de cet ouvrage, ne pourront être admises comme argument, sur le point qui doit nous occuper ici, que lorsqu'elles concorderont avec les autres indices; seules, elles ne feront pas autorité, à moins de présenter un caractère d'antiquité et de vraisemblance extraordinaires : voilà, il me semble, une règle admissible pour tout le monde. Restent les églises. L'auteur de l'*Histoire ecclésiastique du Poitou*, qui a entrepris d'élucider la question pour cette province, a pris pour base un canon du concile de Carthage, tenu en 398, par lequel il était recommandé aux évêques de ne pas laisser élever dans les campagnes, ni sur les voies publiques, des *sanctuaires* ou *mémoires* en l'honneur des saints, si ce n'est aux lieux consacrés par leur martyre, leur habitation, leurs miracles ou leurs reliques authentiques; et il en a conclu que les églises placées sous le vocable de saint Martin, lorsqu'elles sont antérieures au ixe siècle, groupées le long des voies romaines qu'il a *dû suivre* dans ses excursions, ou voisines d'une fontaine miraculeuse dont l'origine lui est attribuée, sont des traces de son passage [1]. Cette conséquence ne me paraît pas rigoureusement indiquée dans tous les cas. Les églises érigées en l'honneur de l'apôtre des Gaules se trouvent en telle

---

[1] D. Chamard, *Mém. de la Société des antiq. de l'Ouest*, an. 1873, p. 342. Cf. *S. Martin et Ligugé*, p. 52 et suiv.

quantité sur notre sol, dès l'époque la plus reculée, qu'il faudrait croire qu'il a posé le pied partout ; et l'on doit en dire autant des fontaines portant son nom, des roches gardant l'empreinte de ses pas ; car, si le savant bénédictin n'avait pas dû borner son étude au Poitou, il eût reconnu aisément qu'on les rencontre en beaucoup trop de localités pour qu'il soit permis de voir dans toutes un vestige authentique. Le vocable des églises ne peut nous prouver qu'une chose, c'est la présence d'une relique quelconque du bienheureux confesseur ; et si nombreux étaient les pèlerins qui venaient prier sur son tombeau, si répandus les souvenirs de toute nature qu'ils en emportaient, que la multiplicité des autels à lui dédiés s'explique par là d'une manière très satisfaisante. J'attribuerai donc seulement une valeur relative à cette troisième catégorie d'indices : tout en lui reconnaissant une autorité supérieure, en général, à celle de la seconde, par la raison que les paroles volent et se dénaturent, tandis que les pierres demeurent, je ne m'en servirai qu'avec prudence et comme argument confirmatif, d'autant plus que l'origine d'une ancienne église et l'époque de sa fondation sont presque toujours entourées d'une grande obscurité. Ces principes posés, commençons notre tour de France, et arrêtons-nous uniquement aux points où nous pouvons retrouver avec quelque certitude la trace que nous recherchons. C'est surtout dans les campagnes que nous devrons la découvrir. Nous savons déjà que Martin était spécialement le prédicateur populaire, le père de la classe rurale et agricole, jusqu'alors déshéritée, malheureuse. Or tous les caractères de son apostolat si bienfaisant et intelligemment démocratique en Touraine, nous allons les voir se reproduire maintenant sur un plus vaste théâtre : même but, mêmes procédés.

En sortant de cette province du côté du nord, nous rencontrons immédiatement une des régions où le passage du voyageur de Dieu a laissé l'empreinte la plus profonde et la plus certaine : c'est le Vendômois et le pays Chartrain. Il se rendait une fois à Chartres avec quelques disciples, rapporte Sulpice Sévère, et parmi eux se trouvait, sinon l'écrivain lui-même, au moins son ami Gallus, dans la bouche duquel il place ce récit, lorsqu'en traversant le territoire d'un bourg très peuplé il vit s'avancer à sa rencontre une foule énorme. C'étaient évidemment des païens, car le nom du Christ n'était pas encore invoqué dans cette localité; mais telle était la renommée du saint, même chez les idolâtres, que tous les

Résurrection d'un enfant.
Retable de Vic-en-Bigorre (fin du XVII° siècle ou commencement du XVIII°).

champs d'alentour s'étaient couverts de curieux, émus de je ne sais quel espoir. Martin comprit (c'est le mot du biographe) qu'il allait avoir de l'ouvrage [1]. L'Esprit-Saint le remplit aussitôt, et, frémissant sous l'inspiration, il se mit à prêcher l'Évangile à cette multitude. Sa voix ne sonnait plus comme celle d'un mortel [2]. Il se lamentait de voir une si nombreuse population ignorer le Dieu qui lui avait apporté

[1] *Sensit Martinus operandum.* = [2] *Nec mortale sonans verbum.*

le salut, et les gémissements entrecoupaient son discours. A peine avait-il fini, qu'une femme, dont le fils venait de mourir, fendit les flots de la foule et se précipita vers lui, tenant dans ses bras le corps glacé de l'enfant. « Nous le savons, criait-elle, vous êtes l'ami de Dieu. Eh bien! par pitié, rendez-moi mon fils; je n'en ai point d'autre. — Oui, oui, reprenaient les assistants, secourez cette pauvre mère. » Martin sentit alors, comme autrefois à Ligugé, ce souffle mystérieux qui lui annonçait les grandes choses. La conversion de ce peuple valait bien un miracle : il vit, raconta-t-il plus tard à ses disciples, qu'il pouvait l'obtenir. Il prit donc le corps dans ses mains; il s'agenouilla devant tout le monde (car le secret, cette fois, n'était plus possible), et, quand il eut prié, il rendit l'enfant à sa mère : le mort respirait, il vivait! Une immense acclamation s'éleva vers le ciel. La multitude, transportée d'enthousiasme, se rua aux pieds du saint, demandant à grands cris le baptême. Bien qu'on fût en pleine campagne, il n'hésita pas une minute : séance tenante, il imposa les mains à tous, petits et grands. Puis, se tournant vers ses compagnons, il leur dit : « Je puis à bon droit faire des catéchumènes dans les champs; on y fait bien des martyrs[1] ! »

Cette résurrection était la troisième qu'il obtenait, et ce fut la dernière ; car ses historiens ont remarqué, comme je l'ai dit, qu'il avait rendu la vie à deux morts étant moine, à un seul étant évêque. Du reste, après l'éclat d'un tel prodige et ses résultats encore plus éloquents, ni l'influence du pontife ni l'admiration publique ne pouvaient plus grandir. Aucune scène ne saurait mieux peindre le caractère merveilleux et populaire de son apostolat; aucune ne donne mieux l'idée de la métamorphose que subissaient les campagnes où il avait passé. L'événement eut lieu, selon toutes les probabilités, à Vendôme. Cette ville naissante se trouvait, en effet, sur la voie romaine conduisant de Tours à Chartres, et elle était, sur son parcours, la seule localité pouvant

---

[1] Sulp., *Dial.* II, 4. Allusion probable au supplice de la légion thébéenne dans un champ voisin d'Agaune.

former un *vicus* important à l'époque de Sulpice Sévère. Le village du Pré-Saint-Martin, malgré son nom, n'a pas de titres assez sérieux pour prévaloir contre une antique et constante tradition[1]. La première église paroissiale de Vendôme, dédiée à l'illustre confesseur, a toujours passé pour être sa fondation, et, tout près d'elle, un orme séculaire, qui a subsisté, dit-on, jusqu'au règne d'Henri IV, aurait marqué exactement le lieu de sa prédication si fructueuse[2]. La présomption, basée sur ces faits, se trouve d'ailleurs en parfait accord avec un passage de Grégoire, qui fait dire aux Tourangeaux, parlant de la résurrection opérée par leur évêque : « Il n'en a fait qu'une dans notre contrée[3]. » D'après ces mots, la scène se passait nécessairement dans un lieu très voisin de leur cité, sinon dans sa circonscription, et Vendôme remplit bien cette condition particulière. Le souvenir du passage de l'apôtre a, de plus, été consacré par le bréviaire du diocèse de Blois[4]. Ici la tradition concorde trop bien avec les monuments écrits et les monuments de pierre pour ne pas mériter confiance. Une autre église fut érigée, dit-on, auprès de Chartres afin de perpétuer la mémoire du miracle : c'est celle qui porta depuis le nom de Saint-Martin-le-Viandié, nom donné généralement comme une corruption de *Vitam dantis*; toutefois les progrès de la science philologique ne permettent guère aujourd'hui d'adopter une pareille étymologie[5].

---

[1] La prétention de ce village est d'ailleurs assez timidement formulée. (Communication de M. le curé du Pré-Saint-Martin.) On pourrait penser que la capitale de l'Anjou a revendiqué, de son côté, l'honneur d'avoir été le théâtre de ce miracle, s'il fallait s'arrêter à la supposition de Demay, qui a cru reconnaître sur le sceau du chapitre de Saint-Martin d'Angers la résurrection d'un enfant par le saint missionnaire costumé en évêque (*op. cit.*, p. 455). Mais cette interprétation n'est pas admissible : l'enfant ressuscité, sur le sceau en question, porte un nimbe ; c'est évidemment le jeune saint René, futur évêque d'Angers, rendu à la vie par son prédécesseur saint Maurille, comme le raconte leur légende. = [2] V. de Pétigny, *Hist. archéol. du Vendomois*, p. 70, et de Martonne, *Mém. de la Soc. des sciences et lettres de Blois*, VI, 9. = [3] Grég. *Hist.*, I, 43. = [4] *Nec tantæ gratiæ expers fuit ager Blesensis. Cum enim Turonis Carnutum iter faceret, per illius regionis vicos Christi fidem annuntians, frequentes tunc illic paganos, editis miraculis, ab idolorum cultu revocavit, præsertim puero suscitato,* etc. (*Brev. Bles.*, pars æstiva, p. 442.) = [5] V. Gervaise, *op. cit.*, p. 164. Martène ajoute (*Hist. de Marmoutier*, I, 52) que cette église s'éleva au lieu même où s'accomplit le miracle ; mais son assertion ne paraît non plus avoir d'autre base que la vague ressemblance des mots.

A Chartres même, l'apôtre opéra une guérison qui eut aussi un grand retentissement. Un père, cette fois, lui présenta sa fille, muette de naissance, en le suppliant de lui rendre la parole. Deux évêques, celui de la ville, appelé Valentin, et Victrice, métropolitain de Rouen, se trouvaient alors auprès de lui. Peut-être était-il venu pour conférer avec eux; peut-être y avait-il à Chartres, en ce moment, quelque réunion de prélats : dans tous les cas, ses relations amicales avec ces deux vénérables personnages nous prouveraient une fois de plus, s'il en était besoin, que le haut clergé des Gaules ne s'était nullement ligué contre lui. Par déférence pour eux, et avec cette humilité sincère qui ne l'abandonnait pas au milieu de ses plus grands succès, il répondit qu'une pareille demande devait bien plutôt leur être adressée : ils étaient beaucoup plus saints que lui; ils pouvaient tout auprès du Seigneur. Mais, comme on le pense bien, ils ne l'entendirent pas ainsi. Martin fut obligé de céder à leurs prières, à celles d'un père éploré et de la population tout entière : après avoir fait retirer la foule, en présence de ses deux collègues seuls, il se mit en prières, suivant son habitude, bénit un peu d'huile en prononçant la formule de l'exorcisme, introduisit ce liquide ainsi consacré dans la bouche de la jeune fille, et aussitôt elle appela pour la première fois son père, qui se précipita, fou de joie, aux genoux du saint. Ce nouveau prodige fut rapporté à Sulpice par le prêtre Evagrius, un des témoins oculaires[1]. L'évêque, comme toujours, s'en retourna chargé des bénédictions du peuple, et, continuant de semer sur sa route les biens de l'âme avec ceux du corps, il regagna son diocèse. On prétend qu'en repassant à Vendôme il administra le baptême aux nombreux catéchumènes qu'il y avait laissés[2].

J'ai déjà parlé des voyages de saint Martin dans le Maine, à propos de l'élection de l'évêque Victor, son suffragant. Il n'est donc pas douteux qu'il ait évangélisé cette région, ainsi que l'Anjou, où nous l'avons vu appelé pour une affaire semblable; car, d'après tout ce que l'on sait de ses habitudes, il

---

[1] Sulp., *Dial.* III, 2. = [2] V. Dom Piolin, *Hist. de l'Église du Mans,* I, 91.

ne traversait jamais un pays sans y faire entendre la parole de Dieu. Mais il n'a pas laissé derrière lui, dans ces deux provinces, un sillage bien marqué : en dehors des légendes locales et des sanctuaires élevés en son honneur, fort nombreux, il est vrai, les éléments qui nous permettraient de saisir sa trace font défaut. Il paraît bien s'être arrêté au lieu nommé aujourd'hui la Fontaine-Saint-Martin, à quatre lieues de la Flèche : là, d'après l'historiographe de l'Église du Mans, un temple et une idole d'Isis furent détruits à son arrivée par une tempête formidable, et, après avoir converti les habitants avec le concours de Démétrius, son disciple et son ancien compagnon d'armes, il fit jaillir pour les baptiser une source d'eau pure, qui devint plus tard un pèlerinage très fréquenté[1]. A Lombron, près de Connerré, on cite encore une fontaine qui lui servit au même usage[2]. Sa prédication dans ces localités n'a certainement rien que de très vraisemblable ; et l'on peut en dire autant de beaucoup d'autres villages de la même contrée, surtout de ceux qui se trouvaient sur le parcours de la route de Tours au Mans et qui l'ont de tout temps honoré comme leur patron, par exemple Écommoy. Toutefois elle n'est pas certifiée par ses plus anciens historiens ; et du reste, fût-elle démontrée par les textes les plus dignes de foi, ces faits particuliers n'ajouteraient rien à la certitude où nous sommes déjà relativement au fait général de ses missions dans le Maine.

En Normandie, son passage est beaucoup moins prouvé. La partie de cette vaste province qui avoisine le diocèse du Mans peut, sans doute, avoir participé au privilège de ce dernier. Pour y pénétrer, Martin n'avait qu'un pas de plus à faire, et l'on est tenté de croire qu'il l'a fait lorsqu'on voit, à une époque très ancienne, se fonder en son honneur un monastère à Séez, un autre à la source de la Sarthe, une église à Bellême, etc.[3] ; ce sont là, néanmoins, des témoignages insuffisants. Vers l'autre extrémité de la Normandie, le village de Foucarmont (Seine-Inférieure), siège d'un

---

[1] D. Piolin, *op. cit.*, I, 85 et suiv. = [2] Communication de M. le curé de Lombron. = [3] *Gall. christ.*, XI, 712. D. Piolin, *Hist. de l'Église du Mans*, I, 363.

ancien camp romain, prétend avoir été honoré de la visite du saint lorsqu'il faisait encore partie de l'armée impériale et d'une des légions cantonnées à Amiens[1]; mais, tout en admettant que sa présence ait pu exercer en ce lieu une influence salutaire, on ne saurait guère rattacher ce fait à son apostolat proprement dit, lequel ne commença, selon Grégoire de Tours, que durant son séjour en Poitou. Le pays de Bray, où l'amène également, sans rien affirmer toutefois, un historien local[2], n'a d'autres titres à faire valoir que le grand nombre de ses églises dédiées à saint Martin et la dévotion traditionnelle de ses habitants envers lui.

A Paris, nous retrouvons la trace absolument authentique de l'intrépide missionnaire. La vieille Lutèce était depuis longtemps gagnée au christianisme; mais l'atmosphère demi-païenne qu'elle avait de nouveau respirée avec Julien, apostat dans l'âme avant de l'être officiellement, son luxe naissant, conséquence naturelle du séjour du prince, faisaient de l'aspect et de la parole d'un homme aussi évangélique un véritable bienfait pour son peuple léger. Puis, dans ses environs, comme dans toutes les campagnes gauloises, les idoles comptaient encore des adorateurs. Dieu dirigea donc le salut de son côté en lui envoyant Martin. Sur le bruit que le fameux évêque de Tours arrivait dans leurs murs, les Parisiens, avides de nouveautés, se portèrent en masse au-devant de lui; un cortège des plus imposants le ramena jusqu'à la cité. A la façon dont Sulpice nous le dépeint, marchant à la tête des « grandes foules », on croirait qu'il parle du Sauveur entrant dans Jérusalem. Mais la ressemblance entre Jésus-Christ et son infatigable apôtre ne devait pas s'arrêter là. Comme les Juifs, les habitants de Lutèce guettaient un miracle. En franchissant la porte de la ville, le pontife aperçut un horrible lépreux, dont tout le monde s'écartait avec dégoût. Il s'approcha de lui, avec cette bonté inépuisable qui faisait le fond de son caractère, le bénit, et, pour donner une leçon de fraternité chrétienne à cette popu-

---

[1] Communication de M. Parisy-Dumanoir. = [2] M. l'abbé Decoste, *Essais histor et archéol. sur l'arrond. de Neufchâtel.*

Saint Martin et le lépreux de Paris. (Dessin de Joseph Blanc.)

lation trop délicate, l'embrassa publiquement. Alors, à la stupéfaction générale, ce malheureux apparut guéri; le lendemain, il venait à l'église, la peau fraîche et nette, pour remercier Dieu de la santé qu'il avait recouvrée et qu'il devait conserver [1]. Telle est la mémorable action qui a valu au nom du saint évêque une popularité si longue et si tenace dans la capitale de la France. Les Parisiens ne la connaissent plus guère; ils parlent tous les jours de la rue Saint-Martin, du faubourg, du boulevard, de l'église Saint-Martin, sans se douter du grand souvenir qui se cache sous ces dénominations séculaires. Ils savent (les plus lettrés) qu'une de leurs reines a déposé un baiser sur la bouche d'un poète endormi; mais le baiser donné à la misère repoussante par l'apôtre de la charité, ils en ignorent : on ne leur a jamais raconté cela. Pourquoi? Sans doute à cause du bienfait même qui accompagna cet acte touchant. C'est un miracle : on n'en doit rien dire. Pourtant leurs pères ne passaient point sans fléchir le genou à l'endroit où leur avait été donné un si bel exemple. Ce lieu digne de respect, où s'éleva, presque aussitôt après, un petit oratoire, se trouvait à côté de la porte septentrionale de la cité, ouvrant sur l'ancien pont remplacé aujourd'hui par le pont au Change, et à la place même occupée par la grosse tour du Palais dite tour de l'Horloge [2]. Martin, selon la plupart des commentateurs de Sulpice, revenait alors de Trèves, et le fait est que sa présence à Paris est mentionnée par le biographe immédiatement après son séjour dans la métropole gauloise; d'ailleurs, s'il entra par la porte en question, il est clair qu'il arrivait du nord. La guérison du lépreux fut nécessairement suivie d'une abondante récolte pour ce moissonneur d'âmes. Son courageux baiser a même fait école, et l'on a vu, dans les siècles de foi, les personnages les plus illustres, des princes de l'Église comme des princes de la terre, embrasser humblement les plaies des pauvres de Jésus-Christ. Seulement leur contact avait rarement le don

---

[1] *Vita S. Mart.*, 18. = [2] Grég. de Tours, *Hist.*, VIII, 33. Lebeuf, *Hist. de la ville de Paris*, I, 284. V. le chapitre consacré aux églises de Saint-Martin.

de les faire disparaître. Guillaume, chancelier de Lincoln, se plaignait un jour, en riant, de cette différence de résultat. « Martin baisait les lépreux et les guérissait, dit-il ; moi, j'en fais autant, et je ne les guéris pas du tout. — Il est vrai, lui répondit saint Hugues ; mais si le baiser de Martin purifiait les corps, ceux que nous donnons aux lépreux font encore plus merveille : ils nous purifient l'âme. »

Si l'évêque de Tours revint de Trèves par Paris dans l'un ou l'autre de ses voyages, il en résulte qu'il dut évangéliser les pays intermédiaires, ou du moins les localités situées sur la route qui reliait ces deux cités entre elles. Le chemin le plus direct pour aller de l'une à l'autre passait par le Luxembourg et par Reims. Il est probable qu'il le suivit au moins une fois ; car on trouve, sur le parcours de l'antique chaussée romaine menant de cette dernière ville à la capitale de Valentinien et de Maxime, un bon nombre de paroisses dédiées à saint Martin, et, près d'une des stations de cette même voie, qui s'appelle aujourd'hui Carignan, après avoir porté jusqu'en 1662 le nom d'Yvois, le diacre Vulfilaïc bâtit, au VIe siècle, une basilique en son honneur[1]. Par une ligne un peu plus oblique, on traversait le territoire de Verdun, la Woëvre, le pays de Metz, également riches en églises, bois, chemins ou fontaines portant son nom. Presque toutes ces *mémoires* peuvent, à la rigueur, se rapporter à son passage, puisque le trajet qu'elles supposent correspond aux indications générales du texte de Sulpice Sévère. Mais il paraît s'être dirigé une autre fois, soit en allant, soit en revenant, par la Picardie, la Flandre et la Belgique (je veux dire, comme toujours, par les pays qui ont été ainsi dénommés par la suite). En effet, son culte a été, sur toute cette ligne, extrêmement répandu, et, sur quelques points, les sanctuaires placés sous son vocable forment comme un noyau compact, auquel il serait difficile d'attribuer une autre

---

[1] Grég., *Hist.*, VIII, 15. Sur la direction de cette voie romaine, v. la *Revue archéol.*, nouv. série, VIII, 168. = [2] V. Corblet, *Hagiographie du diocèse d'Amiens*, IV, 506.

origine. Je sais que le fameux trait d'Amiens et le séjour du jeune lancier de Sabaric dans cette place de guerre ont contribué à faire vénérer son nom dans tous les environs. Cependant ces contrées portent la trace d'un ensemble de missions et de prédications pour lesquelles le loisir et même l'autorité nécessaires lui eussent manqué à l'époque où il était sous les armes. Il y a donc lieu de croire qu'il y revint dans le

Porte Saint-Martin, à Paris, faisant partie de l'enceinte de Charles V.

cours de son épiscopat, et ses voyages à la cour de Trèves purent seuls lui en fournir l'occasion. Sans parler d'Amiens, où le rappelaient les souvenirs de son baptême et la céleste vision qui le précéda, peut-être aussi quelques anciennes amitiés, il visita, d'après la tradition, Montdidier, Saint-Martin-de-Pas (*Passus sancti Martini*), Rubescourt : comme il est resté le patron de ces différentes localités, comme, d'autre part, elles se trouvent échelonnées sur la voie romaine d'Amiens à Reims, il semble bien avoir, en effet, suivi cette route à un moment quelconque [2]. Ce n'est pas ici le lieu de mentionner les pures légendes accréditées à Bomart, à Molliens-Vidame, à Asservillers et ailleurs ; les pièces d'eau, les grès, les arbres dits de saint Martin ne sont pas, je le répète, des jalons suffisamment sûrs quand rien ne vient les étayer. Mais dans la direction que j'indiquais, c'est-à-dire en s'avançant du côté de la Flandre, on rencontre des vestiges plus dignes d'attention et plus nombreux; d'où il résulte qu'il dut également suivre une des voies remontant vers le nord. Dans aucun pays son nom n'a été attribué à une aussi grande quantité d'églises et de villages que dans le diocèse d'Arras : Il y a là un centre bien marqué. Il existe, en outre, aux environs de cette ville, un antique *chemin de Saint-Martin* traversant Vaulx-Vraucourt, Croisilles, Saint-Martin-sur-Cojeul, Neuville-Vitasse, Beaurains, Dainville, Agnez-lez-Duisans, Habarcq, etc. [1]. Or toutes ces paroisses sont encore placées sous le patronage de l'évêque de Tours, et la tradition de son passage s'est perpétuée dans la plupart d'entre elles. Un tel ensemble de faits doit avoir beaucoup plus de poids que des légendes ou des monuments isolés, et j'admets volontiers que l'absence de témoignages écrits n'est pas ici, par exception, un argument négatif sérieux.

En Flandre, les traces sont moins accusées, bien que le nombre des églises de Saint-Martin soit encore considérable. Un village dépendant autrefois des châtelains de Lille, Phalempin, passe pour avoir été converti au christianisme par la parole de notre saint missionnaire [2]. Si la chose était démontrée, les plus anciennes paroisses d'alentour seraient en droit de revendiquer la même origine, car il serait bien invraisemblable qu'il fût venu jusque dans ces parages pour prêcher aux habitants d'une seule bourgade. Celle de Cysoing a revendiqué en effet ; malheureusement les auteurs qui appuient sa prétention ont le tort d'invoquer Grégoire de Tours, lequel ne dit pas un mot à ce sujet [3]. Mais un texte du IXe siècle établit une présomption plus forte en ce qui concerne la partie orientale de la Flandre. Alcuin, l'illustre ami de Charlemagne, retournant une fois d'Aix-la-Chapelle à Tours, s'arrêta, nous dit-il lui-même, à quatre lieues de

---

[1] Communication de M. Harduin, curé de Neuville-Vitasse. = [2] *Statistique archéol. du Nord*, Lille, 1867, p. 83. = [3] Destombes, *Vies des saints des dioc. de Cambrai et d'Arras*, I, 71.

Saint-Amand, dans « le petit logis de saint Martin[1] ». C'est là, si l'on veut, une indication peu précise ; elle concorde cependant avec le vocable de l'antique église du monastère d'Elnon, aujourd'hui l'une des paroisses de la ville de Saint-Amand, toujours dédiée au saint évêque de Tours. Si ce texte ne prouve pas encore absolument le séjour du pontife dans cette région, il confirme du moins l'itinéraire que je viens de supposer tout à l'heure : puisqu'à l'époque carlovingienne on se rendait d'Aix-la-Chapelle en Touraine par Saint-Amand, c'est-à-dire par la Flandre et la Picardie, on pouvait aussi bien, quelques siècles plus tôt, aller de Trèves à Paris et à Tours, ou *vice versa*, par le même chemin. Il faut enfin signaler, pour la Flandre, la tradition de la ville de Tournai, constatée, elle aussi, par des documents écrits, mais plus récents. Une chronique locale parle d'une colline boisée qui s'élevait à l'entrée de la cité, du côté du midi, et qui aurait été le théâtre des prédications du saint : il y aurait, comme partout, guéri à la fois les âmes et les corps[2]. L'érection de la célèbre abbaye de Saint-Martin de Tournai donne quelque crédit à cette version.

Si nous nous rapprochons à présent de Trèves, nous trouvons sur notre chemin de nombreux souvenirs du même genre. Mais les seuls qui méritent de nous arrêter actuellement sont ceux qui se présentent dans un petit pays dépendant du diocèse de Liège, appelé la Hesbaye. Ici la trace que nous suivons prend plus de consistance et soulève une question dont la critique s'est déjà occupée. Les écrivains qui ont traité des origines religieuses de cette contrée reconnaissent qu'elle a dû les premières lueurs de la foi à un missionnaire du nom de Martin : le village de Horion pré-

---

[1] *In mansiuncula sancti Martini* (*Alcuini opera*, éd. Migne, I, 349). L'éditeur identifie cette petite maison avec un domaine de l'abbaye de Saint-Martin de Tours du nom de Baralla, éloigné de Saint-Amand d'une quinzaine de milles. Cependant les expressions d'Alcuin paraissent bien désigner autre chose qu'un bâtiment appartenant à son monastère. = [2] Buzelin, II, 248. Destombes, *loc. cit.* La légende ajoute que Martin ressuscita un mort en cet endroit ; mais nous savons par Sulpice Sévère qu'il n'opéra en tout que trois résurrections, bien connues d'ailleurs. M. l'abbé Dupuy (p. 43) pense qu'il pourrait s'agir de celle du serviteur de Lupicin, racontée plus haut. Il est cependant très invraisemblable, d'après le récit de Sulpice, que ce fait se soit passé ailleurs qu'en Poitou.

tend même au singulier honneur de l'avoir maltraité et chassé. Seulement les uns veulent que ce soit saint Martin de Tours, les autres un saint Martin de Hesbaye ou de Tongres, qui aurait été évêque de cette dernière ville cent ans plus tôt. On trouve, en effet, ce pontife sur le catalogue dressé au xe siècle par le premier historien du diocèse, Hériger ; mais il fait partie d'une série de huit évêques intercalés par cet auteur, sans raison probante, entre saint Materne et saint Servais. Beaucoup d'érudits, notamment les auteurs de la *Gallia christiana*, n'admettent pas cette intercalation et pensent que cette partie du catalogue a été tout simplement copiée, dans le but d'allonger les fastes de l'église de Tongres, sur la liste des premiers évêques de Trèves, qui contient justement huit noms semblables et dans le même ordre. Saint Martin de Tongres a cependant rencontré des défenseurs, qui prétendent que son corps fut transporté à Maëstricht par un de ses successeurs, et que l'empreinte de son pied a subsisté à Horion jusqu'au temps d'Ogier le Danois. Mais ils se sont bien gardés d'observer que sa mission malheureuse dans ce village, le seul trait de sa vie que l'on ait pu citer, ou à peu près, est une simple réminiscence de deux faits relatifs à notre saint Martin et rapportés par Grégoire de Tours[1]. Ce concurrent n'a donc pas même d'état civil certain, pour parler le langage moderne. Il faut remarquer, en outre, que plus des trois quarts des églises placées sous le vocable de saint Martin dans le diocèse de Liège, notamment dans la Hesbaye, reconnaissent pour patron l'évêque de Tours, et non celui de Tongres[2]. La célébrité du premier, dit-on, l'aura fait peu à peu substituer à son homonyme. Quelle preuve ? Et si cette célébrité fut assez grande pour effacer la mémoire d'un apôtre local, n'est-ce pas un signe de plus qu'il s'est fait connaître dans le pays par ses œuvres bienfaisantes ?

Il me resterait à établir le fait de sa prédication à Trèves

---

[1] *Glor. Conf.*, 5. *Virt. S. Mart.*, IV, 31. Cette observation m'a été suggérée par M. Godefroid Kurth, professeur à l'Univervité de Liège. Cf., sur la même question, *Gall. christ.*, III, 809; *Acta SS. sept.*, IV, 354 et suiv.; Bucher, *Belg. Roman.;* etc.
= [2] Communication de M. Ghilain, curé d'Avennes (dioc. de Liège).

et dans les environs. Mais la réalité en est suffisamment démontrée par les récits attachants de son biographe sur ses voyages à la cour de Maxime et par le commentaire qu'on en a lu plus haut. Rappelons seulement, pour la confirmer, que plusieurs paroisses très anciennes du Luxembourg, situées près de la route où il fut réconforté par un ange, lui ont encore été dédiées (Wasserbillig, Betzdorff, Hunglister, Münsbach, Schütteringen, Weimerskirch, Arlon, Amberloux), et que certaines autres présentent dans leur nom défiguré un vestige évident du sien, comme Martelange (primitivement Martiningen) : autant de stations où il dut s'arrêter[1]. Ses fréquentes apparitions dans la métropole gauloise sont même la meilleure justification de toutes les excursions dont je viens de parler, et l'on ne doit pas perdre de vue que l'ensemble de ses travaux apostoliques dans le Nord se trouve indirectement appuyé sur le plus authentique de tous les textes. Il n'eut pas le bonheur de chasser entièrement de cette région le paganisme et la barbarie ; car, à la faveur des invasions germaniques, ils y reprirent bientôt le dessus, et ils n'en furent définitivement bannis que par la légion de missionnaires qui vint, au viie siècle, achever l'œuvre de saint Remi. Mais il jeta du moins sur son passage une semence féconde, et le terrain qui la reçut devait un jour devenir un des champs les plus prospères du vaste domaine de l'Église.

[1] Communications de MM. Kurth et Engling. En 1827, le curé d'Amberloux a trouvé sous l'autel de son église un ancien autel païen où étaient représentés Hercule, Mercure, Junon et Minerve, et qui orne aujourd'hui le musée historique de Luxembourg. Les archéologues du pays ont pensé que ce monument avait été enseveli dans la maçonnerie, soit par S. Martin, soit par S. Materne de Trèves. A Weimerskirch, où existe la plus ancienne église du grand-duché de Luxembourg, la tradition veut que l'évêque de Tours soit descendu dans une vallée qui porte encore son nom, qu'il y ait détruit un temple et une idole, et qu'il ait été ensuite vénéré dans la même paroisse sous les traits d'une divinité païenne, dont la statue équestre était prise pour la sienne.

CHAPITRE II

APOSTOLAT DE SAINT MARTIN DANS LE CENTRE

EVENONS maintenant vers le centre de la Gaule. C'est là que nous allons voir l'apôtre du Christ engager une lutte acharnée contre les vieilles superstitions nationales et remporter ses plus éclatantes victoires ; c'est là aussi que nous allons pouvoir, avec le plus de sûreté, poser nos pas sur ses pas. Si nous nous replaçons à notre point de départ et que nous nous dirigions, non plus vers le nord, mais vers l'est, de manière à parcourir toutes les provinces centrales, nous entrons d'abord en Berry. Sur cette terre où les mœurs et les traditions du passé sont demeurées si vivaces, la trace que nous cherchons ne sera pas difficile à reconnaître. Elle est marquée profondément au bourg de Levroux, entre Châteauroux et Valençay. L'ardent prosélyte rencontra là, d'après Sulpice lui-même, une résistance à laquelle il n'était pas accoutumé [1]. Un temple des

---

[1] Beaucoup d'historiens ont placé ce fait au Louroux (Indre-et-Loire), ou à quelque autre village d'un nom analogue, sous prétexte que Sulpice appelle le lieu en question *Leprosum*. Gervaise (p. 73) et Mabille lui-même (*Bibl. de l'École des chartes*, an. 1863, p. 401) sont tombés dans cette erreur. On sait aujourd'hui, à n'en pouvoir douter, que le mot *Leprosum* n'a jamais revêtu de formes semblables en français, et que tous les noms de lieu dans le genre de Loroux, Louroux, Lourouer, viennent du latin *Oratorium*. Levroux est la seule traduction rationnelle du premier, et bien d'autres raisons militeraient au besoin en faveur de cette localité.

plus somptueux et des plus fréquentés faisait l'orgueil des habitants. Ce n'est pas une force à dédaigner qu'une coutume superstitieuse enracinée chez les paysans ; mais, lorsque s'y joignent les petites vanités locales, elle est bien autrement à combattre. Aussi les premières entreprises tentées contre ce monument de l'idolâtrie furent-elles vigoureusement repoussées ; on n'épargna à leur auteur ni les outrages ni les mauvais traitements. Toujours patient, toujours calme, il se réfugia dans un lieu caché du voisinage, et là, sous le cilice et la cendre, il pria, il jeûna pendant trois jours consécutifs : telle était, on se le rappelle, sa manière de se préparer aux grandes luttes. « Si des mains humaines ne peuvent renverser ce temple odieux, répétait-il dans sa prière, que la puissance divine s'en mêle ! » Alors deux hommes armés de la lance et du bouclier, deux guerriers de l'armée céleste, dit Sulpice, s'offrirent à ses regards, se donnant comme envoyés par Dieu pour le protéger dans son opération et pour mettre en fuite la troupe rustique de ses adversaires. Ils revinrent avec lui au bourg ; et bravement, sous les yeux des païens ahuris, sans que ceux-ci fissent un pas pour s'y opposer, ils se mirent à démolir l'édifice, à briser les idoles, à renverser les autels. L'ouvrage fut bientôt terminé. Les paysans semblaient sortir d'un songe. Ils comprirent qu'une puissance surnaturelle les avait paralysés, et saisis d'une terreur salutaire, ils s'écrièrent d'une seule voix : « C'est le Dieu de Martin qu'il faut adorer, puisque les nôtres sont incapables de se défendre et de nous défendre [1]. » Et toute la population crut en Jésus-Christ. Voilà ce qu'était capable de produire la puissance d'un saint, et ce qui se produit souvent sur son passage.

Des monuments celtiques, des ruines de villas romaines, des arènes ont été retrouvés à Levroux. Ces découvertes confirment à leur manière et l'importance du temple dont

---

[1] *Deum Martini colendum ; idola autem negligenda, quæ nec sibi nec aliis adesse possent.* (*Vita S. Mart.*, 14.) Grégoire de Tours semble s'être souvenu de ces paroles en composant le discours de sainte Clotilde à Clovis : *Nihil sunt dii quos colitis, qui neque sibi neque aliis potuerunt subvenire*, etc. (*Hist.*, II, 29.)

parle Sulpice, et l'emplacement véritable de l'antique *Leprosum*. On croit que cet édifice s'élevait au milieu de la ville, sur le terrain occupé depuis par l'église ; ce qui n'a rien que de vraisemblable, en raison de l'habitude où était saint Martin d'ériger un sanctuaire au vrai Dieu sur les ruines des autels païens qu'il détruisait. Levroux possède, en outre, une tradition d'après laquelle son nom même, qui était auparavant Gabatton, serait dû à un miracle opéré par saint Martin. Un des principaux habitants, le seigneur du lieu, disent les naïfs récits du moyen âge, était atteint de la lèpre. En apprenant la venue de l'homme puissant qui guérissait tant de maux, il se plaça sur son chemin et le supplia d'accepter l'hospitalité dans sa demeure. Son invitation fut agréée ; il lui donna un festin, et le lendemain, à la messe, il reçut de sa bouche le baiser de paix : la lèpre disparut aussitôt. Cette légende, publiée par Labbe d'après une Vie de saint Silvain, qui s'est perdue depuis, figure aussi dans un manuscrit de la bibliothèque de Tours remontant au XIVe siècle [1]. On la retrouve, au commencement du XIIIe, dans le poème de Péan Gâtineau [2] ; mais cet écrivain n'a par lui-même aucune autorité pour les événements accomplis neuf cents ans avant lui. En admettant qu'il l'ait puisée dans cette biographie de saint Silvain, et que celle-ci soit de beaucoup antérieure, on ne saurait encore attribuer une grande valeur à un pareil récit. Une chose curieuse aurait dû frapper, dès le premier coup d'œil, ceux qui l'ont accepté comme authentique [3] : c'est la double ressemblance qu'il présente, d'une part, avec le trait du lépreux purifié à Paris par un baiser de saint Martin, et, de l'autre, avec celui que l'Évangile nous raconte de Zachée. Très probablement, l'auteur primitif a voulu, pour édifier davantage ses lecteurs ou ses auditeurs, mêler ensemble deux exemples mémorables, ou bien la voix populaire s'est chargée d'opérer elle-même

---

[1] No 1024. Cf. *Acta SS. sept.*, VI, 484 ; Dupuy, *Vie de S. Mart.*, p. 152. =
[2] Éd. Bourassé, p. 79. = [3] De ce nombre sont M. l'abbé Dupuy et M. l'abbé Damourette, qui s'est appuyé sur cette légende dans une intéressante communication faite, en 1873, au congrès archéologique de Châteauroux, au sujet des excursions de saint Martin en Berry. (Comptes rendus, p. 414-419.) Son travail nous a cependant apporté sur quelques points des lumières utiles.

cette fusion. Coïncidence singulière, équivalant presque à une preuve : une autre tradition locale affirme, par la bouche de Gâtineau et de plusieurs autres, que ce fameux Zachée et le saint honoré à Levroux sous le nom de Silvain sont un seul et même personnage. Je n'ai point à discuter ce fait peu vraisemblable, dont l'éclaircissement demanderait des recherches approfondies, pour n'aboutir qu'à des résultats incertains. Mais j'en tire seulement cette conséquence que l'histoire du riche lépreux de l'Évangile devait être très familière, dans le moyen âge, aux habitants de Levroux, et qu'elle a fort bien pu inspirer la légende ajoutée à la Vie de saint Silvain. On dit encore que l'évêque de Tours était attiré en ce lieu par sa dévotion toute naturelle pour un disciple du Sauveur : la chose n'a rien d'impossible, et il suffisait que l'on crût de son temps à l'identité des deux bienheureux pour qu'il accomplît un pèlerinage si conforme à ses habitudes. N'allons pas cependant, comme Gâtineau, lui faire recommencer chaque année ce pieux voyage : de telles amplifications ne sont permises qu'aux poètes.

Pour venir de Tours à Levroux, on suivait une de ces voies vicinales que les Romains avaient multipliées sur notre sol dans les derniers temps de leur domination, longeant les bords de l'Indre [1] ; puis on quittait cette vallée vers le point le plus rapproché du bourg de *Leprosum*, et l'on y arrivait en quelques heures de marche. Or, dans ce trajet, on traversait, en dehors de la Touraine, les territoires de Clion (*Claudiomagus*), d'Argy, de Heugnes, de Saint-Martin-de-Lamps, dont les églises paroissiales sont toutes consacrées au bienheureux pontife. A Argy notamment, son souvenir est resté des plus efficaces. Au xiiie siècle, on racontait les incidents de son passage : ici, il s'est reposé au bord d'une fontaine ; là, son bâton et celui de saint Brice, son compagnon, plantés en terre, avaient subitement produit des feuilles et des fleurs. De nos jours, ces récits ne sont pas complètement oubliés. Il est donc bien présumable, comme l'a montré M. l'abbé Damourette [2], qu'il a réellement

---

[1] V. Mabille, *Bibl. de l'École des chartes*, an. 1863, pp. 424, 427. = [2] *Loc. cit.*

suivi cette ligne. Seulement, au lieu de rattacher avec ce dernier l'apparition de Martin dans ces différentes localités à un voyage de Rome, qui, nous l'avons vu, est un fait controuvé, je le rattacherais plutôt à son excursion en Auvergne, dont un texte authentique ne nous permet pas de douter. Dans la direction de cette province, sur les voies menant à Argentomagus (Argenton) et à Mediolanum (Châteaumeillant), on rencontre encore des paroisses placées sous son patronage : Villegongis, Arton, Nohant-Vic, Lacs, près la Châtre, où dans les murs d'une église romane sont encastrés quelques débris provenant d'un temple païen [1] ; peut-être ce lieu a-t-il vu se renouveler la scène de Levroux. Beaucoup d'autres villages du Berry l'honorent également d'un culte particulier et peuvent avoir reçu son enseignement dans un autre voyage, par exemple quand il se rendit à Autun ou quand il en revint, par la grande voie qui allait de cette ville à Bourges et à Tours [2]. Toutefois il est prudent de ne pas se fier, pour ceux-là, au vocable de l'église paroissiale, attendu qu'il peut très bien avoir été donné à la suite du passage du corps de saint Martin, qu'on emporta à plusieurs reprises à travers le Berry, au temps des invasions normandes.

Le pontife missionnaire prit sans doute à Châteaumeillant, où la voie romaine bifurquait, l'embranchement conduisant à Clermont. Sa présence en Auvergne est constatée par Grégoire de Tours, qui était particulièrement au courant des annales de cette province, berceau de sa famille. Son témoignage est ici doublement précieux, parce qu'il nous prouve que Sulpice Sévère n'a pas, comme il le dit lui-même, raconté toutes les pérégrinations de son héros, et que, par conséquent, son silence ne saurait infirmer à lui seul celles que nous pouvons connaître ou deviner par

---

[1] Au xe siècle, on trouvait sur la même ligne, à côté de Châteauroux, une église et un monastère dédiés à saint Martin, avec un donjon appartenant au seigneur de Déols, qui en rendait l'hommage à l'archevêque de Tours. M. Damourette voit encore là un vestige du passage de saint Martin : son opinion a été combattue par M. Palustre. (Congrès de Châteauroux, Comptes rendus, p. 493 et suiv.) = [2] V. la carte des voies romaines de l'Orléanais dressée par Jollois (*Antiquités du Loiret*, pl. 1).

d'autres moyens. On a vu plus haut que le saint était allé prier sur la tombe d'une pieuse vierge appelée Vitaline, ensevelie au bourg d'Arthonne, à quelques lieues de Riom. Il accomplit en ce lieu, ajoute Grégoire, beaucoup d'autres actions qu'il serait trop long de raconter [1]. Évidemment ces actions se rattachaient, comme toujours, à la christianisation du pays. En sortant de là, il reprit la route de la capitale des Arvernes. Les sénateurs de la cité, c'est-à-dire toute l'ancienne noblesse romaine, apprenant qu'ils allaient être honorés de sa visite, s'émurent et se portèrent à sa rencontre, à l'exemple des Parisiens. Ils emmenaient avec eux des chevaux, des chars, de riches équipages. Mais lui, monté modestement sur un âne, assis sur une selle grossière, les vit venir du haut du mont de Belenus, qui dominait le bourg de Riom, et s'écria : « Que me veulent-ils, avec un si pompeux appareil ? » L'un d'eux avait pris les devants ; il lui apprit que les sénateurs d'Auvergne venaient en cérémonie le recevoir. « Ce n'est pas à moi, dit-il, d'entrer dans leur cité avec une pareille ostentation. » Et, tournant bride sur-le-champ, il se mit à fuir. On courut après lui ; on le supplia de revenir, et, pour le prendre par son faible, on lui parla des malades qui attendaient de lui leur guérison. Mais ce fut en vain ; son humilité avait été trop maladroitement effarouchée. Il se contenta d'imposer les mains sur les malades présents, et regagna Arthonne, où il s'arrêta sous un berceau que l'on montrait encore au temps de Grégoire [2]. L'apôtre populaire avait les honneurs en aversion ; il réservait ses faveurs pour les déshérités de la terre.

Cette mission en Auvergne aurait eu lieu, suivant Gervaise et M. l'abbé Dupuy, après le concile de Saragosse, d'où Martin serait revenu par Vienne et les provinces du centre [3]. Mais c'est là une supposition tout à fait inadmissible. Ce concile, on le sait, se réunit en 380 ; d'autre part, le séjour de l'évêque de Tours dans la métropole viennoise eut lieu, comme nous le verrons bientôt, en 389 ou très peu de temps

---

[1] *Glor. Conf.*, 5. = [2] *Glor. Conf.*, 5. = [3] Gervaise, p. 177. Dupuy, p. 121 et suiv.

avant. Ainsi donc, si l'on rattache la mission dont il s'agit au voyage de Saragosse, on ne peut la rattacher au voyage de Vienne, et *vice versa*. Que si l'on adopte le second parti (et c'est le plus raisonnable), il faut parler de l'aller, et non du retour ; car, le saint ayant atteint les bourgs d'Arthonne et de Riom avant d'arriver à Clermont, il est clair qu'il venait du côté du nord, et que, par conséquent, il ne pouvait venir de Vienne. La montagne désignée par saint Grégoire (*mons Belenatensis*) était un des hauts lieux où l'on vénérait la vieille divinité gauloise appelée Belenus, confondue par les Romains avec Apollon. Sa situation exacte est restée longtemps ignorée. M. Longnon l'a tout récemment reconnue, sur les indications de M. Augustin Chassaing, dans le mamelon sur lequel s'élève le village de Saint-Bonnet (Puy-de-Dôme) ; ce point est, en effet, le seul qui remplisse les deux conditions nécessaires d'être sur la voie romaine d'Arthonne à Riom et de dominer cette dernière ville ; de plus, on trouve dans un diplôme du roi Pépin la mention d'une *villa Belenatensis* située auprès de Riom, et qui ne peut être que le moderne Saint-Bonnet[1]. L'identité du lieu semble donc certaine. Mais nous ne savons nullement si le saint évêque y fit œuvre d'apôtre, ni s'il eut l'occasion d'y combattre, comme ailleurs, le culte de Belenus.

Pour le Forez, nous n'avons d'autres indices que des traditions ; mais elles sont nombreuses, et elles empruntent un caractère de quasi-certitude à l'authenticité des voyages de Martin en Auvergne et en Dauphiné. Il est impossible de passer de l'une de ces dernières provinces dans l'autre sans traverser le territoire forésien, et nous sommes forcés de convenir que l'apôtre des Gaules dut l'évangéliser si nous admettons qu'il se soit rendu de Tours à Vienne, ou *vice versa*. Les églises et les légendes sont trop disséminées, dans cette région, pour nous permettre de reconstituer un itinéraire ; il convient cependant d'observer qu'elles sont en partie échelonnées le long des vallées de la Loire et du Gier, qui mènent direc-

---

[1] *Géographie de la Gaule*, p. 491.

tement à la cité dauphinoise : il en existe à Cordelles, à Nervieux, à Cleppé, à Saint-Just, à Feurs, à Cuzieux, à Saint-Martin de Coalieux, à Saint-Romain-en-Jarret, etc. M. Vincent Durand, dans un mémoire plein d'intérêt, a relevé soigneusement sur le sol de sa province tous ces intéressants souvenirs, paroisses, chapelles, pierres, fontaines de saint Martin, empreintes de ses pas ou des pas de son cheval, et il les a trouvées presque toujours accompagnées d'antiquités romaines, ou même préhistoriques : preuve certaine que les lieux où on les rencontre étaient autrefois des centres de population et de paganisme où devaient venir prêcher les propagateurs de l'Évangile[1]. Nous reviendrons sur ces curieux vestiges en étudiant l'histoire du culte de notre grand missionnaire.

Le Bourbonnais, le Nivernais, sont moins fertiles en ce genre que le Forez. Cependant, à mesure qu'on se rapproche du Morvan, les traces se multiplient. Le Bazois, en particulier, passe pour avoir été sillonné par saint Martin. On prétend que le village de Dienne (canton de Saint-Benin-d'Azy) tirerait son nom d'un temple de Diane qu'il aurait entrepris de renverser, et il existe, à deux kilomètres de Montigny-sur-Cannes, un gros silex qui rappelle encore son passage aux pieux paysans des environs[2]. Un bon nombre de paroisses du diocèse de Nevers l'honorent comme leur patron principal ou secondaire. La vénération dont il est demeuré l'objet tout autour de cette ville peut tenir en partie à l'influence de l'abbaye qui s'y éleva plus tard sous son nom ; mais il ne faut pas oublier non plus qu'il traversa lui-même le Morvan, en suivant sans doute la voie romaine qui passait à Decize, et c'est précisément là, c'est sur les confins de ce pays et de l'ancienne Bourgogne, que nous allons lui voir entreprendre une de ses plus importantes campagnes contre le paganisme.

La cité des Éduens (Autun) était encore, au IVe siècle, la citadelle de l'idolâtrie. Le druidisme, traqué partout, avait

---

[1] V. les comptes rendus du Congrès scientifique de France, 42e session, II, 525 et suiv. = [2] *Notice sur le culte de S. Martin dans le Nivernais,* par Mgr Crosnier, p. 8.

rallié autour d'elle ses derniers défenseurs, et, pour le débusquer de ce suprême asile, Rome y avait introduit, prôné, popularisé celle de ses mille divinités dont le culte était le mieux fait pour séduire les sens grossiers de la foule. Au fond des sombres forêts, sur les hauteurs escarpées, s'étaient réfugiés Bibracte, Belenus et les autres génies enfantés par l'imagination celtique ; naguère un collège célèbre leur formait en ces lieux des prêtres et des adorateurs : à présent ils vivaient de leur gloire passée. Mais, dans l'enceinte de la ville romaine et dans les plaines environnantes, c'était la mère des dieux qui trônait, avec son cortège d'eunuques bouffons et de pratiques licencieuses. Le culte de Cybèle, renforcé, à dessein sans doute, des mystères impudiques d'Isis et de Mithra, était devenu entre les mains des conquérants un redoutable instrument de domination : le peuple, en particulier, s'était laissé enchaîner au char de la « bonne déesse », qui l'entraînait sur la pente rapide de la corruption et de la servitude. Le christianisme avait donc là deux ennemis à combattre, et deux ennemis redoutables, puisque l'un s'appuyait sur les vieilles superstitions nationales, et l'autre sur les instincts dépravés de la nature humaine. Il leur livra une double bataille, à peu près vers le même temps, et grâce au courage de deux hommes résolus, de deux pontifs inspirés, la barbarie païenne fut enfin balayée de cette contrée. Le premier, Simplicius d'Autun, eut l'honneur d'extirper le culte infâme de Cybèle ; au second, Martin de Tours, fut réservée la destruction des deux repaires de la monstrueuse religion des druides. Simplicius rencontra un jour, à la porte de la cité, une de ces processions profanes qui rappelaient les *Ambarvalia* des anciens Romains, et qu'on ne put déraciner des habitudes populaires qu'en les remplaçant par les cérémonies chrétiennes des Rogations : c'étaient les dévôts de la grande déesse qui promenaient triomphalement leur idole autour de leurs vergers, demandant l'abondance à celle qui leur apportait la ruine de l'âme et du corps. D'un signe de croix, il arrêta le cortège. Cybèle tomba par terre, et les bœufs qui la traînaient demeurèrent immobiles ; les coups de fouet les plus violents ne purent les faire bouger. Alors tous les assistants se dirent, comme les païens de Levroux, que si la mère des dieux ne pouvait absolument rien ni pour eux ni pour elle-même, sa divinité devenait bien problématique. Ils crurent stimuler son amour-propre en lui sacrifiant sur-le-champ quelques victimes. Mais, quand ils virent qu'elle restait impuissante malgré tout, ils l'abandonnèrent sur place. Instruits ensuite par l'évêque, ils vinrent grossir le troupeau des chrétiens, et c'est ainsi que le paganisme romain perdit son prestige et ses partisans à Autun[1]. On croirait, a dit en citant ce trait M. Beugnot, lire un épisode de la vie de saint Martin. Le fait est qu'il rappelle sigulièrement un de ceux dont Sulpice nous a transmis le récit. L'évêque de Tours rencontra de même, dans une de ses tournées, une procession rustique, et, apercevant de loin des voiles blancs s'agiter, il crut que c'étaient des païens qui faisaient faire à une de leurs idoles le tour de leurs champs ; car telle était, observe l'historien, la coutume des paysans de la Gaule. Il traça, comme Simplicius, un signe de croix, qui les frappa d'immobilité. Mais, en s'approchant, il reconnut que ces pauvres gens portaient en terre un des leurs, et alors, pris de compassion, il leva la main et leur permit de continuer leur marche ; car il tolérait bénignement tout ce qui ne constituait pas une cérémonie sacrilège[2]. La différence du dénouement nous interdit de penser que l'anecdote rapportée par Grégoire de Tours sur l'évêque d'Autun soit une imitation de celle-ci : nous devons ajouter foi à l'authenticité de l'une et de l'autre ; mais il était intéressant de faire ce rapprochement, ne fût ce que pour signaler la conformité de procédés des pontifes chrétiens en face des manifestations de l'idolâtrie à son déclin.

Martin se rendit-il dans le pays des Éduens, comme on l'a supposé[3], au retour de son premier voyage de Trèves, auprès de l'empereur Valentinien ? Rien ne le prouve : c'est en 372 qu'il fit ce voyage, ainsi qu'on l'a vu plus haut, et Sulpice nous le montre en Bourgogne, ou du moins à Sens,

---

[1] Grég. de Tours, *Glor. Conf.*, 77. = [2] *Vita S. Mart.*, 12. = [3] Bulliot, *Revue celtique*, II, 21 et suiv.

vers 377 [1]. Cette dernière date est donc plus vraisemblable; car toutes ses missions dans cette province, à Autun, à Dijon, à Beaune et dans le Sénonais, doivent se rapporter à une même tournée; et il n'est pas nécessaire, pour qu'il ait évangélisé un pays, qu'il y ait été amené par les circonstances : nous en aurons bientôt la preuve. D'ailleurs, le chemin de Trèves à Tours était bien plutôt par Paris que par la Bourgogne. Toujours est-il que, s'il trouva l'Autunois purgé des abominations cybéliennes, il y rencontra d'autres superstitions fort tenaces, et ces superstitions, nous allons le reconnaître, ne pouvaient être que les débris du druidisme. En parcourant les environs d'Autun, il rencontra, nous apprend Sulpice, un sanctuaire païen, et manifesta l'intention de le renverser. Le bruit s'en répandit aussitôt dans la campagne : cela fit émeute; une multitude de paysans, apprenant qu'on voulait réduire en poussière l'objet de leur vénération, s'assembla, prit des armes, et vint entourer, menaçante, le pauvre missionnaire sans défense. Un des plus exaltés de la bande, irrité de son calme, brandit sur sa tête une hache ou quelque autre outil tranchant. Martin, croyant sa dernière heure venue, rejeta son manteau en arrière et tendit le cou au bourreau. Mais celui-ci, en levant le bras plus haut afin de mieux frapper, tomba violemment à la renverse. Un châtiment si instantané changea les dispositions de la foule. Le destructeur des idoles apparut à ses yeux comme le protégé du Ciel. Le coupable se jeta le premier à ses genoux, implorant un pardon qui ne coûtait guère à son cœur généreux. Il y eut encore, ce jour-là, une belle moisson pour l'apôtre de Jésus-Christ; car, ajoute à ce propos son biographe, lorsque les paysans s'opposaient à ce qu'il renversât leurs autels, il les adoucissait tellement par sa parole, il faisait si vite pénétrer dans leur âme la lumière de la vérité, qu'eux-mêmes se chargeaient de la démolition [2]. Tel fut donc très probablement le résultat final de cette audacieuse campagne.

En quel lieu notre apôtre a-t-il remporté une aussi mémo-

---

[1] Une vingtaine d'années avant sa mort. (*Dial.* III, 7.) — [2] *Vita S. Mart.*, 15.

rable victoire, et quel adversaire du vrai Dieu a-t-il dû détrôner dans ce temple rustique ? Le culte de Cybèle ne fut pas aboli par lui, nous venons de le voir. D'un autre côté, la scène se passait en pleine campagne[1], et les agresseurs appartenaient tous à la classe agricole. Il se s'agissait donc, ce semble, ni du sanctuaire de la déesse romaine, ni de celui de Saron, petit-fils de Samothès, père des Gaulois, qui s'élevait à la porte d'Autun et que Martin passe pour avoir transformé en église de Saint-Pierre-et-Saint-Paul, église remplacée plus tard par le célèbre monastère mis sous sa propre invocation[2]. D'ailleurs, l'édifice sacré défendu par la coalition des paysans ne fut pas transformé, mais détruit, suivant le système très prudent adopté par le saint missionnaire. Il faut donc plutôt le chercher à quelque distance de la capitale des Éduens. Or, à cinq lieues de cette ville, du côté de l'ouest, et précisément sur la route de Tours, qui passait par Decize et Bourges, se trouvait, au milieu des ruines d'une antique cité gauloise mentionnée par César, un pèlerinage païen très fréquenté par les populations du Morvan. Elles y honoraient un de ces génies des eaux placés par l'esprit superstitieux des Celtes au bord de toutes les fontaines et de toutes les rivières : c'était Bibracte, nom commun à la déesse et à la ville. Cette nymphe présidait à la formation de plusieurs ruisseaux d'une certaine importance, partant de la montagne qui s'est appelée de son nom le mont Beuvray. Il y avait là, en outre, une source d'eau chaude visitée par les malades, qui ne manquaient pas d'en attribuer les effets salutaires à la protection de la divinité locale, comme on le faisait à Divone, à Luxeuil et dans beaucoup d'autres stations thermales. Les habitants d'Autun vénéraient eux-mêmes Bibracte ; car on a découvert dans leur cité, près d'un ancien temple d'Apollon, un ex-voto offert à cette déesse, portant son nom et son image. Au Beuvray même, on a retrouvé les fondements d'un temple antique sur les ruines duquel s'est élevée de très bonne heure une chapelle

---

[1] Sulpice nous dit seulement : *In pago Æduensi*. Mais il ne se sert jamais du terme de *pagus* quand il raconte un fait arrivé dans une ville. — [2] V. *Acta SS. aug.*, VI, 87. Martène, *Hist. de Marmoutier*, I, 34. Dupuy, *op. cit.*, p. 155.

portant le nom de saint Martin. Enfin, des monnaies romaines ont été recueillies parmi ses ruines, et la plus récente d'entre elles date précisément du règne de Valentinien, mort en 375[1]. On doit conclure de tout cela que c'est le mont Beuvray qui a été le théâtre de la périlleuse expédition de l'apôtre, et que c'est le sanctuaire de Bibracte qui a été détruit à son instigation, vers 377. D'autres médailles exactement du même âge ont été exhumées, avec l'ex-voto dont je viens de parler, d'un antique puits recouvert d'une dalle; ce qui a fait penser à M. Bulliot, dont les recherches ont projeté une vive lumière sur ces points obscurs, que les ministres du paganisme, effrayés par le succès de Simplicius et de Martin, avaient enfoui, à l'exemple des prêtres de Ségeste, et pour les mettre en sûreté, les objets les plus précieux de ce temple isolé, les offrandes, les pièces d'argent déposées par les pèlerins : en effet, les puits ont très souvent servi de cachette aux païens, et l'on y a quelquefois découvert des autels entiers. J'irais volontiers plus loin, et je croirais plutôt, en me fondant spécialement sur le synchronisme fourni par ces monnaies, que c'est au moment même du passage de l'évêque de Tours, et non après, qu'a eu lieu cet enfouissement ; car, s'il était postérieur, la série des médailles retrouvées devrait aller au moins jusqu'à Gratien, qui régnait depuis 375. La terreur semée dans le camp des idolâtres par l'approche d'un si fameux adversaire suffisait pour leur dicter des mesures de précaution extraordinaires. On peut supposer aussi que les païens convertis par sa chaude parole auront voulu, avec l'ardeur des néophytes, faire disparaître tous les monuments du culte abjuré par eux, y compris les deniers souillés par une destination sacrilège ; et cette conjecture s'accorderait peut-être mieux avec ce que nous dit Sulpice de leur empressement à renverser leurs autels.

---

[1] V. Bulliot, *Revue celtique*, I, 316 et suiv.; II, 21 et suiv. La question de l'emplacement de l'antique cité de Bibracte a été très vivement discutée. Plusieurs archéologues ont tenu longtemps pour Autun, et récemment encore cette opinion a été défendue avec plus d'animosité que d'arguments convaincants par M. Rossigneux (*Quest. hist.*, I, 427 et suiv.); mais ses partisans ont disparu peu à peu, et M. Longnon a prouvé l'identité absolue des noms de Bibracte et du Beuvray. (Procès-verbaux du Congrès scientifique tenu à Autun en 1877, p. 18.)

En tout cas, il est difficile de ne pas reconnaître dans l'ensemble de ces faits un éclatant triomphe de Martin sur les vieilles superstitions druidiques, dont un des éléments essentiels était cette vénération persistante et générale pour les génies des eaux. Les usages traditionnels des paysans confirment l'autorité de la version que je crois devoir adopter ici. Durant de longs siècles, ils se sont rassemblés chaque année, le premier mercredi de mai, au sommet du Beuvray, pour demander, non plus à la déesse Bibracte, mais à son illustre remplaçant, protection et santé. De nos jours même, ils y retournent quelquefois, et de curieux vestiges des anciens rites païens se mêlent aux pratiques de leur dévotion mal éclairée : ceux qui redoutent les sorts s'agenouillent auprès de la fameuse fontaine en jetant derrière leur épaule gauche une baguette de coudrier ; les fiévreux boivent de son eau ; les nourrices s'y lavent le sein et déposent sur ses bords soit un œuf, soit un sou (réminiscence évidente des pièces de monnaie offertes jadis à la nymphe). On montre aussi, sur un rocher voisin, l'empreinte d'un pas d'âne dû, à ce que l'on prétend, à l'humble monture du courageux missionnaire. L'antique chapelle de Saint-Martin a disparu à son tour ; mais, pour conserver de si vénérables souvenirs, et pour affirmer sa légitime confiance dans une tradition corroborée à la fois par les textes et les monuments, la Société archéologique française a fait ériger sur son emplacement, en 1851, une croix de pierre imposante, avec une inscription relatant le passage de l'apôtre des Gaules[1] ; et plus récemment, au mois de septembre 1876, un nouvel oratoire, élevé au même endroit, a reçu du successeur de Simplicius la consécration liturgique. Je ne saurais mieux faire, pour indiquer toute la portée de l'événement qu'il rappelle, que d'emprunter à Mgr Perraud quelques-unes des paroles sorties à cette occasion de sa bouche éloquente :

« Ici trois mondes se sont donné rendez-vous et se touchent.

---

[1] V. Joanne, *Auvergne, Morvan*, etc., p. 131 et suiv.

« Ici le druidisme de nos ancêtres gaulois a eu un de ses sanctuaires les plus vénérés dans le pays éduen. Ici, pendant plus de trois siècles, l'indifférentisme religieux des Romains a couvert de son patronage un culte national trop cher à l'esprit des populations pour qu'il ne fût pas plus habile de le protéger que de le proscrire.

« Ici enfin, ce grand combattant de la foi, cet évêque en qui se personnifie si bien, au déclin de la société romaine et presque à l'aurore de notre histoire nationale, la lutte acharnée des deux civilisations, saint Martin, est venu frapper un de ses coups les plus décisifs, ruiner tout à la fois le paganisme sincère des populations gauloises et le paganisme officiel de l'administration romaine, et dresser avec la croix l'autel de Celui à qui seul il appartient de régner sur les cœurs, parce qu'il est Dieu[1].

Un autre épisode de la guerre livrée par l'ardent prosélyte du Christ aux débris du culte druidique eut probablement pour théâtre la ville d'Autun ou ses environs. Sulpice l'a raconté sans désigner le lieu de la scène. Mais, comme la tradition de cette ville veut qu'elle se soit passée sur son territoire, à côté du temple de Saron, et à l'endroit occupé depuis par le monastère de Saint-Martin[2], comme ce pays était le dernier refuge de la vieille religion des Celtes et que le fait dont il s'agit se rattache évidemment à l'extirpation de ses pratiques les plus persistantes, il doit trouver ici sa place. Le saint évêque venait de détruire encore un temple antique. Près de cet édifice s'élevait un grand pin, entouré par les païens d'une vénération toute particulière. Nous avons vu que le culte des arbres et des forêts, fort répandu dans toutes les parties du monde ancien, depuis la Germanie jusqu'à l'Orient biblique, était surtout en honneur chez les

---

[1] *Semaine religieuse de Tours*, an. 1876, p. 442. — [2] V. dom Pitra, *Saint Léger*, p. 223. Péquégnot, *Légendaire d'Autun*, II, 430. Courtépée, art. *Abbaye de Saint-Martin d'Autun*. Sulpice Sévère est cependant peu favorable à cette tradition. Il place l'événement *in vico quodam*, terme dont il ne se sert point en parlant des *civitates*. En outre il dit un peu plus loin que ce pays ne comptait presque pas de chrétiens auparavant : *Pæne nulli in illis regionibus Christi nomen receperant*. Ces mots ne peuvent s'appliquer à une cité épiscopale de l'importance d'Autun. Mais l'auteur peut avoir voulu parler d'un bourg de l'Autunois.

Gaulois [1]. Le chêne et le gui dont il se couvrait leur étaient sacrés. Le pin, dont les branches abritaient les idoles dans les processions, était placé par eux, comme un symbole ou comme un génie protecteur, à la porte de leurs temples ; et de là, sans doute, vient cette habitude séculaire, conservée jusqu'à nos jours en Touraine et ailleurs, de planter auprès des châteaux et des maisons de campagne de quelque importance un ou deux arbres de cette espèce qu'on laisse monter très haut, comme pour signaler de loin l'habitation aux voyageurs. Les habitants du lieu avaient laissé démolir l'asile de leurs divinités ; mais telle était leur adoration pour ce fétiche de bois et de feuillage, qu'ils ne voulurent pas qu'on y touchât. Martin s'apprêtait à l'abattre ; il leur démontrait avec bonté qu'il n'y a aucune puissance divine dans un tronc d'arbre, que celui-là était consacré aux démons, que c'était un objet maudit, dont il fallait se débarrasser. Un des opposants, plus obstiné que tous les autres, lui dit alors, avec la grosse malice du paysan de nos contrées : « Eh bien, nous le couperons nous-mêmes, cet arbre, si vous voulez seulement vous mettre dessous au moment de sa chute. » L'apôtre, plein de confiance dans la protection du Seigneur, qui en pareil cas ne lui faisait jamais défaut, accepte la condition. Les païens se réjouissent déjà, à l'idée de se voir délivrés de l'irréconciliable ennemi de leurs dieux. Ils le placent donc sous le pin, qui penchait d'un côté, et l'attachent là très solidement, de manière à être bien sûrs que l'arbre tombe sur lui ; puis ils se mettent à saper le tronc avec une joie maligne. La foule regardait de loin ce spectable effrayant. Dans ses rangs se trouvaient des moines, les compagnons ordinaires de l'évêque, ses auxiliaires, que l'épouvante paralysait : ils voyaient leur chef perdu et n'avaient plus d'espoir. Tout à coup un craquement sinistre se fait entendre. Le pin vacille, il s'abaisse sur Martin ; mais celui-ci, tranquillement, lève la main et, suivant sa coutume, trace le signe de la croix. Alors, comme poussé en arrière par une rafale impétueuse, l'arbre s'en va tomber du côté

---

[1] *Exod.*, xxxiv, 13. *Deuter.*, xvi, 21. Tacite, *Germ.*, 9. Lucain et Claudien, *passim*.

opposé, écrasant presque les paysans qui se tenaient là en toute sécurité. Un double cri s'élève vers le ciel : cri de stupeur de la part des païens, cri de triomphe de la part des moines. Puis le résultat ordinaire se produit : le nom du Christ est acclamé par les uns et les autres, et de toute la gent idolâtre, presque innombrable dans le pays, car à peine y connaissait-on ce nom sacré, il ne reste bientôt plus rien : tout le monde a reçu l'imposition des mains, tout le monde aspire au baptême. Au moment où Sulpice écrivait le récit de cette scène émouvante, c'est-à-dire fort peu de temps après, la foi avait tellement pris possession de cette région, qu'on n'y rencontrait plus un seul lieu habité sans église ou sans monastère [1]. Le culte des arbres devait cependant survivre longtemps encore dans les campagnes gauloises, et plus d'un missionnaire eut par la suite à lutter contre les pratiques étranges qui en dérivaient. Les vies de saint Maurille, de saint Amand, de saint Valery, de saint Hubert, nous en offrent des vestiges bien reconnaissables. Jusqu'en Italie, nous voyons un saint évêque, Barbatus de Bénévent, obligé de faire abattre, à l'exemple de son illustre collègue, un grand arbre adoré par les Lombards, et beaucoup plus tard saint Boniface de Mayence eut à combattre des superstitions analogues dans le nord-ouest de l'Europe [2].

Dans le reste de la Bourgogne, les traces de l'apostolat de saint Martin sont moins authentiques, quoiqu'il paraisse bien avoir traversé cette province tout entière. A Beaune et autour de cette ville, on trouve tout un groupe de légendes concordant assez bien avec la direction qu'il dut suivre (n'oublions pas que nous avons à Sens un jalon matériellement certain). Le historiens locaux veulent qu'il ait évangélisé l'ancien *castrum* beaunois et qu'il ait laissé son nom à plusieurs églises ou chapelles, dont une était voisine des sources de l'Aigue et de la Bouzoise. L'abbaye placée de temps immémorial sous son invocation, à Beaune, passe également pour un vestige de son passage, qui aurait eu

---

[1] *Vita S. Mart.*, 13. Quelques auteurs ont, je ne sais pourquoi, altéré cet épisode en substituant un chêne au pin. = [2] Della Vita, *Thesaur. antiq. bened*, II, 57. P. Cahier, *Caractérist. des saints*, p. 65. Maury, *Hist. des grandes forêts*, etc.

pour but la destruction du culte de Belenus (origine du nom de Belna). Une voie romaine, les ruines d'un temple druidique ou soi-disant tel, une légende attachée, avec le souvenir du saint, aux rochers de Renouille, ont fait penser qu'il avait été prêcher à Mavilly, bourg situé auprès de la même ville. Des traditions analogues le font venir à Saint-Romain, où existaient encore, en 1825, deux statues de saint Nebo et saint Pluto, qui seraient tout bonnement un Pluton et un Neptune antiques, passés à l'état d'images pieuses à la suite de ses prédications : si puissante qu'ait été sa parole, on se figure difficilement une transfiguration aussi subite. Non loin de là, sur la ligne tracée par la vallée sauvage de Vauchignon, quatre localités, Nolay, Decize, Sampigny et Vauchignon même, l'honorent comme leur patron. Un rocher voisin s'appelle *l'autel de Saint-Martin ;* mais c'est peut-être un ancien autel druidique sanctifié simplement par son nom, comme il est arrivé en tant de lieux [1]. En remontant un peu vers le nord, on rencontre un antique village appelé autrefois Lassey ou Saint-Martin de Lassey, et aujourd'hui Sainte-Sabine, en l'honneur de cette bienheureuse, dont les reliques y furent apportées de Rome au XIIe siècle. L'évêque de Tours, s'étant arrêté à cet endroit, dit-on, fit sortir de terre une source, devenue depuis un but de pèlerinage, renversa un temple de Belenus, et bâtit à sa place une église. Les substructions d'un édifice païen, découvertes il y a une trentaine d'années avec la statue de cette divinité gauloise et de nombreux ex-voto, une très ancienne chapelle de Saint-Martin, dont quelques débris sont enclavés dans l'église paroissiale actuelle, le nom de *chambre de Saint-Martin* conservé à un vieux bâtiment composé d'une seule pièce, tels sont les principaux appuis de la légende locale, qui remonte, du reste, aux âges les plus reculés [2]. Bellenot-sous-Pouilly rattache également l'origine de son nom et le vocable de sa

---

[1] Communications de M. Bavard, curé de Volnay, et de M. Voillery, aumônier à Dijon. Cf. P. Guillemot, *Mém. de l'Acad. de Dijon*, an. 1851. M. le curé de Volnay a réuni, dans un récit poétisé, toutes les légendes relatives au passage de S. Martin dans cette contrée. (*Légendes bourguignonnes*, Tours 1873. *Semaine religieuse de Tours*, an. 1877, p. 537 et suiv.) = [2] Communications de MM. Denizot, curé de Moret, et Cauvard, curé de Sainte-Sabine.

paroisse à un antique sanctuaire de Belenus, qui aurait été démoli par l'intrépide missionnaire. Il est certain que ce dieu avait des autels dans toute la contrée que nous parcourons, et que, formant, comme je l'ai déjà dit, un centre druidique très important, elle méritait plus qu'une autre de fixer l'attention et les efforts de l'apôtre des Gaules. A son tour, la ville de Dijon aurait eu l'honneur de sa visite, dont le souvenir se serait notamment perpétué dans l'ancienne église du village voisin de Fontaines ; mais il a pâli depuis devant la glorieuse mémoire d'un autre saint, dont la naissance a fait à ce petit bourg une célébrité, saint Bernard, abbé de Clairvaux [1]. L'Auxerrois ne possède que des vestiges insignifiants : la dévotion particulière de ce pays envers le bienheureux évêque tient à une tout autre cause. Mais la ville d'Avallon montrait naguère avec orgueil un prieuré et une chapelle de Saint-Martin reposant sur les fondations du temple d'Apollon, renversé encore, assure la tradition, par l'infatigable adversaire du paganisme [2]. Aucun de ces faits n'offre par lui-même un élément suffisant de certitude ; cependant leur ensemble ne laisse pas que de concorder d'une manière frappante avec l'itinéraire probable et presque obligé du saint, ainsi qu'avec la parole formelle de son biographe, disant qu'il détruisait sur sa route les monuments de l'idolâtrie pour élever sur leurs ruines des sanctuaires au vrai Dieu [3]. Enfin, à Sens, ou dans les environs, nous ressaisissons notre fil conducteur. Sulpice rapporte que, depuis quelque temps, un bourg de ces parages était dévasté chaque année par une grêle terrible. Les habitants, désespérés, prirent enfin le parti de recourir au puissant thaumaturge, et lui envoyèrent en ambassade, sans doute au moment de son passage dans le pays, l'ancien préfet Auspicius, une des principales victimes du fléau. Martin, avec sa condescendance habituelle, se rendit à leurs vœux : il vint, il pria, et la grêle disparut de leur territoire pour ne plus y reparaître que l'année de sa mort, comme si le ciel eût voulu montrer que c'était bien à

---

[1] Communication de M. Voillery. = [2] Gally, *Notice sur S. Martin.* = [3] *Vita S. Mart.*, 13.

son intervention et à sa présence sur la terre qu'ils devaient le salut de leurs récoltes. « Et si l'on me demande des preuves de ce fait merveilleux, ajoute l'historien, j'invoquerai le témoignage du Sénonais tout entier[1]. » Cette région entendit donc certainement la parole féconde du bienheureux pontife.

En se rendant de Poitiers aux Alpes afin d'aller revoir sa famille, alors qu'il n'était encore que le clerc de saint Hilaire, Martin avait déjà dû traverser la Bourgogne. C'est aussi à cette époque, et non, comme le veulent quelques auteurs, dans un de ses voyages à Trèves, qu'il eut l'occasion d'évangéliser cette partie de l'antique Séquanie qui a formé plus tard la Franche-Comté. Toutefois, ici encore, ses stations ne sont désignées que par les traditions locales. Il paraît s'être quelque peu détourné de sa ligne directe pour gravir le mont Roland, près de Dôle, soit dans le but d'aller prier dans un sanctuaire vénéré, qui s'élevait dès lors sur la cime de cette montagne, soit avec la pensée de balayer encore quelques-uns de ces vieux vestiges du paganisme, si fréquents sur les hauteurs. C'est du moins l'opinion accréditée dans le pays et consignée dans certains écrits d'un âge assez récent, comme les mémoires sur la ville de Dôle, composés au xvie siècle par Louis Golut, maire et jurisconsulte, lequel se fondait, paraît-il, sur plusieurs titres du prieuré de Jouhe, aujourd'hui disparus. Martin passait de plus pour avoir consacré un autel au même lieu : or, précisément dans un ancien autel de l'église du mont Roland, détruit au moment de la guerre des Espagnols, en 1646, on a trouvé une bandelette de parchemin contenant ces mots : *Martinus episcopus me consecravit*. Il y a donc lieu de croire tout au moins à l'antiquité de la tradition[2]. Du reste, l'évêque de Tours a été de tout temps honoré par la Franche-Comté comme un des apôtres de la Séquanie, avec saint Lin, saint Ferréol et saint Ferjeux. Là encore nous retrouvons à chaque pas des églises et des fontaines portant son nom[3].

[1] *Dial.* III, 7. = [2] Communication du P. Biron. Cf. la *Notice historique sur le pèlerinage de N.-D. du mont Roland*, Dôle, 1858, p. 8-11. = [3] Communication de M. le curé de Moncey (Doubs).

De cette province, Martin gagna probablement la *Sapaudia,* qui comprenait une bonne portion de la Suisse française, et de là, comme nous l'avons vu plus haut, l'un des passages du Saint-Bernard ; car le chemin du Saint-Gothard, que certaines légendes lui font suivre, ne fut pratiqué que vers le xiie siècle. Plusieurs historiens anciens lui attribuent l'évangélisation de la petite partie des cantons d'Uri, de Schwitz et d'Unterwald qui pouvait être alors habitée. Son culte est demeuré très populaire dans toute cette région ; et une inscription du vi^e siècle nous le montre établi à cette époque au fond de l'Argovie[1]. A la rigueur, il peut avoir poussé jusqu'au centre de l'Helvétie en se rendant en Italie ou en en revenant. Toutefois nous ne sommes pas en état de l'affirmer, et la marque de ses pas offre beaucoup moins de consistance dans ces montagnes reculées que dans le Valais et la Tarentaise, où j'ai déjà eu l'occasion de la signaler. En tout cas, l'on peut dire d'une manière générale qu'il a prêché la foi en Suisse, et le peu que nous savons sur l'état de ce pays au ive siècle nous laisse à entendre que sa mission dut y être fort laborieuse, car les idoles romaines comptaient une multitude d'adorateurs et demeurèrent très longtemps debout chez les Helvètes[2].

---

[1] Communication du P. Meir, bibliothécaire de l'abbaye d'Ensiedeln. Cf. Hartman, *Comment. rer. Helvet.*, ms. 416 d'Einsiedeln, p. 12. Fassbind, *Hist. du canton de Schwitz*, I, 16. = [2] V. Beugnot, *Destr. du pagan.*, I, 307.

CHAPITRE III

APOSTOLAT DE SAINT MARTIN DANS LE MIDI — CARACTÈRE GÉNÉRAL
DE SES MISSIONS

 N doit s'attendre à rencontrer beaucoup moins de traces de l'apostolat de saint Martin dans la Gaule méridionale. Les événements ne l'attirèrent pas aussi souvent de ce côté, et, d'autre part, les provinces du midi, plus romaines, et par conséquent plus chrétiennes, moins imbues des superstitions druidiques, offraient à son prosélytisme un champ moins vaste : ce robuste moissonneur, qui « ne refusait pas le travail », même à l'article de la mort, allait de préférence où les épis étaient plus serrés et la tâche plus rude. Cependant il entreprit aussi quelques missions au sud de Tours. Le Poitou, notamment, fut sillonné par lui, mais surtout à l'époque où il n'était encore que le moine de Ligugé. Dans le cours de son épiscopat, il ne dut le traverser que pour se rendre au concile de Bordeaux, et c'est à ce voyage qu'il faut aussi rattacher son apparition dans le pays de Saintes, mentionnée par Grégoire[1].

---

[1] *Virt. S. Mart.*, IV, 31. D. Chamard la place cependant à l'époque où il habitait Ligugé.

La voie romaine qui conduisait de Tours à Poitiers faisait un détour par Loches et Ligueil[1] : elle touchait, entre autres, le territoire des Ormes (autrefois les Ormes-Saint-Martin), et celui de Cenon, deux paroisses dédiées au bienheureux pontife. Celle qui continuait de Poitiers à Saintes effleurait Vivonne, Couhé, Vançais, Sepvret : tous ces villages sont également placés sous son patronage. Il y a donc lieu de penser que ces différentes localités ont entendu sa prédication, comme l'a déjà fait remarquer dom Chamard[2]. Un peu à droite de la seconde voie, on laissait la ville de Melle, déjà connue par son atelier monétaire. Peut-être le saint missionnaire se dérangea-t-il de sa ligne directe pour aller la visiter, car on trouve autour d'elle un groupe de noms de lieux ou de vocables d'églises assez significatif : l'Enclave-de-la-Martinière, Saint-Martin-lez-Melle, Saint-Martin de Montigné, Saint-Martin de Paizay-le-Chapt, Saint-Martin de Thorigné, Saint-Martin d'Entraigues. Mais c'est à peu près tout ce que l'on peut accorder sans scrupule au savant bénédictin. Lorsque, poussant jusqu'au bout les conséquences d'un système trop absolu, il croit reconnaître la trace positive du fondateur de Ligugé dans toutes les paroisses du Poitou qui l'honorent comme patron ou qui possèdent une fontaine portant son nom, par exemple à Anché, à Joussé, à Brion, à Usson, à Saint-Martin-l'Ars, à Bignoux, à Lavoux, à Pouillé, etc. etc.[3], il est vraiment difficile de le suivre aussi loin. Sans doute la plus grande partie de cette province, et surtout les environs de Ligugé, retentirent de la parole de l'apôtre; sans doute une quantité de lieux conservèrent de précieux souvenirs de son passage. Mais vouloir désigner, sous la foi d'un vocable ou d'une légende, tous ceux où il gagna quelques âmes à Dieu, lorsque nul indice plus précis ne nous y autorise, c'est, il me semble, forcer quelque peu le sens et la portée du canon de Carthage qui sert de base à cet ingénieux système.

Un ensemble assez imposant de traditions locales fait venir

---

[1] *Bibl. de l'École des Chartes*, an. 1863, p. 419. = [2] *S. Martin et Ligugé*, p. 53.
[3] *Ibid.*, 56, 57. Cf. l'*Hist. ecclés. du Poitou*, par le même, p. 344 et suiv.

saint Martin jusque dans le bas Poitou (Vendée) et dans les îles voisines. Le bourg de Chaix, près du Pèlerin, et plusieurs paroisses des environs ont gardé religieusement sa mémoire. Vers l'autre extrémité de cette région, au Gué-de-Velluire, à la Pommeraie, à Saint-Martin-de-Fraigneau, à Saint-Martin-l'Ars en Sainte-Hermine, au Bernard, etc., son culte s'est également perpétué, et presque toujours à côté de ruines gallo-romaines, de débris celtiques, de voies anciennes [1]. Cette curieuse coïncidence, fréquente partout, est ici très accusée. On n'en peut, sans doute, rien tirer d'absolument certain. Il ne faut cependant pas oublier que, si la Vendée ne se trouva point, comme le haut Poitou, sur le passage du bienheureux pontife dans un des voyages authentiques mentionnés par ses historiens, son long séjour à Ligugé, la grande étendue de l'ancien diocèse de Poitiers, où il prêcha d'abord la foi sous la direction de saint Hilaire, et qui allait jusqu'à l'Océan, prêtent une certaine force aux traditions répandues dans tous ces parages. Ce qui pourrait plutôt leur enlever de l'autorité, c'est que l'on se heurte, pour le territoire vendéen, contre un écueil semblable à celui que nous avons rencontré dans le diocèse de Liège. Un homonyme de l'évêque de Tours, saint Martin de Vertou, a évangélisé de nouveau, au vi{e} siècle, cette contrée célèbre, aussi obstinée jadis dans les superstitions païennes qu'elle a été fidèle depuis aux croyances catholiques. Il a laissé, lui aussi, des traces de son apostolat, et, par la suite, il a été plus d'une fois confondu avec son devancier; certaines églises rattachent même leur origine à un saint Martin, sans trop savoir lequel des deux elles doivent honorer comme leur fondateur. Il me semble toutefois que la confusion a dû se faire plus souvent au profit de l'abbé de Vertou qu'à son préjudice. C'est, en effet, ce qui a eu lieu dans le domaine de l'histoire ou de la légende. Par exemple, un religieux de son monastère n'a pas hésité à lui attribuer, dans sa biographie, un pèlerinage à Rome en compagnie de saint Maximin, pèlerinage effectué, en réalité, par notre saint Martin [2]. En faisant honneur à

---

[1] Communications de dom F. Plaine et de M. l'abbé Baudry. — [2] V. *Acta SS. oct.,* X, 811.

son personnage de ce qui ne lui appartenait pas, cet auteur a pu être de bonne foi; mais il n'a pas prévu qu'il viendrait un jour des critiques fâcheux, qui se demanderaient comment un prêtre poitevin du vi° siècle a pu voyager avec un évêque de Trèves du iv°, et rendraient impitoyablement à César ce qui est à César. Un autre ancien hagiographe conduit, par le même procédé, saint Martin de Vertou dans les gorges des Alpes et dans mille pays différents; il vante la dévotion que le monde entier professe pour sa mémoire, et cite, parmi les peuples qui le vénèrent le plus, les Allemands, les Espagnols, les Français, les Écossais, les Anglais, les Bourguignons. Malheureusement pour lui, le plagiat ou la méprise est ici de toute évidence : ces peuples sont justement ceux qui rendaient un culte particulier à notre illustre pontife, et lui seul a joui d'une notoriété aussi universelle, tandis que la renommée de son homonyme n'a guère dû dépasser les limites de sa province [1]. L'historien de saint Vivence raconte à son tour que son héros, mort vers l'an 400, rencontra dans le pays d'Herbauges saint Martin de Vertou, demeura deux mois avec lui et vint ensuite trouver saint Hilaire de Poitiers, revenu depuis peu de son exil : encore une confusion manifeste, puisque l'abbé de Vertou n'a pu être contemporain ni de Vivence ni d'Hilaire [2]. Ainsi, au lieu d'enlever à cet apôtre local pour donner à l'apôtre des Gaules, on faisait plutôt l'inverse. Le souvenir du saint le plus ancien se trouvant éclipsé chez les fidèles par le souvenir du plus récent, ils étaient naturellement portés à prêter au second une partie des faits et gestes du premier. Un savant ecclésiastique du siècle dernier, qui a eu l'occasion d'effleurer la question dans un mémoire édité depuis par M. Benjamin Fillon, est arrivé à peu près à la même conclusion : après avoir signalé l'incertitude qui règne sur le véritable patron des églises de Vendée consacrées à saint Martin, il déclare tenir, par

---

[1] *Acta SS. oct.*, X, 804. La confusion est encore plus visible quand on étudie de près la légende de S. Martin de Vertou : on y retrouve les fontaines surgissant miraculeusement, le bâton qui reverdit, et d'autres détails tirés de la légende de S. Martin de Tours. = [2] *Acta SS. jan.*, I, 807. D'autres écrivains ont mêlé l'histoire de ce saint à celle de S. Martin de Saintes ou de S. Martin de Dume.

prudence, pour l'évêque de Tours[1]. Cette opinion est, du reste, beaucoup plus conforme aux traditions du littoral bas-poitevin, qui, dans le récit de la conversion des anciens habitants, associent au nom de Martin ceux d'Hilaire et d'Ambroise, c'est-à-dire de l'illustre maître de notre saint missionnaire et d'un de ses disciples. Elle s'accorde aussi beaucoup mieux avec les découvertes archéologiques : une lampe en terre cuite de la fin du IVe siècle ou du commencement du Ve, trouvée à Rêzé (Loire-Inférieure), atteste, en effet, par sa décoration, que le christianisme n'a nullement attendu l'époque de Martin de Vertou pour fleurir dans les campagnes vendéennes[2]. Et précisément l'ancienne cité de Rêzé était le chef-lieu du *pagus Raciatensis* (pays de Rais) habité par cet abbé; elle était peu éloignée de son monastère : de sorte que, même sur le territoire le plus rapproché de lui, et qui dut être le principal théâtre de ses prédications, il fut certainement devancé, et plusieurs des églises placées sous le vocable de saint Martin durent exister avant son passage, sous l'invocation de l'évêque de Tours par conséquent[3]. Beaucoup plus tard seulement, la renommée du pontife, survivant à celle de l'abbé, put à son tour déposséder celui-ci de quelques-uns de ses sanctuaires, ou du moins engendrer l'incertitude. En résumé, il est à peu près impossible de déterminer exactement la part respective des deux apôtres du Bas-Poitou; mais on peut dire que cette région, prise dans son ensemble, a été successivement évangélisée par l'un et par l'autre.

L'île d'Yeu est encore un terrain en litige entre les deux mêmes saints. Elle est couverte de souvenirs variés, légendes,

---

[1] *Mémoire sur l'ancienne configuration du littoral bas-poitevin*, par C. L. Joussemet, Niort, 1876, p. 14 et suiv. = [2] V. l'introduction jointe au même mémoire par M. Fillon, p. IX. = [3] D'après M. Benjamin Fillon, dont les communications m'ont été fort utiles, il conviendrait au moins de renfermer le patronage et l'apostolat de S. Martin de Vertou dans le *pagus Raciatensis*, borné par la Loire, la Sèvre nantaise, la Maine, le Lay et l'Océan. Bien que cette circonscription se soit appelée plus tard le comté d'Herbauges, il faut se garder de confondre cette dernière ville, détruite vers 580 par un tremblement de terre, en punition du mauvais accueil fait à la parole de l'abbé de Vertou, disent les hagiographes, avec l'antique *Raciate*. M. Longnon a développé les raisons qui obligent à identifier le chef-lieu de ce nom et le bourg actuel de Rêzé. (*Géogr. de la Gaule*, p. 569.)

chapelles, pierres, ponts, rapportés par les uns à l'évêque de Tours, par les autres à l'abbé de Vertou. Mais aucune trace d'une authenticité réelle n'apparaît de ce côté, et le seul fait qui puisse donner quelque vraisemblance à l'apparition de saint Martin dans l'antique *Oia,* c'est que cette île, riche en monuments druidiques ou soi-disant tels, dépendait, elle aussi, du diocèse de Poitiers. L'île de Ré n'était pas dans le même cas; mais elle était très proche de l'extrémité méridionale du bas Poitou. Elle possède des traditions analogues, et le nom de saint Martin est resté, comme l'on sait, à son chef-lieu [1].

En Saintonge, nous retrouvons enfin des indices positifs.

Dans un village de Saintes, dit Grégoire de Tours, à qui les habitants garantirent le fait, l'homme de Dieu, traversant le pays, demanda de l'eau à un paysan : il essuya un refus brutal. Une femme, à laquelle il s'adressa ensuite, lui accorda généreusement à boire pour lui et pour son âne. Afin de la récompenser, il fit jaillir en ce lieu une source abondante, dont l'onde pure, au temps de l'historien, alimentait tout le pays, dépourvu d'eau jusque-là [2]. Le village en question (*Najogialum*) est aujourd'hui Nieul-lez-Saintes : il se trouve, en effet, sur un coteau, à une lieue environ du ruisseau le plus rapproché; on y montre encore un bassin profond, très large, dont la géologie ne peut expliquer la formation, et remplissant, par conséquent, toutes les conditions du *fons immensus* dont parle Grégoire [3]. Martin parcourut aussi une partie du diocèse d'Angoulême; car, d'après le même auteur, il consacra un oratoire à *Sirojalum,* localité qu'on a prise longtemps pour Ciran-la-Latte (Indre-et-Loire), mais qui ne peut être que Sireuil (Charente) [4]. On croit qu'il prêcha aussi aux environs de Ruffec [5] : cette partie de l'Angoumois confinait, en effet, au théâtre de ses premières missions. Pour le Limousin, qui se flatte de l'avoir possédé,

---

[1] Communication de M. l'abbé Baudry. Mémoire de Joussemet, *loc. cit.* = [2] *Virt. S. Mart.,* IV, 31. = [3] V. Longnon, *op. cit.,* p. 558. Le village de Nye-Juillers ne répond pas plus au *Najogialum* dont il s'agit que les autres localités du nom de Nieul ou Nieulle. Encore moins peut-on placer la scène à Rioux-Martin (Charente) comme quelques auteurs l'ont fait. = [4] Grég., *Virt. S. Mart.,* I, 18. Cf. Longnon, *op. cit.,* p. 554. — [5] Communication de M. le curé de Salles (Charente).

l'on ne peut faire que de vagues conjectures, dans lesquelles il est inutile de nous lancer. Mais le Bordelais a des titres plus sérieux : les légendes du roc de Saint-Martin, près la Motte (Gironde), de la Font-Saint-Martin, près de Doulezon, les nombreux autels élevés dans cette région en l'honneur de l'évêque de Tours [1], qui par eux-mêmes seraient des indices peu significatifs, empruntent une valeur réelle au voyage fait par le saint pour se rendre au concile de Bordeaux. Nous savons d'ailleurs, par Grégoire de Tours, qu'il ensevelit de ses mains auprès du château de Blaye, sur les bords de la Garonne, un de ses disciples favoris, nommé Romain, mort précisément à l'issue du concile ou très peu de temps après, en 385; et du Saussay dit avec raison que ce saint prêtre devait être un de ses auxiliaires [2]. Son apostolat dans ce pays ne peut donc être révoqué en doute. Enfin un groupe de traditions et d'édifices sacrés, accompagnant encore quelques anciennes pierres druidiques, se présente à l'extrémité méridionale de la Gaule, dans le diocèse de Pamiers. Certains légendaires racontent même que saint Martin retira de l'eau une enfant qui avait été jetée, après sa naissance, dans un des étangs de Frédélas, près Pamiers, et qui devint plus tard sainte Natalème, vierge et martyre; mais on n'est pas même sûr de l'époque où cette sainte a vécu. La présence du bienheureux pontife dans les vallées des Pyrénées pourrait, à la rigueur, s'expliquer par son voyage à Saragosse; toutefois il est plus raisonnable d'admettre, avec les personnes les plus compétentes du pays, que son nom y fut répandu par quelqu'un de ses disciples, ou peut-être par son successeur Volusien, qui fut exilé dans ces montagnes à la fin du ve siècle [3].

Mais, dans la région opposée de la Gaule méridionale, nous savons déjà que nous allons rencontrer l'infatigable apôtre. La ville de Vienne en Dauphiné, illuminée par son apparition, est comme un phare propice qui va éclairer la fin de notre longue recherche. Quel motif l'attirait dans cette

---

[1] Communication de M. Léo Drouyn, de Bordeaux. = [2] Grég., *Glor. Conf.*, 46. *Martyrol. gallic.* D. Martène, *Hist. de Marmoutier*, i, 128. = [3] Communication de M. Pasquier, archiviste de l'Ariège.

vieille métropole romaine? Sans doute le désir de connaître un des principaux et des plus anciens centres du christianisme dans nos contrées, mais plus probablement encore le besoin, devenu chez lui aussi impérieux que la voix de la nature, de gagner à Dieu de nouvelles âmes. Effectivement, tout ce que nous savons sur les faits qui signalèrent son séjour se réduit à ses relations avec un homme illustre, dont la conversion allait bientôt après étonner le monde, et au baptême d'une femme inconnue. Ne regrettons pas, d'ailleurs, de ne trouver à sa venue dans ce pays aucune cause apparente, politique ou autre; nous n'en serons que plus convaincus de cette vérité, déjà énoncée plus haut et surabondamment justifiée par les résultats de notre enquête, que le zèle apostolique le remplissait assez pour l'entraîner à lui seul dans les excursions les plus lointaines. Il se rencontra à Vienne avec un de ses collègues, Victricius de Rouen, qui avait été soldat comme lui, et avec le fils d'un ancien préfet du prétoire des Gaules, qui lui-même avait été gouverneur de la Campanie et subrogé consul en 378. Ce grand personnage joignait à l'éclat de la naissance et au rang de sénateur un talent littéraire très remarquable, avec une fortune immense. Il se nommait alors Pontius Meropius Paulinus: il devait s'appeler un jour saint Paulin de Nole. Quoique déjà chrétien, il tenait au monde par tous les liens que peuvent créer une haute position, une famille aimée. Mais Dieu le voulait pour lui seul, et il voulait le conquérir par Martin. Ces deux âmes se rapprochèrent instinctivement. Sous la toge sénatoriale et sous l'humble manteau de birre respiraient une même foi, une même charité: dans de telles conditions, l'on se comprend bien vite. Paulin souffrait d'une maladie des yeux; il avait les pupilles couvertes de ce fatal nuage qui précède la cécité. L'évêque les lui toucha avec un pinceau: la douleur disparut, et sa vue redevint claire[1]. C'était le moyen choisi par la Providence pour achever de lui dessiller les yeux de l'âme. Dès lors son cœur appartint tout entier à son sauveur; il l'écouta comme un oracle et professa pour

---

[1] Sulp. *Vita S. Mart.*, 19.

lui un véritable culte. Telle était sa vénération, qu'il lui décernait à l'avance les épithètes réservées aux saints couronnés dans le ciel. Écrivant quelque temps après à Victricius, il lui rappelait qu'il l'avait vu à Vienne « auprès de son bienheureux père Martin [1] ». Il se félicitait d'être aimé de lui. Plus tard, il propageait sa renommée au loin et se faisait, pour ainsi dire, l'éditeur de sa biographie : lorsque Sulpice lui communiquait ses écrits, il le remerciait avec effusion, il les répandait à Rome, en Italie, en Illyrie. Les disciples du grand évêque qui passaient par la Péninsule allaient réchauffer auprès de cet admirateur passionné leur filial enthousiasme. La gloire du maître était devenue sa chose. « Notre Martin, » disait-il en parlant de lui [2]. Telles sont les amitiés inspirées par les grands saints. Le pontife paya de retour une aussi ardente affection. L'éclatant succès de ses conseils lui fournit l'occasion de rendre à la vertu de Paulin, peu après leur entrevue de Vienne, un sincère et magnifique hommage. Le monde apprit tout à coup que l'ancien consul, le richissime sénateur, après avoir vendu ses vastes propriétés pour en distribuer le prix aux pauvres, allait revêtir l'humble robe des moines. Mais le monde n'aime pas qu'on lui témoigne un semblable dédain. Les derniers païens de Rome, les demi-chrétiens, les parents du transfuge lui jetèrent à l'envi la pierre. Dissiper ainsi un des plus opulents patrimoines de l'empire, c'était une folie, c'était un crime intolérable (*indignum facinus*), surtout pour ceux qui perdaient l'espoir d'hériter. Enfouir dans le cloître tant de qualités, tant de talents, tant de félicités apparentes, c'était un exemple désastreux. Il y eut, dans le camp de ses anciens amis, comme un immense *tolle*. Du côté de l'Église et de ses principaux chefs, ce fut, au contraire, un chant de victoire. Saint Ambroise, saint Augustin, saint Jérôme, échangèrent à ce propos les témoignages de leur joie [3] : une pareille recrue apportait, en effet, au catholicisme un renfort puissant. Mais, dans ce concert d'éloges, c'est Martin qui fit entendre la plus haute note. Offrant Paulin en exemple à ses moines, à ses

---

[1] *S. Paulini ep.* 18 (coll. Migne, t. LXI, p. 24). = [2] *S. Paulini ep.* 11. 29 (*ibid.*, p. 76, 321). Sulp., *Dial.* I, 23; III, 17. = [3] *Ambr. ep.* 30. *August. ep.* 32, etc.

clercs, il le déclara le plus grand chrétien de son temps : n'avait-il pas rejeté tous les biens de la terre pour embrasser la croix seule ? Quel autre avait rempli à ce point le précepte évangélique ? Heureux le siècle qui pouvait contempler un pareil spectacle ! En donnant tout aux malheureux, lorsqu'il nageait dans l'opulence, il avait rendu possible ce qui passait pour une impossibilité[1]. Ces paroles d'un amant de la pauvreté ne renferment aucune flatterie. Le nouveau converti les méritait complètement. Il le prouva en adoptant dans toute sa rigueur la vie religieuse et en se retirant dans une étroite cellule auprès du tombeau de saint Félix de Nole, où quelques imitateurs le suivirent, tandis que sa femme, qui partageait ses pieux sentiments, se livrait comme lui aux rudes exercices de la pénitence; plus tard les habitants de la cité qu'il édifiait par ses vertus vinrent le tirer de sa retraite pour l'élever à la dignité épiscopale. Ainsi cette grande conquête du monachisme fut surtout l'ouvrage de l'évêque de Tours. C'est un fait que les précédents historiens n'ont pas mis en lumière, soit parce qu'ils n'ont point assez observé la nature des relations des deux saints, soit parce qu'ils ont compris la plupart que Paulin était encore païen à l'époque de sa rencontre avec son vénérable ami. En interprétant les textes qui parlent de son changement de vie, ils ont cru qu'il s'agissait de sa conversion au christianisme, lorsqu'il s'agissait de son entrée dans le cloître. Mais cette méprise n'est plus possible après les éclaircissements donnés par l'abbé Gorini en réponse à Beugnot, et elle ne se fût jamais produite si l'on eût prêté une oreille attentive au langage des contemporains[2].

Un éclat moins vif entoure la figure de l'humble femme de Vienne qui reçut le baptême de la main de saint Martin; mais son histoire est d'une simplicité touchante. Tout ce que nous en savons nous est révélé par son épitaphe, découverte dans un ancien cimetière de cette ville et conservée actuelle-

---

[1] *Vita S. Mart.*, 25. = [2] V. Gorini, *Défense de l'Église*, I, 175. Beugnot, *Destruction du paganisme*, II, 74. L'erreur de ce dernier, partagée par divers écrivains, a été reproduite encore par M. l'abbé Dupuy (*op. cit.*, p. 123). Quant à Gervaise, il semble adopter successivement les deux opinions (p. 125, 178).

ment dans son musée. Elle s'appelait *Fœdula,* mot signifiant quelque chose comme « la petite laide »; c'était, comme l'a remarqué M. le Blant, un de ces noms de mépris décernés quelquefois par les païens aux chrétiens des premiers siècles, ou spontanément adoptés par ceux-ci dans un excès d'amour pour les humiliations, qui les assimilaient à leur divin Maître : tandis que les sectateurs des idoles recherchaient les noms fleuris, *Nardus, Viola, Amœnus, Charisius, Flora, Felicula,* les disciples du Crucifié se paraient avec une pieuse affectation de ceux d'*Injuriosus, Fxitiosus, Contumeliosus, Ima, Molesta, Malus,* etc. [1]. Elle, qui avait la beauté de l'âme, ne voulait pas de la beauté du corps. Quel renversement des habitudes féminines ! Elle avait été baptisée par le glorieux pontife Martin ; Dieu lui avait fait ensuite la grâce de mourir dans sa paix ; et elle avait mérité de reposer sous la protection des saints Gervais et Protais, dont elle avait honoré la mémoire. Voici le texte même de cette précieuse inscription, qui respire la foi la plus vive. Je sépare ici les vers, gravés sur la pierre au bout les uns des autres, sans autre distinction que des points ou des palmettes; le lecteur retrouvera sur le fac-simile la disposition donnée aux lignes dans l'original.

FŒDULA, QUÆ MUNDUM, DOMINO MISERANTE, RELIQUIT,
    HOC JACET IN TUMULO, QUEM DEDIT ALMA FIDES.
MARTINI QUONDAM PROCERIS SUB DEXTERA TINTA,
    CRIMINA DEPOSUIT FONTE RENATA DEI.
AD NUNC MARTURIBUS SEDEM TRIBUENTIBUS APTAM,
    GERBASIUM PROCEREM PROTASIUMQUE COLIT.
EMERITAM REQUIEM TITULO SORTITA FIDELE,
    CONFESSA [ES]T SANCTIS QUÆ SOCIATA JACET.

« Fœdula, qui par la miséricorde du Seigneur a quitté ce monde, repose dans ce tombeau que lui a mérité une ardente foi. Baptisée jadis de la main du bienheureux Martin, elle dépouilla la souillure originelle pour renaître dans les eaux de la piscine sacrée. A présent elle habite auprès des saints Gervais et Protais, dans la demeure propice que les martyrs

---

[1] *Inscr. chrét. de la Gaule,* II, 64 et suiv.

lui ont accordée. Celle qui a obtenu dans cette sépulture le prix de ses mérites s'était consacrée aux saints dans la société de qui elle repose[1]. »

Il est difficile de ne pas admettre que cette pieuse femme ait reçu le baptême à Vienne même, puisque la présence de l'évêque de Tours dans cette ville nous est attestée par saint Paulin. Suivant la conjecture très plausible de M. de Terrebasse, il lui administra ce sacrement à l'époque même où il se rencontra avec l'illustre sénateur, et concourut alors à la fondation de la nouvelle église des saints Gervais et Protais par le don de quelques parcelles du trésor qu'il avait reçu de saint Ambroise. Effectivement, l'on ne trouverait guère place, dans sa carrière si remplie, pour deux voyages à Vienne. Comme, d'après la lettre de Paulin à Victricius, il dut s'y trouver aux environs de l'année 389, et plutôt un peu auparavant; comme, d'autre part, les reliques des deux martyrs furent découvertes, ainsi qu'on l'a vu, en 386 seulement, on ne peut se tromper de beaucoup en attribuant à son séjour dans la métropole viennoise la date de 388[2]. Fœdula mourut sans doute assez longtemps après, et son âme n'est certainement pas la seule que le pontife ait donnée au Christ à son passage dans ce pays. La vieille cité romaine subit l'impression de sa chaude et persuasive éloquence; mais il dut aussi, fidèle à ses habitudes, faire entendre la parole de Dieu dans les campagnes voisines; et, en effet, le souvenir de sa prédication a persisté dans quelques villages peu éloignés de Vienne, par exemple à Pomeys, près Saint-Symphorien (Rhône), et à Peyraud, près du Péage (Ardèche). S'il faut en croire les traditions, il aurait même poussé jusque dans la vallée du Vercors, dans les environs de Die[3]. Les montagnes abruptes qui ferment l'accès de cette région, les forêts épaisses qui les recouvraient, pouvaient avoir favorisé la résistance du culte païen : un tel motif suffisait pour

---

[1] Allmer et de Terrebasse, *Inscriptions de Vienne en Dauphiné, moyen âge*, I, 16, et pl. 327. Le Blant, *op. cit.*, II, 62. Chorier, *Recherches*, p. 265, 355. Maffei, *Galliæ antiquitates*, p. 94. *Bulletin monumental*, XXIV, 99, etc. = [2] C'est, en effet, celle qu'ont adoptée les auteurs de la *Gallia christiana*. = [3] Communication de M. l'abbé Filet, membre de la société d'archéologie de la Drôme.

FOEDVIAQVAEMVNDVMDOMINONOMISERANTE
RELIQVIT·HOCIACETINTVMVLOQVEMDEDITAL
FIDES MARTINVS QVONDAM PROCERISSVBDEXTERA
TINTA ☩ CRIMINA DEPOSVIT FONTE RE
NATA DEI ☩ AD NVNC MARTVRIBVS SEDEM
TRIBVENTIBVS ✧ TAM ☩ CERBASIM
PROCEREM PROTO ✧ M COLIT ☩ EMERI
TAM REQVIEM TIVO SORTITA FIDELE
CONFESSA EST SANCTA ✧ Q V ‧ SE ✧ PAIA ET

Epitaphe de Vedula.

l'attirer, car son cœur d'apôtre, nous le savons, bondissait à la pensée qu'il y avait quelque part des malheureux encore plongés dans les ténèbres de l'idolâtrie.

Nous voici arrivés au terme de notre enquête au sujet de l'apostolat de saint Martin. Peut-être le lecteur aura-t-il eu quelque peine à suivre jusqu'au bout cette longue démonstration de l'immensité de ses travaux; mais il conviendra qu'elle était nécessaire. Qui pourrait croire, à première vue, qu'un seul homme ait suffi à l'exécution d'une pareille tâche? Et n'a-t-il pas mérité deux fois plutôt qu'une le glorieux titre d'évangélisateur des Gaules, celui qui a passé à travers tant de provinces en laissant derrière lui un sillage lumineux, suivant la belle pensée d'un de ses successeurs[1]? En se bornant aux résultats absolument certains de notre investigation, voici les contrées où il a mis le pied : la Touraine, l'Anjou, le Maine, le pays Chartrain, l'Ile-de-France, la Picardie, le pays de Trèves, le Sénonais, la Bourgogne, la Suisse, le Dauphiné, l'Auvergne, le Berry, le Poitou, la Saintonge, le Bordelais. Et si l'on veut tenir compte des résultats reposant sur des probabilités plus ou moins grandes, mais dont quelques unes approchent de la certitude, il faut encore ajouter à cette liste l'Artois, la Flandre, une partie de la Belgique, la Lorraine, la Champagne, la Franche-Comté, la Savoie, le Forez, le Nivernais, et même un coin de la Normandie et de la Bretagne moderne. Quel vaste champ d'opérations ! Et l'on viendra dire, devant les conversions multipliées que nous avons constatées tout le long de la route, qu'on ne sait « s'il est permis de célébrer les conquêtes faites par l'Évangile dans les Gaules à la fin du IVe siècle[2]! Que signifient, à côté de ce grand mouvement des campagnes vers la lumière et la vie, les rares vestiges du paganisme dont on peut signaler l'existence après les missions de saint Martin? Ne les retrouve-t-on pas, ces vestiges, ces idées superstitieuses, jusqu'au temps de Charlemagne, jusqu'au milieu du moyen âge, jusqu'en pleine civilisation moderne?

---

[1] *Jam lumen nostrum exoritur*, etc. (Grég., *Hist.*, I, 36.) — [2] Beugnot, *op. cit.*, II, 153.

Et cependant nos paysans ont été réellement chrétiens à ces différentes époques. Lorsqu'on voit des foules idolâtres se précipiter sur les pas de l'ami de Dieu (c'est ainsi qu'elles l'appelaient[1]), s'assembler autour de lui dans les champs, faute d'un local assez vaste pour les contenir, l'écouter avidement, lui demander des miracles, se prosterner à ses pieds et recevoir en masse l'imposition des mains, il n'est plus permis, au contraire, de contester la transformation de la classe agricole. Et quand on voit ces hommes rustiques, dégradés par un culte ignoble parfois, mais droits et honnêtes dans le fond, se jeter eux-mêmes sur les monuments ou les emblèmes de leur antique religion, pour les détruire, à son commandement, avec toute l'ardeur qu'ils déployaient une minute auparavant pour les défendre, on se demande comment de tels prodiges pouvaient s'accomplir et se renouveler à chaque pas sans le secours d'aucune force physique, d'aucune autorité temporelle; car c'était là le plus grand des miracles, et ceux qui en réclamaient de lui devaient se trouver satisfaits au delà de leurs désirs. C'est que Dieu était vraiment avec son serviteur; ils le reconnaissaient à des signes certains, et il ne fallait pas moins que ces guérisons, ces délivrances, ces bienfaits de toute espèce pour ouvrir les yeux des ignorants et des fanatiques. On s'étonne de la continuelle intervention de l'élément naturel dans ses succès. Mais la parole humaine, réduite à ses seules forces, devait échouer devant ces natures grossières, même unie à la plus chaude et à la plus rude éloquence; voilà pourquoi le grand apôtre fut doublé d'un grand thaumaturge. C'est ensuite que la conversion des païens faisait sa préoccupation constante et, pour ainsi dire, exclusive : elle était son idée fixe, là était son œuvre et la raison d'être de son existence. *Timeo hominem unius libri,* disait un sage. L'homme qui concentre sur un seul objectif toutes les forces vitales de son esprit et de son corps, l'homme qui donne son âme et sa vie tout entière à une grande pensée, est une puissance redoutable. Enfin il n'entreprenait pas seul, d'ordinaire, ses expéditions aposto-

---

[1] Sulp., *Dial.* II, 4.

liques. Sulpice nous le représente presque toujours accompagné d'une petite escouade de moines, ses disciples et ses auxiliaires : lorsqu'il navigue sur la Loire, lorsqu'il chemine à pied, malgré le poids de la fatigue et de la vieillesse, ou sur la plus humble des montures (car le cheval de saint Martin n'existe que dans la légende, et, du jour où il quitta la chlamyde, il ne voulut plus se servir que de l'ânesse du prophète), il a derrière lui un cortège respectueux, qui se tient à distance pour le laisser méditer, et qui se rapproche au besoin pour l'aider [1]. Autrement l'on ne s'expliquerait pas très bien ces démolitions de temples et d'autels, dont nous parle à chaque instant son histoire; le bras d'un seul homme n'eût pu suffire.

Est-ce à dire, comme l'avance témérairement Sismondi [2], qu'il se faisait assister par des gens armés? Armés de la pioche et du marteau, quelquefois; mais munis d'armes défensives ou offensives, jamais. Il y a même une exagération sensible dans le tableau plein de coloris où un éminent catholique nous peint le saint missionnaire « conduisant à l'assaut des temples de véritables croisades rustiques, les guidant lui-même dans son costume de solitaire, qu'il n'avait pas quitté, les cheveux en désordre, la tunique sale et déchirée, la torche ou la hache à la main, mais le regard brillant d'un feu plein de douceur [3] ». Aucune espèce de violence n'était exercée ni par lui ni par ses auxiliaires. Ou les païens, touchés par son éloquence, laissaient paisiblement démolir leurs temples, et même aidaient à les renverser, ou ils manifestaient une opposition décidée, et alors Martin se laissait maltraiter, ou bien se retirait pour revenir un peu plus tard à la charge, après s'être fortifié durant plusieurs jours par le jeûne et la prière : telles étaient ses seules

---

[1] V. Sulp., *Vita S. Mart.*, 13; *Dial.* II, 13, et *passim*. Le biographe dit même, en rapportant un de ses voyages, qu'il marchait suivi d'une troupe nombreuse de disciples, *ut semper*. (*Ep.* 3.) = [2] *Hist. des Français*, I, 101. = [3] De Broglie, *l'Église et l'empire romain*, VI, 199. Sulpice dit seulement que sur la route d'Amboise, lorsqu'il fut pris pour un malheureux par des soldats romains, Martin portait une tunique rugueuse, un manteau noir et pendant (*veste hispida, nigro et pendulo pallio*). La torche et la hache sont des accessoires de fantaisie. (V. *Dial.* II, 3.)

armes ; nulle part on ne découvre la trace de la moindre lutte engagée entre lui ou les siens et les défenseurs des idoles. Chacun de ses pas, au contraire, est marqué par un bienfait, par un secours, par une grâce. Les malheureux, les esclaves, les malades ressentent plus que les autres les marques de sa tendresse : aussi, à son approche, sent-on courir parmi tous les êtres souffrants comme un frémissement d'espoir. Pour quelques opposants, nous trouvons des foules immenses l'acclamant et le bénissant. Partout où il se montrait, cet homme prenait le cœur du peuple; il devenait à son tour l'idole du pauvre paysan, et le seul fait de se vouer à l'apostolat des campagnes atteste l'ardente charité qui dévorait son âme. Est-ce par humilité qu'il s'adressait de préférence aux paysans, comme l'a dit Tillemont? Non, bien que ce motif eût été digne de son grand cœur; mais il allait à eux parce qu'ils étaient les déshérités, les abandonnés. « Ses procédés de prédication, avance l'auteur d'une étude toute récente, peu sérieuse du reste, eussent rencontré dans les grandes cités de la Gaule une redoutable opposition. Il prêcha dans les campagnes, parce que dans les campagnes seules il pouvait impunément faire suivre sa prédication de ces arguments irrésistibles dont nous avons parlé (les actes violents)[1]. » En d'autres termes, c'est la peur qui l'aurait éloigné des cités, la peur d'un public malveillant ou d'une magistrature hostile. Comme s'il n'avait pas l'habitude d'affronter des dangers plus graves! Comme s'il n'avait pas bravé maintes fois, au péril de sa vie, et les menaces du fanatisme et les colères des grands! Les cités, d'ailleurs, étaient déjà chrétiennes : voilà la raison qui devait détourner d'elles son principal effort, et il est aussi difficile de la contester, cette raison, que de l'ignorer. Les magistrats de l'empire avaient-ils donc plus le droit d'arrêter la propagande évangélique et la destruction des autels païens qu'un évêque avait le droit d'y travailler? Les entreprises de saint Martin constituaient-elles une « violation manifeste des lois[2] » ? Ce modèle des destructeurs d'idoles, comme Beugnot l'appelle

[1] P. Albert, *Variétés morales et littéraires* p. 108.   [2] *Ibid.*, p. 104.

avec une nuance d'ironie, commettait-il un délit? « Personne, dit cet historien, n'avait reçu des lois ou de l'empereur le pouvoir de parcourir les campagnes en renversant les statues des dieux, en brûlant et en démolissant les temples. Pendant tout le temps de sa belliqueuse mission, Martin agissait d'après l'inspiration de son zèle et de son courage, mais à ses risques et périls. Le pouvoir souverain ne secondait pas ses efforts; *là où il renversait une idole malgré les païens, il commettait une véritable infraction aux lois*[1]. » Saint Martin convertissant illégalement les paysans, saint Martin donnant de l'occupation à la police champêtre, c'est une des plus jolies trouvailles dont puisse s'honorer l'école ingénieuse des esprits forts. Malheureusement nous savons par des témoignages authentiques, et M. Beugnot s'est chargé lui-même de nous rappeler que l'empereur Constantin avait proclamé la liberté des cultes, que l'autorité civile, à partir de ce moment, n'intervenait plus pour défendre la cause du paganisme, et qu'elle protégeait plutôt ses adversaires. Sans doute, la loi ne prescrivit formellement la conversion des temples en églises que sous le règne d'Honorius, en 408, et la démolition des temples des campagnes ne fut ordonnée, en Occident comme en Orient, qu'en 399 au plus tôt[2]; ce fut même là le corollaire le plus éloquent de l'œuvre apostolique du grand évêque des Gaules. Mais il y avait longtemps alors que les disciples de l'Évangile avaient la faculté de combattre ouvertement l'erreur et de faire triompher la vérité. Autrement, comment s'expliqueraient toutes ces missions, toutes ces conquêtes pacifiques qui achevèrent, au IV° siècle, la transformation de la classe rustique? Peut-on croire sérieusement que le bras de l'autorité, tout-puissant dans les villes, ait été trop court pour atteindre le coupable en dehors de leurs murailles?

Mais soit, je l'admets un instant, saint Martin n'avait ni

---

[1] *Destr. du pagan.*, I, 303. — [2] M. Paul Allard a observé qu'un concile de Carthage avait demandé cette démolition pour les édifices qui, situés dans des lieux écartés ou dans les champs, ne contribuaient pas à l'ornement public; ce qui donne à entendre que les autres durent être en général respectés et que leur destruction n'est imputable qu'aux barbares, anciens ou modernes. (V. la Revue des *Lettres chrétiennes*, t. IV, p. 153.)

mandat ni permis; il violait les lois de son temps, cet audacieux novateur. Et ne les violaient-ils pas, ces abbés, ces seigneurs qui plus tard supprimaient sur leurs domaines l'esclavage reconnu par le droit? Ne les violait-il pas, ce modèle des rois qui bouleversait le code féodal au profit de la justice et de l'humanité? Ne les violaient-ils pas, ces évêques qui donnaient asile dans leur église aux malheureux poursuivis par la puissance séculière? Ne les violaient-ils pas, ces martyrs qui refusaient d'adorer la statue du divin empereur? Et ne les avait-il pas violés tout le premier, ce sublime séditieux qui, pour avoir rêvé de renverser au profit de je ne sais quelle société secrète l'ordre de choses établi sur la terre, mourait sur le gibet du Golgotha? L'histoire du christianisme, à ce compte, est pleine d'illégalités. A notre époque même, on le surprend chaque jour en flagrant délit. Mais qu'on le laisse commettre encore un certain nombre de contraventions comme celles de saint Martin, et ensuite il y aura des loisirs pour la police rurale, voire même pour la police urbaine. Il y a de ces illégalités qui ont sauvé le monde.

Église de Candes, en Touraine.

LIVRE VI

LE SAINT ET LE THAUMATURGE

CHAPITRE I

PORTRAIT INTIME DE SAINT MARTIN

L nous reste à compléter notre étude biographique sur le moine, sur l'évêque, sur l'apôtre, en considérant plus spécialement le saint et le thaumaturge, tant dans le cours de sa vie mortelle qu'au moment de son glorieux trépas et dans l'éclat de ses miracles posthumes. Esquissons d'abord en quelques mots son portrait. La peinture d'un grand caractère n'est jamais complète lorsqu'on n'est pas descendu dans l'intimité du héros ; nous aimons, après l'avoir suivi dans toutes

les phases d'une carrière bien remplie, à revenir en arrière pour observer les détails de sa physionomie. Au physique, saint Martin paraît n'avoir pas été très favorisé par la nature. Son visage, au premier coup d'œil, manquait de grâce ; il devait rappeler le type pannonien ou slave. Mais il était empreint d'une admirable sérénité, que ne troublèrent jamais ni le rire immodéré, ni le plus petit mouvement de colère ou de chagrin. La tradition conservée dans les monuments figurés le représente comme un homme d'assez petite taille, et cependant robuste. Les légendaires du moyen âge avaient imaginé de le faire rencontrer avec saint Ambroise dans une assemblée de clercs, et de mettre dans la bouche des deux pontifes le propos suivant. « Regardez, disait l'illustre docteur à l'oreille d'un de ses collègues en voyant arriver l'évêque de Tours, comme cet homme a peu d'apparence au premier abord ; et pourtant que de merveilles Dieu opère par son entremise, en témoignage de ses vertus ! » Et Martin, comprenant par une révélation intérieure le sens de ces paroles, répondait avec une touchante modestie : « Ambroise, Dieu nous a faits, et nous ne l'avons point fait [1]. » Mais, lorsque après sa mort il apparaissait à quelque âme privilégiée, toute sa personne, transfigurée par le rayonnement de la gloire céleste, avait un charme extraordinaire. Hathumoda, abbesse de Gandersheim vers le IXe siècle, se vit en songe sauvée des flammes par sa puissante intervention. « Les biographes du saint se trompent, disait-elle ensuite à ses sœurs, quand ils le peignent dépourvu de beauté ; je n'ai jamais rien contemplé d'aussi beau [2]. » De son vivant même, il n'avait qu'à parler pour exercer une séduction irrésistible et dominer les hommes les plus grands. Il semblait alors un être surnaturel, et une majesté divine transluisait sur son visage, de manière à faire disparaître tout ce que ces traits pouvaient offrir d'irrégulier. Du reste, il était doué d'une force physique et d'une agilité singulières ; toute sa vie ne fut qu'un prodige d'activité, et l'âge même ne put l'abattre [3].

[1] Ms. 1188 de la bibl. Vaticane (XVe siècle). = [2] Pertz, *Monum. German.*, IV, 71. = [3] V. Sulp., *Vita S. Mart.*, 9, 14, 17, 27, etc.

On l'a pris parfois pour un ignorant ; certains écrivains ont voulu voir en lui un de ces hommes du peuple, « de grand sens, mais de petite science [1], » qui plaisent aux foules grossières précisément parce qu'ils ne dépassent point leur niveau. Sulpice dit bien quelque part qu'il n'avait point cultivé la littérature ; mais il se place là au point de vue des rhéteurs d'Aquitaine, qui se figuraient difficilement qu'on pût savoir quelque chose sans avoir passé par leurs écoles, et il déclare que, malgré ce défaut de préparation spéciale, dont quelques-uns d'entre eux lui faisaient un reproche, il n'avait jamais trouvé dans la bouche d'un homme autant de science, autant de talent, ni même autant de pureté de langage [2]. Ainsi l'épithète d'illettré a dans l'esprit du biographe un sens tout à fait spécial, et il ne l'emploie même que pour faire valoir davantage le savoir étonnant du saint. Il faut se rappeler, d'ailleurs, que, si sa jeunesse s'écoula en partie dans les camps, il reçut à Pavie, durant son enfance, l'instruction des catéchumènes, et plus tard, pendant son séjour à Poitiers, les leçons du plus savant docteur de l'Église des Gaules. Comment ne lui serait-il pas resté quelque chose d'un commerce intime et journalier avec l'auteur de tant de traités célèbres ? Comment n'aurait-il pas appris à son école l'art d'écrire et l'art de parler, étant son auxiliaire et son disciple favori ? Ne savons-nous pas qu'il écrivait, puisqu'une de ses lettres, au dire du même Sulpice, opéra un jour une guérison miraculeuse [3] ? Ne savons-nous pas qu'il occupait ses religieux de Marmoutier à la transcription des livres ? Loin de mépriser la science, il travaillait ainsi de la façon la plus efficace à perpétuer et à propager les œuvres de l'esprit ; et si tant de précieux monuments littéraires nous sont parvenus par l'entremise des moines, c'est à son initiative, c'est à sa règle primitive, imitée par ses successeurs, que nous en sommes redevables. Mais s'il appréciait la haute importance des lettres, et surtout des lettres sacrées, il dédaignait, lorsqu'il parlait en public, les vains ornements du discours,

---

[1] G. Boissier, *Revue des Deux Mondes*, n° du 1er juillet 1878. = [2] *Tantum scientiæ, tantum ingenii boni et tam puri sermonis.* (*Vita S. Mart.*, 25.) = [3] *Ibid.*, 19.

la phraséologie clinquante si fort à la mode de son temps [1]. En un mot, il n'avait rien du rhéteur : c'était, dans un corps de fer, un esprit pratique et un cœur brûlant.

Il n'a cependant laissé à la postérité aucun écrit authentique. Le confession de foi sur la Trinité qui a été quelquefois éditée sous son nom, qui se trouve même dans plusieurs *Martinades* manuscrites du moyen âge, est, de l'aveu des meilleurs critiques, une composition apocryphe. Sulpice Sévère, en effet, n'eût pas manqué d'invoquer cet opuscule pour appuyer son jugement sur la science de saint Martin : il n'en dit rien nulle part. En revanche, il parle de sa grâce merveilleuse à expliquer l'Écriture et les mystères. Or cette pièce est pleine d'obscurités de langage et de pensée. Elle ne trahit en rien une telle origine [2]. Peut-être un mot de Grégoire de Tours a-t-il fait croire que son saint prédécesseur avait effectivement rédigé un morceau de ce genre. Le chroniqueur, réfutant, dans une longue dissertation, les propositions hérétiques d'un ambassadeur du roi des Goths, arrive à lui dire ceci : « Tu ferais mieux de t'armer de cette foi que tous les patriarches, les prophètes et la loi elle-même ont chantée par des oracles, figurée par des sacrifices, que notre intercesseur saint Martin a possédée dans son cœur et témoignée dans ses œuvres [3]. » Un commentateur maladroit ou trop zélé aura compris qu'il s'agissait ici d'œuvres écrites, et, ne retrouvant point de traité de l'illustre pontife sur la Trinité, aura entrepris de le restituer dans une pensée d'édification, comme on le faisait sans scrupule à une certaine époque. Mais Grégoire a simplement voulu parler de l'œuvre active du saint, de son apostolat, de son zèle contre l'hérésie : cela saute aux yeux. L'ardeur de sa foi dans l'égalité des trois personnes divines s'est manifestée dans toute

---

[1] *Inanes sermonum phaleras et verborum ornamenta.* (Sulp., *Dial.* I, 27). = [2] C'est un morceau d'une ou deux pages commençant par les mots : *Clemens Trinitas est una divinitas.* Les opinions d'Ébion, de Marcion, de Manès, d'Apollinaire, d'Arius, de Macédonius, d'Eunomius, y sont contredites plutôt que réfutées. On en trouve le texte dans Fabricius (*Bibl. med. ævi*, V, 109), dans la Patrologie de Migne (XVIII, 9), dans la Bibliothèque des Pères, les collections des conciles, etc. Pour la critique, voy. D. Ceillier, X, 655; Fabricius, *loc. cit.* = [3] *Vel possedit in pectore, vel ostendit in opere.* (*Hist.*, V, 44.)

sa conduite ; il n'avait pas besoin de l'attester par un témoignage écrit. Une autre composition attribuée à saint Martin figure dans une série de prières adressées à Dieu par les Pères et les docteurs, que dom Martène a tirée d'un manuscrit de l'abbaye de Fleury datant du ix° siècle, et qu'on trouve aussi insérée parmi les offices des fêtes colligés par Alcuin. Elle est intitulée, dans ces deux recueils, *Oratio sancti Martini*. C'est une simple élévation de l'âme, un appel ardent et répété à la puissance divine, qui conviendrait assez bien à l'esprit du bienheureux évêque et à certaines circonstances de sa vie ; mais, en l'absence de toute indication précise et de mentions plus anciennes, nous ne pouvons former à ce sujet qu'une vague conjecture [1]. Pour savoir, du reste, comment priait ce vaillant confesseur de la foi, nous n'avons qu'à nous reporter à ses derniers moments : tout à l'heure, en y assistant, nous recueillerons sur ses lèvres la plus belle et la plus sublime des invocations.

Ni nous n'avons pas le bonheur de posséder un spécimen original et certain du style ou de la pensée du grand apôtre des Gaules, nous pouvons du moins retrouver, dans le récit de son biographe, de très précieux échantillons de ses doctrines, de ses idées, de ses paroles si persuasives. Il professait une conviction profonde à l'égard de l'efficacité de la pénitence. Les frères de Marmoutier l'entendirent un jour discuter dans sa cellule avec le démon, et celui-ci lui faisait un crime d'avoir admis dans son monastère quelques novices assez malheureux pour avoir perdu la grâce du baptême en retournant à l'erreur : Martin repoussait tous ses arguments ;

---

[1] Voici cette courte prière : *Deus gloriæ, Deus qui unus et verus Deus, qui solus et justus es, Deus in quo omnia, per quem omnia facta sunt, exaudi me orantem sicut exaudisti tres pueros de camino ignis ardentis; exaudi me orantem sicut exaudisti Jonam de ventre ceti; exaudi me orantem sicut exaudisti Susannam et liberasti eam de manu iniquorum testium; exaudi me orantem sicut exaudisti Petrum in mari et Paulum in vinculis. Parce animæ meæ, parce factis meis, parce cunctis criminibus meis, qui regnas cum Patre et Filio in sæcula.* (Alcuin, dans Migne, CI, 604. Martène, *Ant. eccl. rit.*, III, 655.) Une autre pièce, intitulée *Martini episcopi formula honestæ vitæ, ad Myronem regem*, a été jointe par erreur aux documents que les anciens Bollandistes ont recueillis pour l'histoire de S. Martin de Tours (mss. de la Bibl. de Bruxelles, n° 8940) Cette œuvre appartient à S. Martin de Dume ou de Braga.

il affirmait avec insistance que tous les crimes, quelque graves qu'ils soient, sont effacés par une sincère conversion, que la divine miséricorde absout complètement le pécheur qui a cessé de pécher. Et comme le démon argumentait encore, il en vint jusqu'à lui dire, dans le feu de la discussion : « Et toi-même, misérable, si tu renonçais à tourmenter les hommes, si tu te repentais une minute, même à la veille du jugement dernier, oui, j'aurais assez de confiance dans l'infinie bonté de Notre-Seigneur Jésus pour te promettre ton pardon. » O la sainte présomption ! ajoute Sulpice. O la pieuse témérité ! Elle est peut-être dépourvue d'autorité, mais quel cœur elle annonce[1] ! En effet, cette parole est bien digne de l'homme qui poussait la charité jusqu'à ses extrêmes limites. Si le damné pouvait se repentir ! C'est une idée célèbre, bien des fois controversée. Elle a même entraîné dans l'hérésie une des lumières de l'Église : Origène n'a-t-il pas avancé que Jésus-Christ, après avoir souffert pour racheter l'homme, souffrirait une seconde fois pour racheter l'ange rebelle ? Mais Martin se borne à supposer l'impossible, et à le souhaiter peut-être : il ne va pas au delà ; la foi reste chez lui la gardienne incorruptible de l'imagination. On doit pourtant reconnaître qu'il partagea une erreur très répandue de son temps, beaucoup plus innocente, et ne touchant en rien aux points de dogme. Lorsque ses disciples, qui voyaient en lui le plus sûr des oracles, l'interrogeaient sur la fin du monde, il répondait que Néron et l'Antéchrist viendraient auparavant sur la terre ; que le premier, après avoir soumis à sa puissance dix rois, régnerait sur l'Occident et forcerait les peuples à adorer de nouveau les idoles ; que le second établirait en Orient un empire, dont la capitale serait Jérusalem, se ferait passer pour le Messie, rétablirait le judaïsme et la circoncision, enfin mettrait à mort Néron et réunirait sous son joug l'univers entier, jusqu'à l'avènement du Christ, qui l'écraserait à son tour. Il ajoutait, et c'est en cela que l'opinion de ses contemporains faisait évidemment fausse route, que l'Antéchrist,

---

[1] *Vita S. Mart.*, 22.

conçu du malin esprit, était déjà né, qu'il était encore enfant, et qu'arrivé à l'âge d'homme il saisirait l'empire : juste sujet d'effroi pour ceux qui l'écoutaient. Sulpice lui avait entendu professer ce sentiment, et il y avait de cela huit ans à l'époque où il écrivait ; aussi la fin du monde semblait-elle à l'historien lui-même tout à fait imminente, et l'annonçait-il positivement dans un autre livre [1]. Déjà saint Antoine et d'autres Pères, déjà saint Hilaire, le propre maître de saint Martin, avaient exprimé un avis semblable : il n'était pas étonnant qu'il le partageât. Mais c'était une simple opinion ; il ne l'enseignait nullement comme un article de foi, et jamais, du reste, elle n'a été condamnée ni adoptée par l'Église. A plus forte raison ne prédisait-il pas, comme l'a imaginé, sans doute par suite d'un contresens grossier, un de nos plus célèbres historiens, qu'il serait lui-même tué par l'Antéchrist [2].

On a vu plus haut que le culte des saints, la croyance au purgatoire, l'usage de prier pour les morts avaient particulièrement en lui un partisan convaincu, un propagateur fervent. Il faut en dire autant du célibat des clercs et de la continence absolue des époux engagés dans la vie religieuse. Sa doctrine sur ce point capital est si explicitement formulée, qu'elle pourrait fournir, s'il en était besoin, un nouvel et victorieux argument contre ceux qui ont prétendu que l'ancienne discipline de l'Église n'était pas rigoureuse en pareille matière. Un moine qui avait comme lui porté les armes, et qui était marié, vint le trouver un jour et lui demanda s'il ne lui serait pas possible de vivre avec sa

---

[1] *Vita S. Mart.*, 24; *Dial.* II, 14. Le passage où est relatée l'opinion de S. Martin sur l'Antéchrist manque, je dois le dire, dans un grand nombre de manuscrits anciens, ou bien y a été ajouté après coup. (Bibl. nat. mss. 3851 A, 5321, 5325, 5326, 5359, 5380, 5581, 5582, 5583, 5584, etc.) Aussi son authenticité a-t-elle paru suspecte à quelques critiques. Néanmoins, comme il se trouve dans plusieurs autres exemplaires d'une égale antiquité, et dans le plus ancien de tous, celui de Vérone, je ne vois pas de raison suffisante pour le rejeter. Il est à croire que de pieux copistes l'auront omis par un excès de zèle, afin qu'il ne soit pas dit qu'un si grand saint ait erré en quelque chose; ils en ont usé de même à l'égard du chapitre qui contient les injures adressées à Martin par le prêtre Brice. C'était là, il faut l'avouer, un scrupule bien mal entendu. = [2] Cette interprétation plus que singulière est due à M. Henri Martin (*Hist. de France*, 1, 316).

femme. Il lui répondit qu'un mari qui avait revêtu l'habit monastique n'était plus un mari, et qu'habiter avec son épouse, dans ce cas, serait un scandale. Le frère insista, disant qu'il ne changerait rien pour cela à son genre de vie ; que, s'il voulait ravoir sa compagne, c'était uniquement pour se réconforter le cœur ; que ni lui ni elle ne tomberaient jamais dans aucune faute. « Je suis soldat du Christ, ajoutait-il, et ma femme, de son côté, a prêté serment dans la même milice. Accordez-nous seulement de combattre côte à côte. » Alors Martin, développant habilement l'image dont se servait cette ignorante recrue, lui répliqua : « As-tu jamais été à la guerre ? T'es-tu trouvé dans une armée rangée en bataille ? — Souvent ; j'ai même pris part à plus d'un combat. — Eh bien ! au moment où les troupes sont prêtes à en venir aux mains, au moment où l'action s'engage, as-tu vu jamais une seule femme admise dans les rangs, combattant avec les soldats ? » Un raisonnement si bien approprié à la condition de l'auditeur fut aussitôt compris. Martin, se tournant ensuite vers les autres religieux, compléta sa pensée en ces termes : « La femme ne doit pas entrer dans le camp des soldats ni se mêler à eux. Qu'elle reste chez elle. Une armée devient méprisable dès qu'une troupe féminine se mêle à son effectif. A l'homme de combattre en bataille rangée dans la plaine ; à la femme de se renfermer dans un asile tranquille. Sa gloire, à elle, c'est de rester pure en l'absence de son mari ; sa plus grande victoire, c'est de se tenir cachée [1]. » Dans plusieurs autres circonstances, il indiqua encore à ses frères tout le prix qu'il attachait à la pureté absolue du moine et de la religieuse. Il portait aux nues l'exemple de la pieuse recluse qui n'avait pas voulu le voir, lui son évêque. Il souffrait à peine qu'une impératrice le servît à distance, sans s'asseoir à table avec lui, et tout au plus lui permettait-il d'écouter à ses pieds la parole de Dieu. Les vierges de Claudiomagus, enthousiasmées de sa prédication et de ses vertus, ne pouvaient

---

[1] Sulp., *Dial.* II, 11. M. l'abbé Dupuy (p. 100) fait remarquer avec raison que cet épisode fournit à lui seul la preuve des vœux d'obéissance et de chasteté auxquels se soumettaient les moines dirigés par saint Martin.

approcher qu'après son départ de la sacristie où il s'était tenu. Et tout cela parce qu'il était lui-même de la milice du Christ, suivant l'expression consacrée, parce qu'il portait un respect inviolable à cette robe grossière de cénobite, dont il avait fait un habit plus imposant que la pourpre impériale. Belles et salutaires leçons, comme le dit Sulpice, à l'adresse des clercs trop familiers avec les femmes [1].

Il aimait, ainsi que nous venons de le voir, à puiser dans la vie militaire les comparaisons et les figures dont il émaillait ses discours : par là seulement il était resté soldat, et ces continuelles réminiscences de son ancienne profession, dont nous retrouverons à l'instant de sa mort un exemple des plus touchants, communiquaient à son éloquence je ne sais quoi de mâle et de pittoresque, propre à emporter d'assaut le cœur de son auditoire. Mais il excellait aussi à tirer du spectacle de la nature, et de toutes les choses qui l'entouraient, des images saisissantes et des enseignements profonds. Comme son divin Maître, il était grand diseur de paraboles, et par moments, quand il adressait la parole au petit troupeau de ses disciples ou aux foules qui le suivaient, la scène rappelait de toute façon les prédications du Sauveur. Rencontrait-il une brebis nouvellement tondue : « Celle-ci, disait-il, a accompli le précepte évangélique : elle avait deux tuniques ; elle en a donné une à celui qui n'en avait pas. C'est ainsi que vous devez faire. » A ces paroles, l'esprit ne se reporte-t-il pas involontairement vers les grands actes de charité qui ont rendu fameux le nom de Martin ? Ne revoit-on pas la chlamyde coupée en deux sous les murs d'Amiens, et le vêtement jeté, à Tours, sur les épaules du pauvre qui n'en avait point par celui qui en avait deux ? Ce chrétien tout d'une pièce agissait comme il parlait, et parlait comme il pensait. Apercevait-il un de ces porchers vagabonds qui erraient dans la campagne à peine couverts d'une peau sauvage : « Voici, observait-il, Adam chassé du paradis ; il fait paître ses pourceaux dans un état voisin de la nudité, sous un lambeau de peau tout souillé. Pour nous,

---

[1] Sulp., *Dial.* II, 6, 7, 8, 12.

dépouillons ce vieil habit que cet homme a gardé, et revêtons-nous du nouvel Adam. » Ainsi les expressions et le sens de l'Écriture étaient également familiers à ce soi-disant ignorant. Une fois, il se trouva dans une prairie dont un coin avait été tondu par les vaches, un autre fouillé et ravagé par les porcs, un autre enfin était demeuré verdoyant et fleuri. Il tira aussitôt parti de cette diversité frappante pour dire quelque chose d'utile et de profitable. « La partie que les bœufs ont broutée représente le mariage : si la verdure a encore quelque fraîcheur, les fleurs ne l'ornent plus. La partie fouillée par les porcs immondes offre la repoussante image de la débauche. La portion intacte et sans souillure représente la gloire de la virginité : l'herbe y est épaisse, le foin abondant, et les fleurs y brillent comme des pierres précieuses. Spectacle magnifique, digne des regards de Dieu; car rien n'est comparable à la virginité. Ceux qui assimilent le mariage à la fornication sont dans une grande erreur; mais ceux qui le mettent au même niveau que la virginité sont de malheureux insensés. Les sages doivent établir ainsi la distinction : le mariage est toléré, la virginité glorifiée, la fornication punie, à moins qu'on ne l'expie par la pénitence[1]. » Ces paroles font allusion à quelques sectes hérétiques dont on parlait beaucoup de son temps. Priscillien, dont il avait de bonnes raisons de connaître la doctrine, condamnait le mariage; Jovinien, Helpidius niaient la supériorité de l'état de virginité sur la vie conjugale. Sa comparaison avait une double actualité.

Il y avait donc dans son langage habituel un charme tout particulier. Si les fleurs de la rhétorique n'y abondaient pas, elles étaient remplacées, et non sans avantage, par des images simples, opportunes, ne tenant en rien des procédés de l'école, mais inspirées par un profond sentiment de la nature. Dans la conversation ordinaire, il déployait la même grâce involontaire et spontanée. A la gravité de la pensée, à la dignité des expressions il joignait, d'après Sulpice, une heureuse vivacité, un élan communicatif, avec une facilité

---

[1] Sulp., *Dial.* II, 10.

merveilleuse à éclaircir sur-le-champ les difficultés des textes sacrés[1]. Jusque dans le palais des grands, à la cour de Maxime, nous l'avons vu tenir suspendu à ses lèvres l'auditoire le plus exigeant, captiver par son entretien un empereur, une impératrice, tout en traitant familièrement avec eux les sujets les plus élevés, la gloire des saints, le bonheur des élus, les conditions de la vie future, les nécessités de la vie présente. Quel prestige une telle parole ne devait-elle pas exercer sur les gens du peuple, sur les paysans, quand il tirait des choses les plus vulgaires de leur existence des clartés subites, des moralités inattendues! Même dans les mœurs des animaux il trouvait de salutaires leçons. Un jour, cheminant le long de la Loire en nombreuse compagnie, il remarqua certains oiseaux pêcheurs qui suivaient de petits poissons au-dessus de l'eau, et qui en saisissaient à chaque instant pour les engloutir avec une voracité croissante. « Voilà bien, dit-il, l'image des démons; ils guettent les imprudents, ils les prennent à l'improviste; quand ils les ont pris, ils les dévorent, et quand ils les ont dévorés, ils ne sont nullement rassasiés. » Alors, d'une voix puissante, il leur commanda de s'éloigner du fleuve et de se retirer dans une région inhabitée. Aussitôt ces oiseaux se rassemblèrent en bande; puis ils prirent leur volée vers les bois et les montagnes, à la stupéfaction des assistants[2]. On s'étonnait de voir son autorité s'étendre jusque sur les créatures les plus rebelles à la volonté de l'homme. Mais combien de saints ont possédé ce privilège, indice caractéristique du recouvrement de l'innocence originelle! Sans rappeler ceux qui ont réduit à la domestication les bêtes fauves, et dont j'ai parlé plus haut, que de serviteurs de Dieu ont eu avec les animaux des relations familières! que de légendes charmantes sont nées de l'empire exercé par eux sur la nature vivante! Les oiseaux surtout semblent avoir été leurs amis, leurs sujets, comme si l'habitant des airs avait un lien de plus avec l'homme de mœurs pures et célestes. Saint Benoît a son corbeau; saint Valery a ses alouettes; saint Malo a

---

[1] *Vita S. Mart.*, 25. — [2] Sulp., *Ep.* 3.

son roitelet, saint Thierry a son aigle; saint Nivard a sa colombe. Saint Jean l'évangéliste, saint François d'Assise, saint Joseph de Cupertino, saint Conrad de Plaisance, sainte Sophronie de Tarente, d'autres encore sont connus par leurs rapports avec les oiseaux [1]. Ceux qui obéirent à la voix de saint Martin sont appelés par Sulpice *mergi* : ce sont, à proprement parler, des plongeons. Mais la tradition populaire a conservé le nom de *martin-pêcheur* à une espèce d'alcyon aux ailes et à la tête bleues, au bec long et pointu, qui hante les cours d'eau et les marécages, et fait son nid dans le sable. D'après quelques auteurs, ce serait le même que l'*alcyon vocalis*, dont Aristophane a voulu imiter le chant, et que plusieurs nomment encore le rossignol de rivière [2]. Selon toute probabilité, sa nouvelle appellation n'a pas d'autre origine que l'anecdote qu'on vient de lire; mais d'autres espèces ont aussi porté le nom d'oiseau de saint Martin. La légende rapporte également que le bienheureux pontife rencontra dans sa mission à Levroux, en Berry, une multitude considérable de volatiles de toute espèce, et qu'il s'en étonna. On lui dit que saint Ursin, archevêque de Bourges, avait quitté ce lieu fort mécontent des habitants, qui ne voulaient pas l'entendre, en annonçant que les poules viendraient désormais crier à leurs oreilles la vérité de ses paroles. Martin leur donna du grain, les bénit, et elles s'en allèrent aussitôt avec la même docilité que les plongeons [3].

D'autres animaux lui témoignaient encore la même soumission. Les poissons de la Loire venaient, à son commandement, remplir les filets du diacre Caton, l'économe de Marmoutier. Les chiens furieux se taisaient sur son ordre. Les taureaux emportés se couchaient à ses pieds, et rejoignaient ensuite leurs troupeaux avec la douceur de la brebis. Les serpents qui s'approchaient de lui ou des siens rebroussaient chemin au premier mot; et alors il s'écriait en gémissant : « Les reptiles m'écoutent; mais, hélas! les hommes ne m'écoutent pas. » Le venin même de ces redoutables

---

[1] V. Montalembert, *les Moines d'Occident*, II, 387 et suiv. Corblet, *Hagiogr. du dioc. d'Amiens*, IV, 78, etc. = [2] V. notamment les Dictionnaires de Ménage et de Trévoux, au mot *Martinet*. = [3] Labbe, *Nov. Bibl. mss.*, II, 446 et suiv.

Les oiseaux pêcheurs. (Dessin de Merson.)

bêtes devenait inoffensif au contact de son doigt. Mais, à l'égard des pauvres animaux victimes de la férocité humaine ou poursuivis par les chasseurs, il montrait une bonté attendrissante. Un malheureux lièvre, forcé par une meute impitoyable, vint un jour se heurter contre lui. Ému du danger qu'il courait, il ordonna aux chiens de le laisser s'échapper; et ceux-ci s'arrêtèrent tout court, comme s'ils eussent été cloués au sol[1]. Tel Marculfe, abbé du Cotentin, sauvait le gibier des mains du chasseur en l'abritant sous sa robe. Tel saint Gilles protégeait contre Childebert une innocente biche. Telle encore la fille d'un roi breton, sainte Nennok, défendait un cerf aux abois, réfugié dans la chapelle de son couvent[2]. En lisant ces touchantes histoires des moines de l'ancienne Gaule, on se croirait transporté aux beaux jours de l'Éden, alors que l'homme, dans sa pureté native, était vraiment le roi de la création et le père de toutes les créatures. La prédiction du livre de Job se réalisait : le juste, remis par la rédemption en possession de son prestige primitif, vivait en paix avec la nature entière[3].

Parlerai-je maintenant de la vie intérieure de Martin? Rappellerai-je ses admirables vertus? Il faudrait reprendre tout le récit de sa vie. Chaque saint possède à sa couronne un fleuron plus brillant que les autres; chaque saint personnifie une vertu particulière, qui a été, pour ainsi dire, la note dominante dans son existence terrestre. Le triomphe de Martin, c'est la charité. Il a été l'incarnation de la charité sous toutes ses formes : l'aumône, la libéralité, le soin des malades, le rachat des captifs, l'hospitalité, le zèle des âmes, l'amour des égarés, des hérétiques même, nous l'avons vu pratiquer tout cela avec autant de simplicité que de constance. L'humilité le disputait chez lui à cette reine des vertus. Il voulait dissimuler les faveurs divines dont il était honoré; il essayait de tenir ses miracles secrets, il refusait d'en faire. Il couchait sur la terre nue, sur la paille, sur la cendre. Il

[1] Sulp., *Dial.* II, 2, 9; III, 3, 9, 10. La poésie ancienne et la moderne se sont emparées de l'histoire de ce lièvre. (V. Fortunat, *Vit. S. Mart.*, liv. III. Cahier, *Caract. des saints*, p. 505.) = [2] V. Montalembert, *op. cit.*, p. 359 et suiv. = [3] *Et bestiæ terræ pacificæ erunt tibi.* (Job, v, 23.)

portait le manteau des esclaves, ne se trouvant digne ni d'un autre lit ni d'un autre habillement. Sa patience, son indulgence dépassaient presque les limites raisonnables; quand, par exemple, il se laissait accabler de coups sur la route d'Amboise, sans vouloir se faire reconnaître; quand aux injures et aux violences d'un mauvais prêtre il répondait tranquillement : « Le Christ a bien supporté Judas; pourquoi ne supporterais-je pas Brice? » Il se vengea pourtant de ce disciple ingrat; mais de quelle manière? En priant pour lui jusqu'à ce qu'il eût obtenu sa conversion, bien mieux, son élévation à l'épiscopat : dénouement qu'on pourrait trouver peu moral, s'il ne recouvrait encore un excès de charité[1].

Mais à quoi bon poursuivre l'énumération de ses étonnantes qualités? Sulpice nous le déclare lui-même : « S'il a été possible, jusqu'à un certain point, de raconter ses actions, jamais, je l'affirme en toute vérité, jamais on ne pourra décrire sa vie intime, sa manière d'employer le temps, ses élévations incessantes vers Dieu, la continuité de ses abstinences et de ses jeûnes, et en même temps la sage modération qu'il savait y apporter, l'efficacité surprenante de ses prières, ses nuits passées aussi saintement que ses journées. Il ne donnait pas un instant au repos ni aux affaires de ce monde; il était tout entier à l'œuvre de Dieu, et n'accordait au sommeil que le minimum exigé par la nature. Non, si Homère revenait lui-même sur la terre, son puissant génie ne saurait dépeindre tant de merveilles : tout est si grand dans Martin que la parole est impuissante à l'exprimer. Même lorsqu'il lisait ou qu'il se livrait à une occupation quelconque, son cœur priait toujours. Comme les forgerons qui frappent sur l'enclume en chantant pour se soulager pendant leur travail, il priait sans arrêt, tout en paraissant faire autre chose. Homme vraiment bienheureux! Aucune malice ne germait en lui; il ne jugeait ni ne condamnait personne; il ne rendait point le mal pour le mal; il endurait les outrages avec tant de longanimité, qu'en dépit de sa dignité épiscopale les moindres clercs pouvaient l'offenser impunément, sans qu'il les chassât

[1] Sulp., *Vita S. Mart.*, 7, 8, 16; *Ep.* 1, 3; *Dial.* III, 15. Grég., *Hist.*, II, 1.

de son église ni de son cœur. Jamais irrité, jamais ému ; jamais une larme, jamais un rire bruyant : toujours la même sérénité d'âme, toujours la même joie céleste illuminant son visage et lui donnant une expression étrangère à la nature humaine. Le nom du Christ ne quittait point ses lèvres ; la piété, la paix, la miséricorde ne quittaient point son cœur[1]. » Qu'ajouter à ce portrait original ? Un complément ? ce serait oiseux. Une restriction ? toutes les pages qui précèdent la démentiraient. Ce ne sont pas là, en effet, les déclamations d'un panégyriste ; c'est un tableau pris sur le vif et tracé de main de maître. On a osé dire quelque part que le saint Martin posthume était une transfiguration, que le saint Martin de la légende (et on entend par là l'homme aux vertus surnaturelles) était différent du saint Martin de l'histoire[2]. Que l'histoire réponde, si elle n'a déjà répondu !

Ce qui gêne l'admiration des sceptiques, qui vénéreraient volontiers en lui l'apôtre de la tolérance, mais qui gardent rancune au destructeur des temples[3] et ne comprennent pas le thaumaturge, c'est précisément l'abondance de ses miracles. Ce merveilleux continuel supprime, dit-on, l'histoire. Mais ce parti pris d'incrédulité supprime, au contraire, la critique ; on a vu pourquoi. Sulpice a pu, sans doute, se tromper quelquefois ; cependant, tout homme consciencieux le reconnaîtra, il a pris des précautions particulières à l'égard des faits surnaturels : il les raconte d'après les témoins oculaires, d'après ce qu'il a vu lui-même ; il cite les noms, les lieux ; il invoque des populations entières à l'appui de son dire ; il contrôle, quand faire se peut, l'exactitude des détails[4]. Aussi un des plus grands évêques de nos jours, qu'on ne soupçonnera pas de crédulité aveugle, a-t-il pu formuler ce jugement : « Je crois aux miracles de saint Martin, parce que les récits contemporains qui nous les transmettent respirent la plus saisissante véracité ; mais j'y crois encore plus à cause de l'œuvre qu'il a faite. Pour éclairer, pour dompter

---

[1] *Vita S. Mart.*, 26, 27. = [2] Paul Albert, *op. cit.* = [3] « Sa conduite dans l'affaire des priscillianistes peut faire pardonner bien des destructions de monuments. » (Henri Martin, *Hist. de France*, I, 315.) = [4] Sulp., *Vita S. Mart.*, 27 ; *Dial.* I, 27 ; III, 2, 3, 5, 7-15, etc.

des peuples aussi obstinés, il fallait renouveler les prodiges des temps apostoliques[1]. » Voilà pourquoi, répétons-le, il a opéré tant de miracles de son vivant. Mais, loin d'en exagérer l'importance, son biographe en a passé sous silence une quantité : le nombre de ceux qui sont demeurés dans l'ombre ou dans l'oubli serait incalculable, et, d'après les historiens grecs, ses prodiges égaleraient ceux des apôtres[2]. Il employait de préférence son pouvoir surnaturel à guérir les âmes et les corps, à rendre la santé ou la vie; et parfois il joignait à ses remèdes célestes les médicaments ou les secours matériels. Le simple contact de ses habits, des objets qu'il avait touchés, suffisait pour opérer des cures merveilleuses[3]. On pouvait le suivre à la trace de ses bienfaits : *transiit benefaciendo*.

Mais, dans un autre ordre d'idées, il n'était pas moins favorisé du ciel. Des révélations fréquentes lui apprenaient ce qui se passait au loin ou ce qui devait se passer dans l'avenir. Il connut par ce moyen les délibérations du concile de Nîmes, la malédiction qui planait sur la maison de Lycontius et qu'il écarta, le châtiment de ses agresseurs sur la route d'Amboise, et beaucoup d'autres choses cachées. Il lisait dans les cœurs comme dans un livre ouvert. Parfois même ses disciples n'avaient point à se féliciter de cette seconde vue, fort gênante pour les coupables et pour les gens malintentionnés. Saint Brice en savait quelque chose. Un jour qu'un pauvre lui demandait, sur la place publique, où se trouvait le saint homme : « Tenez, répondit le diacre impatienté, regardez là-bas ce fou, qui tient les yeux fixés au ciel comme un insensé. » Mais l'évêque, après avoir fait son aumône, s'approcha et lui dit : « Eh bien! Brice, est-ce que je te semble toujours aussi fou ? » Le clerc, tout confus, essaya de nier. « Mes oreilles n'étaient-elles pas à tes lèvres quand tu parlais? ajouta-t-il. Sache donc que, pour te punir, j'ai obtenu du Seigneur que tu me succèdes sur le siège épiscopal; seulement il te faudra subir, dans le cours de ton

---

[1] Mgr Dupanloup, *Panégyrique de S. Martin*. = [2] *Dial.* II, 4. Nicéphore, IX, 16. = [3] Grég., *Hist.*, II, 1. Sulp., *Dial.* III, 9, etc.

pontificat, mille tribulations. — Je disais bien, répliqua Brice d'un ton moqueur, que votre esprit divaguait. » Mais l'événement devait lui prouver cruellement le contraire[1]. Une autre fois un moine était entré dans la cellule du saint et, en son absence, se chauffait au brasier d'une façon peu décente. « Quel est celui qui souille ainsi notre demeure? » lui cria de loin le bienheureux abbé. Et l'imprudent demeura couvert de honte[2]. Martin, nous l'avons déjà vu, prédit à Maxime le sort de sa campagne d'Italie et sa mort funeste. Sa propre fin, il la connut et la prédit longtemps à l'avance. Les anges étaient les agents ordinaires des révélations que Dieu lui envoyait. Tantôt il les voyait converser entre eux; tantôt ils s'adressaient à lui, et il leur parlait face à face, comme à Andethanna, ce que son historien rapporte comme une des prérogatives les plus extraordinaires dont il ait joui. Les saints lui apparaissaient aussi. Un jour qu'il était enfermé dans sa cellule, ses disciples, qui attendaient respectueusement à la porte, entendirent avec une stupeur et un saisissement indicibles le bruit d'une conversation. Interrogé par Sulpice, son confident le plus intime, il eut beaucoup de peine à lui avouer qu'il avait reçu la visite de trois saintes, Agnès, Thècle et Marie : la Reine des anges elle-même était descendue dans sa demeure. Pressé de questions, il lui confia encore, sous le sceau du secret, que les apôtres Pierre et Paul se présentaient quelquefois à lui. « Ces faits, ajoute le biographe, sembleront peut-être plus incroyables que tout le reste; mais le Christ m'est témoin que je ne mens pas, et personne n'aura, je l'espère, l'audace sacrilège de prétendre que Martin ait menti[3]. » Que penser devant de pareilles protestations, sinon que le surnaturel jouait vraiment un rôle important dans son existence?

Par une conséquence logique, il voyait également les démons s'approcher de lui et les entendait lui parler. Il eut avec leur chef la discussion théologique rapportée tout à l'heure. Il le distinguait sous les déguisements les plus per-

---

[1] Grég., *Hist.*, II, 1. = [2] Sulp., *Dial.* III, 14. = [3] Sulp., *Vita S. Mart.*, 14, 17, 21; *Dial.* II, 12, 13; III, 11, 13, etc.

fides, et, un jour qu'il lui était apparu couvert d'un manteau royal, le front ceint d'une couronne d'or, le visage serein, en lui disant de le reconnaître pour Jésus-Christ, il le démasqua par ces paroles profondément chrétiennes : « Notre Seigneur n'a point annoncé qu'il viendrait vêtu de pourpre et couronné d'un diadème; je croirai à sa présence lorsque je le verrai tel qu'il était quand il souffrit pour nous, portant les marques de son supplice. » Il apercevait les démons qui infestaient les demeures des particuliers, qui tourmentaient les hommes ou les animaux, et parfois il les balayait d'un souffle; ce qui ne l'empêcha pas d'être précipité par l'un d'eux sur l'escalier rocailleux de Marmoutier, où il se blessa si cruellement qu'un ange dut lui apporter un baume divin pour guérir ses plaies. Quelques-uns s'offraient à ses yeux sous la figure de Jupiter, de Minerve, de Vénus, de Mercure. On eût dit que les idoles préférées des Gallo-Romains se plaisaient à venir inquiéter dans sa retraite leur implacable ennemi. Mercure lui cherchait surtout querelle; quant à Jupiter, il lui semblait hébété et grossier. Mais il répondait à leurs insultes par la prière, par le signe de la croix, et ces fantômes s'en allaient en fumée. Le nombre des possédés délivrés par son intervention est considérable, et l'on se souvient que ce fut là sa première occupation dans l'église de Poitiers. Il ne procédait pas à leur égard de la façon ordinaire. Au lieu de les toucher, de les réprimander d'une voix forte, il les faisait approcher, ordonnait à la foule de se retirer; puis, les portes closes, revêtu d'un cilice, couvert de cendres, il se prosternait pour prier. Alors ces malheureux s'agitaient dans les contorsions les plus étranges, et le démon les quittait violemment, comme s'il eût cédé à la force. Martin se plaignait pourtant, après son retour de Trèves et sa célèbre faute, de n'avoir plus le don de le chasser aussi promptement[1]. Tous ces faits nous transportent dans un domaine fort étranger au

[1] *Vita S. Mart.*, 17, 18, 19, 22, 23, 24; *Dial.* II, 9, 13; III, 6, 8, 13, 14, 15. D. Martène a reproduit, d'après deux manuscrits du XIe siècle, une formule d'exorcisme intitulée : *Exorcismus sancti Martini (Ant. eccl. rit.,* II, 991). Il est difficile de dire si elle se rattache aux pratiques du saint lui-même ou simplement aux rites de la basilique de Tours.

monde où nous vivons. Je ne puis que répéter ici ce que disait déjà, au xvii° siècle, l'historien Gervaise : « Je sais que ces sortes de phénomènes ne sont pas du goût de tout le monde et passent pour fabuleux dans l'esprit de bien des gens; mais on n'en peut mettre en doute la réalité sans donner atteinte à celle des histoires les plus certaines et les plus avérées des plus grands saints qui ont été dans l'église, et même à celle des Écritures, qui, en beaucoup d'endroits, en rapportent de semblables[1]. »

On vient de voir ce que fut saint Martin durant sa vie : il ne nous reste plus qu'à le contempler dans la mort. Une carrière si extraordinaire ne pouvait se terminer que par une fin plus sublime encore. Son couronnement répondra de tout point à notre attente, et le spectacle auquel nous allons assister ajoutera la dernière touche à l'esquisse bien imparfaite de sa grande figure.

[1] Gervaise, *Vie de S. Martin*, p. 98.

CHAPITRE II

SA MORT ET SES FUNÉRAILLES

ANDES est un petit bourg très heureusement assis au penchant d'un coteau, sur la rive gauche de la Loire, et à l'endroit même où la Vienne se confond avec ce fleuve. C'est à cette circonstance qu'il doit son nom (*Condate*, confluent) et son importance primitive[1]. Ce nom même atteste que, si le lit des deux rivières a varié depuis le IV° siècle, elles ne devaient pourtant pas se rejoindre beaucoup plus bas qu'aujourd'hui. En mêlant leurs flots, elles forment une immense nappe qui donne au paysage, borné par deux rives verdoyantes, un aspect grandiose. On dirait qu'il y a là une mystérieuse allusion à la vie de saint Martin. Les eaux de la Touraine et du Poitou, en se réunissant dans un lac imposant et calme, semblent dire que le grand apôtre qui avait fécondé ces deux contrées devait aboutir, lui aussi, au même lieu, pour y trouver, après une carrière

---

[1] V. Grég., éd. Ruinart, *Hist.*, I, 42 (note); Longnon, *op. cit.*, p. 271. Pourquoi M. Paul Albert (*loc. cit.*) a-t-il été chercher le village de Candé (Loir-et-Cher) afin de le substituer à ce lieu célèbre ?

agitée, la gloire et la paix infinies. Il avait fondé là, on s'en souvient, une des plus importantes églises de son diocèse. Mais, vers la fin de ses jours, il eut la douleur de voir la mésintelligence se glisser parmi les clercs qui la desservaient. Malgré ses quatre-vingts ans passés, il entreprit d'aller lui-même rétablir l'accord. Il n'ignorait cependant pas que sa mort était imminente : il l'avait annoncée à ses frères ; mais il estimait que ce serait terminer dignement sa vie que de mourir en léguant à son Église la paix des saints. S'il faut en croire l'auteur de l'*Histoire des Sept Dormants,* qui mérite peut-être plus de confiance sur les faits arrivés à Marmoutier que sur le reste, il convoqua tous les religieux de son monastère, les embrassa tour à tour, les bénit, et désigna pour les diriger à sa place l'un d'entre eux, nommé Gualbert, qui lui succéda en effet[1]. Sulpice ne dit rien de cette scène attendrissante; mais il raconte, d'après les témoins oculaires, celles qui vont suivre, et sa narration prend ici un caractère saisissant qu'il serait dommage d'altérer par des commentaires : l'Église s'en est, du reste, emparée pour ses offices, et de très bonne heure elle l'a introduite dans la liturgie.

Au bout d'un court séjour à Candes, ayant ramené la concorde parmi ses prêtres, Martin songeait à regagner son monastère, lorsqu'il sentit tout à coup ses forces défaillir. Aussitôt il réunit ses frères, ses disciples, et leur fait comprendre que le moment suprême est venu. Alors leur douleur éclate en sanglots; on n'entend qu'un cri de désespoir. « Pourquoi nous abandonner, ô père ? Pourquoi laisser vos enfants dans la désolation? Les loups rapaces viendront envahir votre troupeau : qui nous protégera contre leurs morsures, quand nous n'aurons plus notre pasteur? Nous savons que vous aspirez à Jésus-Christ; mais votre récompense est assurée, et elle ne sera pas diminuée par un petit sursis. Songez plutôt à nous; prenez-nous en pitié, nous que vous allez quitter! » Et ce grand cœur, étranger aux faiblesses humaines, se sent ému à son tour; cet homme qu'on

[1] *Hist. Sept. Dorm.,* dans les œuvres de Grégoire, éd. Migne, col. 1115.

n'a jamais vu pleurer laisse enfin échapper quelques larmes. Sa charité ardente puise dans les entrailles de la miséricorde divine une nouvelle flamme : il répond, en se tournant vers le ciel, par un acte sublime de dévouement, et prononce cette admirable parole, la plus belle qu'un chrétien puisse prendre pour devise : « Seigneur, si je suis encore nécessaire à votre peuple, je ne refuse point le travail; que votre volonté soit faite! » *Non recuso laborem, fiat voluntas tua!* Cependant, pris entre l'espoir de l'éternité bienheureuse et le chagrin d'abandonner ceux qu'il aime, il éprouve encore quelques hésitations. Par moments, il redoute de les affliger; puis la soif d'être uni à son Sauveur reprend le dessus. Enfin il abdique de nouveau toute volonté; il se remet complètement entre les mains de l'arbitre suprême, attendant ce qu'il voudra faire de lui. C'est alors que sort de ses lèvres cette héroïque invocation, qui pourrait s'appeler la prière du vieux soldat mourant :

« Ils sont rudes, Seigneur, les combats de votre milice « sur la terre, et j'ai déjà combattu bien longtemps. Cepen- « dant, si vous m'ordonnez de rester encore dans les rangs, « et de soutenir ce labeur, je m'y soumettrai, je n'invoque- « rai ni l'âge ni la lassitude. Je remplirai mon service « jusqu'au bout, sous vos étendards, et, jusqu'à l'heure où « vous me donnerez le signal de la retraite, je lutterai. Le « vétéran qui a blanchi sous les armes soupire, il est vrai, « après le jour du licenciement. Mais son courage reste « vainqueur des années; il ignore ce que c'est que de céder « à la vieillesse. Que si vous avez pitié de mon âge, votre « volonté m'est également agréable, ô mon Dieu! Car alors « c'est vous qui garderez ceux pour qui je tremble. »

Homme ineffable! ajoute Sulpice; ni la fatigue ni la mort ne viennent à bout de l'abattre : il ne craint pas de mourir, il ne redoute pas de vivre. Pendant quelques jours, la fièvre le consuma; mais il ne voulut pas interrompre un instant l'œuvre de Dieu. Continuant à passer les nuits en prière, épuisant son corps dans les veilles, il forçait la matière d'obéir à l'esprit. Il restait étendu sur un cilice et sur un lit de cendre; mais sa couche paraissait plus noble que celle des rois. Ses disciples voulaient y mettre au moins un peu de paille ; il les repoussa en disant : « Il ne serait pas convenable qu'un chrétien mourût autrement que sur la cendre. Si je vous laissais un autre exemple, je serais coupable. » Cependant il tenait les yeux et les mains élevés vers le ciel, et son âme indomptable priait toujours. Les prêtres qui l'entouraient le supplièrent de leur permettre de le soulager un peu en le changeant de position. « Laissez, laissez, mes frères, répondit-il ; j'aime mieux regarder le ciel que la terre : mon âme prendra plus directement son vol vers son Créateur. » Comme il disait ces mots, le démon s'offrit à ses regards encore une fois et s'approcha de lui. « Que fais-tu là, s'écriat-il, bête cruelle ? Tu ne trouveras en moi, maudit, rien qui t'appartienne. Le sein d'Abraham s'ouvre pour me recevoir[1]. »

Ce fut sa dernière parole. Il rendit l'esprit en la prononçant, un dimanche, vers le milieu de la nuit, et des anges descendus du ciel emportèrent son âme bienheureuse au bruit d'une musique divine. Les échos de cette harmonie mystérieuse furent perçus au loin par plusieurs personnes, entre autres par saint Séverin, archevêque de Cologne, qui sortait alors de l'office nocturne et se trouvait dehors avec ses clercs, au lieu appelé depuis le *Champ de saint Martin*[2]. Le visage du défunt apparut alors comme celui d'un être céleste, et ses membres se couvrirent d'une blancheur de neige. Qui pourrait croire, demandait-on autour de lui, qu'il repose dans le cilice et la cendre ? Tel était l'éclat de son corps, qu'on l'eût dit transfiguré déjà par la résurrection glorieuse[3].

Ainsi devait mourir ce grand saint. Le plus bel éloge de cette fin touchante a été fait par une autre illustration du

---

[1] Sulp., *Ep.* 3. Cf. l'évangile de S. Luc, XVI, 22 : *Factum est autem ut moreretur mendicus, et portaretur ab angelis in sinum Abrahæ.* = [2] Grég., *Virt. S. Mart.*, I, 4. Cf. la vie de S. Séverin (*Acta SS. oct.*, X, 58). Mgr Cirot de la Ville a soutenu, dans son histoire de la basilique de Saint-Séverin, l'opinion que le saint Séverin de Cologne et celui de Bordeaux, distingués l'un de l'autre par les Bollandistes, ne faisaient qu'un seul et même personnage. Martin aurait pu, dans ce cas, le rencontrer et se lier avec lui lors de son voyage à Bordeaux. Sur la mission confiée aux anges de conduire les âmes dans le ciel, cf. *Acta SS. sept.*, VIII, 38, 84. = [3] Sulp., *Ep.* 3.

martyrologe de France. Dans les célèbres enseignements que saint Louis légua en expirant à son fils aîné, il lui recommandait de donner la paix à son peuple et il lui vantait l'exemple du bienheureux pontife qui avait couronné sa carrière de la façon la plus éclatante en rendant la tranquillité à son Église[1]. Et le pieux roi, passant du conseil à la pratique, se fit ensuite coucher sur un lit de cendre, afin de mourir comme Martin était mort.

Ce mémorable événement s'accomplit dans l'habitation du *presbyterium* de Candes, où le saint évêque recevait de ses clercs l'hospitalité. Cette maison se trouvait un peu au-dessous de l'église Saint-Maurice, qu'il avait fondée, et sur l'emplacement de l'église paroissiale actuelle, érigée précisément en souvenir du fait, mais rebâtie au XIIe siècle. Pendant longtemps on conserva avec la plus profonde vénération le lit, ou au moins la place du lit où s'était éteint l'illustre confesseur. A l'époque de Grégoire de Tours, ce lieu sacré était entouré d'une grille et d'une tenture, et les fidèles y venaient de loin en pèlerinage; ils y passaient la nuit; ils arrosaient de leurs larmes le bois de la balustrade; ils touchaient respectueusement les barreaux, et ils s'en allaient guéris ou consolés. On y vénérait aussi une pierre où le saint avait reposé sa tête[2]. Près de là, on gardait religieusement un bassin de cristal qui passait pour avoir été donné par lui, et les fiévreux venaient y boire de l'eau. Aujourd'hui l'on ne montre plus que la place de sa chambre ou de sa cellule, transformée en chapelle communiquant avec le bras septentrional du transept de l'église. Dans cette chapelle s'ouvre un *arcosolium*, pratiqué, dit-on, à l'endroit même où se trouvait le lit, et occupé par une image du saint en habits pontificaux, étendue sur un soubassement très élevé. Au-dessous, une inscription récente contient uniquement un nom et une date : c'est assez pour une pareille mémoire; les chrétiens n'ont pas besoin qu'on leur en dise davantage[3].

Quant à la date de la mort de saint Martin, on sait qu'elle

---

[1] V. *Acta SS. aug.*, V, 590. = [2] Grég., *Virt. S. Mart.*, II, 19, 21-23. = [3] Communication de M. le curé de Candes. Cf. Bourassé, *Mém. de la Soc. archéol. de Tours*, II, 141. Je me suis fait un devoir de visiter ce lieu saint et d'en parler *de visu*.

a donné lieu à de longues et vives controverses. Aucun problème historique n'a peut-être été entouré de plus d'obscurités par ceux-là mêmes qui ont essayé de l'éclaircir, et n'a reçu de solutions plus diverses. Les calculs des critiques anciens et modernes ont abouti successivement à chacune des années comprises entre 395 et 402. Telle est la complication de cette question chronologique, que, pour ne pas interrompre le récit par une discussion abstraite, je la traiterai à part dans une note détaillée. Je me borne à dire ici que la date la plus probable est celle du 8 novembre 397, et que la principale raison qui doive la faire adopter est, comme pour la naissance du saint, l'accord de deux passages de Sulpice Sévère et de Grégoire de Tours, dont le premier nous apprend que l'apôtre des Gaules était dans sa soixante-dixième année en 385 ou 386, et le second qu'il mourut dans sa quatre-vingt-unième année (par conséquent onze ans plus tard), au mois de novembre, un dimanche, sous le consulat de Cæsarius et d'Atticus. Je sais que, si l'on s'arrête à d'autres chiffres ou à d'autres synchronismes fournis par les mêmes auteurs, on arrive à des résultats différents ; mais ces résultats présentent des impossibilités réelles, tandis que la date de 397, déjà admise, du reste, par d'excellents critiques, n'en offre point de sérieuse[1]. Si l'Église a fixé la fête de saint Martin au 11 novembre, et non pas au 8, c'est qu'elle a choisi, comme cela se faisait quelquefois, le jour de son ensevelissement, sans doute parce que l'éclat extraordinaire de cette cérémonie avait éclipsé dans la mémoire des peuples l'anniversaire du décès. Il y a lieu de s'étonner pourtant qu'une date pareille ait pu prêter à tant de contradictions ; car la mort de saint Martin fut un événement tellement considérable, elle frappa si vivement les esprits, qu'elle devint pour nos anciens historiens le point de départ d'une nouvelle ère chronologique, tout comme la naissance ou la passion du Sauveur. Tant cet homme si modeste et si humble tenait de place dans le monde ! Tant il était destiné à rappeler jusqu'au bout la divine figure de son maître !

[1] Sulp., *Dial.* II, 7. Grég., *Hist.*, I, 43. Lecointe, Ruinard, les Bollandistes, l'*Art*

Une multitude innombrable se réunit pour lui rendre les derniers devoirs. Toute la cité des Turones se précipita au-devant de ses précieux restes. Les bourgs voisins, les campagnes, et même des villes étrangères au diocèse, envoyèrent leur contingent. Les moines accoururent en si grande affluence, que Sulpice ne craint pas d'évaluer leur nombre à deux mille environ : c'était sa couronne, ajoute-t-il ; c'étaient les fruits vivants de l'arbre qu'il avait planté de ses mains[1]. Marmoutier, Ligugé, se trouvèrent là au complet. Le Poitou était représenté, en outre, par une troupe considérable de fidèles, d'amis reconnaissants, d'admirateurs passionnés. Mais la présence des Poitevins occasionna précisément une dispute curieuse et bien instructive. Ils osèrent réclamer la possession du corps. « C'est notre moine, disaient-ils aux Tourangeaux ; il a été notre abbé. C'est bien assez pour vous de l'avoir eu si longtemps pour évêque. Vous avez joui de sa compagnie, de son entretien ; vous avez profité de ses bénédictions, de ses miracles. Que cela vous suffise : nous ne demandons pour nous qu'une dépouille inanimée. » Les autres, qui comprenaient le prix d'un pareil trésor, ripostaient : « Vous dites que ses miracles doivent nous suffire, mais il en a fait bien plus étant chez vous que plus tard. Ne vous a-t-il pas ressuscité deux morts ? Il n'en a ressuscité qu'un dans notre pays ; et lui-même reconnaissait qu'il avait plus de pouvoir avant d'être élevé à l'épiscopat. Il faut maintenant qu'il nous dédommage ; il nous doit une compensation après sa mort. Dieu vous l'a enlevé, Dieu nous l'a donné. D'ailleurs, l'antique usage de l'Église veut qu'il soit enseveli dans sa ville épiscopale. Et si vous alléguez la possession de son premier monastère, sachez que son premier monastère est celui de Milan, et non le vôtre. » Ce petit chef-d'œuvre d'argumentation ne fit naturellement qu'envenimer la querelle. La nuit vint sans qu'on eût pu se mettre d'accord. On prit le parti de fermer avec soin la chambre mortuaire, et les deux peuples rivaux firent simul-

de vérifier les dates, ont adopté la date de 397. V. l'éclaircissement chronologique à la fin de ce volume.
[1] Sulp., *Ep.* 3.

Le corps de saint Martin emporté par les Tourangeaux. — Vitrail de Candes.
(D'après le carton de M. Claudius Lavergne.)

tanément garder la porte. Les Poitevins projetaient d'enlever le corps par la force dès le lendemain matin. Mais Dieu ne permit pas un rapt aussi audacieux : au milieu de la nuit, ils s'endormirent tous profondément; pas un seul ne résista au sommeil. Les Tourangeaux, en gens avisés, profitèrent de l'instant pour s'emparer de la sainte dépouille. De peur d'éveiller les gardes apostés par leurs adversaires, ils la firent sortir sans bruit par une fenêtre, dont on croit reconnaître encore la place. Ceux qui étaient dans la maison tendirent le précieux fardeau à leurs amis, qui le reçurent avec précaution. Le jour approchait : il fallait se hâter. On le déposa dans une barque amarrée sur la rive de la Vienne, qui en un clin d'œil descendit au milieu du large lit de la Loire. Alors tout le peuple de Tours, qui suivait sa conquête, entonna des hymnes sacrées et fit retentir l'air des louanges du Seigneur. Les Poitevins, réveillés enfin par ce bruyant concert, se trouvèrent fort désappointés, et s'en retournèrent chez eux couverts de confusion. Telle est du moins la version du chroniqueur tourangeau [1].

Le pasteur fut ainsi ramené par son troupeau jusque dans les murs de sa cité. Cette marche funèbre avait l'air d'une marche triomphale. Une foule en deuil, une armée de moines en manteaux noirs, où les vétérans courbés par la fatigue se mêlaient à de jeunes et vaillantes recrues, un chœur de vierges, dont la pudeur comprimait les sanglots, tel était ce cortège unique. La foi défendait de pleurer; pourtant, de temps à autre, on entendait un gémissement arraché par la douleur. La plupart ne savaient s'il fallait se lamenter d'une perte aussi cruelle ou se féliciter de la gloire accordée au bienheureux pontife [2]. Une fois à Tours, on organisa une procession régulière, suivant les rites de l'Église, et on le conduisit au chant des cantiques dans le cimetière des chrétiens, situé hors de la ville. L'histoire de sa sépulture et de ses restes mortels appartient à la seconde partie de ce livre.

S'il faut en croire une tradition rapportée par Grégoire de

---

[1] Grég., *Hist.*, I, 43. Cf. *Virt. S. Mart.*, II, 45. = [2] Sulp., *Ep.* 3.

Tours, au moment même où l'on célébrait les obsèques de son vénéré prédécesseur, l'évêque de Milan, saint Ambroise, qui officiait dans sa cathédrale, parut s'endormir au milieu de la messe et fut transporté en esprit dans la cité des Turones, où il assista à la funèbre cérémonie : lui-même raconta ensuite ce qui lui était arrivé. Les exemples de faits analogues ne manquent pas dans la légende. On prétend que saint Front fut conduit de la même manière aux funérailles de sainte Marthe, saint Sévère de Ravenne à celles de saint Géminien, et plus récemment saint Alphonse de Liguori à celles du pape Clément XIV. Saint Martin lui-même devait venir après sa mort à celles de sainte Pélagie, mère de saint Arédius de Limoges[1]. Pour ce qui est de saint Ambroise, ses biographes, le bréviaire de son Église et plusieurs manuscrits anciens racontent également sa vision, qui s'accorderait assez bien avec ce que l'on sait des relations nouées entre lui et l'évêque de Tours ; mais peut-être en ont-ils simplement puisé le récit dans Grégoire. Quelques critiques ont élevé des doutes sur la possibilité de ce fait merveilleux, par la raison qu'Ambroise n'aurait pas survécu à Martin. Il résulte cependant des éclaircissements donnés par Henschenius, dans la collection des *Acta sanctorum,* qu'il mourut seulement au mois d'avril 398. Cette date crée, en effet, un empêchement dirimant pour ceux qui placent la mort de l'apôtre des Gaules après 397 ; mais pour les autres, au contraire, elle serait plutôt un argument en leur faveur[2]. Quoi qu'il en soit, la tradition générale a consacré le prodige dont notre chroniqueur s'est fait l'écho : Saint Paulin de Nole l'a célébré dans une inscription en vers[3], et l'art primitif en a perpétué le souvenir dans une célèbre mosaïque, conservée jusqu'à nos jours à Milan. Sulpice Sévère à son tour déclare avoir vu en songe, dans le demi-sommeil du matin, le saint évêque revêtu d'une robe blanche, le visage rayonnant, les yeux et les cheveux resplendissants de lumière. « Je ne pou-

---

[1] Grég., *Virt. S. Mart.,* 5. *Glor. Conf.,* 104. Cahier, *Caract. des saints,* p. 400. D. Calmet, *Dissertation sur les anges,* p. 615 et suiv. = [2] V. *Acta SS. febr.,* I, 216; *apr.,* 1, xxix; *sept.,* VIII, 83; *oct.,* XI, 400. Cf. Martène, *Hist. de Marmoutier,* I, 56. Gervaise, *op. cit.,* p. 389, etc. = [3] S. Paulin, *Ep.* 32.

Obsèques de saint Martin. Dessin de Merson.

vais fixer mes regards sur lui, dit-il, et pourtant je le reconnaissais. Il me considérait en souriant, et tenait à la main le livre que j'ai composé sur sa vie. Pour moi, j'embrassais ses genoux, et, selon mon habitude, je lui demandais sa bénédiction. Je sentais sur ma tête le doux contact de sa main, et je l'entendais répéter, dans la formule de la bénédiction, le nom de la croix, qui lui était si familier. Bientôt, tandis que je le contemplais, il s'éleva subitement, et, traversant les airs sur un nuage, il disparut dans le ciel entr'ouvert. » A son réveil, Sulpice vit arriver deux moines de Tours qui venaient lui annoncer que Martin n'était plus. Il versa un torrent de larmes et ne put se consoler. Pour épancher sa douleur, il écrivit les touchantes épîtres adressées à Bassula, sa belle-mère, et au diacre Aurelius, où sont relatés tous les détails qu'il put apprendre sur la fin de son maître bien-aimé [1].

La mort emporte les renommées fragiles; elle est la pierre de touche de la gloire. Les petits grands hommes tombent peu à peu dans l'oubli; c'est le privilège des vrais bienfaiteurs de l'humanité de grandir au lieu de décroître après être sortis de ce monde. Ce privilège devait être dévolu à celui qui avait tiré des ténèbres et de la corruption païenne une portion si considérable des campagnes gauloises. Martin, durant sa vie, avait eu des envieux, des détracteurs. C'étaient ces prélats mondains ou courtisans, ces clercs amis du luxe pour lesquels sa conduite n'était qu'un vivant et perpétuel reproche : ses vertus évangéliques, ses miracles éclatants leur paraissaient invraisemblables [2]. Le peuple, en général, lui était plus attaché; c'était, comme on l'a dit, un saint quelque peu démocratique, ou plutôt essentiellement populaire. Mais à peine eut-il fermé les yeux, que ces dissidences disparurent pour faire place à un concert de louanges unanime et significatif. Les fidèles, qui avaient déjà pris l'habitude de le surnommer « l'ami de Dieu, le saint homme [3] », l'appelèrent le saint tout court. Le clergé le proclama l'égal des apôtres (*par apostolis*), épithète

---

[1] Sulp., *Ep.* 2 et 3. = [2] Sulp., *Dial.* I, 25; *Vita S. Mart.*, 27. = [3] Sulp., *Vita S. Mart.*, 20. Grég., *Hist.*, II, 1.

qui avait un sens précis : Adam de Perseigne l'expliquait plus tard en disant qu'il n'avait été inférieur aux apôtres ni par ses miracles, ni par ses prédications, ni par ses fondations d'églises, ni par ses vertus; il n'avait pas été élu comme eux par Jésus-Christ, mais saint Paul ne l'avait pas été non plus : l'Église pouvait donc le mettre sur le même rang et l'honorer du même titre[1]. Les résurrections qu'il avait opérées contribuèrent surtout à lui faire décerner ce qualificatif, dont Sulpice se servait avant même que sa cendre fût refroidie, et qui devint très vite une expression consacrée, presque liturgique[2]. Dans les *Dialogues* de cet écrivain, composés presque aussitôt, nous trouvons un parallèle détaillé entre le saint abbé de Marmoutier et les solitaires d'Égypte : après une enquête consciencieuse, poursuivie jusque dans les déserts d'Orient par un des amis de l'auteur, Posthumien, la comparaison aboutit à une constatation formelle de la supériorité du premier et de sa notoriété universelle. L'immense rayonnement attribué à sa renommée nous semblerait même exagéré, si nous ne savions que sa biographie, rédigée avec tant de chaleur par Sulpice, s'était déjà répandue antérieurement dans tout le monde romain. L'Italie, l'Illyrie, l'Égypte, la Syrie, l'Arménie, la Grèce enviaient ce pauvre moine à la Gaule; et la Gaule n'avait plus rien à envier à aucun pays, puisqu'elle l'avait possédé. Heureux les Grecs d'avoir entendu la parole de Paul! Mais les Gaulois n'étaient pas moins bien partagés : Dieu leur avait donné Martin[3]. Et ce n'est pas seulement un historien qui manifeste ces sentiments de profonde admiration : ce sont tous les chroniqueurs du temps, Idace, Prosper d'Aquitaine, Prosper Tiro; c'est le père de notre histoire nationale, qui le représente comme un soleil éblouissant, comme un astre propice se levant sur un monde en décadence[4]; c'est toute cette lignée de panégyristes sincères, que nous aurons bientôt à passer en revue et qui, du IVe au XIXe siècle, fait entendre sans interruption la même note laudative. Il n'est pas jusqu'au plus connu de nos histo-

---

[1] V. le traité intitulé : *Quod beatus Martinus par dicitur apostolis.* (*Bibl. Clun.*, col. 123 et suiv.) — [2] *Dial.* II, 5; *Ep.* 1. = [3] *Dial.* I, 25, 26; II, 5; III, 17. = [4] D. Bouquet, I, 613, 625, 635. Grég. *Virt. S. Mart.*, I, 3.

riens rationalistes qui ne s'écrie, en pleine époque de scepticisme et d'incrédulité : « Saint Martin conserva l'esprit premier de Jésus. » Ce mot cache, il est vrai, une arrière-pensée. Mais, quand nous entendons le même auteur déclarer, en parlant du héros chrétien, que « l'esprit de l'ancienne Gaule lui vint en aide [1] », c'est-à-dire qu'il fut l'héritier du génie transcendant des Gaulois, nous ne pouvons bonnement désirer un éloge plus complet dans la bouche du pontife du celticisme, et, en faveur de l'intention, nous devons lui pardonner l'étrange paradoxe qui érige en représentant du vieil esprit celtique le destructeur acharné des débris du druidisme.

Mais l'apôtre des Gaules laissa sur la terre une trace plus consistante et plus durable que la gloire la mieux assise : il se survécut à lui-même par ses disciples et par ses œuvres. Les uns continuèrent son œuvre monastique. Ce sont ses élèves de Marmoutier et de Ligugé. C'est l'abbé Gualbert, et ses successeurs. C'est Gallus, l'ami intime de Sulpice, qui avait quitté les écoles de rhétorique pour l'école de la sainteté, et qui suivit presque partout son maître, dont la vertu surnaturelle avait guéri son oncle Evantius. C'est Refrigerius, appelé très saint prêtre, et toute cette pléiade de religieux que l'auteur des *Dialogues* fait figurer dans son auditoire : Evagrius, Aper, Sabbatius, Agricola, Ætherius, Calupion, Amator, Saturnin, le diacre Aurelius, dans le sein duquel Sulpice épancha sa douleur à la mort de leur père commun. C'est Clair, le chef de la petite succursale de Marmoutier, qui porta en Aquitaine la règle et les vertus de ses frères. C'est Martin, abbé de Saintes, fondateur du monastère de Saujon; un autre Martin, abbé de Brive-la-Gaillarde; Savin, qui se créa une solitude en Poitou; Félix de Smarves, Macaire des Mauges, ermites du même pays; Florent de Montglonne, venu, dit-on, de Milan pour vivre sous la direction de l'évêque de Tours dans une caverne voisine de Saumur, et célèbre pour avoir délivré la contrée d'une infinité de serpents. C'est Maxime, abbé de Chinon, qui introduisit à l'Ile-

---

[1] Henri Martin, *Histoire populaire*.

Barbe la discipline de saint Martin et qui était le frère de son compagnon de pèlerinage, saint Maximin de Trèves. C'est Caton, l'économe et l'habile pêcheur, transformé, lui aussi, par son supérieur en pêcheur d'hommes. C'est Victor, l'ancien soldat, qui fut envoyé à saint Paulin de Nole comme un cuisinier précieux pour un monastère : il savait l'art de préparer les légumes sans poivre et sans aucun assaisonnement agréable! Et Paulin lui-même n'était-il pas une des plus belles conquêtes que le monachisme eût faites par l'entremise de Martin? Et ce grand écrivain dont le nom revient si souvent sous ma plume, le Salluste chrétien, comme on l'a si justement surnommé, ne s'efforcera-t-il pas de prendre son héros pour modèle dans sa solitude d'Aquitaine? N'était-il pas venu recueillir ses enseignements à Tours? Tous ceux-là, on n'en peut douter, perpétuèrent les traditions du maître, les propagèrent, et par eux la première phalange des moines gallo-romains se trouve reliée à la grande armée de saint Benoît. Les autres poursuivirent l'œuvre épiscopale de Martin, soit dans son diocèse, soit ailleurs. Brice, après l'avoir tant tourmenté, fit pénitence dans une grotte austère, voisine de la sienne, et, à son exemple, il multiplia les paroisses rurales en Touraine. Maurille, sacré par lui à Angers; Rainon, évêque de la même ville; Victor et son fils Victorius, tous deux évêques du Mans, avaient appris à son école à diriger une Église, à faire prospérer la vigne du Seigneur. Martin de Lyon, Lazare d'Aix, Héros d'Arles, Corentin de Quimper, Gaudence de Novare passent également pour avoir été ses disciples : son monastère était la grande pépinière de l'épiscopat, et il en conserva la réputation pendant fort longtemps. Les églises paroissiales lui durent aussi des administrateurs vertueux et capables : Demetrius, son ancien compagnon d'armes, fut appelé à régir celle de la Fontaine-Saint-Martin; Lubentius, son fils spirituel, celle de Coverna, près de Coblentz. Que de noms oubliés pourraient grossir cette liste! Enfin la mission de l'apôtre fut continuée glorieusement, et par Maurille, déjà nommé, qui détruisit les idoles et les temples demeurés debout dans son diocèse, en les remplaçant, lui aussi, par des sanctuaires du vrai Dieu; et par Romain, le missionnaire du Bordelais, qui eut le bonheur de recevoir la sépulture des mains de son maître ; et par le fameux évangélisateur de l'Irlande, saint Patrice, qui vint chercher le feu sacré à Marmoutier, où toute une colonie de moines irlandais le suivit sous l'abbé Gualbert et ses premiers successeurs ; et par Ninien, qui alla prêcher la foi aux Écossais ; et par tant d'autres, qui avaient puisé dans son grand

Ensevelissement de saint Martin. (Bas-relief en or, au maître-autel de l'église Sant'-Ambrogio de Milan, attribué au IXe siècle.)

cœur le zèle des âmes. Un seul mot suffit à montrer avec quelle fidélité tous ces élèves suivirent sa trace : la grande majorité, sinon la totalité, a mérité comme lui d'être honorée d'un culte. Il s'est même trouvé, dans le nombre, plus d'un martyr. Si la légende de sainte Maura est authentique, cette pieuse femme, appartenant à la nation des Visigoths, lui aurait amené ses neuf fils, appelés Loup, Bénigne, Béat, Spain, Marcellien, Messarius, Genitor, Principin, Tridorius ; il les aurait baptisés, instruits, et tous, sommés par le roi de leur pays d'abjurer la foi catholique, auraient péri par son ordre : quelques-uns d'entre eux sont même vénérés comme saints dans la Touraine et le Berry. Aucune couronne ne devait manquer à notre glorieux apôtre ; celles qu'il ne remporta point par lui-même durant sa vie terrestre, il les remporta par ses disciples, qui étaient eux-mêmes son œuvre, et une de ses œuvres favorites[1].

Mais ne peut-on pas dire d'une manière générale, et cependant avec autant de vérité, que tous les hommes de foi et de dévouement qui travaillèrent après lui à établir dans les Gaules l'unité de religion, un seul pasteur et un seul bercail, à civiliser et à fusionner dans le creuset du christianisme les éléments disparates appelés à former la nation française, ont été ses continuateurs? que ceux qui ont dépensé leur sang ou leurs forces à dompter les envahisseurs barbares, dernière réserve du paganisme, les saint Remi, les saint Vaast, les saint Éleuthère, les saint Avite, les saint Colomban, les saint Riquier, les saint Valery, les saint Germain, les saint Aignan, les saint Loup, l'ont eu pour père et pour initiateur? que tous ceux, en un mot, qui ont contribué à fonder la France catholique, cette grande et magnifique institution du suprême organisateur des sociétés humaines, procèdent directement de lui? C'est là, en effet, son œuvre capitale, celle qui surpasse toutes les autres par la puissance de la conception et l'importance des résultats. Et n'aurait-il pas soupçonné l'immense portée de sa mission, il n'aurait pas moins la gloire d'avoir été le principal et le plus actif des coopérateurs choisis par la Providence pour l'exécution de ses mystérieux desseins sur notre patrie. Il s'est donc survécu également, il se survit encore dans la France.

Que dis-je? Avait-il besoin de se survivre? Était-il perdu pour son pays, pour l'univers chrétien? Non, au contraire; son dernier soupir lui ouvrait sur la terre une existence nouvelle, existence longue, agitée, glorieuse, qui remplit notre histoire tout entière. L'homme disparaissait, et le grand protecteur de la nation française, son bienfaiteur, son palla-

---

[1] Pour ce qui regarde les disciples de S. Martin, voyez principalement Sulpice, *Dial.* II, 14; III, 1, 3, 15. Grég., *Glor. Conf.*, 22, 57, et *Vita S. Maurilii. Acta SS. jan.*, II, 417; *mart.*, II, 519 et suiv.; *maii*, VII, 22; *sept.*, I, 220; IV, 65; V, 146; VI, 412 et suiv.; *oct.*, IV, 1003; IX, 338; XI, 579; XII, 701. Martène, *Hist. de Marmoutier*, I, 61 et suiv. D. Piolin, *Hist. de l'Église du Mans*, I, 69, 75, 85, 91, etc. D. Chamard, *S. Martin et Ligugé*, p. 60-69. O'Conor, *Rer. Hibern. script.*, II, 83. Cusack, *Life of S. Patrick*, p. 141 et suiv., etc.

dium, surgissait dans tout son éclat. Il mourait, et il commençait à vivre.

C'est cette vie posthume qu'il me faut maintenant esquisser à grands traits, en résumant brièvement le tableau détaillé que j'en ai tracé naguère.

Épisode du manteau. — Diptyque en ivoire (xvᵉ siècle ou fin du xivᵉ).
Collection Maillet du Boulay.

CHAPITRE III

LE CULTE DE SAINT MARTIN

A PEINE la tombe de l'Apôtre des Gaules était-elle fermée, qu'elle devint un but de pèlerinage. Les chrétiens, qui avaient déjà pris l'habitude d'accomplir un pieux tour du monde en s'arrêtant aux plus fameux sanctuaires de chaque pays, firent de la ville de Tours une de leurs principales stations, et la sépulture du vénéré pontife devint le lieu sacré des Gaules[1]. Les noms les plus illustres figurent parmi ces pèlerins des premiers jours, qui vinrent y chercher la guérison de l'âme ou du corps : sainte Geneviève, Clovis, sainte Clotilde, saint Germain de Paris, Clotaire, sainte Radegonde, les reines Ultrogothe, Ingoberge, Brunehaut, saint Colomban, presque tous les princes, évêques et abbés de l'époque mérovingienne voulurent s'inscrire sur la liste, et signalèrent leur passage par des bienfaits temporels, en échange des grâces de toute espèce reçues par eux au saint tombeau. Les empereurs et rois de la seconde race

---

[1] *Gallicana peregrinatio*, comme l'appelle le premier concile d'Orléans. Le concile de Châlons, en 813, met sur le même pied les deux pèlerinages de Rome et de Tours. (V. Labbe, VII, 1282.)

montrèrent un égal empressement : Pépin le Bref, Charlemagne, sa femme Liutgarde, qui finit ses jours près de la basilique de Saint-Martin et y fut ensevelie, ses fils Charles, Pépin et Louis, Charles le Chauve, Louis le Bègue allèrent successivement se prosterner devant cette dépouille mortelle, regardée comme le palladium de la nation. Puis ce fut le tour des glorieux chefs de la maison de France : Eudes, Robert, Raoul, Hugues Capet; celui des premiers barons féodaux : Géraud, comte d'Aurillac, Foulques d'Anjou, l'homme de fer, aussi avide de pénitence que de rapines, puis le célèbre Odon de Cluny, qui se fit dans sa jeunesse l'introducteur des pèlerins. On vit même des papes honorer de leur présence le sanctuaire tourangeau : Urbain II, amené là par la prédication de la croisade, ses successeurs Pascal II, Calixte II, Innocent II, Alexandre III y parurent en suppliants.

Quant à la foule des fidèles, telle était son affluence, qu'il fallut créer pour elle des asiles spéciaux, des *hospitia*, les maisons et les couvents de la cité ne pouvant suffire à les loger, et que l'étendue de celle-ci en fut bientôt doublée; tant il est vrai que le culte des saints a fait, presque partout, la prospérité matérielle du pays. Les croisés, rois, chevaliers ou gens du peuple, allèrent prendre à Tours le bâton du pèlerin : Richard Cœur-de-Lion, Philippe-Auguste, Jean de Brienne, roi de Jérusalem, saint Louis observèrent cette pieuse tradition. A partir du xiv° siècle, le concours des pèlerins se ralentit quelque peu avec les ardeurs de la foi. Cependant le séjour de la cour en Touraine valut encore au corps de saint Martin un regain d'honneurs et de triomphes. Jeanne d'Arc, qui séjourna dans la ville où il reposait, ne manqua pas de lui adresser ses ferventes prières pour la nation qu'il protégeait, prières qui devaient être si promptement exaucées. Louis XI, René d'Anjou, Charles VIII, François Ier, plusieurs de leurs successeurs vinrent encore implorer le secours de l'antique patron de la monarchie. Les dévastations matérielles et morales des huguenots purent seules arrêter ou du moins refroidir cet élan universel.

Le miracle, qui dans la nature est l'exception, était presque la règle au tombeau de saint Martin. Des recueils volumineux ont été composés, au moyen âge, avec le récit des prodiges accomplis par la miséricorde divine en ce lieu favorisé. Tous ne sont pas également authentiques; mais, même en élaguant ceux qui peuvent inspirer quelque doute, il en resterait assez pour remplir des livres entiers. Les cures de malades, d'aveugles, de muets, de sourds, de boiteux, se comptaient par centaines; le saint de Tours était vraiment le médecin du peuple. Et ce n'est pas seulement par le soulagement des souffrances individuelles que le grand thaumaturge signalait sa puissance. En 803, les Normands assiégeaient la ville; toute la population, en proie à la terreur, s'attendait au pire des désastres. La châsse du saint, portée en procession sur les remparts, frappa l'ennemi d'une épouvante subite et le dissipa comme une vaine fumée. Une fête locale, la fête de la *Subvention de saint Martin,* perpétua le souvenir de cette délivrance inespérée. La conversion des pécheurs, le refuge accordé aux malheureux, la répression des excès de la tyrannie, l'affranchissement des serfs, la modération des impôts, le respect inviolable des serments prêtés sur les reliques, les largesses de toute sorte faites aux pauvres et aux églises sont encore au nombre des bienfaits dont la France, et particulièrement la Touraine, furent redevables, pendant plus de mille ans, à la présence réelle du corps saint dans sa tombe vénérée.

Cette tombe conserva dans la suite des siècles son emplacement primitif, vers le fond de la basilique construite pour l'abriter. Recouverte d'une table de marbre et devenue un véritable autel, suivant l'usage observé pour la plupart des martyrs et pour quelques bienheureux confesseurs, elle fut ornée d'une décoration des plus riches par saint Éloi, l'orfèvre des rois mérovingiens, entourée d'une balustrade et protégée par un rideau formant tout autour une sorte d'enceinte réservée. Plusieurs inscriptions placées sur le monument rappelaient les mérites insignes du glorieux pontife. Une couronne de lampes et de cierges perpétuellement allumés entourait le sépulcre. C'est là, dans ce demi-jour si favorable à la prière, que les pèlerins venaient s'agenouiller

Saint Martin au milieu des Confesseurs.

(D'après une peinture murale d'Hippolyte Flandrin, dans l'église Saint-Vincent-de-Paul, à Paris.)

et râcler un peu de poussière de marbre, enlever quelques parcelle de tenture ou quelques gouttes d'huile, qu'ils emportaient ensuite précieusement comme autant de reliques inestimables.

En 853, les pirates normands s'étant avancés jusqu'à Tours et menaçant de tout détruire, le corps de saint Martin fut tiré momentanément de son tombeau et transporté à Cormery, puis à Orléans. Réintégré l'année suivante à sa place traditionnelle, il en fut encore enlevé en 856, au moment d'une nouvelle invasion des barbares du nord, et mis à l'abri dans un bourg des environs de Cosne, à Léré, où il resta quelque temps. Il y revint en 862, toujours pour la même cause, et les ennemis avançant de plus en plus, il fut emporté de là jusqu'à Marsat, en Auvergne, puis à Auxerre et à Chablis, où un monastère venait d'être construit pour le recevoir. Cependant, le 13 décembre 885, il fut rendu aux hommages des Tourangeaux, qui depuis célèbrent en grande pompe l'anniversaire de la *Réversion* de leur saint patron. Extrait une dernière fois et déposé à l'intérieur de l'enceinte des remparts lors du siège mis devant Tours par deux autres chefs normands, nommés Baret et Héric, il ne retrouva qu'en 919 son asile séculaire. Mais le relèvement du sol et une série de reconstructions successives modifièrent l'apparence du tombeau. Dès le xiii° siècle, il se trouvait un peu enfoui, et lorsque le roi Charles le Bel, en 1323, fit exhumer la dépouille mortelle du saint, dont l'authenticité et le merveilleux état de conservation furent sollennellement constatés devant une multitude considérable, on plaça la tête ou le *chef* dans un reliquaire d'or, exposé à la vénération publique, tandis que le reste du corps était replacé en contrebas, dans son ancien réceptacle. Sous Charles VII, une grande châsse d'orfèvrerie remplaça les enveloppes primitives et fut exhaussée sur une estrade somptueusement ornée, couverte de reliquaires, et abritée par un *ciborium;* l'ancien sépulcre, situé immédiatement au-dessous, ne fut plus alors qu'une sorte de caveau funèbre, qui demeura vide et fut à peu près oublié.

Il fallut la rage dévastatrice des huguenots pour renverser

cet admirable monument de la piété de nos pères, embelli encore par les libéralités de Louis XI. En 1562, un parti de protestants, appartenant à l'armée commandée par le prince de Condé, força les portes de la basilique et procéda méthodiquement à un pillage complet. Puis les envahisseurs se saisirent froidement de la châsse, la dépecèrent, et, sans frémir, *jetèrent au feu tout son contenu.* Le chef de saint Martin eut le même sort. Une très petite partie de ses reliques échappa seule aux flammes : un des marguilliers put sauver un fragment du crâne et un os du bras, avec l'étoffe de soie qui enveloppait directement le corps. La tourmente passée, ce précieux résidu fut enfermé dans un coffret de bois doré et placé, comme autrefois, sous l'autel reconstruit. En 1636, un chef d'argent doré et ciselé fut substitué au coffret par les chanoines de Saint-Martin, et, sauf les jours d'exposition solennelle, fut gardé dans une des armoires du trésor de cette église. Tel est l'état dans lequel la Révolution trouva les reliques de l'Apôtre des Gaules. Au mois de novembre 1790, la municipalité de Tours fit vider le trésor et réduire tout son contenu en lingots destinés à être offerts à la Convention. Par bonheur, les ossements du crâne et quelques autres purent encore être mis de côté par un maître sonneur, nommé Martin Lhommais ; l'authenticité de ces derniers débris fut reconnue en 1795, et, huit ans plus tard, le cardinal de Boisgelin les rendit à la vénération des fidèles. L'impiété révolutionnaire avait consommé le crime de lèse-patrie commencé par l'aveugle fureur des hérétiques.

Quant à l'antique tombeau, ou du moins aux quelques pierres qui en restaient, enfouies depuis avec les fondations de la basilique démolie, sous un ensemble de rues et de maisons destiné à en effacer jusqu'au souvenir, elles ne revirent le jour qu'en 1860, à la suite de fouilles intelligentes, entreprises par la commission de Saint-Martin. Cette même commission avait formé le projet de relever de ses ruines l'église tout entière, sur un plan aussi vaste qu'imposant. La dureté des temps a fait abandonner ce dessein hardi. On a dû se contenter de bâtir une petite Jérusalem sur l'emplacement de la grande. Saint Brice, le successeur immédiat de

Fig. 1. — Coupe transversale suivant A B.

Fig. 2. — Marbre de S. Euphrone.

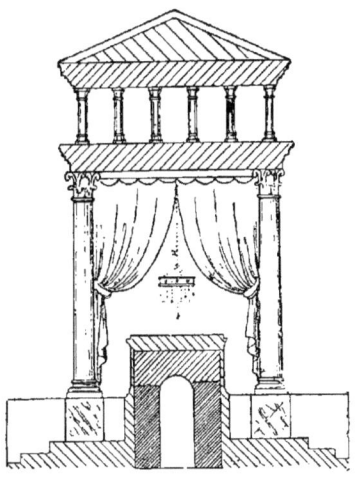
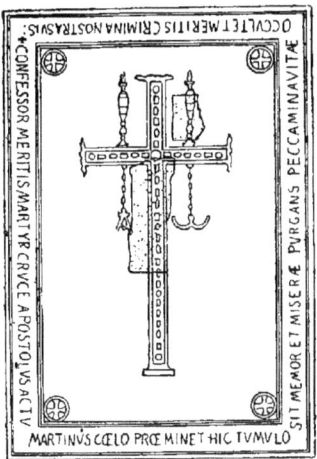

Fig. 3. — Plan.

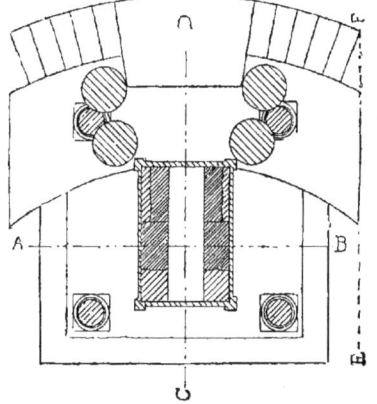

Fig. 1 et 3. — Les hachures serrées indiquent les restes du tombeau retrouvés en 1860.

Fig. 2. — Marbre restitué de S. Euphrone ; les fragments découverts en 1860 sont indiqués en ponctué.

Fig. 4. — Les parties retrouvées du tombeau sont désignées par un ponctué.

Fig. 4 et 5, e, e. — Fondations retrouvées de la basilique construite par S. Perpetuo au Ve siècle.

Fig. 4. — Coupe longitudinale suivant C D.

Fig. 5. — Façade latérale suivant E F.

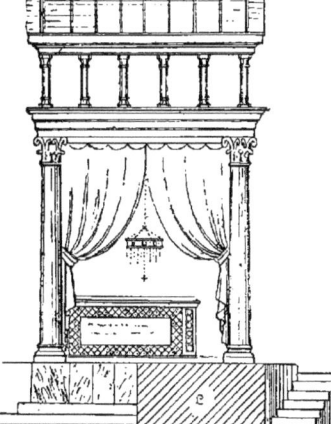

Échelle de 0^m 01^c par mètre pour les figures 1, 3, 4 et 5.

Échelle de 0^m 09^c par mètre pour la figure 2.

Restitution du tombeau-autel de saint Martin et du marbre de saint Euphrone.

l'illustre pontife, avait d'abord élevé sur son tombeau une simple chapelle, une *cellula,* recouverte d'une voûte en bois. Au v° siècle, un autre évêque de Tours, saint Perpétue, avait substitué à ce modeste sanctuaire, trop étroit pour la multitude des pèlerins, une véritable basilique, placée sous l'invocation de saint Martin lui-même ; elle était longue de cent soixante pieds, ornée de colonnes, revêtue de marbres de différentes couleurs ; en un mot, elle offrait toute la richesse et tout le luxe que les architectes du temps étaient en état de déployer. Puis, après des destructions et des réfections partielles, survenues tant à l'époque des invasions normandes qu'à la suite d'incendies accidentels, une belle église romane, plus vaste encore et d'une architecture plus compliquée, s'était élevée sur l'emplacement de la basilique : une ceinture de chapelles en entourait l'abside ; deux grandes tours terminaient les bras du transept (la tour Charlemagne, qui subsiste encore, est une de celles-là), et deux autres se dressaient majestueusement au bas de la nef. La dédicace du nouveau temple, dû au génie entreprenant d'Hervé de Buzançais, trésorier de Saint-Martin de Tours, avait été faite, en 1008, par l'archevêque Hugues de Châteaudun. Des accidents ultérieurs avaient bien endommagé, à plusieurs reprises, ce splendide édifice ; les huguenots y avaient bien porté la torche, en ne laissant debout que les murs ; mais, en somme, il n'avait pas subi de destruction totale, et, si des restaurations nombreuses en défiguraient l'aspect général au moment de la Révolution, c'était toujours la vieille basilique d'Hervé qui se présentait aux regards des pèlerins et des curieux attirés par la renommée de ce lieu saint. Il était réservé à l'esprit moderne de le faire disparaître de la surface du sol. On accéléra d'abord par tous les moyens la ruine du monument : on enleva successivement les toitures, les gouttières, l'armature de fer des voûtes, due à Vauban ; on transforma la nef en écurie ; puis, quand le mal fut devenu irréparable, on aliéna, en 1797, une partie de l'église, et l'on dépensa des sommes considérables pour en faire raser les débris, qui semblaient opposer à la pioche une résistance désespérée. Aujourd'hui ce n'est plus qu'une réduction de la basilique romane, et encore d'un style tout autre et d'une orientation différente, qui reçoit les fidèles clients du grand saint, en attendant, peut-être, des temps meilleurs.

Saint-Martin de Tours, après avoir été successivement une abbaye riche et puissante, un centre littéraire et artistique illustré par Alcuin et ses disciples, devint, en 848, une simple collégiale, ce qui n'empêcha cependant pas la dignité d'abbé de Saint-Martin de se perpétuer nominalement dans les mains des rois de France jusqu'à Louis XIV. Le chapitre exerçait dans la personne de son doyen, de son trésorier, de son écolâtre une juridiction très étendue, comprenant notamment toute la partie de la ville qui formait le bourg fortifié de Château-Neuf. La collégiale avait des propriétés immenses et des prérogatives extraordinaires : le droit d'asile, le droit de justice, le droit de battre monnaie; elle fut longtemps indépendante de l'autorité du métropolitain. En revanche, elle pratiquait largement la charité et l'hospitalité évangéliques, et, si des querelles mesquines, des questions de préséance n'eussent troublé les derniers temps de son existence, elle eût été jusqu'au bout la digne continuatrice du monastère primitif. La nouvelle église de Saint-Martin n'est plus desservie, depuis 1867, que par des Pères oblats de Marie, qui l'administrent au spirituel et au temporel sous l'autorité de l'archevêque.

Marmoutier, l'abbaye modèle fondée par l'illustre confesseur et sanctifiée par son séjour, a suivi les destinées de Saint-Martin de Tours. Dévastée, elle aussi, par les Normands, restaurée ensuite et réformée par saint Mayeul, elle fournit pendant longtemps des pasteurs aux églises de France, devint un établissement agricole des plus florissants, et ne connut la décadence que grâce aux désastres de la guerre de Cent ans, aux abus de la commende et aux ravages des huguenots. C'est encore le fanatisme révolutionnaire qui en consomma la ruine. Les grottes de Saint-Martin et de Saint-Brice, la chapelle des Sept-Dormants conservent seuls aujourd'hui le souvenir du grand apôtre et de ses premiers disciples, entretenu pieusement par les Dames du Sacré-Cœur.

A Candes, théâtre de ses derniers travaux et de sa glorieuse fin, un sanctuaire et un pèlerinage s'étaient établis de très bonne heure à l'endroit même où il avait rendu le dernier soupir. Devenu plus tard l'église paroissiale et rebâti au XII° siècle dans la forme élégante qu'on lui voit de nos jours, ce vénérable monument a subi depuis des remaniements malheureux; mais il témoigne encore de la renommée de ce

Pont Saint-Martin, à Tolède (Espagne).

saint lieu et de la piété des pèlerins qui n'ont cessé de le fréquenter.

Dans quel pays, d'ailleurs, n'a-t-on pas élevé des temples en l'honneur de saint Martin? Ce n'est pas seulement la Touraine qui s'est distinguée dans cet élan spontané des populations. Toutes les contrées qu'il a parcourues en missionnaire de l'Évangile, toutes celles où il a semé la foi avec les miracles, toutes celles où quelque pieux voyageur a rapporté un souvenir de son tombeau, et même beaucoup d'autres n'ayant recueilli que l'écho de ses grandes actions ou de ses bienfaits posthumes, ont tenu à lui témoigner leur amour. L'Anjou, le Poitou, le Maine, la Bretagne, la Normandie, la Picardie, l'Artois, l'Ile-de-France, le pays chartrain, l'Orléanais, le Nivernais, la Bourgogne, la Franche-Comté, le Lyonnais, la Provence, le Languedoc, le Roussillon, le Limousin, la Champagne, l'Alsace, la Lorraine ont placé sous son vocable, et cela dès les temps les plus anciens, de somptueuses basiliques ou de modestes églises de campagne. Dans la France seule, les paroisses qui lui sont dédiées se trouvent au nombre de trois mille six cent soixante-douze.

Que serait-ce si l'on voulait faire entrer en ligne de compte l'apport de l'étranger? Les Iles Britanniques, les Pays-Bas, l'Allemagne, la Suisse, la Bohème, les pays slaves, la Hongrie, l'Italie, la Sicile, l'Espagne, le Portugal lui ont payé leur tribut de la même manière et avec une égale émulation. Jusqu'en Amérique, on retrouve la trace de la dévotion des chrétiens envers le grand thaumaturge. Il est vraiment devenu le saint universel.

Aussi son principal anniversaire, la Saint-Martin d'hiver, a-t-il pris, dans certains pays, le caractère d'une fête nationale et populaire. Elle était chômée autrefois partout. A l'église, dans la rue, dans les demeures privées, l'allégresse publique éclatait en transports bruyants; des chants de circonstance, des processions, des mystères, des illuminations, des festins, des cavalcades, des jeux de toute espèce traduisaient le sentiment général, et tournaient même quelquefois à l'abus. Les réjouissances de la Saint-Martin avaient remplacé pour le peuple chrétien les fêtes païennes de Bacchus et de Woden. Ce jour-là était même une solennité civile : il marquait l'ouverture d'une année nouvelle, celle des écoles, celle des tribunaux, celle de l'exercice financier; la mort du saint évêque de Tours a même servi de point de départ à une ère particulière. L'anniversaire de sa consécration épiscopale (Saint-Martin d'été), ceux de la Subvention, de la Réversion, etc., entretenaient encore les ardeurs d'une dévotion qui ne demandait que l'occasion de se manifester. Enfin le carême de saint Martin, période de mortification qui finit par se confondre avec celle de l'Avent, offrait aux fervents qui s'étaient trop réjouis le moyen d'expier leur excès d'enthousiasme.

La liturgie, l'éloquence sacrée, la poésie, la littérature sous toutes ses formes, ont redit la gloire de saint Martin. Les arts de toute espèce, la peinture, la sculpture, l'orfèvrerie, la miniature, la tapisserie, la gravure sur métal, sur bois, sur papier ont entonné en son honneur un concert dont l'écho prolongé n'est pas encore éteint. La légende a étendu sur toute la nature l'empire mystérieux de son nom. Non

L'île Saint-Martin, aux Antilles, d'après une gravure du XVIe siècle, conservée à la Bibliothèque nationale
(Cabinet des Estampes.)

seulement ce nom a été invoqué comme celui d'un patron puissant par les religieux des différents ordres, par la monarchie française, par les soldats et les armées catholiques, par les cavaliers, les voyageurs, les hôteliers, les cabaretiers, les crieurs de Paris, les tailleurs, les marchands d'étoffes et d'autres corps de métiers, mais il a présidé de tout temps aux œuvres de la charité, dont il est le légitime symbole. Il a été donné à une infinité de lieux, à des villes, à des villages, à des îles, à des ponts, à des fontaines, à des animaux, à des oiseaux, à des fruits, au vin, à l'arc-en-ciel, enfin à cette série de beaux jours que ramène souvent sa fête et que la voix populaire a surnommée poétiquement l'*été de la Saint-Martin*. Où ce nom béni ne se rencontre-t-il pas[1]?

Vivant ou mort, le héros apostolique de nos contrées domine toute notre histoire, au-dessus des princes, qui devant lui ont incliné leur sceptre, au-dessus des révolutions, qui n'ont pu effacer de la terre sa mémoire bénie. Il apparaît à notre époque de pygmées comme un géant d'une espèce éteinte, et celui qui essaye de mesurer sa hauteur n'aboutit qu'à mesurer sa propre petitesse. Qu'on vienne parler de l'œuvre des conquérants, de la gloire des fondateurs d'empires, en face de l'œuvre et de la gloire de ce conquérant des âmes, de ce fondateur de la France catholique! Voici un homme qui, jeté par les événements loin de son pays natal, entreprend de subjuguer par sa seule parole une immense région, qu'il ne connaît pas, et des populations grossières, hostiles à ses idées. Il n'appréhende rien, et rien ne lui résiste. Il prêche une religion surnaturelle, et on le croit. Il demande que les malades soient rendus à la santé, et les voilà guéris; que des morts vivent, et les voilà debout. L'enthousiasme populaire le place à la tête d'un diocèse renfermant quelques chrétientés éparses, quelques bourgades à peine civilisées : il le laisse couvert d'églises, qui, semblables à des phares propices, répandront autour d'elles la lumière et la vie. Il se fait une solitude au milieu du monde, et gouverne de là toute une cité, toute une province, sans cesser un instant de vaquer à l'oraison et de former des disciples. Ce domaine ne suffit pas à sa dévorante activité : il parcourt les champs de la Gaule, s'enfonce dans les montagnes, pénètre dans les vallées les plus retirées, et à sa voix une nouvelle classe de chrétiens semble sortir de terre. Il paraît chez les grands pour défendre les petits, chez les souverains pour arrêter le cours de leurs violences. Puis il meurt, et, plus aimé, plus redouté que jamais, du fond de

---

[1] Je me borne à renvoyer en bloc, pour les sources de ce chapitre, à la seconde partie du *Saint Martin*, où elles sont citées en détail (p. 357-609).

son tombeau il refoule la barbarie extérieure, intimide les oppresseurs du pauvre, châtie le parjure, verse une pluie de bienfaits sur la multitude des malheureux et des faibles, protège et dirige dans le chemin de la vertu des corporations, des groupes nombreux, des sociétés entières. Je le demande à tous les hommes de bonne foi, n'est-ce pas là une œuvre infiniment supérieure à celle des génies les plus vantés? Et la merveilleuse puissance dévolue à ce grand serviteur de Dieu, qui était en même temps un grand serviteur du peuple, n'était-elle pas à elle seule une institution sociale, institution plus féconde, plus avantageuse cent fois que les inventions des législateurs humains, et même plus sincèrement démocratique? Les sophismes dont l'esprit public est aujourd'hui saturé conduisent les masses à l'aveuglement, à la ruine, au massacre : la foi les amenait aux pieds du thaumaturge, d'où elles s'en retournaient guéries, consolées, réconfortées. On ne peut s'empêcher de reconnaître dans ce secours permanent une faveur exceptionnelle ménagée à notre pays par le Dieu qui aimait les Francs et qui avait décrété leur grandeur.

Saint Martin avait si bien été créé en vue de la France, que les principaux traits de notre caractère national et de notre rôle historique se trouvent réunis et préfigurés dans sa personne, comme l'image de l'Église universelle se réfléchissait par avance dans la destinée des anciens patriarches. Il a été soldat : la France est devenue à son tour le soldat de Dieu (*bellator Domini*), et la valeur guerrière a été de tout temps son apanage. Il a été moine et pontife : elle a donné à la chrétienté des légions de clercs illustres et vertueux, tant séculiers que réguliers. Il a été apôtre et missionnaire : quelle race plus que la nôtre a semé l'Évangile sur les terres païennes? quel peuple a porté plus loin le flambeau de la foi et de la civilisation? Le type séculaire de notre nation existe vraiment en germe dans celui de son ancêtre spirituel ; on dirait qu'il l'a réellement engendrée. Il a du moins été placé en face de son berceau comme un vivant modèle, comme le moule de son esprit et de ses brillantes qualités. S'il est le saint universel, saint Martin est aussi le saint français par excellence.

APPENDICE

ÉCLAIRCISSEMENT CHRONOLOGIQUE

SUR

LA VIE DE SAINT MARTIN

YANT adopté, pour la vie de saint Martin, un système chronologique en désaccord avec plusieurs des historiens précédents, et parfois avec tous, je dois compte au lecteur des raisons qui m'ont déterminé à le faire. Aucune question n'est plus embrouillée que celle de la chronologie martinienne; aucune n'a exercé davantage la sagacité de la critique. Un certain nombre d'historiens et de computistes se sont plu à montrer Sulpice Sévère en contradiction avec Grégoire de Tours, puis l'un et l'autre avec lui-même, et sont partis de là pour échafauder des systèmes qui ne tiennent pas debout; cependant les divergences de ces deux auteurs ne sont pas si réelles qu'elles en ont l'air. Il faudrait, pour traiter à fond ce sujet, examiner l'une après l'autre chacune des opinions émises par vingt commentateurs. Mais, ne pouvant entrer ici dans une pareille voie, je me bornerai à discuter brièvement les dates les plus controversées, celles de la naissance, du baptême, de la naissance épiscopale et de la mort du saint, en indiquant les solutions proposées jusqu'à présent et en justifiant le choix que j'ai dû faire entre elles.

1. DATE DE LA NAISSANCE

Sulpice Sévère mentionne l'âge de son héros dans cinq circonstances. Martin avait, nous dit-il, dix ans lorsqu'il fut reçu catéchumène à Pavie, douze lorsqu'il commença à « convoiter la solitude », quinze lorsqu'il fut livré aux recruteurs, vingt-deux (ou dix-huit) lorsqu'il fut baptisé; enfin il pouvait depuis peu être appelé septuagénaire, *jam septuagenario*, c'est-à-dire, suivant une manière de compter très commune autrefois, qu'il était dans sa soixante-dixième année lors de son premier séjour auprès de l'empereur Maxime[1]. De ces divers chiffres, le dernier seul fournit un synchronisme certain, parce que seul il se lie à des événements publics dont l'identité et la date ne souffrent aucun doute. Saint Martin se rendit, en effet, à la cour de Trèves à l'occasion de l'affaire de Priscillien, en 385, et y resta jusque vers la fin de l'année, qui n'arrivait qu'au dernier jour de février : il devait donc, pour avoir à ce moment soixante-neuf ans accomplis, être venu au monde en 316 ou au commencement de 317. Grégoire de Tours nous apprend, de son côté, qu'il naquit la onzième année du règne de Constantin, peu de temps après la mort de Dioclétien et la paix de l'Église, et qu'il expira dans sa quatre-vingt-unième année, sous le consulat d'Atticus et de Cesarius, lorsque les empereurs Honorius et Arcadius étaient depuis deux ans sur le trône[2]. Or Constantin fut proclamé empereur le 25 juillet 306 : la onzième année de son règne commença, par conséquent, le 25 juillet 316, pour finir le 25 juillet 317. Son édit en faveur des chrétiens était rendu depuis quatre ans; il y avait trois ans que Dioclétien n'était plus de ce monde. Atticus et Cesarius ayant été consuls en 397, Honorius et Arcadius ne régnant alors que depuis deux ans, puisqu'ils avaient succédé à leur père le 17 janvier 395[3], saint Martin, suivant Grégoire, atteignit ses quatre-vingts ans en 397, et avait reçu le jour en 317. Nous arrivons donc au même résultat, que nous prenions pour base l'un ou l'autre de ces historiens. Les deux seules autorités que l'on puisse invoquer ici se trouvent d'accord. Seulement, si nous acceptons leur double témoignage, la naissance du saint ne doit pas être reculée au delà du 8 novembre 316, car autrement il aurait été au jour de sa mort, le 8 novembre 397, dans sa quatre-vingt-deuxième année, et non dans sa quatre-vingt-unième; et elle ne doit pas davantage être placée plus tard que le 25 juillet 317, sous peine de ne plus tomber dans la onzième du règne de Constantin. On pourrait peut-être ajouter qu'Honorius et Arcadius n'ayant eu deux ans de règne qu'à partir du 17 janvier 397, saint Martin dut accomplir ses quatre-vingts après cette

---

[1] *Vita S. Mart.*, 2, 3; *Dial.* II, 7. = *Hist.*, I, 43, et XX, 31; *Virt. S. Mart.*, I, 3. = [3] Ces indications sont empruntées à l'*Art de vérifier les dates*.

date et non auparavant; ce qui circonscrirait encore plus l'espace de temps dans lequel il a pu naître. Mais cette indication de Grégoire ne paraissant pas très sûre [1], il y a lieu de n'en pas tenir un compte aussi rigoureux que des autres.

Les auteurs qui, comme le docteur Reinkens, rapportent la naissance de l'évêque de Tours à l'an 336, ou à une époque voisine de celle-là, n'ont pas d'autre excuse que la soi-disant nécessité de placer son service militaire et son baptême sous le règne de Julien, comme le voudrait un passage de son biographe, évidemment dénaturé. Ils ne peuvent invoquer aucun autre texte : ils sont, au contraire, en contradiction formelle avec les données précises que viennent de nous fournir et Sulpice et Grégoire; aussi sont-ils amenés à les rejeter en masse avec une assurance étonnante [2].

2. DATE DU BAPTÊME

L'époque du baptême de saint Martin est, avec celle de sa mort, celle qui a le plus exercé la critique. Cette question chronologique se lie étroitement à celle de son service militaire et à celle de sa naissance. Le biographe, après avoir dit qu'il fut offert pour le service à l'âge de quinze ans et qu'il combattit durant cinq ans, affirme qu'il fut baptisé étant encore soldat, après avoir accompli sa vingt-deuxième année, et deux ans avant de quitter la milice. Ces chiffres ne sauraient plus offrir de contradiction après les explications données dans ce livre, et desquelles il résulte qu'on doit admettre un intervalle de bien plus de cinq années entre son emprisonnement par les recruteurs et son départ de l'armée [3]. Il me reste à justifier ici l'âge de vingt-deux ans, que je lui attribue au moment de son baptême, contrairement à l'opinion reçue jusqu'ici, et qui oblige à placer cet événement en 339. La plupart des manuscrits portent bien la leçon *annorum duodeviginti*, adoptée communément par les historiens; mais l'exemplaire de Vérone, qui représente une version beaucoup plus ancienne que les autres, et sans doute la version primitive, puisqu'il a été exécuté en 517, porte *annorum XXII* [4]. La haute antiquité de cette rédaction,

---

[1] *Arcadii et Honorii in secundo imperii anno*, dit-il, ce qui, dans le langage du temps, peut signifier, soit que la seconde année du règne de ces princes courait, soit qu'ils régnaient depuis deux ans accomplis. J'adopte ici le second sens, parce que le premier mettrait Grégoire de Tours en contradiction avec lui-même; toutefois cette interprétation n'est pas assez obligatoire pour offrir une base solide. = [2] V. Reinkens, *Martin von Tours*, append. 1; Giselin, éd. de Sulpice, notes; Ébrard, *Handbuch der Christ. Kirchen*, I, 342, etc. Le système de Reinkens s'appuie surtout sur la prétendue interpolation de la phrase de Sulpice qui contient le mot *septuagenario*: ce mot se trouve cependant dans les meilleurs et les plus anciens manuscrits. = [3] V. ci-dessus, p. 87 et suiv. = [4] V. l'édition Halm, p. 113, note.

à peine postérieure d'une centaine d'années au temps de l'auteur, tandis que les moins récents parmi les autres manuscrits remontent tout au plus au IXe ou au Xe siècle, devrait déjà la faire préférer. La seule objection qu'on puisse présenter, c'est que Paulin de Périgueux, traduisant en vers la prose de Sulpice, vers la fin du Ve siècle, a exprimé en toutes lettres le chiffre 18, et non le chiffre 22 ; mais cela prouve uniquement que, dès cette époque, il circulait des versions altérées (ce que nous savons, du reste, par d'autres indices), et que Paulin avait entre les mains une de celles-là. D'ailleurs, à l'autorité du manuscrit de Vérone vient s'ajouter une raison qui me semble décisive : c'est l'impossibilité de placer en dehors des années 341 et 342 les événements militaires que Sulpice déclare s'être accomplis deux ans après le baptême du saint. A cette date seule, dans toute la période correspondant à la jeunesse de Martin, une expédition fut entreprise par l'empereur contre des envahisseurs barbares, sur les bords du Rhin, et put donner lieu à la scène de Worms : c'est, nous l'avons vu, celle que Constant dirigea contre les bandes franques[1]. En retardant le baptême jusqu'en 350 afin de faire coïncider le départ de Martin avec la campagne de Constance, qui eut lieu en 354, dom Chamard se condamne à modifier les chiffres authentiques donnés par Sulpice : au lieu des quinze ans attribués à la jeune recrue, il faut lire, suivant lui, vingt-cinq ans, les copistes ayant fort bien pu écrire XV pour XXV (l'ingénieux critique oublie que les chiffres sont exprimés en toutes lettres dans les plus anciens manuscrits); les cinq ans de service actif deviennent, dans son système, quatorze ans[2]. Gervaise fait encore mieux : comme il veut à toute force placer la campagne sous le règne de Julien, en 356, il affirme hardiment qu'au lieu de *triennium*, on doit lire VICENNIUM *ferè ante baptisma in armis fuit;* qu'au lieu de *cum esset annorum duodeviginti*, on doit lire *cum* MILITASSET *annis* DUO ET VIGINTI, etc[3]. D'autres ont été jusqu'à changer *triennium* en *tricennium*, et à faire baptiser saint Martin à trente-cinq, trente-huit, et même quarante-quatre ou quarante-cinq ans, après toute une carrière passée sous les drapeaux[4]. De telles corrections, qu'aucun manuscrit n'autorise, sont du domaine de la fantaisie : elles ne sont bonnes qu'à montrer les progrès accomplis, depuis l'époque où elles ont été faites, par la critique historique, qui maintenant s'attache avant tout à respecter les textes, et ne leur fait subir aucune modification sans avoir une base sérieuse. On ne saurait, d'ailleurs, retarder jusqu'en 356 le congé du pieux soldat romain sans rendre complètement impossible sa rencontre avec saint Hilaire, qui est un fait hors de doute. En effet, Julien, qui était encore

---

[1] D. Bouquet, I, 142, 610. V. ci-dessus, p. 011. = [2] *S. Martin et Ligugé*, p. 376 et suiv. = [3] *Vie de S. Martin*, éclaircissements ajoutés à la préface. = [4] De Prato, éd. de Sulpice, observations; Baronius, *Martyr. rom.*, 11 nov.; *Journal de Trévoux*, mai 1765, p. 1238 et suiv., etc.

à Autun le 24 juin de cette année, ne s'avança vers le Rhin qu'à l'automne, et ne fit la paix avec les barbares qu'au mois d'octobre ou de novembre. Or saint Hilaire fut exilé en Phrygie dès le mois de mai ou de juin, au plus tard en septembre ; par conséquent, son futur disciple n'aurait pas eu le temps de venir le trouver à Poitiers, ni, à plus forte raison, de passer auprès de lui les quelques années qu'il y passa nécessairement avant son exil [1].

Pourquoi donc s'obstiner à altérer tous les termes chronologiques fournis par Sulpice et par Grégoire de Tours, dans le seul but de maintenir l'intégrité du passage où est prononcé le nom de Julien ? Ne vaut-il pas dix fois mieux sacrifier ce dernier, puisque c'est le seul élément de contradiction, et conserver tout le reste ? C'est ce que j'ai fait, autorisé par deux exemples d'un poids considérable, ceux de Tillemont et de Martène. Voici, d'ailleurs, la preuve que c'est bien ce passage qui a été altéré par les copistes, et non les autres. *Sub rege Constantio, deinde sub Juliano Cæsare militavit,* dit la phrase de Sulpice [2]. Cependant il résulte du contexte, et tous les commentateurs l'admettent, que Martin ne put en aucune façon passer dans les camps moins de cinq années, et qu'il ne put davantage les quitter après 356. Or où trouver ces cinq années, dans le laps de temps correspondant à la domination de Constance et de Julien sur la Gaule, et avant l'année 356 ? Constance régna sur ce pays à partir du mois d'août 353 (l'usurpateur Magnence y fut reconnu et commanda les armées jusqu'à cette époque) ; Julien y gouverna comme César à partir de 355 : comme il faut que son soldat l'ait abandonné au plus tard l'année suivante, il ne reste, pour la durée totale du service militaire de Martin, qu'un intervalle de trois ans, au lieu de cinq ans, qui sont le minimum. On voit donc que les mots *Juliano Cæsare* ne peuvent être maintenus, pas plus que le mot *Constantio*, puisque le jeune cavalier, d'après l'âge qu'il avait au moment de son enrôlement, dut nécessairement servir sous le grand Constantin, puis sous ses fils Constantin II et Constant, maîtres de la Gaule immédiatement après lui, mais non sous Constance. La leçon *Constantio* est une simple altération de *Constantino*, altération qui se comprend parfaitement lorsqu'on voit ce nom ainsi reproduit dans certains manuscrits : *Constantīo* [3]. L'omission du petit trait qui représente l'abréviation finale était on ne peut plus facile. Ce qui indique que la chose s'est bien produite ainsi, c'est que d'autres exemplaires très anciens, celui de Saint-Gall (IXe siècle) et un de ceux de Paris (Xe et XIe siècles), portent intégralement le mot *Constantino* [4]. La bonne leçon s'est donc conservée dans quelques manuscrits, et c'est à tort qu'on l'a corrigée après coup dans quelques autres, ainsi que dans les éditions modernes.

[1] V. S. Hilar., *Lib. de Synod.*, 2; *Contra Constantium*, 2 ; Tillemont, *Hist. eccl.*, VI, 395, etc. — [2] *Vita S. Mart.*, 2. — [3] M. 18312 de la Bibl. nat., f° 4 v°. = [4] Ms. 105 de Saint-Gall, et ms. 3851e de la Bibl. nat., f° 58.

La rectification que je propose n'est, on le voit, nullement dépourvue de base matérielle. Au reste, il arrivait fréquemment aux scribes du moyen âge de confondre les noms de Constantin, de Constance et de Constant, et d'écrire l'un pour l'autre; on en a des exemples dans les livres de Grégoire et dans la grande chronique de Tours[1]. Bien mieux, l'auteur de cette dernière déclare que Constantin II et Constant ne font qu'un seul personnage[2]. De pareilles erreurs achèvent d'expliquer et de démontrer la faute commise par la plupart des copistes qui ont transcrit Sulpice Sévère. Quant aux mots *Juliano Cæsare*, ils se sont probablement glissés en place de *Julio Constante* (Constant s'appelait aussi Jules). Une abréviation mal comprise et mal reproduite a pu causer cette substitution regrettable. Il y avait aussi chez les écrivains de la Gaule une certaine tendance à mettre sur le compte de Julien les actions des autres princes de son temps, parce que son gouvernement avait laissé dans ce pays plus de traces et son nom plus de souvenirs. Ce nom est écrit, notamment, pour celui de Valentinien dans la vie de saint Maurille d'Angers attribuée à Fortunat[3]. Quoi qu'il en soit, il n'est pas douteux qu'il ne doive être rayé de l'histoire de saint Martin et remplacé par celui de Constant : ainsi le veulent tous les synchronismes.

3. DATE DE LA CONSÉCRATION ÉPISCOPALE

Gervaise prétend que saint Martin fut élu et consacré évêque de Tours en 370, pour deux raisons : parce que cette année correspond, suivant lui, à la huitième du règne de Valentinien et de Valens, date assignée à l'événement par Grégoire, et parce que le jour de la consécration (4 juillet) devait, en vertu de l'ancien usage de l'Église d'Occident, tomber un dimanche, circonstance qui se produisit en 370. La première de ces raisons repose sur une erreur matérielle : Valentinien et Valens ayant commencé à régner le 26 février 364, la huitième année de leur règne courait du 26 février 371 au 26 février 372. La seconde suppose rigoureusement observée dès le IVe siècle une règle dont il serait difficile, de l'aveu même de l'auteur, de prouver l'existence à une époque aussi reculée[4]. Le P. Pagi, corrigeant Baronius, qui avait adopté la date de 375, se prononce pour celle de 374, en se basant sur les vingt-six ans de pontificat attribués à l'évêque de Tours par notre premier chroniqueur : saint Martin étant mort en 400, dit-il, vingt-six ans comptés en arrière nous amènent juste à cette date[5]. C'est là une véritable pétition de principe, l'époque de la mort du saint étant elle-même à prouver, et ne pouvant être fixée à l'an 400 qu'avec beaucoup de

---

[1] Grégoire de Tours, éd. Ruinart, *Hist.*, I, 35. Salmon, *Chroniques*, p. 66. = [2] *Constantinus, qui et Constans dictus est, filius Constantini*. Salmon, *ibid.*, p. 89. = [3] *Acta SS. sept.*, IV, 66. = [4] Gervaise, *Vie de S. Martin*, p. 67-69. = [5] Baronius, an. 375, n° 2; notes de Pagi, n°s 6-8.

bonne volonté. La conclusion de Pagi n'est pas moins téméraire au sujet du jour de l'événement, qu'il transporte au 15 juin sans motif suffisant et contre tous les témoignages. La date de 372, quoique se rapprochant davantage de la vérité, ne s'accorde pas non plus avec les indications formelles des sources : il n'y a de possible que celle de 371, admise déjà par Maan et par d'autres, et correspondant seule avec la huitième année du règne de Valentinien, la vingt-sixième avant la mort de saint Martin, la trente-quatrième après l'élection de son prédécesseur Lidoire, chiffres marqués en différents endroits du texte de Grégoire de Tours [1].

4. DATE DE LA MORT

C'est sur ce point que se sont produites les plus singulières et les plus nombreuses divergences. Voici, en deux mots, les différentes dates qui ont trouvé des défenseurs, et les raisons qui peuvent être invoquées pour ou contre leur adoption.

395. Cette date a été donnée par le savant Scaliger, uniquement parce que le 11 novembre tomba cette année-là un dimanche, et que saint Martin, d'après les textes, dut mourir le dimanche. Mais il n'est nullement prouvé qu'il mourut le 11 novembre, au contraire. On ne saurait d'ailleurs, pour arriver à faire accorder entre eux ces deux éléments de la question, négliger les autres termes chronologiques, qui tous s'opposent à la solution de Scaliger [2].

396. Gervaise arrive à ce chiffre, déjà proposé par Marteau, en se fondant sur la chronologie des prédécesseurs de saint Martin (chronologie essentiellement obscure et incertaine), sur celle de ses successeurs, au sujet de laquelle Grégoire lui-même varie, sur le synchronisme plus précis fourni par la deuxième année d'Honorius et Arcadius (elle coïncide, en effet, avec l'an 396 de Jésus-Christ; mais nous avons vu que le texte qui désigne cette deuxième année peut également signifier la troisième); enfin sur le concile de Turin, auquel saint Brice aurait assisté en qualité d'évêque de Tours et qui aurait été tenu en 397 (date qu'on n'a jamais pu établir) [3]. La conclusion de Gervaise est en opposition manifeste avec cette indication précise du chroniqueur : « L'année du consulat d'Atticus et Cesarius (397). » Il l'explique, à la vérité, en avançant que Grégoire a voulu dire « l'année où ces consuls furent désignés. » Mais tel n'est point le sens, évidemment. L'historien de saint Martin se trompe encore en plaçant le décès du pontife au 9 novembre, sous prétexte qu'en 396 ce jour était un dimanche; car, d'après le récit de son successeur, il ne put s'écouler moins de trois jours entre sa mort et ses obsèques, ce qui remettrait celles-ci au 12,

---

[1] *Hist.*, X, 31. = [2] *De Emendatione temporum*, p. 572. = [3] *Vie de S. Martin* p. 365 et suiv.

au lieu du 11. Il y aurait encore bien des observations à faire sur la manière dont Gervaise interprète ou modifie les textes afin de justifier son opinion ; mais on les a déjà faites, et son système n'a trouvé qu'un très petit nombre d'adhérents.

397. Cette date est la plus communément adoptée aujourd'hui : elle a été admise par Ruinart, Lecointe, Maan, Dubos, les Bollandistes et l'*Art de vérifier les dates*. J'ai déjà dit le principal motif qui m'a fait conclure comme eux : étant donné que Martin, comme le veut un passage de Sulpice d'une authenticité indiscutable, en dépit des allégations de Reinkens, se trouvait dans sa soixante-dixième année en 385 et 386, et qu'il vécut, comme Grégoire l'a marqué d'après les dyptiques ou les traditions de son Église, jusqu'à l'âge de quatre-vingts ans[1], il faut absolument conclure de cet accord des deux seules autorités compétentes qu'il mourut en 397. En outre, cette année est celle du consulat de Césarius et Atticus, synchronisme qui a peut-être plus de valeur que les autres données chronologiques de Grégoire, car il est indiqué par lui à deux reprises et dans deux livres différents[2]. C'est aussi la seule où le dimanche tomba, comme il convient, trois jours avant le 11 novembre, c'est-à-dire le 8. C'est enfin, comme le veut encore le successeur du bienheureux pontife, la vingt-septième année après sa consécration, si l'on admet qu'il monta sur le siège épiscopal au mois de juillet 371. Voilà plus de raisons qu'il n'en faut. Quant aux objections, l'on n'en peut soulever que deux : d'une part, Sulpice dit que son héros vécut encore seize ans après son dernier voyage de Trèves (386 ou 387); de l'autre, l'anniversaire de la mort du saint a toujours été célébré le 11, qui en 397 était un mercredi, non un dimanche. Mais le mot *sedecim*, sur lequel s'appuie la première objection, fait partie d'un passage absent de plusieurs manuscrits. Dans quelques-uns, il a été ajouté après coup ; dans d'autres, et dans le plus ancien de tous, il se présente sous la forme *sedicem*, qui fait que l'on se demande s'il n'est pas là pour *sed decem*[3]. En outre, indice des plus graves, il n'est reproduit ni dans la version de Paulin de Périgueux ni dans celle de Fortunat, qui expriment en vers les autres chiffres de Sulpice. De toute façon, il ne saurait être pris à la lettre; sinon il mènerait à la date de 402 ou 403, qui ne peut se soutenir un seul instant. Aussi beaucoup de commentateurs l'ont-ils corrigé à leur fantaisie. Cet élément chronologique est donc le moins certain de tous, et, du moment qu'il se trouve seul en contradiction avec les autres, il doit être écarté. Quant à l'événement commémoré le 11 novembre, on a vu, par les explications données plus haut sur les fêtes de saint Martin, que c'était, en réalité, la réception de son corps dans sa cité épiscopale et la cérémonie de ses obsèques. Je ne rappellerai pas ici d'autre preuve que les

---

[1] Sulp., *Dial.*, II, 7. Grég., *Hist.*, I, 43. = [2] *Hist., ibid.*, et *Virt. S. Mart.*, I, 3. = [3] Ms. 257 d'Einsiedeln; ms. 1018 de Tours, et ms. de Vérone.

noms de *depositio* et de *receptio* donnés primitivement à cette fête. Si le premier signifie quelquefois, dans la langue épigraphique, le décès lui-même, il est également employé, et plus souvent encore, pour désigner l'ensevelissement; témoin les Sept Dormants, qui, d'après leur histoire, moururent la veille des ides de novembre et furent *depositi* le 13 des calendes de décembre[1]. Le double sens de ce mot aura même contribué peut-être à faire confondre l'anniversaire des funérailles avec celui du décès. Pour le terme de *receptio*, il est suffisamment clair et tout à fait significatif.

399. Les chroniques de Prosper Tiron, d'Aimoin, de Sigebert de Gemblours placent en cette année la mort de saint Martin[2]. C'est là une simple erreur de chiffre, comme ces chroniques en renferment tant, et nul critique n'a défendu leur version : Clichtovée seul l'a reproduite.

400. Chifflet, Antelme, Pagi, Jérôme de Prato, dom Liron, dom Housseau, Chalmel et quelques autres ont opté pour cette date, qu'on trouve aussi inscrite dans la chronique d'Albéric de Trois-Fontaines, avec un très curieux défi de l'auteur à tous les computistes et chronologistes d'avoir raison de lui sur ce point[3]. Les principaux arguments des partisans de ce système consistent dans le *sedecim* de Sulpice et dans la chronologie générale de l'*Histoire des Francs*. Pour plier le premier à leur usage, ils sont obligés de faire partir les seize ans en question de l'année 384 ou du commencement de la suivante, tandis qu'il est certain que la condamnation de Priscillien et le concile de Trèves eurent seulement lieu dans le courant ou même dans les derniers mois de 385. Quant aux calculs de Grégoire de Tours sur la chronologie générale des empereurs, des rois francs et des principaux événements de notre histoire, tout le monde sait qu'ils fourmillent d'erreurs et de contradictions : les plus chauds défenseurs de l'autorité intégrale de son texte, jusqu'à M. l'abbé Chevalier, qui s'est montré si vif et si absolu sur ce point, ont dû le reconnaître.

401. Reinkens, à peu près seul, a conclu en faveur de la date de 401. Il s'appuie uniquement sur le *sedecim* ($385 + 16 = 401$), et, au lieu de chercher à concilier les autres témoignages, il rejette sans balancer tous ceux de Grégoire, uniquement parce qu'ils émanent de Grégoire, et le plus sûr de ceux de Sulpice (*jam septuagenario*), parce qu'il le gêne[4]. C'est un procédé fort commode.

402. Labbe, ou plutôt l'annotateur de son édition des *Conciles*, s'est prononcé, sans discuter, pour cette date tardive, et Baronius lui a donné un certain crédit, bien tombé aujourd'hui, en s'appuyant toujours sur le fameux *sedecim*. Le P. Pagi a depuis longtemps relevé et réfuté son erreur[5].

[1] Grég., éd. Migne, col. 1118. = [2] D. Bouquet, I, 637, et III, 44. Pertz, VI, 304. = [3] Pertz, XXIII, 688. = [4] *Martin von Tours*, append. 1. = [5] Labbe, II, 1244. Baronius, an. 351, nos 17, 22.

Je crois inutile d'accorder la moindre attention aux dates invraisemblables de 404, 407, 444, etc., inscrites, par mégarde, sans doute, dans les chroniques ou dans certaines compilations historiques[1]. Les chiffres au delà de 402 ne reposent plus sur aucune base.

Il y a donc, en résumé, beaucoup moins d'opposition qu'on ne l'a dit entre les deux sources qui doivent, sur ce terrain, servir de guides à la critique. Aussi, loin de distinguer, comme la plupart des écrivains précédents, une chronologie sulpicienne et une chronologie grégorienne, je conclurai en répétant que Sulpice et Grégoire sont, au fond, parfaitement d'accord, et justifient l'un aussi bien que l'autre les dates adoptées dans ce livre, en particulier celle du dimanche 8 novembre 397 assignée à la mort de saint Martin.

[1] *Max. Bib. Patrum*, tome VI, index chronologique ajouté aux écrits de Sulpice Sévère. Pertz, III, 150, 171, etc.

FIN

TABLE DES MATIÈRES

Préface. 7

LIVRE I

LA MISSION DE SAINT MARTIN

Chap. I. — État de la société gallo-romaine. — Impuissance de l'influence celtique. 9
— II. — Impuissance des éléments romain et germanique. . 30
— III. — Action vivifiante du christianisme. — Nécessité de sa complète diffusion 43

LIVRE II

LE SOLDAT

Chap. I. — Naissance de Martin. — Son origine et son lieu natal. 55
— II. — Sa famille réelle et sa famille légendaire. — Son enfance. 66
— III. — Enrôlement, service militaire. — Trait célèbre d'Amiens. 79
— IV. — Baptême de Martin. — Son départ de l'armée. . . 100

LIVRE III

LE MOINE

Chap. I. — Le monachisme avant saint Martin. 113
— II. — Séjour de saint Martin à Trèves. — Pèlerinage à Rome. 126
— III. — Saint Martin à Poitiers. — Voyage en Pannonie et en Italie. 134
— IV. — Fondation de Ligugé. 150

LIVRE IV

L'ÉVÊQUE

Chap. I. — Élection de Martin à l'épiscopat. — Sa situation comme pontife et comme chef de l'Église de Tours. 165
— II. — L'évêque-moine. — Établissement de Marmoutier. 179
— III. — Saint Martin dans l'exercice des fonctions épiscopales. — Fondations de paroisses. — Tournées pastorales. 196
— IV. — Culte rendu aux saints. — Exercice des droits de métropolitain. 216
— V. — Rapports de saint Martin avec les grands. — Affaire des priscillianistes. 231

LIVRE V

L'APÔTRE

Chap. I. — Apostolat de saint Martin dans la Gaule septentrionale. 265
— II. — Apostolat de saint Martin dans le Centre. 284
— III. — Apostolat de saint Martin dans le Midi. — Caractère général de ses missions. 305

LIVRE VI

LE SAINT ET LE THAUMATURGE

Chap. I. — Portrait intime de saint Martin. 325
— II. — Sa mort et ses funérailles. 346
— III. — Le culte de saint Martin. 366

APPENDICE

Éclaircissement chronologique. 383

www.ingramcontent.com/pod-product-compliance
Lightning Source LLC
Chambersburg PA
CBHW050438170426
43201CB00008B/722